# Über die Prinzipien der politischen Ökonomie und der Besteuerung

David Ricardo

Writat

Diese Ausgabe erschien im Jahr 2023

ISBN: 9789359251448

Herausgegeben von
Writat
E-Mail: info@writat.com

# Glücklich

# VORWORT.

DAS PRODUKT der Erde – alles, was durch den vereinten Einsatz von Arbeit
, Maschinerie und Kapital von ihrer Oberfläche gewonnen wird – wird auf
drei Klassen der Gemeinschaft aufgeteilt; nämlich der Eigentümer des
Landes, der Eigentümer des für seine Bewirtschaftung erforderlichen
Kapitals oder Kapitals und die Arbeiter, mit deren Hilfe es bewirtschaftet
wird.

Aber in verschiedenen Stadien der Gesellschaft werden die Anteile des
Gesamtprodukts der Erde, die jeder dieser Klassen unter den Namen Rente,
Profit und Lohn zugeteilt werden, wesentlich unterschiedlich sein; Dies
hängt hauptsächlich von der tatsächlichen Fruchtbarkeit des Bodens, von der
Anhäufung von Kapital und Bevölkerung sowie von den Fähigkeiten, dem
Einfallsreichtum und den in der Landwirtschaft eingesetzten Instrumenten
ab.

Die Bestimmung der Gesetze, die diese Verteilung regeln, ist das
Hauptproblem der politischen Ökonomie: Obwohl die Wissenschaft durch
die Schriften von Turgot, Stuart, Smith, Say, Sismondi und anderen
verbessert wurde, liefern sie nur sehr wenige zufriedenstellende
Informationen über das Natürliche Verlauf von Miete, Gewinn und Löhnen.

Im Jahr 1815 stellten Herr Malthus in seiner „Untersuchung über die Natur
und den Fortschritt der Rente" und ein Fellow des University College
Oxford in seinem „Essay über die Anwendung von Kapital auf Land" der
Welt fast gleichzeitig vor Moment, die wahre Lehre von der Rente; Ohne
deren Kenntnis ist es unmöglich, die Auswirkungen des Fortschritts des
Reichtums auf Gewinne und Löhne zu verstehen oder den Einfluss der
Besteuerung auf verschiedene Klassen der Gemeinschaft zufriedenstellend
nachzuvollziehen, insbesondere wenn es sich bei den besteuerten Waren um
unmittelbar von der Oberfläche abgeleitete Produkte handelt der Erde.
Adam Smith und die anderen fähigen Autoren, auf die ich angespielt habe,
haben, da sie die Grundsätze der Rente nicht richtig verstanden haben,
meines Erachtens viele wichtige Wahrheiten übersehen, die erst entdeckt
werden können, wenn man das Thema der Rente gründlich verstanden hat.

Um diesen Mangel auszugleichen, sind Fähigkeiten erforderlich, die denen
des Autors der folgenden Seiten weit überlegen sind; doch nachdem er
diesem Thema seine beste Aufmerksamkeit geschenkt hatte – nach der Hilfe,
die er aus den Werken der oben erwähnten bedeutenden Schriftsteller erhielt
– und nach der wertvollen Erfahrung, die einige spätere Jahre voller Fakten
der gegenwärtigen Generation gebracht haben – Er vertraut darauf, dass es
von ihm nicht als anmaßend angesehen wird, seine Meinung zu den Gesetzen

von Gewinnen und Löhnen sowie zur Funktionsweise von Steuern zu äußern. Wenn sich herausstellt, dass die Grundsätze, die er für richtig hält, dies sind, werden andere besser in der Lage sein, sie auf alle wichtigen Konsequenzen zurückzuführen.

Der Verfasser hat es im Kampf gegen gängige Meinungen für notwendig gehalten, insbesondere auf jene Passagen in den Schriften von Adam Smith hinzuweisen, von denen er Grund zur Abweichung sieht; aber er hofft, dass dadurch nicht der Verdacht entsteht, dass er nicht wie alle, die die Bedeutung der Wissenschaft der politischen Ökonomie anerkennen, an der Bewunderung teilnimmt, die das tiefgründige Werk dieses berühmten Autors so zu Recht hervorruft.

Die gleiche Bemerkung kann auf die hervorragenden Werke von M. Say angewendet werden, der nicht nur der erste oder einer der ersten kontinentalen Schriftsteller war, der die Prinzipien von Smith nur schätzte und anwendete, und der mehr als alle anderen kontinentalen Schriftsteller geleistet hat Autoren zusammen, um den Nationen Europas die Prinzipien dieses aufgeklärten und nützlichen Systems zu empfehlen; Aber wem ist es gelungen, die Wissenschaft in eine logischere und lehrreichere Ordnung zu bringen? und hat es durch mehrere Diskussionen bereichert, originell, präzise und tiefgründig. [1] Der Respekt, den der Autor den Schriften dieses Herrn entgegenbringt, hat ihn jedoch nicht daran gehindert, mit der Freiheit, die seiner Meinung nach die Interessen der Wissenschaft erfordern, zu solchen Passagen der „Economie Politique" Stellung zu nehmen, die im Widerspruch dazu zu stehen schienen seine eigenen Ideen.

---

# KAPITEL I.

## WIR WERTSCHÄTZEN.

**ADAM SMITH** HAT festgestellt, dass „das Wort „Wert" zwei verschiedene Bedeutungen hat und manchmal den Nutzen eines bestimmten Objekts ausdrückt und manchmal die Fähigkeit zum Kauf anderer Güter, die der Besitz dieses Objekts vermittelt. Das eine kann man nennen *Wert im Gebrauch* , der andere *Wert im Tausch* . Die Dinge", fährt er fort, „die im Gebrauch den größten Wert haben, haben häufig einen geringen oder keinen Wert im Tausch; und im Gegenteil, diejenigen, die den größten Wert im Tausch haben." einen geringen oder keinen Gebrauchswert haben." Wasser und Luft sind überaus nützlich; Sie sind in der Tat unverzichtbar für die Existenz, doch unter normalen Umständen kann man nichts dafür erhalten. Gold hingegen ist im Vergleich zu Luft oder Wasser von geringem Nutzen, wird aber gegen eine große Menge anderer Güter eingetauscht.

Der Nutzen ist also nicht das Maß des Tauschwerts, obwohl er für ihn absolut wesentlich ist. Wenn eine Ware in keiner Weise nützlich wäre – mit anderen Worten, wenn sie in keiner Weise zu unserer Befriedigung beitragen könnte –, wäre sie ohne Tauschwert, wie knapp sie auch sein mag oder wie viel Arbeit auch immer zu ihrer Beschaffung nötig wäre Es.

Da Waren einen Nutzen besitzen, beziehen sie ihren Tauschwert aus zwei Quellen: aus ihrer Knappheit und aus der Menge an Arbeit , die zu ihrer Beschaffung erforderlich ist.

Es gibt Güter, deren Wert allein durch ihre Knappheit bestimmt wird. Keine Arbeit kann die Menge solcher Güter erhöhen, und daher kann ihr Wert nicht durch ein erhöhtes Angebot gesenkt werden. Einige seltene Statuen und Bilder, seltene Bücher und Münzen, Weine von besonderer Qualität, die nur aus Trauben hergestellt werden können, die auf einem bestimmten Boden angebaut werden und von denen es nur eine sehr begrenzte Menge gibt, sind allesamt dieser Beschreibung. Ihr Wert ist völlig unabhängig von der Menge an Arbeit , die ursprünglich zu ihrer Herstellung erforderlich war, und variiert mit dem unterschiedlichen Reichtum und den Neigungen derjenigen, die sie besitzen möchten.

Diese Waren machen jedoch nur einen sehr kleinen Teil der Masse der täglich auf dem Markt gehandelten Waren aus. Der weitaus größte Teil der Güter, die Gegenstand der Begierde sind, wird durch Arbeit beschafft ; und sie können sich nicht nur in einem Land, sondern in vielen Ländern nahezu unbegrenzt vervielfachen, wenn wir bereit sind, die nötige Arbeit aufzubringen , um sie zu erhalten.

Wenn wir also von Waren, von ihrem Tauschwert und von den Gesetzen, die ihre relativen Preise regeln, sprechen, meinen wir immer nur solche Waren, deren Menge durch die Ausübung menschlichen Fleißes erhöht werden kann und bei deren Produktion die Konkurrenz ohne Einschränkung herrscht .

In den frühen Stadien der Gesellschaft hängt der Tauschwert dieser Waren oder die Regel, die bestimmt, wie viel von einer Ware im Austausch gegen eine andere gegeben wird, ausschließlich von der vergleichsweisen Menge an Arbeit ab, die für jede Ware aufgewendet wird .

„Der wahre Preis jeder Sache ", sagt Adam Smith, „was alles für den Mann, der es erwerben möchte, wirklich kostet, ist die Leinwand und die Mühe, es zu erwerben. Was jedes Ding für den Mann, der es erworben hat, wirklich wert ist." , und wer es entsorgen oder gegen etwas anderes eintauschen will, dem fällt die Mühe und Mühe auf, die es sich selbst ersparen und die es anderen Menschen aufbürden kann." „ Arbeit war der erste Preis – das ursprüngliche Kaufgeld, das für alle Dinge bezahlt wurde." Wiederum „scheint in diesem frühen und rohen Zustand der Gesellschaft, der sowohl der Anhäufung von Kapital als auch der Aneignung von Land vorausgeht, das Verhältnis zwischen den Arbeitsmengen, die für den Erwerb verschiedener Objekte erforderlich sind , der einzige Umstand zu sein, der eine Regel dafür erlauben kann." sie gegeneinander auszutauschen. Wenn es in einer Nation von Jägern zum Beispiel normalerweise doppelt so viel Arbeit kostet, einen Biber zu töten wie das Töten eines Hirsches, sollte ein Biber natürlich gegen zwei Hirsche eingetauscht werden oder zwei Hirsche wert sein. Das ist natürlich dass das, was normalerweise das Produkt von zwei Tagen oder zwei Stunden Arbeit ist, das Doppelte von dem wert sein sollte, was normalerweise das Produkt von einem Tag oder einer Stunde Arbeit ist."
2

Dass dies wirklich die Grundlage des Tauschwerts aller Dinge ist, mit Ausnahme derjenigen, die durch menschliches Fleiß nicht gesteigert werden können, ist eine Lehre von größter Bedeutung in der politischen Ökonomie; Denn aus keiner Quelle stammen so viele Irrtümer und so viele Meinungsverschiedenheiten in dieser Wissenschaft wie aus den vagen Vorstellungen, die mit dem Wortwert verbunden sind.

Wenn die in Waren realisierte Arbeitsmenge ihren Tauschwert reguliert, muss jede Steigerung der Arbeitsmenge den Wert der Ware, auf die sie ausgeübt wird, erhöhen, während jede Verminderung ihn senken muss.

genau definierte und konsequent behaupten musste, dass alle Dinge im Verhältnis mehr oder weniger wertvoll wurden, je mehr oder weniger Arbeit für ihre Produktion aufgewendet wurde, hat selbst ein weiteres Standardmaß aufgestellt von Wert und spricht davon, dass Dinge mehr oder weniger wertvoll sind, je nachdem, wie sie gegen mehr oder weniger dieses Standardmaßes eingetauscht werden. Manchmal spricht er von Mais, manchmal von Arbeit als Standardmaß; nicht die Menge an Arbeit , die für die Produktion eines Gegenstands aufgewendet wird, sondern die Menge, über die er auf dem Markt verfügen kann: als ob dies zwei äquivalente Ausdrücke wären und als ob die Arbeit eines Menschen doppelt effizient geworden wäre und er daher zweimal produzieren könnte Für die Menge einer Ware würde er notwendigerweise das Doppelte der vorherigen Menge dafür erhalten.

Wenn dies tatsächlich wahr wäre, wenn die Belohnung des Arbeiters immer im Verhältnis zu dem stünde, was er produziert, wären die einer Ware gewidmete Arbeitsmenge und die Arbeitsmenge , die diese Ware kaufen würde, gleich, und beide könnten genau messen die Variationen anderer Dinge: aber sie sind nicht gleich; Der erste ist unter vielen Umständen ein unveränderlicher Maßstab, der die Variationen anderer Dinge korrekt anzeigt; Letzteres ist ebenso vielen Schwankungen unterworfen wie die mit ihm verglichenen Waren. Nachdem Adam Smith aufs treffendste gezeigt hatte, dass ein veränderliches Medium wie Gold und Silber für die Bestimmung des wechselnden Wertes anderer Dinge nicht ausreicht, hat er sich selbst, indem er sich auf Getreide oder Arbeit konzentrierte, für ein nicht weniger veränderliches Medium entschieden .

Gold und Silber unterliegen zweifellos Schwankungen aufgrund der Entdeckung neuer und reichhaltigerer Minen; Aber solche Entdeckungen sind selten, und ihre Auswirkungen sind zwar gewaltig, aber auf Zeiträume von vergleichsweise kurzer Dauer beschränkt. Sie unterliegen auch Schwankungen aufgrund von Verbesserungen der Fähigkeiten und Maschinen, mit denen die Minen betrieben werden können; Als Folge solcher Verbesserungen kann mit dem gleichen Arbeitsaufwand eine größere Menge erzielt werden . Darüber hinaus unterliegen sie Schwankungen aufgrund der abnehmenden Produktion der Minen, nachdem sie über eine Reihe von Zeitaltern hinweg einen Vorrat an die Welt geliefert haben. Doch von welchen dieser Schwankungsquellen ist Mais ausgenommen? Unterscheidet sich das nicht einerseits auch von Verbesserungen in der Landwirtschaft, von verbesserten Maschinen und Geräten, die in der Landwirtschaft verwendet werden, sowie von der Entdeckung neuer Gebiete fruchtbaren Landes, die in anderen Ländern bebaut werden können und werden? Einfluss auf den Wert von Mais auf jedem Markt haben, auf dem die Einfuhr kostenlos ist? Ist es andererseits nicht Gegenstand einer Wertsteigerung durch Importverbote, durch Bevölkerungs- und Wohlstandswachstum und durch die größere Schwierigkeit, die erhöhten Vorräte zu beschaffen, aufgrund der zusätzlichen Menge an Arbeit, die die Bewirtschaftung minderwertiger Ländereien erfordert ? Ist der Wert der

Arbeit nicht gleichermaßen variabel? Sie wird nicht nur, wie alle anderen Dinge auch, durch das Verhältnis zwischen Angebot und Nachfrage beeinflusst, das sich bei jeder Veränderung der Lage der Gemeinschaft gleichmäßig ändert, sondern auch durch die schwankenden Preise für Lebensmittel und andere lebensnotwendige Güter, von denen die Löhne abhängig sind werden Arbeitskräfte aufgewendet?

Im selben Land kann die doppelte Arbeitsmenge erforderlich sein, um zu einem bestimmten Zeitpunkt eine bestimmte Menge an Nahrungsmitteln und Bedarfsgütern zu produzieren, die zu einem anderen und zu einem entfernten Zeitpunkt notwendig sein kann. Dennoch wird der Lohn des Arbeiters möglicherweise kaum gemindert. Wenn der Lohn des Arbeiters in der früheren Zeit eine bestimmte Menge an Lebensmitteln und Bedarfsgütern gewesen wäre, hätte er wahrscheinlich nicht überleben können, wenn diese Menge gekürzt worden wäre. Nahrungsmittel und Bedarfsgüter werden in diesem Fall um 100 Prozent gestiegen sein. wenn es anhand der Arbeitsmenge *geschätzt wird* für ihre Produktion notwendig sind, während sie, gemessen an der Arbeitsmenge, gegen die sie eintauschen, kaum an Wert gewonnen haben *werden* .

Die gleiche Bemerkung kann in Bezug auf zwei oder mehr Länder gemacht werden. In Amerika und Polen wird die Arbeit eines Jahres viel mehr Mais produzieren als in England. Wenn man nun annimmt, dass alle anderen lebensnotwendigen Güter in diesen drei Ländern gleich billig sind, wäre es dann nicht ein großer Fehler, zu dem Schluss zu kommen, dass die dem Arbeiter zugeteilte Getreidemenge in jedem Land im Verhältnis zur Produktionsmöglichkeit stünde ?

Wenn die Schuhe und die Kleidung des Arbeiters durch Verbesserungen in der Maschinerie mit einem Viertel der jetzt für ihre Produktion notwendigen Arbeit hergestellt werden könnten , würden sie wahrscheinlich um 75 Prozent sinken; aber es ist weit davon entfernt, wahr zu sein, dass der Arbeiter dadurch dauerhaft in die Lage versetzt würde, vier Mäntel oder vier Paar Schuhe anstelle von einem zu verbrauchen, dass sein Lohn nicht lange durch die Auswirkungen der Konkurrenz angepasst würde, und das Anreiz für die Bevölkerung, für den neuen Wert der lebensnotwendigen Güter, für die sie ausgegeben wurden. Wenn sich diese Verbesserungen auf alle Konsumgüter des Arbeiters erstrecken würden, würden wir ihn wahrscheinlich am Ende sehr weniger Jahre im Besitz nur eines kleinen, wenn überhaupt, Zusatzes zu seinen Genüssen vorfinden, obwohl der Tauschwert dieser Waren im Vergleich zu jeder anderen Ware, bei deren Herstellung keine solche Verbesserung vorgenommen wurde, eine ganz erhebliche Reduzierung erlitten hatte; und obwohl sie das Produkt einer sehr erheblich verringerten Arbeitsmenge waren .

Es kann dann nicht richtig sein, mit Adam Smith zu sagen: „Da mit der Arbeit manchmal eine größere und manchmal eine kleinere Menge an Gütern *gekauft werden kann*, variiert ihr Wert, nicht der der Arbeit, die sie kauft." und deshalb „diese Arbeit." *allein nie variieren in seinem eigenen Wert* ist allein der ultimative und reale Maßstab, anhand dessen der Wert aller Waren zu jeder Zeit und an jedem Ort geschätzt und verglichen werden kann;" – aber es ist richtig zu sagen, wie Adam Smith zuvor gesagt hatte, „dass das Verhältnis." „Der Unterschied zwischen den Arbeitsmengen, die zum Erwerb verschiedener Gegenstände erforderlich sind, scheint der einzige Umstand zu sein, der eine Regel für den Austausch dieser Gegenstände gegeneinander liefern kann" oder mit anderen Worten, dass es die relative Menge an Waren ist, die die Arbeit produzieren wird, die bestimmt ihr gegenwärtiger oder früherer relativer Wert und nicht die vergleichsweisen Warenmengen, die dem Arbeiter im Austausch für seine Arbeit gegeben werden.

Wenn eine Ware gefunden werden könnte, für deren Herstellung jetzt und zu jeder Zeit genau die gleiche Arbeitsmenge erforderlich wäre, hätte diese Ware einen unveränderlichen Wert und wäre als Maßstab für die Variationen anderer Dinge äußerst nützlich gemessen werden. Von einer solchen Ware haben wir keine Kenntnis und können uns daher auch nicht auf einen Wertmaßstab festlegen. Es ist jedoch von erheblichem Nutzen, um zu einer korrekten Theorie zu gelangen, um festzustellen, was die wesentlichen Eigenschaften eines Standards sind, damit wir die Ursachen für die Schwankung des relativen Wertes von Waren kennen und in die Lage versetzt werden, den Wert zu berechnen Grad, in dem sie wahrscheinlich funktionieren.

---

Wenn ich jedoch von der Arbeit als Grundlage allen Wertes und von der relativen Arbeitsmenge als Bestimmung des relativen Werts von Waren spreche, darf nicht unterstellt werden, dass ich die unterschiedlichen Qualitäten der Arbeit und die Schwierigkeit, eine Stunde zu vergleichen, außer Acht lasse oder einen Arbeitstag in einem Beschäftigungsverhältnis mit der gleichen Arbeitsdauer in einem anderen. Die Schätzung, nach der unterschiedliche Arbeitsqualitäten gelten, wird auf dem Markt bald mit ausreichender Präzision für alle praktischen Zwecke angepasst und hängt stark von der vergleichsweisen Qualifikation des Arbeiters und der Intensität der geleisteten Arbeit ab. Wenn die Skala einmal gebildet ist, unterliegt sie kaum Schwankungen. Wenn die Tagesarbeit eines berufstätigen Juweliers wertvoller ist als die Tagesarbeit eines gewöhnlichen Arbeiters, wurde sie schon vor langer Zeit angepasst und an die richtige Stelle in der Wertskala gesetzt. [3]

Beim Vergleich des Wertes derselben Ware zu unterschiedlichen Zeitpunkten braucht daher die Berücksichtigung der vergleichenden Fähigkeiten und der Arbeitsintensität , die für diese bestimmte Ware erforderlich sind, kaum beachtet zu werden, da sie in beiden Zeiträumen gleich wirksam ist. Eine Beschreibung der Arbeit zu einem Zeitpunkt wird mit derselben Beschreibung der Arbeit zu einem anderen Zeitpunkt verglichen; Wenn ein Zehntel, ein Fünftel oder ein Viertel hinzugefügt oder weggenommen wurde, wird eine der Ursache entsprechende Wirkung auf den relativen Wert der Ware hervorgerufen.

Wenn ein Stück Stoff jetzt den Wert von zwei Stücken Leinen hat und wenn in zehn Jahren der gewöhnliche Wert eines Stücks Stoff vier Stücke Leinen betragen sollte, können wir mit Sicherheit schlussfolgern, dass entweder mehr Arbeit erforderlich ist um das Tuch herzustellen, oder weniger um das Leinen herzustellen, oder dass beide Ursachen gewirkt haben.

Da sich die Untersuchung, auf die ich die Aufmerksamkeit des Lesers lenken möchte, auf die Auswirkung der Schwankungen im relativen Wert von Waren und nicht auf deren absoluten Wert bezieht, wird es von geringer Bedeutung sein, den vergleichenden Grad der Schätzung zu untersuchen die verschiedenen Arten menschlicher Arbeit werden abgehalten. Wir können mit Fug und Recht zu dem Schluss kommen, dass die Ungleichheit, welche Ungleichheit auch immer ursprünglich bei ihnen bestanden haben mag, ganz gleich, wie viel Einfallsreichtum, Geschicklichkeit oder Zeit erforderlich ist, um eine Art manueller Geschicklichkeit mehr zu erwerben als eine andere, sie von einer Generation zur anderen nahezu gleich bleibt; oder zumindest, dass die Variation von Jahr zu Jahr sehr unbedeutend ist und daher für kurze Zeiträume nur geringe Auswirkungen auf den relativen Wert der Waren haben kann.

„Das Verhältnis zwischen den unterschiedlichen Löhnen und Profiten in den verschiedenen Beschäftigungen von Arbeit und Kapital scheint , wie bereits beobachtet wurde, durch die Reichen oder die Armut, den fortschreitenden, stationären oder sinkenden Zustand der Wirtschaft kaum beeinflusst zu werden Solche Umwälzungen im öffentlichen Wohlergehen wirken sich zwar auf die allgemeine Lohn- und Profitrate aus, müssen sich aber letzten Endes gleichermaßen auf alle verschiedenen Beschäftigungsverhältnisse auswirken. Das Verhältnis zwischen ihnen muss daher das gleiche bleiben und kann nicht gut geändert werden Zumindest für längere Zeit durch solche Revolutionen. [4]

Aus dem Auszug, den ich auf Seite 4 aus dem „Wealth of Nations" angefertigt habe, geht hervor, dass Adam Smith zwar das Prinzip vollständig erkannte, dass das Verhältnis zwischen den Arbeitsmengen, die für den Erwerb verschiedener Objekte erforderlich sind, der einzige Umstand ist die jede Regel für unseren Austausch gegeneinander leisten kann, doch beschränkt er ihre Anwendung auf „den frühen und rohen Zustand der Gesellschaft, der sowohl der Anhäufung von Kapital als auch der Aneignung von Land vorausgeht"; als ob Gewinne und Rente, wenn sie gezahlt würden, einen gewissen Einfluss auf den relativen Wert der Waren hätten, unabhängig von der bloßen Menge an Arbeit , die zu ihrer Produktion notwendig war.

Adam Smith hat jedoch nirgends die Auswirkungen der Kapitalakkumulation und der Aneignung von Land auf den relativen Wert analysiert. Es ist daher wichtig zu bestimmen, inwieweit die Wirkungen, die angeblich durch die vergleichsweise für ihre Produktion aufgewendete Arbeitsmenge auf den Tauschwert der Waren hervorgerufen werden, durch die Kapitalakkumulation und die Zahlung der Rente modifiziert oder verändert werden.

Erstens zur Kapitalakkumulation. Sogar in diesem frühen Zustand, auf den sich Adam Smith bezieht, wäre ein gewisses Kapital notwendig, auch wenn es möglicherweise vom Jäger selbst geschaffen und angesammelt wurde, um es ihm zu ermöglichen, sein Wild zu töten. Ohne eine Waffe könnten weder der Biber noch der Hirsch getötet werden, und daher würde der Wert dieser Tiere nicht nur durch die Zeit und Arbeit bestimmt, die für ihre Zerstörung erforderlich sind, sondern auch durch die Zeit und Arbeit, die für die Bereitstellung des Kapitals des Jägers erforderlich sind , die Waffe, mit deren Hilfe ihre Zerstörung bewirkt wurde .

Bibers erforderlich ist, würde aufgrund der größeren Schwierigkeit, sich dem früheren Tier zu nähern, und der daraus resultierenden Notwendigkeit, seinem Ziel treuer zu sein, mit viel mehr Arbeit hergestellt als die, die zum Töten des Hirsches erforderlich ist. Ein Biber wäre natürlich wertvoller als zwei Hirsche, und gerade aus diesem Grund wäre insgesamt mehr Arbeit nötig, um ihn zu vernichten.

Alle zum Töten von Bibern und Hirschen notwendigen Geräte könnten einer Klasse von Menschen gehören, und die für ihre Zerstörung aufgewendete Arbeit könnte von einer anderen Klasse bereitgestellt werden. Dennoch stünden ihre Vergleichspreise im Verhältnis zu der tatsächlich aufgewendeten Arbeit , sowohl für die Bildung des Kapitals als auch für die Vernichtung der Tiere. Unter unterschiedlichen Umständen des Überflusses oder Mangels an Kapital im Vergleich zur Arbeit , unter unterschiedlichen Umständen des Überflusses oder Mangels an Nahrungsmitteln und lebensnotwendigen Gütern für den Lebensunterhalt der Menschen, diejenigen, die für die eine oder die andere Beschäftigung den gleichen Kapitalwert lieferten , könnte die Hälfte, ein Viertel oder ein Achtel des erzielten Ertrags erhalten, der Rest wird als Lohn an diejenigen gezahlt, die die Arbeit geleistet haben ; Dennoch konnte diese Aufteilung den relativen

Wert dieser Waren nicht beeinflussen, denn egal, ob die Profite des Kapitals größer oder kleiner waren, ob sie 50, 20 oder 10 Prozent betrugen, oder ob die Arbeitslöhne hoch oder niedrig waren, sie würden es tun arbeiten gleichermaßen an beiden Arbeitsplätzen.

Wenn wir von den Berufen der erweiterten Gesellschaft ausgehen, dass einige Kanus und für den Fischfang notwendiges Gerät bereitstellen, andere das Saatgut und grobe Maschinen, die zuerst in der Landwirtschaft verwendet wurden, dann würde immer noch das gleiche Prinzip gelten, dass der Tauschwert der produzierten Waren darin liegen würde Verhältnis zur für ihre Produktion aufgewendeten Arbeit ; nicht nur auf ihre unmittelbare Produktion, sondern auf alle Geräte oder Maschinen, die erforderlich sind, um die besondere Arbeit auszuführen, auf die sie angewendet wurden.

Wenn wir auf einen Zustand der Gesellschaft blicken, in dem größere Verbesserungen erzielt wurden und in dem Kunst und Handel florieren, werden wir immer noch feststellen, dass der Wert der Waren gemäß diesem Prinzip variiert: Bei der Schätzung des Tauschwerts von Strümpfen zum Beispiel schätzen wir werden feststellen, dass ihr Wert im Vergleich zu anderen Dingen von der Gesamtarbeitsmenge abhängt, die erforderlich ist, um sie herzustellen und auf den Markt zu bringen. Erstens ist da die Arbeit , die nötig ist, um das Land zu kultivieren, auf dem die Rohbaumwolle angebaut wird; zweitens die Arbeit für den Transport der Baumwolle in das Land, in dem die Strümpfe hergestellt werden sollen, einschließlich eines Teils der Arbeit , die für den Bau des Schiffes aufgewendet wird, in dem sie transportiert wird, und der in der Fracht der Waren angerechnet wird; drittens die Arbeit des Spinners und Webers; viertens ein Teil der Arbeit des Ingenieurs, Schmieds und Zimmermanns, der die Gebäude und Maschinen errichtete, mit deren Hilfe sie hergestellt werden; fünftens die Arbeit des Einzelhändlers und vieler anderer, deren nähere Einzelheiten nicht erforderlich sind. Die Gesamtsumme dieser verschiedenen Arten von Arbeit bestimmt die Menge der anderen Dinge, gegen die diese Strümpfe eingetauscht werden, während die gleiche Berücksichtigung der verschiedenen Arbeitsmengen, die für diese anderen Dinge aufgewendet wurden, gleichermaßen den Anteil davon bestimmt, gegen den diese Strümpfe eingetauscht werden wird für die Strümpfe gegeben.

Um uns davon zu überzeugen, dass dies die wirkliche Grundlage des Tauschwerts ist, nehmen wir an, dass die Möglichkeiten zur Unterbringung der Arbeitskraft in einem der verschiedenen Prozesse verbessert werden, die die Rohbaumwolle durchlaufen muss, bevor die hergestellten Strümpfe auf den Markt kommen , gegen andere Dinge eingetauscht werden; und beobachten Sie die Auswirkungen, die sich daraus ergeben werden. Wenn weniger Menschen für den Anbau der Rohbaumwolle benötigt würden, wenn weniger Seeleute in der Schifffahrt beschäftigt wären oder weniger

Schiffbauer beim Bau des Schiffes, mit dem sie uns geliefert wurde; Wenn beim Aufbau der Gebäude und Maschinen weniger Hände eingesetzt würden oder wenn diese effizienter gestaltet würden, würden die Strümpfe unweigerlich an Wert verlieren und folglich weniger über andere Dinge verfügen. Sie würden fallen, weil für ihre Produktion eine geringere Arbeitsmenge notwendig sei, und würden daher gegen eine geringere Menge der Dinge eingetauscht, für die kein solcher Arbeitsschutz geschaffen worden sei.

Die sparsame Nutzung der Arbeit verringert immer den relativen Wert einer Ware, sei es die Ersparnis in der Arbeit , die für die Herstellung der Ware selbst notwendig ist, oder in der Arbeit, die für die Bildung des Kapitals notwendig ist, mit dessen Hilfe sie hergestellt wird ist erzeugt. In jedem Fall würde der Preis für Strümpfe sinken, wenn weniger Männer als Bleicher, Spinner und Weber beschäftigt wären, also Personen, die für ihre Herstellung unmittelbar notwendig sind; oder als Matrosen, Frachtführer, Ingenieure und Schmiede, indirekter betroffene Personen. Im einen Fall würde die gesamte Arbeitsersparnis auf die Strümpfe entfallen, weil dieser Teil der Arbeit vollständig auf die Strümpfe beschränkt wäre; im anderen Fall würde nur ein Teil auf die Strümpfe entfallen, der Rest würde für alle anderen Waren verwendet, zu deren Produktion die Gebäude, Maschinen und Wagen dienten.

In jeder Gesellschaft ist das in der Produktion eingesetzte Kapital notwendigerweise von begrenzter Haltbarkeit. Die vom Arbeiter verbrauchte Nahrung und Kleidung , die Gebäude, in denen er arbeitet, die Geräte, mit denen er seine Arbeit unterstützt, sind alle vergänglicher Natur. Es besteht jedoch ein großer Unterschied in der Dauer, wie lange diese verschiedenen Kapitale Bestand haben werden: Eine Dampfmaschine hält länger als ein Schiff, ein Schiff als die Kleidung des Arbeiters und die Kleidung des Arbeiters länger als die Lebensmittel, die es gibt er verbraucht.

Da das Kapital schnell vergänglich ist und häufig reproduziert werden muss oder nur langsam verbraucht wird, wird es in die Rubriken des zirkulierenden oder fixen Kapitals eingeordnet. Von einem Brauer, dessen Gebäude und Maschinen wertvoll und langlebig sind, wird gesagt, dass er einen großen Teil des Anlagekapitals einsetzt. Im Gegensatz dazu wird von einem Schuhmacher gesagt, dass sein Kapital hauptsächlich für die Zahlung von Löhnen verwendet wird, die für Nahrungsmittel und Kleidung, also Waren, ausgegeben werden vergänglicher als Gebäude und Maschinen, soll einen großen Teil seines Kapitals als Umlaufkapital einsetzen.

Zwei Geschäfte können dann die gleiche Menge an Kapital einsetzen; aber es kann in Bezug auf den festen Teil und den zirkulierenden Teil sehr unterschiedlich aufgeteilt sein.

Wiederum können zwei Hersteller die gleiche Menge an fixem und die gleiche Menge an zirkulierendem Kapital verwenden; aber die Dauerhaftigkeit ihrer festen Kapitalien kann sehr ungleich sein. Man kann Dampfmaschinen im Wert von 10.000 *l haben.* das andere sind Schiffe gleichen Wertes.

Neben der Änderung des relativen Werts der Waren, die dadurch verursacht wird, dass mehr oder weniger Arbeit zu ihrer Herstellung erforderlich ist, unterliegen sie auch Schwankungen aufgrund eines Anstiegs der Löhne und eines daraus resultierenden Rückgangs der Profite, wenn die eingesetzten festen Kapitale einen ungleichen Wert haben oder von ungleicher Dauer.

Nehmen wir an, dass in den frühen Stadien der Gesellschaft die Pfeile und Bögen des Jägers den gleichen Wert und die gleiche Haltbarkeit hatten, während das Kanu und die Geräte des Fischers beide das Produkt der gleichen Arbeitsmenge waren . Unter solchen Umständen wäre der Wert des Hirsches, das Produkt der täglichen Arbeit des Jägers , genau gleich dem Wert des Fisches, das Produkt der täglichen Arbeit des Fischers . Der Vergleichswert von Fisch und Wild würde vollständig durch die Arbeitsmenge bestimmt in jedem verwirklicht ; was auch immer die Produktionsmenge sein mag oder wie hoch oder niedrig die allgemeinen Löhne oder Gewinne auch sein mögen. Wenn zum Beispiel die Kanus und Geräte der Fischer einen Wert von 100 *l hätten.* und waren auf eine Dauer von zehn Jahren ausgelegt, und er beschäftigte zehn Männer, deren jährliche Arbeitskraft 100 *l kostete.* und die an einem Tag durch ihre Arbeit zwanzig Lachse erbeuteten: Wenn die vom Jäger eingesetzten Waffen ebenfalls von 100 *l wären.* Wert und berechnet auf zehn Jahre, und wenn er auch zehn Männer beschäftigte, deren jährliche Arbeitskraft 100 *l kostete.* und der ihm an einem Tag zehn Hirsche verschaffte; dann würde der natürliche Preis eines Hirsches zwei Lachse betragen, unabhängig davon, ob der Anteil des Gesamtertrags, der den Männern zuteil wurde, die ihn erwarben, groß oder klein war. Der Anteil, der für die Löhne gezahlt werden könnte, ist für die Gewinnfrage von größter Bedeutung; denn es muss sofort klar sein, dass die Gewinne genau im Verhältnis hoch oder niedrig sein würden, wie die Löhne niedrig oder hoch wären; Der relative Wert von Fisch und Wild dürfte dadurch jedoch nicht im Geringsten beeinträchtigt werden, da die Löhne in beiden Berufen gleichzeitig hoch oder niedrig wären. Wenn der Jäger die Zahlung eines großen Teils oder des Werts eines großen Teils seines Wildes als Lohn als Anreiz für den Fischer geltend machte, ihm im Austausch für sein Wild mehr Fisch zu geben, würde dieser dies angeben er war gleichermaßen von derselben Ursache betroffen; und daher würde bei allen Schwankungen der Löhne und Profite, bei allen Auswirkungen der Kapitalakkumulation, solange sie mit der Arbeit eines Tages fortfuhren , jeweils die gleiche Menge Fisch und die gleiche Menge Wild zu erhalten, der natürliche Wechselkurs gelten sei, ein Hirsch für zwei Lachse.

Würde man bei gleicher Arbeitsmenge weniger Fisch oder mehr Wild gewinnen, so würde der Wert der Fische im Vergleich zu dem des Wildes steigen. Wenn dagegen bei gleicher Arbeitsmenge weniger Wild oder mehr Fisch gewonnen würde, würde das Wild im Vergleich zum Fisch ansteigen.

Wenn es eine andere Ware gäbe, deren Wert unveränderlich wäre und zu deren Gewinn jederzeit und unter allen Umständen genau die gleiche Menge an Arbeit erforderlich wäre, könnten wir dies feststellen, indem wir den Wert von Fisch und Wild damit vergleichen Wie viel der Variation war auf eine Ursache zurückzuführen, die den Wert von Fisch beeinflusste, und wie viel auf eine Ursache, die den Wert von Wild beeinflusste?

Angenommen, Geld wäre diese Ware. Wenn ein Lachs 1 *l wert wäre.* und ein Reh 2 *l.* Ein Hirsch wäre zwei Lachse wert. Aber ein Hirsch könnte den Wert von drei Lachsen haben, denn es könnte mehr Arbeit erfordern, um den Hirsch zu bekommen, oder weniger, um den Lachs zu bekommen, oder beide Ursachen könnten gleichzeitig wirken. Wenn wir diesen unveränderlichen Maßstab hätten, könnten wir leicht feststellen, in welchem Ausmaß eine dieser Ursachen wirksam war. Wenn Lachs weiterhin für 1 1 verkauft wird . während Hirsche auf 3 1 anstiegen . Wir könnten daraus schließen, dass mehr Arbeit erforderlich war, um den Hirsch zu bekommen. Wenn Hirsche zum gleichen Preis von 2 *l weitermachen.* und Lachs für 13 s verkauft . 4 *T.* dann könnten wir sicher sein, dass weniger Arbeit erforderlich war, um den Lachs zu gewinnen; und wenn der Hirsch auf 2 *l stieg.* 10 *Sekunden.* und Lachs fiel bei 16 *s.* 8 *T.* Wir sollten davon überzeugt sein, dass beide Ursachen zur Veränderung des relativen Wertes dieser Waren beigetragen haben.

Keine Änderung des Arbeitslohns könnte eine Änderung des relativen Wertes dieser Waren bewirken; denn wenn der Gewinn 10 Prozent betragen würde, dann wäre der Ersatz der 100 *l.* Umlaufkapital mit 10 Prozent. Gewinn muss eine Rendite von 110 *l erzielt werden.* : um den gleichen Teil des Anlagekapitals zu ersetzen, wenn der Gewinn 10 Prozent beträgt. Es sollen jährlich 16,27 *l eingenommen werden.* ; denn der Barwert einer Rente beträgt 16,27 *l.* für zehn Jahre, wenn das Geld bei 10 Prozent liegt, beträgt es 100 *l.* ; Folglich sollte das gesamte Wild des Jägers jährlich für 126,27 *l verkauft werden.* Da aber das Kapital des Fischers der gleichen Menge nach und im gleichen Verhältnis in fixes und zirkulierendes Kapital aufgeteilt ist und auch von gleicher Dauerhaftigkeit ist, muss er, um den gleichen Gewinn zu erzielen, seine Waren für den gleichen Wert verkaufen. Wenn die Löhne um 10 Prozent steigen würden. und damit 10 Prozent. Wenn in beiden Branchen mehr Umlaufkapital erforderlich wäre, hätte dies gleichermaßen

Auswirkungen auf die Beschäftigung. In beiden 210 *l.* statt 200 *l.* erforderlich wäre, um die frühere Warenmenge zu produzieren; und diese würden für genau das gleiche Geld verkauft werden, nämlich 126,27 *l.* : Sie hätten daher den gleichen relativen Wert und die Gewinne würden in beiden Geschäften gleichermaßen sinken.

Die Preise der Waren würden nicht steigen, weil das Geld, in dem sie bewertet werden, nach der Annahme einen unveränderlichen Wert hat und zu seiner Herstellung immer die gleiche Arbeitsmenge erforderlich ist.

Wenn sich die Goldmine, aus der das Geld stammte, im selben Land befände, dann wären es nach der Lohnerhöhung 210 *l.* Es könnte notwendig sein, es als Kapital einzusetzen, um die gleiche Metallmenge wie 200 *l zu erhalten.* früher erhalten: aus dem gleichen Grund, aus dem der Jäger und Fischer 10 l benötigte . Zusätzlich zu seinen Kapitalien würde der Bergmann eine entsprechende Aufstockung seines Kapitals benötigen. In keinem dieser Berufe wäre eine größere Arbeitsmenge erforderlich , aber sie würde zu einem höheren Preis bezahlt, und die gleichen Gründe, die Jäger und Fischer dazu veranlassen sollten, sich um die Steigerung des Wertes ihres Wildes und Fischs zu bemühen , würden dazu führen, dass Besitzer der Mine, um den Wert seines Goldes zu steigern. Dieser Anreiz wirkt mit gleicher Kraft auf alle diese drei Berufe, und da die relative Situation der in ihnen Tätigen vor und nach der Lohnerhöhung die gleiche ist, bleibt der relative Wert von Wild, Fisch und Gold unverändert bestehen. Die Löhne könnten um zwanzig Prozent steigen, und die Profite könnten infolgedessen mehr oder weniger stark sinken, ohne dass sich der relative Wert dieser Waren auch nur im Geringsten ändert.

Nehmen wir nun an, dass mit der gleichen Arbeit und dem gleichen Anlagekapital mehr Fisch produziert werden könnte, aber kein Gold oder Wild mehr, dann würde der relative Wert von Fisch im Vergleich zu Gold oder Wild sinken. Wenn statt zwanzig Lachsen fünfundzwanzig das Produkt der Arbeit eines Tages wären, würde der Preis für einen Lachs sechzehn Schilling statt eines Pfunds betragen, und als Gegenleistung würden zweieinhalb Lachse anstelle von zwei Lachsen gegeben ein Hirsch, aber der Preis für Hirsch würde weiterhin bei 2 *l liegen.* wie vorher. Auf die gleiche Weise würde der Vergleichswert von Fisch steigen , wenn mit dem gleichen Kapital und der gleichen Arbeit weniger Fisch gewonnen werden könnte . Der Tauschwert von Fisch würde dann nur deshalb steigen oder fallen, weil mehr oder weniger Arbeit erforderlich sei, um eine bestimmte Menge zu erhalten; und es könnte niemals über das Verhältnis der erforderlichen erhöhten oder verringerten Arbeitsmenge hinaus steigen oder fallen .

Produktion erforderlichen zusätzlichen Arbeitsmenge stünde ; und dass sie sich überhaupt nicht steigern könnten, wenn nicht mehr Arbeit für ihre

Produktion erforderlich wäre. Eine Erhöhung der Löhne würde sie weder im Geldwert noch im Verhältnis zu anderen Waren erhöhen, deren Produktion keine zusätzliche Arbeitsmenge erforderte , die das gleiche Verhältnis von fixem und zirkulierendem Kapital und fixes Kapital von gleicher Dauerhaftigkeit erforderte. Wenn bei der Produktion der anderen Ware mehr oder weniger Arbeit erforderlich wäre, so haben wir bereits festgestellt, dass dies sofort eine Änderung in ihrem relativen Wert hervorrufen wird, aber eine solche Änderung ist auf die veränderte Menge der erforderlichen Arbeit zurückzuführen und nicht auf den Anstieg Löhne.

Wenn das fixe und das zirkulierende Kapital in unterschiedlichen Verhältnissen stünden oder wenn das fixe Kapital von unterschiedlicher Haltbarkeit wäre, dann würde sich der relative Wert der produzierten Waren infolge eines Lohnanstiegs ändern.

Erstens, wenn das feste und das Umlaufkapital in unterschiedlichen Verhältnissen stünden, nehmen wir an, dass statt 100 *l.* Anlagekapital und 100 *l.* Umlaufkapital sollte der Jäger 150 *l beschäftigen.* Anlagekapital und 50 *l.* zirkulierendes Kapital, und dass der Fischer im Gegenteil nur 50 *l beschäftigen* *sollte.* Anlagekapital und 150 *l.* Umlaufkapital.

Bei einem Gewinn von 10 Prozent muss der Jäger seine Ware für 79 *l* *verkaufen. 8 Sek.* Für,

<table>
<tr><td>Um sein Umlaufkapital von 50 l zu ersetzen. mit einem Gewinn von 10 Prozent. würde einen Wert von erfordern</td><td>55 l .</td></tr>
<tr><td>Um sein Anlagekapital durch 10 Prozent zu ersetzen. Gewinn, der Barwert einer Rente für zehn Jahre von 24,4 l. bei 10 Prozent. beträgt 150 l.</td><td>24,4 l.</td></tr>
<tr><td></td><td>———</td></tr>
<tr><td></td><td>79,4 Liter.</td></tr>
</table>

Bei einem Gewinn von 10 Prozent muss der Fischer seine Waren für 173 *l* *verkaufen. 2 Sek. 7 Tage.*

<table>
<tr><td>Um sein Umlaufkapital von 150 l zu ersetzen. mit einem Gewinn von 10 Prozent. würde einen Wert von erfordern</td><td>165 Liter.</td></tr>
</table>

Um sein Anlagekapital durch 10 Prozent zu ersetzen.
Gewinn, ein Drittel des Jägers                                        8.13

_______

173,131 .

wird sich ihr relativer Wert ändern, obwohl keines dieser Güter mehr Arbeit für seine Produktion erfordern sollte. Angenommen, der Lohn würde um 6 Prozent steigen, dann würde der Jäger nicht mehr als eine Erhöhung um 3 *l benötigen.* zu seinem Kapital, um die gleiche Anzahl von Menschen zu beschäftigen und die gleiche Menge Wild zu erhalten; der Fischer würde das Dreifache dieser Summe, also 9 *l,* benötigen. Der Aktiengewinn würde auf 4 Prozent sinken, der Jäger wäre gezwungen, sein Wild für 73 *l zu verkaufen.* 12 *Sek. 2 T.*

Um sein Umlaufkapital von 53 *l zu ersetzen.* mit einem
Gewinn von 4 Prozent.                                                55,12 *l.*

Um das jährlich verschwendete Anlagekapital zu
ersetzen, beträgt der Barwert einer Annuität 18,49 *l.*
für zehn Jahre, also 150 *l.*                                        18.49

_______

73,61 £

_______

Der Fischer würde seinen Fisch für 171 *l verkaufen.*
11 *Sek.* 5 *Tage* nämlich.

Um sein Umlaufkapital von 159 *l zu ersetzen.* mit
einem Gewinn von 4 Prozent.                                          165.360 £

Um das jährlich verschwendete Anlagekapital zu
ersetzen, beträgt der Barwert einer Annuität 6.163 *l.*
, für zehn Jahre zu 4 Prozent, also 50 *l.*                          6.163

_______

171.523 £

Früher war Wild zum Angeln da                        als 100 bis 218.

Es wäre jetzt so                                                                    als 100 bis 233.

So sehen wir, dass bei jedem Anstieg der Löhne, je mehr das in einem Beruf eingesetzte Kapital aus zirkulierendem Kapital besteht, dessen Produkte einen größeren relativen Wert haben werden als die in einem anderen Beruf produzierten Güter, in denen ein geringerer Anteil an zirkulierendem Kapital vorhanden ist, und a Es wird ein größerer Anteil des Anlagekapitals eingesetzt.

Nehmen wir zweitens an, dass die Anteile des Anlagekapitals gleich seien; aber von unterschiedlicher Haltbarkeit. Je weniger dauerhaft das fixe Kapital ist, desto näher kommt es der Natur des zirkulierenden Kapitals. Es wird in kürzerer Zeit verbraucht und sein Wert reproduziert, um das Kapital des Herstellers zu erhalten. Wir haben gerade gesehen, dass in dem Verhältnis, in dem das zirkulierende Kapital in einer Manufaktur überwiegt, bei steigenden Löhnen der Wert der in dieser Manufaktur produzierten Waren relativ höher ist als der der Waren, die in Manufakturen produziert werden, in denen das fixe Kapital überwiegt. Im Verhältnis zur geringeren Dauerhaftigkeit des fixen Kapitals und seiner Annäherung an die Natur des zirkulierenden Kapitals wird dieselbe Wirkung durch dieselbe Ursache hervorgerufen.

Nehmen wir an, dass ein Motor hergestellt wird, der hundert Jahre hält und dessen Wert 20.000 *l beträgt.* . Nehmen wir außerdem an, dass diese Maschine ohne jegliche Arbeit jährlich eine bestimmte Menge Waren produzieren könnte und dass der Gewinn 10 Prozent beträgt: Der Gesamtwert der produzierten Waren würde jährlich 2.000 *l betragen.* 2 *Sek.* 11 *d.* ; für den Gewinn von 20.000 *l.*

bei 10 Prozent. pro Jahr, isat 10 Prozent. pro Jahr
beträgt                                                                                2.000 £

Und eine Rente von 2 *s.* 11 *d.* wird am Ende dieses
Zeitraums ein Kapital von 20.000 *l ersetzen.*                              2 11

--------

Folglich muss die Ware für verkauft werden                        £2000 2 11

Wenn der gleiche Betrag an Kapital, nämlich. 20.000 *Liter.* , *zur Unterstützung der produktiven* Arbeit eingesetzt und jährlich konsumiert und reproduziert werden, wie es bei der Zahlung von Löhnen der Fall ist, um dann einen gleichen Profit von 10 Prozent zu erzielen. wir 20.000 *l.* Die produzierten Waren müssen für 22.000 *l verkauft werden.* Nehmen wir nun an, die Arbeitskraft würde so steigen, dass statt 20.000 *l.* 20.952 l würden ausreichen, um den Lohn derjenigen zu bezahlen, die in der Produktion der letztgenannten Waren beschäftigt sind . ist erforderlich; dann sinken die Gewinne auf 5 Prozent: denn da diese Waren nicht mehr als zuvor verkauft werden würden,

namlich.                                22.000 £

und sie zu produzieren                  Es wären 20.952 £ erforderlich,

                                        ————————

es würde nicht mehr bleiben als         1.048 £

wir haben ein Kapital von 20.952 *l.* Wenn der Pflug so stieg, wären das 21.153 *l.* wären erforderlich, würde der Gewinn auf 4 Prozent sinken. und wenn es stieg, so dass 21.359 *l.* eingesetzt würde, würde der Gewinn auf 3 Prozent sinken.

Da jedoch der Besitzer der Maschine, die 100 Jahre lang halten würde, keinen Lohn zahlen würde, sank der Gewinn auf 5 Prozent. der Preis seiner Waren muss auf 1007 *l sinken.* 13 *Sek.* 8 *T.* nämlich. 1000l. um seinen Gewinn zu zahlen, und 7 *l.* 13 *Sek.* 8 *T.* 100 Jahre lang zu 5 Prozent akkumulieren. um sein Kapital von 20.000 *l zu ersetzen.* Als der Gewinn auf 4 Prozent sank. seine Waren müssen für 816 *l verkauft werden.* 3 *Sek.* 2 *T.* , und wenn bei 3 Prozent. für 632 *l.* 16 *Sek.* 7 *Tage.* Bei einem Anstieg des Arbeitspreises um weniger als 7 Prozent, der keinen Einfluss auf die Preise der vollständig durch Arbeit produzierten Waren hat , ergibt sich ein Rückgang von nicht weniger als 68 Prozent. wird auf die vollständig maschinell hergestellten Waren angewendet . Wenn der Besitzer der Maschine seine Ware für mehr als 632 *l verkauft hat.* 16 *Sek.* 7 *Tage.* , er würde mehr als 3 Prozent des allgemeinen Aktiengewinns erhalten; und wie andere sich zum gleichen Preis von 20.000 *l mit Maschinen ausstatten könnten.* Sie würden sich so vervielfachen, dass er unweigerlich gezwungen wäre, den Preis seiner Waren zu senken, bis sie nur noch die üblichen und allgemeinen Kapitalgewinne abwirften.

Je weniger langlebig diese Maschine wäre, desto weniger würden die Preise durch den Rückgang des Profits und den Anstieg der Löhne beeinflusst. Wenn zum Beispiel die Maschine nur zehn Jahre halten würde, wenn der Gewinn bei 10 Prozent läge.

zu welchem Preis die Ware verkauft
werden sollte                                   3254 £

wann um              5 Prozent.                 2590

                     4 Prozent.                 2465

3 Prozent.                           2344

denn das sind die Summen, die erforderlich sind, um seine Gewinne mit anderen gleichzusetzen und sein Kapital nach Ablauf von zehn Jahren zu ersetzen; oder, was dasselbe ist, das sind die Renten, die 20.000 l betragen. würde zehn Jahre lang zu diesen Preisen kaufen. Wenn die Maschine nur drei Jahre halten würde, würde der Gewinn bei 10 Prozent liegen.

| | | |
|---|---|---|
| der Preis der Ware wäre | | 8042 £ |
| bei | 5 Prozent. | 7344 |
| | 4 Prozent. | 7206 |
| | 3 Prozent. | 7070 |

Wenn es nur ein Jahr dauern würde, wenn der Gewinn 10 Prozent betragen würde.

| | | |
|---|---|---|
| für den die Ware verkauft werden würde | | 22.000 £ |
| bei | 5 Prozent. | 21.000 |
| | 4 Prozent. | 20.800 |
| | 3 Prozent. | 20.600 |

Daher fielen die Gewinne von 10 auf 3 Prozent. die Güter, die mit gleichem Kapital produziert wurden, würden fallen

| | |
|---|---|
| 68 Prozent. ob die Maschine halten würde | 100 Jahre. |
| 28 Prozent. ob die Maschine halten würde | 10 Jahre. |
| 13 Prozent. ob die Maschine halten würde | 3 Jahre. |
| Und kaum mehr als 6 Prozent. wenn es nur dauern würde | 1 Jahr. |

Diese Ergebnisse sind für die Wissenschaft der politischen Ökonomie von so großer Bedeutung, stimmen jedoch so wenig mit einigen ihrer übernommenen Lehren überein, die behaupten, dass sich jede Lohnerhöhung notwendigerweise auf den Preis der Waren übertrage, dass es nicht überflüssig sein dürfte, das Thema zu erläutern noch weiter.

Ein Huthersteller beschäftigt hundert Mitarbeiter bei einem Jahresaufwand von 50 *l.* jeder, der ihm Waren im Wert von 8000 *l produziert.* Für 5000 l wird ihm eine Maschine angeboten, die genau ein Jahr halten und die gleiche

Arbeit leisten soll wie die 100 Männer . , genau die Summe, die er für seinen Lohn ausgibt. Dem Hersteller wird es gleichgültig sein, ob er die Maschine kauft oder die Mitarbeiter weiterbeschäftigt. Wenn nun der Arbeitslohn um 10 Prozent steigt. und ein zusätzliches Kapital von 500 *l.* Folglich muss ihm die Beschäftigung der gleichen Arbeitskraft ermöglicht werden, während seine Waren weiterhin für 8000 l verkauft werden . , wird er nicht länger zögern, sondern die Maschine sofort kaufen und dies jährlich tun, während der Lohn weiterhin über den ursprünglichen 5000 *l liegt.* Aber wird er die Maschine jetzt zum alten Preis kaufen können? Wird sein Wert nicht infolge der Zunahme der Arbeit gesteigert ? Es würde erhöht werden, wenn für seinen Bau kein Kapital eingesetzt würde und dem Hersteller keine Gewinne zu zahlen wären. Wenn zum Beispiel die Maschine von 100 Männern hergestellt würde , die ein Jahr lang mit einem Lohn von 50 l daran arbeiteten . jeder, und sein Preis betrug 5000 *l.* , sollten diese Löhne auf 55 l steigen . sein Preis würde 5500 *l betragen.* : aber das kann nicht der Fall sein; Es sind weniger als 100 Mann beschäftigt, sonst könnte es nicht für 5000 *l verkauft werden.* ; für 5000 *l.* Es müssen die Gewinne der Aktien ausgezahlt werden, die die Männer beschäftigt haben. Nehmen wir also an, dass nur 85 Männer mit einem Aufwand von 4250 *l beschäftigt waren.* pro Jahr, und dass die 750 *l.* , die der Verkauf der Maschine zusätzlich zu den den Arbeitern ausgezahlten Löhnen einbrachte, bildete den Gewinn der Aktien des Ingenieurs. Bei einer Lohnerhöhung um 10 Prozent wäre er gezwungen, ein zusätzliches Kapital von 425 *l einzusetzen.* und würde somit 4675 *l verbrauchen.* , statt 4250 *l.* , mit welchem Kapital er nur einen Gewinn von 325 l erzielen würde . wenn er seine Maschine weiterhin für 5000 l verkaufen würde . ; aber genau das ist bei allen Fabrikanten und Kapitalisten der Fall; Der Anstieg der Löhne betrifft sie alle. Wenn also der Hersteller der Maschine infolge einer Lohnsteigerung den Preis seiner Maschine erhöhen würde, würde eine ungewöhnliche Menge Kapital für den Bau solcher Maschinen verwendet, bis ihr Preis nur noch die üblichen Profite abwirft. Der Hersteller von Hüten, durch den Einsatz der Maschine, wenn er seine Hüte für 8000 *l verkauft.* , ist genau in der gleichen Situation wie zuvor; er setzt kein Kapital mehr ein und erzielt die gleichen Gewinne. Die Konkurrenz des Handels würde dies nicht lange zulassen; denn da das Kapital in die profitabelste Beschäftigung fließen würde, wäre er gezwungen, den Preis für Hüte zu senken, bis sein Gewinn auf das allgemeine Niveau gesunken wäre. Somit profitiert die Öffentlichkeit von der Maschinerie: Diese stummen Agenten sind immer das Produkt von viel weniger Arbeit als die, die sie ersetzen, selbst wenn sie den gleichen Geldwert haben. Durch ihren Einfluss wird eine Erhöhung der Lebensmittelpreise, die die Löhne erhöht, weniger Personen betreffen: Sie wird, wie im obigen Beispiel, 85 statt 100 Männer erreichen; und die daraus resultierende Ersparnis zeigt sich im verminderten Preis der hergestellten Ware. Weder Maschinen noch andere Waren werden teurer , aber alle Waren, die von Maschinen hergestellt werden, fallen, und zwar im Verhältnis zu ihrer Haltbarkeit.

Es scheint also, dass sich die relativen Preise der Waren, für die dieses Kapital eingesetzt wird, im Verhältnis zur Menge und Dauerhaftigkeit des in irgendeiner Art von Produktion eingesetzten festen Kapitals umgekehrt wie die Löhne ändern; Sie werden sinken, wenn die Löhne steigen. Es scheint auch, dass überhaupt keine Waren im absoluten Preis steigen, nur weil die Löhne steigen; dass sie niemals aufstehen, es sei denn, ihnen wird zusätzliche Arbeit zuteil; sondern dass alle Waren, in deren Produktion das fixe Kapital eintritt, mit steigendem Arbeitslohn nicht nur nicht steigen, sondern absolut fallen; fallen um bis zu 68 Prozent, bei einem Anstieg um sieben Prozent. im Arbeitslohn, wenn ausschließlich fixes Kapital eingesetzt wird, und die Dauer 100 Jahre beträgt.

Die obige Aussage, die die Vereinbarkeit eines Lohnanstiegs mit einem Preisverfall behauptet, hat, wie ich weiß, den Nachteil der Neuheit und muss für Befürworter auf ihre eigenen Verdienste vertrauen; während es für seine Gegner Autoren mit angesehenem und verdientem Ruf hat. Es sollte jedoch sorgfältig beachtet werden, dass ich in dieser ganzen Argumentation davon ausgehe, dass Geld einen unveränderlichen Wert hat; mit anderen Worten, immer das Produkt der gleichen Menge selbständiger Arbeit zu sein . Geld ist jedoch eine variable Ware; und der Anstieg der Löhne sowie der Waren wird häufig durch einen Rückgang des Geldwertes verursacht. Ein Anstieg des Arbeitslohns aus dieser Ursache wird in der Tat unweigerlich mit einem Anstieg des Warenpreises einhergehen; in solchen Fällen wird man jedoch feststellen, dass die Arbeit und alle Waren sich nicht im Verhältnis zueinander verändert haben, sondern dass die Veränderung stattgefunden hat auf Geld beschränkt.

Geld, weil es eine von einem fremden Land erworbene Ware ist, weil es das allgemeine Tauschmittel zwischen allen zivilisierten Ländern ist und weil es auch unter diesen Ländern in Proportionen verteilt wird, die sich mit jeder Verbesserung des Handels und der Maschinerie ständig ändern, und Mit zunehmender Schwierigkeit, Nahrungsmittel und Bedarfsgüter für eine wachsende Bevölkerung zu beschaffen, unterliegt es ständigen Veränderungen. Bei der Festlegung der Prinzipien, die den Tauschwert und den Preis regeln, sollten wir sorgfältig zwischen den Schwankungen unterscheiden, die der Ware selbst zuzuordnen sind, und solchen, die durch eine Schwankung des Mediums verursacht werden, in dem der Wert geschätzt oder der Preis ausgedrückt wird.

Ein Anstieg der Löhne aufgrund einer Änderung des Geldwertes hat eine allgemeine Auswirkung auf den Preis und aus diesem Grund keinerlei wirkliche Auswirkung auf die Gewinne. Im Gegenteil: Eine Erhöhung der

Löhne, die darauf zurückzuführen ist, dass der Arbeiter großzügiger entlohnt wird, oder auf der Schwierigkeit, die lebensnotwendigen Güter zu beschaffen, auf die sich die Löhne erhöhen, hat nicht die Wirkung einer Preiserhöhung, sondern eine große Senkung Gewinne. Im einen Fall wird kein größerer Teil der jährlichen Arbeit des Landes für die Unterstützung der Arbeiter aufgewendet , im anderen Fall wird ein größerer Teil dafür aufgewendet.

Nach der Aufteilung des gesamten Boden- und Arbeitsprodukts des Landes auf die drei Klassen Grundbesitzer, Kapitalisten und Arbeiter müssen wir Rente, Profit und Lohn beurteilen und nicht nach dem Wert anhand dessen dieses Ergebnis in einem Medium geschätzt werden kann, das zugegebenermaßen variabel ist.

Wir können die Profitrate, die Rente und die Löhne nicht anhand der absoluten Produktmenge einer Klasse richtig beurteilen, sondern anhand der Arbeitsmenge, die zur Erzielung dieses Produkts erforderlich ist. Durch Verbesserungen im Maschinenbau und in der Landwirtschaft kann die Gesamtproduktion verdoppelt werden; Wenn aber auch Löhne, Rente und Profit verdoppelt werden, werden diese drei im gleichen Verhältnis zueinander stehen, und man kann nicht sagen, dass sich keines von beiden relativ verändert hat. Aber wenn die Löhne nicht an der Gesamtheit dieser Steigerung beteiligt sind; Wenn sie, anstatt sich zu verdoppeln, nur um die Hälfte erhöht würden, wenn die Miete, anstatt sich zu verdoppeln, nur um drei Viertel erhöht würde und die verbleibende Erhöhung dem Gewinn zugutekäme, wäre es, so vermute ich, richtig, wenn ich sagen würde: dass Miete und Löhne gesunken seien, während die Gewinne gestiegen seien; Denn wenn wir einen unveränderlichen Maßstab hätten, an dem wir den Wert dieses Produkts messen könnten, würden wir feststellen, dass der Klasse der Arbeiter und Grundbesitzer ein geringerer Wert und der Klasse der Kapitalisten ein größerer Wert zugefallen wäre als zuvor . Wir könnten zum Beispiel feststellen, dass die absolute Menge der Waren zwar verdoppelt wurde, sie jedoch das Produkt genau der vorherigen Arbeitsmenge waren . Von jeweils hundert produzierten Hüten, Mänteln und Vierteln Mais

| | |
|---|---|
| wenn die Arbeiter es getan hätten | 25 |
| Die Vermieter | 25 |
| Und die Kapitalisten | 25 |
| | ——— |
| | 100 |

Und wenn, nachdem sich die Menge dieser Waren verdoppelt hätte, von jeweils 100

| | |
|---|---|
| Die Arbeiter hatten nur | 22 |
| Die Vermieter | 22 |
| Und die Kapitalisten | 22 |
| | —— |
| | 100 |

In diesem Fall würde ich sagen, dass Löhne und Mieten gesunken waren und die Gewinne gestiegen waren; Allerdings wäre infolge des Überflusses an Waren die an den Arbeiter und Grundbesitzer gezahlte Menge im Verhältnis 25 zu 44 gestiegen. Die Löhne sind nach ihrem tatsächlichen Wert zu schätzen, d. h. nach der Menge an Arbeit und Kapital, die bei ihrer Herstellung eingesetzt wurde, und nicht nach ihrem Nominalwert, weder in Mänteln, Hüten, Geld oder Mais. Unter den Umständen, die ich gerade angenommen habe, wären die Waren auf die Hälfte ihres früheren Wertes gefallen; und, wenn sich das Geld nicht geändert hätte, auch auf die Hälfte ihres früheren Preises. Wenn sich nun herausstellt, dass in diesem Medium, dessen Wert sich nicht verändert hat, der Lohn des Arbeiters gesunken ist, so handelt es sich nicht weniger um einen wirklichen Rückgang, weil sie ihm möglicherweise eine größere Menge billiger Waren liefern könnten, als er besitzt Zuglöhne.

Die Schwankung des Geldwertes, so groß sie auch sein mag, macht keinen Unterschied in der *Profitrate* ; Nehmen wir nämlich an, dass die Güter des Herstellers von 1000 *l. steigen.* bis 2000 *l.* oder 100 Prozent, wenn sein Kapital, auf das die Schwankungen des Geldes ebenso viel Einfluss haben wie auf den Wert der Produkte, wenn seine Maschinen, Gebäude und Handelsbestände um mehr als 100 Prozent steigen, seine Profitrate ist gefallen, und er verfügt über eine verhältnismäßig geringere Menge des Arbeitsprodukts des Landes , über die er verfügt.

Wenn er mit einem Kapital von gegebenem Wert die Produktmenge verdoppelt , sinkt ihr Wert um die Hälfte, und dann steht sie im gleichen Verhältnis zu dem Kapital, das sie produziert hat, wie zuvor.

Wenn gleichzeitig mit der Verdoppelung der Produktionsmenge durch den Einsatz desselben Kapitals der Wert des Geldes zufällig um die Hälfte sinkt, wird das Produkt für den doppelten Geldwert verkauft, den es zuvor hatte; aber das zu seiner Herstellung eingesetzte Kapital wird auch das Doppelte seines früheren Geldwertes haben; und daher wird auch in diesem Fall der

Wert des Produkts im gleichen Verhältnis zum Wert des Kapitals stehen wie zuvor; und obwohl das Produkt verdoppelt wird, werden Rente, Löhne und Profit nur in dem Maße variieren, wie die Verhältnisse variieren, in denen dieses doppelte Produkt unter den drei Klassen aufgeteilt werden kann, die es teilen.

Es scheint also, dass die Akkumulation des Kapitals, indem sie dazu führt, dass unterschiedliche Anteile des festen und zirkulierenden Kapitals in verschiedenen Gewerben eingesetzt werden, und indem sie diesem festen Kapital unterschiedliche Grade der Dauerhaftigkeit verleiht, eine beträchtliche Modifikation der Regel mit sich bringt, die von allgemeiner Anwendbarkeit ist in den frühen Stadien der Gesellschaft.

Obwohl die Waren weiterhin steigen und fallen, je mehr oder weniger Arbeit für ihre Produktion erforderlich ist, wird ihr relativer Wert auch durch einen Anstieg oder Rückgang der Profite beeinflusst, da gleiche Profite aus Waren erzielt werden können, die für 2.000 verkauft werden *L.* und von denen, die für 10.000 *l verkauft werden.* ; und folglich müssen sich die Schwankungen dieser Gewinne, unabhängig von einer erhöhten oder verringerten Arbeitsmenge, die für die betreffenden Waren erforderlich ist, in unterschiedlichem Verhältnis auf deren Preise auswirken.

Es scheint auch, dass der Wert der Waren infolge eines realen Lohnanstiegs sinken kann, dass sie aber aus diesem Grund niemals steigen können. Andererseits können sie durch einen Rückgang der Löhne steigen, da sie dann die besonderen Produktionsvorteile verlieren, die ihnen hohe Löhne verschafften.

# KAPITEL II.

## WIR SENDETEN.

ES BLEIBT jedoch zu prüfen, ob die Aneignung von Land und die daraus resultierende Schaffung von Rente zu einer Änderung des relativen Wertes der Waren führen wird, unabhängig von der für die Produktion erforderlichen Arbeitsmenge . Um diesen Teil des Themas zu verstehen, müssen wir die Natur der Rente und die Gesetze untersuchen, durch die ihr Anstieg oder Fall reguliert wird. Die Rente ist der Teil des Bodenertrags, der dem Grundeigentümer für die Nutzung der ursprünglichen und unzerstörbaren Kräfte des Bodens gezahlt wird. Er wird jedoch oft mit den Zinsen und dem Profit des Kapitals verwechselt, und im Volksmund wird der Begriff auf alles angewendet, was ein Bauer jährlich an seinen Grundbesitzer zahlt. Wenn von zwei aneinandergrenzenden Höfen gleicher Größe und gleicher natürlicher Fruchtbarkeit der eine alle Annehmlichkeiten eines landwirtschaftlichen Gebäudes hätte, außerdem ordnungsgemäß entwässert und gedüngt wäre und vorteilhafterweise durch Hecken, Zäune und Mauern getrennt wäre, während der andere Wäre dieser Vorteil nicht gegeben, würde natürlich für die Nutzung des einen eine höhere Vergütung gezahlt werden als für die Nutzung des anderen; In beiden Fällen würde diese Vergütung jedoch Miete genannt werden. Aber es ist offensichtlich, dass nur ein Teil des Geldes, das jährlich für die verbesserte Landwirtschaft gezahlt wird, für die ursprünglichen und unzerstörbaren Kräfte des Bodens ausgegeben werden würde; Der andere Teil sollte für die Verwendung des Kapitals bezahlt werden, das zur Verbesserung der Qualität des Landes und zur Errichtung solcher Gebäude eingesetzt wurde, die zur Sicherung und Erhaltung der Produkte erforderlich waren. Adam Smith spricht manchmal von Miete im strengen Sinne, auf den ich es beschränken möchte, häufiger jedoch im populären Sinne, in dem der Begriff normalerweise verwendet wird. Er erzählt uns, dass die Nachfrage nach Holz und der daraus resultierende hohe Preis in den südlicheren Ländern Europas dazu führten, dass für Wälder in Norwegen eine Pacht gezahlt wurde, die sich zuvor keine Pacht leisten konnte. Ist es jedoch nicht offensichtlich, dass die Person, die die sogenannte Miete zahlte, diese als Gegenleistung für die wertvolle Ware bezahlte, die damals auf dem Land stand, und dass er sich durch den Verkauf des Holzes tatsächlich mit einem Gewinn zurückzahlte? ? Wenn tatsächlich nach der Entfernung des Holzes eine Entschädigung an den Vermieter für die Nutzung des Landes zum Zwecke des Holzanbaus oder eines anderen Produkts im Hinblick auf die künftige Nachfrage gezahlt würde, könnte diese Entschädigung zu Recht als Pacht bezeichnet werden . weil es für die Produktivkräfte des Landes bezahlt würde; aber in dem von Adam Smith dargelegten Fall wurde die Entschädigung für die Freiheit gezahlt, das Holz zu entfernen und zu verkaufen, und nicht für die Freiheit, es anzubauen. Er spricht auch von der Pacht von Kohlebergwerken und Steinbrüchen, für die die gleiche Beobachtung gilt – dass die für die Mine oder den Steinbruch gegebene Entschädigung für den Wert der Kohle oder des Steins gezahlt wird, die aus ihnen entfernt werden können, und hat nichts mit den ursprünglichen und unzerstörbaren Kräften des Landes zu tun . Dies ist eine Unterscheidung von großer Bedeutung bei einer Untersuchung über Rente und Gewinne; Denn es zeigt sich, dass die Gesetze, die den Verlauf der Rente regeln, sich stark von denen unterscheiden, die den Verlauf des Profits regeln, und selten in die gleiche Richtung wirken. In allen verbesserten Ländern wird das, was jährlich an den Grundbesitzer gezahlt wird und an beiden Charakteren, Rente und Profit, teilhat, manchmal durch die Wirkung gegensätzlicher Ursachen stationär gehalten, zu anderen Zeiten steigt es oder geht zurück, je nachdem die eine oder andere dieser Ursachen überwiegt. Wenn ich also auf den folgenden Seiten dieses Werkes von der Grundrente spreche, möchte ich so verstanden werden, dass ich von der Entschädigung spreche, die dem Grundeigentümer für die Nutzung seiner ursprünglichen und unzerstörbaren Befugnisse gezahlt wird.

Bei der ersten Besiedlung eines Landes, in dem es eine Fülle von reichem und fruchtbarem Land gibt, muss ein sehr kleiner Teil davon zum Unterhalt der tatsächlichen Bevölkerung bebaut werden oder kann tatsächlich mit dem Kapital der Bevölkerung bebaut werden kann befehlen, es wird keine Miete geben; denn niemand würde für die Nutzung von Land bezahlen, wenn noch reichlich Land vorhanden war, das noch nicht angeeignet war und daher jedem zur Verfügung stand, der es bewirtschaften wollte.

Nach den allgemeinen Grundsätzen von Angebot und Nachfrage könnte aus dem genannten Grund keine Pacht für solches Land gezahlt werden, weil nichts für die Nutzung von Luft und Wasser oder für andere Gaben der Natur gegeben wird, die in grenzenloser Menge vorhanden sind. Mit einer gegebenen Materialmenge und mit Hilfe des Atmosphärendrucks und der Elastizität des Dampfes können Maschinen Arbeit verrichten und die menschliche Arbeit in einem sehr großen Ausmaß verkürzen; Für die Nutzung dieser natürlichen Hilfsmittel wird jedoch keine Gebühr erhoben, da sie unerschöpflich und jedem Menschen zur Verfügung stehen. Auf die gleiche Weise nutzen der Brauer, der Brenner und der Färber unaufhörlich Luft und Wasser für die Herstellung ihrer Waren; aber da der Vorrat grenzenlos ist, hat er keinen Preis. [5] Wenn alles Land die gleichen Eigenschaften hätte, wenn es in seiner Menge unbegrenzt und in seiner Qualität einheitlich wäre, könnte für seine Nutzung keine Gebühr erhoben werden, es sei denn, es verfügt über besondere Lagevorteile. Nur dann, weil Land hinsichtlich seiner Produktivkraft von unterschiedlicher Qualität ist und weil im Zuge der Bevölkerungsentwicklung Land von minderer Qualität oder in weniger vorteilhafter Lage zur Bewirtschaftung herangezogen wird,

wird für die Nutzung jemals Pacht gezahlt Es. Wenn im Zuge des gesellschaftlichen Fortschritts Land der zweiten Fruchtbarkeitsstufe zur Bebauung genutzt wird, beginnt die Rente sofort mit der Rente der ersten Qualität, und die Höhe dieser Rente wird von der Differenz in der Qualität dieser beiden Landteile abhängen .

Wenn Land der dritten Qualität bewirtschaftet wird, beginnt die Rente sofort mit der zweiten und wird wie zuvor durch die Differenz ihrer Produktivkräfte reguliert. Gleichzeitig wird die Rente der ersten Qualität um die Differenz zwischen dem Produkt, das sie bei einer gegebenen Menge Kapital und Arbeit erwirtschaften, steigen, denn diese muss immer über der Rente der zweiten Qualität liegen . Mit jedem Schritt im Fortschritt der Bevölkerung, der ein Land dazu zwingt, auf Land von schlechterer Qualität zurückzugreifen, um seine Nahrungsversorgung zu erhöhen, wird die Rente für das fruchtbarere Land steigen.

Nehmen wir also Land an – Nr. 1, 2, 3, – um bei gleichem Einsatz von Kapital und Arbeit einen Nettoertrag von 100, 90 und 80 Vierteln Mais zu erzielen. In einem neuen Land, in dem es im Vergleich zur Bevölkerung einen Überfluss an fruchtbarem Land gibt und in dem es daher nur notwendig ist, Nr. 1 zu bewirtschaften, wird das gesamte Nettoprodukt dem Landwirt gehören und der Gewinn des Bestands sein, der er schreitet voran. Sobald die Bevölkerung so weit gewachsen war, dass die Bewirtschaftung von Nr. 2 notwendig wurde, von der nach Unterstützung der Arbeiter nur neunzig Viertel erhalten werden konnten , begann die Pacht auf Nr. 1; Denn entweder muss es zwei Profitraten auf dem landwirtschaftlichen Kapital geben oder zehn Viertel, oder der Wert von zehn Vierteln muss für einen anderen Zweck aus dem Produkt Nr. 1 abgezogen werden. Unabhängig davon, ob der Eigentümer des Landes oder eine andere Person Nr. 1 bewirtschaftete, würden diese zehn Viertel gleichermaßen eine Pacht darstellen; denn der Bewirtschafter von Nr. 2 würde mit seinem Kapital das gleiche Ergebnis erzielen, unabhängig davon, ob er Nr. 1 bewirtschaftet und dabei zehn Viertel Pacht zahlt, oder ob er weiterhin Nr. 2 bewirtschaftet und keine Pacht zahlt. Auf die gleiche Weise könnte gezeigt werden, dass, wenn Nr. 3 in den Anbau gebracht wird, die Rente von Nr. 2 zehn Viertel oder den Wert von zehn Vierteln betragen muss, während die Rente von Nr. 1 auf zwanzig Viertel steigen würde; denn der Bewirtschafter von Nr. 3 hätte den gleichen Gewinn, ob er nun zwanzig Quarter für die Pacht von Nr. 1, zehn Quarter für die Pacht von Nr. 2 zahlte oder Nr. 3 frei von jeglicher Pacht bewirtschaftete.

Es kommt oft und tatsächlich häufig vor, dass Kapital produktiver auf den bereits bewirtschafteten Böden eingesetzt werden kann, bevor die Ländereien Nr. 2, 3, 4 oder 5 oder die minderwertigen Ländereien bebaut werden. Es kann vielleicht herausgefunden werden, dass durch die

Verdoppelung des ursprünglich auf Nr. 1 eingesetzten Kapitals das Produkt zwar nicht verdoppelt, aber nicht um 100 Viertel erhöht wird, es aber um 85 Viertel erhöht werden kann, und dass diese Menge mehr als das ist könnte durch den Einsatz des gleichen Kapitals auf dem Land erzielt werden, Nr. 3.

In einem solchen Fall wird das Kapital vorzugsweise auf dem alten Land eingesetzt und erzeugt ebenfalls eine Rente; Denn die Rente ist immer die Differenz zwischen dem Produkt, das durch den Einsatz zweier gleicher Mengen Kapital und Arbeit erzielt wird . Wenn mit einem Kapital von 1000 *l*. Ein Pächter erhält von seinem Land 100 Viertel Weizen und durch den Einsatz eines zweiten Kapitals von 1000 *l*. Erhält er eine weitere Rendite von fünfundachtzig, hätte sein Vermieter nach Ablauf seines Mietvertrags die Macht, ihn zur Zahlung von fünfzehn Vierteln oder einem Gegenwert für zusätzliche Miete zu verpflichten; denn es kann nicht zwei Profitraten geben. Wenn er sich mit einer Reduzierung der Rendite um fünfzehn Viertel für seine zweiten 1000 *l zufriedengibt*. Das liegt daran, dass für ihn keine rentablere Beschäftigung gefunden werden kann. Die allgemeine Profitrate würde in diesem Verhältnis liegen, und wenn der ursprüngliche Pächter sich weigerte, wäre eine andere Person bereit, alles, was diese Profitrate überstieg, dem Eigentümer des Landes zu geben, von dem er es bezog.

In diesem wie auch im anderen Fall zahlt das zuletzt eingesetzte Kapital keine Rente. Für die größere Produktivkraft der ersten 1000 *l*. Für die Miete werden fünfzehn Viertel gezahlt, für die Beschäftigung des zweiten 1000 *l*. Es wird keine Miete gezahlt. Wenn ein Drittel 1000 *l*. auf dem gleichen Grundstück beschäftigt werden, mit einer Rendite von fünfundsiebzig Vierteln, wird dann für die zweiten 1000 *l Miete gezahlt*. und wird der Differenz zwischen dem Ertrag dieser beiden oder zehn Vierteln entsprechen; und gleichzeitig die Miete der ersten 1000 *l*. wird von fünfzehn auf fünfundzwanzig Viertel steigen; während die letzten 1000 *l*. werde überhaupt keine Miete zahlen.

Wenn dann gutes Land in einer viel größeren Menge vorhanden wäre, als die Produktion von Nahrungsmitteln für eine wachsende Bevölkerung erforderte, oder wenn Kapital auf unbestimmte Zeit eingesetzt werden könnte, ohne dass sich die Rendite des alten Landes verringerte, könnte es keinen Anstieg der Rente geben; Denn die Rente entsteht stets aus dem Einsatz einer zusätzlichen Arbeitsmenge mit verhältnismäßig geringerem Ertrag.

Das fruchtbarste und am günstigsten gelegene Land wird zuerst bebaut, und der Tauschwert seiner Produkte wird in derselben Weise wie der Tauschwert aller anderen Waren durch die Gesamtmenge der von Anfang an in verschiedenen Formen notwendigen Arbeit angepasst zu halten, es zu produzieren und auf den Markt zu bringen. Wenn Land von minderer

Qualität bebaut wird, steigt der Tauschwert der Rohprodukte, da für deren Produktion mehr Arbeitskräfte erforderlich sind.

Der Tauschwert aller Waren, ob sie nun hergestellt werden, sei es das Produkt der Minen oder das Produkt des Landes, wird immer reguliert und nicht durch die geringere Arbeitsmenge, die zu ihrer Produktion unter äußerst günstigen und ausschließlich genossenen Umständen ausreicht von denen, die über besondere Produktionsmöglichkeiten verfügen; aber durch die größere Arbeitsmenge, die diejenigen , die nicht über solche Möglichkeiten verfügen, zwangsläufig in ihre Produktion investieren; von denen, die sie unter den ungünstigsten Umständen weiterhin produzieren ; Bedeutung – durch die ungünstigsten Umstände , die ungünstigsten , unter denen die Menge der benötigten Produkte es notwendig macht, die Produktion fortzusetzen.

So werden in einer Wohltätigkeitseinrichtung, in der die Armen mit den Mitteln von Wohltätern arbeiten sollen, die allgemeinen Preise der Waren, die das Ergebnis dieser Arbeit sind, nicht durch die besonderen Erleichterungen bestimmt, die diesen Arbeitern geboten werden, sondern durch die üblichen, üblichen und natürlichen Schwierigkeiten, mit denen jeder andere Hersteller konfrontiert sein wird. Der Fabrikant, der über keine dieser Möglichkeiten verfügt, könnte tatsächlich ganz vom Markt verdrängt werden, wenn die von diesen bevorzugten Arbeitern gebotene Versorgung allen Bedürfnissen der Gemeinschaft entspräche; aber wenn er den Handel fortsetzte, dann nur unter der Bedingung, dass er daraus die übliche und allgemeine Kapitalgewinnrate ableiten würde; und das konnte nur geschehen, wenn seine Ware zu einem Preis verkauft wurde, der im Verhältnis zur Arbeitsmenge stand, die für ihre Produktion aufgewendet wurde. [6]

Es ist wahr, dass auf dem besten Land immer noch die gleichen Produkte mit der gleichen Arbeit wie zuvor erzielt werden würden, aber ihr Wert würde infolge der geringeren Erträge derjenigen steigen, die auf dem weniger fruchtbaren Land neue Arbeitskräfte und Vieh einsetzen . Ungeachtet dessen, dass die Vorteile von fruchtbarem Land gegenüber minderwertigem Land in keinem Fall verloren gehen, sondern nur vom Landwirt oder Verbraucher auf den Grundeigentümer übertragen werden, ist doch auf dem minderwertigen Land mehr Arbeit erforderlich, und zwar nur auf diesem Land Dadurch, dass wir in der Lage sind, uns mit der zusätzlichen Versorgung mit Rohprodukten zu versorgen, wird der Vergleichswert dieser Produkte dauerhaft über seinem früheren Niveau bleiben und dazu führen, dass sie gegen mehr Hüte, Stoffe, Schuhe usw. eingetauscht werden. &vs. bei deren Herstellung keine solche zusätzliche Arbeitsmenge erforderlich ist.

Der Grund dafür, dass der Vergleichswert der Rohprodukte steigt, liegt also darin, dass bei der Produktion des zuletzt erhaltenen Teils mehr Arbeit eingesetzt wird, und nicht darin, dass dem Grundbesitzer eine Rente gezahlt wird. Der Wert des Getreides wird durch die Menge an Arbeit bestimmt , die für seine Produktion auf dieser Bodenqualität aufgewendet wird, oder durch den Teil des Kapitals, der keine Rente zahlt. Der Mais ist nicht hoch, weil eine Pacht gezahlt wird, sondern eine Pacht wird gezahlt, weil der Mais hoch ist; und es wurde mit Recht festgestellt, dass es zu keiner Senkung des Getreidepreises kommen würde, obwohl die Grundbesitzer auf die gesamte Rente verzichten sollten. Eine solche Maßnahme würde es nur einigen Bauern ermöglichen, wie ein Gentleman zu leben, würde aber nicht die Menge an Arbeit verringern , die erforderlich ist, um Rohprodukte auf dem am wenigsten produktiven Land zu züchten.

Nichts ist gewöhnlicher, als von den Vorteilen zu hören, die das Land aufgrund des Überschusses, den es in Form von Rente abwirft, gegenüber jeder anderen Quelle nützlicher Produkte besitzt. Doch wenn Land am reichlichsten vorhanden ist, wenn es am produktivsten und fruchtbarsten ist, bringt es keine Rente; und erst wenn seine Kräfte nachlassen und weniger als Gegenleistung für Arbeit erbracht wird , wird ein Teil des ursprünglichen Produkts der fruchtbareren Teile für die Rente abgesondert. Es ist merkwürdig, dass auf diese Qualität des Landes, die im Vergleich zu den natürlichen Mitteln, durch die die Hersteller unterstützt werden, als Unvollkommenheit hätte auffallen sollen, hingewiesen wurde, dass sie seinen besonderen Vorrang ausmacht. Wenn Luft, Wasser, die Elastizität des Dampfes und der Druck der Atmosphäre unterschiedliche Qualitäten hätten; Wenn sie angeeignet werden könnten und jede Qualität nur in mäßiger Menge vorhanden wäre, würden sie und das Land eine Rente abwerfen, wenn die aufeinanderfolgenden Qualitäten in Gebrauch genommen würden. Mit jeder eingesetzten schlechteren Qualität würde der Wert der Waren, zu deren Herstellung sie verwendet wurden, steigen, weil gleiche Arbeitsmengen weniger produktiv wären. Der Mensch würde im Schweiße seines Angesichts mehr tun, und die Natur würde weniger leisten; und das Land würde aufgrund seiner begrenzten Macht nicht länger überragend sein.

Wenn die überschüssige Produktion, die das Land in Form von Renten liefert, ein Vorteil ist, ist es wünschenswert, dass die jedes Jahr neu gebauten Maschinen weniger effizient sind als die alten, da dies den hergestellten Gütern zweifellos einen größeren Tauschwert verleihen würde. nicht nur durch diese Maschinerie, sondern durch alle anderen Maschinen im Königreich; und allen, die die produktivsten Maschinen besaßen, wurde eine Miete gezahlt. [7]

Der Anstieg der Mieten ist immer die Folge des zunehmenden Reichtums des Landes und der Schwierigkeit, die wachsende Bevölkerung mit Nahrungsmitteln zu versorgen. Es ist ein Symptom, aber niemals eine Ursache für Wohlstand; Denn der Reichtum wächst oft am schnellsten, während die Rente entweder gleich bleibt oder sogar sinkt. Die Rente steigt am schnellsten, wenn die Produktivkraft des verfügbaren Bodens abnimmt. Der Wohlstand wächst am schnellsten in den Ländern, in denen das verfügbare Land am fruchtbarsten ist, in denen die Einfuhr am wenigsten eingeschränkt ist und in denen durch landwirtschaftliche Verbesserungen die Produktion ohne Erhöhung der proportionalen Arbeitsmenge vervielfacht werden kann und in denen folglich die Entwicklung der Rente langsam ist .

Wenn der hohe Maispreis die Auswirkung und nicht die Ursache der Miete wäre, würde der Preis proportional beeinflusst werden, da die Mieten hoch oder niedrig wären und die Miete ein Bestandteil des Preises wäre. Aber der Mais, der mit der größten Arbeitsmenge produziert wird, ist der Regulator des Maispreises, und die Rente geht nicht im geringsten als Bestandteil seines Preises ein und kann dies auch nicht tun. Adam Smith kann daher nicht Recht haben, wenn er annimmt, dass die ursprüngliche Regel, die den Tauschwert der Waren regelte, nämlich die relative Arbeitsmenge, mit der sie produziert wurden, durch die Aneignung von Land und die Zahlung von Rente überhaupt geändert werden kann. Rohmaterial ist Teil der Zusammensetzung der meisten Waren, aber der Wert dieses Rohmaterials sowie des Getreides wird durch die Produktivität des Teils des Kapitals bestimmt, der zuletzt auf dem Land eingesetzt wurde und keine Rente zahlt; und daher ist die Miete kein Bestandteil des Warenpreises.

Wir haben bisher die Auswirkungen des natürlichen Fortschritts von Reichtum und Bevölkerung auf die Rente in einem Land untersucht, in dem das Land über unterschiedlich produktive Kräfte verfügt; und wir haben gesehen, dass mit jedem Teil des zusätzlichen Kapitals, den es notwendig macht, auf dem Boden mit einer geringeren produktiven Rendite eingesetzt zu werden, die Rente steigen würde. Aus denselben Grundsätzen folgt, dass alle Umstände in der Gesellschaft, die es unnötig machen würden, die gleiche Menge an Kapital auf dem Land einzusetzen, und die daher den zuletzt eingesetzten Teil produktiver machen würden, die Rente senken würden. Jede starke Verringerung des Kapitals eines Landes, die die für den Unterhalt der Arbeitskraft bestimmten Mittel erheblich verringern würde , hätte natürlich diese Wirkung. Die Bevölkerung reguliert sich selbst durch die Mittel, die sie verwenden sollen, und nimmt daher immer zu oder ab, wenn das Kapital zunimmt oder abnimmt. Jede Kapitalverringerung hat daher zwangsläufig eine geringere effektive Nachfrage nach Getreide, einen Preisverfall und eine verminderte Bewirtschaftung zur Folge. In der umgekehrten Reihenfolge, in der die Akkumulation des Kapitals die Rente erhöht, wird die Verminderung des Kapitals die Rente senken. Land von weniger unproduktiver Qualität wird nach und nach aufgegeben, der Tauschwert der Produkte wird sinken, und Land von besserer Qualität wird das zuletzt bewirtschaftete Land sein, das dann keine Rente mehr zahlt.

Die gleichen Wirkungen können jedoch hervorgerufen werden, wenn der Reichtum und die Bevölkerung eines Landes zunehmen, wenn diese Zunahme mit so deutlichen Verbesserungen in der Landwirtschaft einhergeht, dass sie die gleiche Wirkung haben, nämlich die Verringerung der Notwendigkeit, die ärmeren Ländereien zu kultivieren oder die ärmeren Ländereien zu vergrößern die gleiche Menge Kapital für die Bewirtschaftung der fruchtbareren Teile zu verwenden.

Wenn eine Million Viertel Mais für den Unterhalt einer bestimmten Bevölkerung notwendig sind und dieser auf Land mit den Eigenschaften Nr. 1, 2, 3 angebaut wird; und wenn später eine Verbesserung entdeckt wird, durch die sie auf Nr. 1 und 2 erhöht werden kann, ohne Nr. 3 anzuwenden, ist es offensichtlich, dass die unmittelbare Folge ein Rückgang der Rente sein muss; denn Nr. 2, statt Nr. 3, wird dann ohne Zahlung einer Pacht bebaut; und die Rente von Nr. 1 wird, anstatt die Differenz zwischen dem Produkt von Nr. 3 und Nr. 1 zu sein, nur die Differenz zwischen Nr. 2 und 1 sein. Bei gleicher Bevölkerung und nicht mehr kann es keine geben Nachfrage nach zusätzlicher Maismenge; Das auf Nr. 3 eingesetzte Kapital und die Arbeitskraft werden für die Produktion anderer für die Gemeinschaft wünschenswerter Waren verwendet und können keine Wirkung auf die Erhöhung der Rente haben, es sei denn, das Rohmaterial, aus dem sie hergestellt werden, kann nicht gewonnen werden, ohne dass Kapital weniger vorteilhaft eingesetzt wird das Land, in diesem Fall muss Nr. 3 erneut bebaut werden.

Es ist zweifellos wahr, dass der Rückgang des relativen Preises der Rohprodukte infolge der Verbesserung der Landwirtschaft, oder vielmehr infolge der geringeren Arbeitskraft , die für ihre Produktion aufgewendet wird, natürlich zu einer erhöhten Akkumulation führen würde; denn die Aktiengewinne würden erheblich gesteigert. Diese Akkumulation würde zu einer erhöhten Nachfrage nach Arbeitskräften , zu höheren Löhnen, zu einer wachsenden Bevölkerung, zu einer weiteren Nachfrage nach Rohprodukten und zu einem verstärkten Anbau führen. Allerdings würde die Miete erst nach der Bevölkerungsvermehrung so hoch sein wie zuvor; das heißt, nachdem Nr. 3 in den Anbau aufgenommen wurde. Es wäre eine beträchtliche Zeitspanne verstrichen, die mit einer positiven Mietminderung einhergegangen wäre.

Es gibt jedoch zwei Arten von Verbesserungen in der Landwirtschaft: solche, die die Produktivkraft des Landes steigern, und solche, die es uns ermöglichen, seine Produkte mit weniger Arbeit zu gewinnen . Beides führt zu einem Preisverfall bei Rohprodukten; Beide wirken sich auf die Miete aus, jedoch nicht gleichermaßen. Wenn sie nicht zu einem Preisverfall bei Rohprodukten führen würden, wären sie keine Verbesserungen; Denn die wesentliche Eigenschaft einer Verbesserung besteht darin, die Arbeitsmenge zu verringern, bevor sie zur Produktion einer Ware erforderlich ist. und diese Verminderung kann nicht ohne einen Rückgang seines Preises oder seines relativen Wertes stattfinden.

Zu den Verbesserungen, die die Produktivkraft des Bodens steigern, gehören beispielsweise die geschicktere Fruchtfolge oder die bessere Wahl des Düngers. Diese Verbesserungen ermöglichen es uns absolut, die gleichen Produkte auf einer kleineren Landfläche zu gewinnen. Wenn ich durch die Einführung einer Reihe von Rüben neben dem Maisanbau auch meine Schafe ernähren kann, wird das Land, auf dem die Schafe gefüttert wurden, überflüssig, und die gleiche Menge an Rohprodukten wird durch den Einsatz einer geringeren Menge Land erzeugt . Wenn ich einen Dünger entdecke, der es mir ermöglicht, auf einem Stück Land 20 Prozent zu produzieren. Wenn ich mehr Mais kaufe, kann ich zumindest einen Teil meines Kapitals aus dem unproduktivsten Teil meiner Farm abziehen. Aber wie ich zuvor bemerkt habe, ist es nicht notwendig, dass Land außer Betrieb genommen wird, um die Rente zu senken: Um diese Wirkung zu erzielen, reicht es aus, dass aufeinanderfolgende Teile des Kapitals auf demselben Land mit unterschiedlichen Ergebnissen eingesetzt werden. und dass der Teil, der das geringste Ergebnis liefert, zurückgezogen werden sollte. Wenn ich durch die Einführung des Rübenanbaus oder durch die Verwendung eines stärker belebenden Düngers das gleiche Produkt mit weniger Kapital erzielen kann, und ohne die Differenz zwischen den Produktivkräften der aufeinanderfolgenden Kapitalteile zu stören, werde ich die Rente senken ; denn ein anderer und produktiverer Teil wird der Maßstab sein, nach dem alle anderen gerechnet werden. Wenn zum Beispiel die aufeinanderfolgenden Kapitalanteile 100, 90, 80, 70; Während ich diese vier Teile anwendete, betrug meine Miete 60 oder die Differenz dazwischen

| | | |
|---|---|---|
| 70 und 100 = 30 | | 100 |
| 70 und 90 = 20 | | 90 |
| 70 und 80 = 10 | während die Produktion 340 betragen würde | 80 |
| — | | 70 |
| 60 | | —— |
| | | 340 |

und während ich diese Teile verwendete, bliebe die Rente gleich, obwohl der Ertrag jedes einzelnen Teils gleich stark anstieg. Würde der Ertrag statt auf 100, 90, 80, 70 auf 125, 115, 105, 95 erhöht, so wäre die Rente immer noch 60 oder die Differenz dazwischen

| | | |
|---|---|---:|
| 95 und 125 = 30 | | 125 |
| 95 und 115 = 20 | | 115 |
| 95 und 105 = 10 | während die Produktion | 105 |
| — | auf 440 erhöht würde | 95 |
| 60 | | ——— |
| | | 440 |

Aber bei einer solchen Steigerung der Produktion ohne eine Steigerung der Nachfrage könnte es keine Motivation geben, so viel Kapital auf dem Land einzusetzen; Ein Teil würde abgezogen, und folglich würde der letzte Teil des Kapitals 105 statt 95 ergeben, und die Rente würde auf 30 oder die Differenz dazwischen fallen

| | | |
|---|---|---:|
| 105 und 125 = 20 | während die Produktion | 125 |
| 105 und 115 = 10 | immer noch den Bedürfnissen der | 115 |
| — | Bevölkerung genügen würde, denn sie würde | 105 |
| 30 | 345 Viertel betragen, oder | ——— |
| | | 345 |

die Nachfrage beläuft sich lediglich auf 340 Quartale. – Es gibt jedoch Verbesserungen, die den relativen Wert der Produkte senken können, ohne die Getreiderente zu senken, obwohl sie die Geldrente des Bodens senken. Solche Verbesserungen steigern nicht die Produktivkraft des Landes, aber sie ermöglichen es uns, seine Produkte mit weniger Arbeit zu gewinnen . Sie zielen eher auf die Bildung des auf den Boden aufgebrachten Kapitals als auf die Bewirtschaftung des Bodens selbst. Dazu gehören Verbesserungen bei landwirtschaftlichen Geräten wie dem Pflug und der Dreschmaschine, ein sparsamerer Einsatz von Pferden in der Landwirtschaft und eine bessere Kenntnis der Veterinärmedizin. Es wird weniger Kapital, was dasselbe ist wie weniger Arbeit , auf dem Land eingesetzt; aber um den gleichen Ertrag zu erzielen, kann nicht weniger Land bewirtschaftet werden. Ob sich Verbesserungen dieser Art jedoch auf die Getreiderente auswirken, muss von der Frage abhängen, ob die Differenz zwischen den Produkten, die durch den Einsatz verschiedener Kapitalanteile erzielt werden, erhöht, gleichbleibend oder verringert wird. Wenn vier Teile des Kapitals, 50, 60, 70, 80, auf dem Land eingesetzt würden, würde jeder die gleichen Ergebnisse liefern, und jede Verbesserung in der Bildung dieses Kapitals würde es mir ermöglichen, 5 von jedem abzuziehen, so dass sie 45 wären , 55, 65 und 75 würde keine Änderung in der Maisrente stattfinden; Wären die Verbesserungen aber so, dass ich die gesamte Ersparnis auf dem größten Teil des Kapitals erzielen könnte, dem Teil, der am wenigsten produktiv eingesetzt wird, würde die Getreiderente sofort sinken, weil die Differenz zwischen dem produktivsten und dem am wenigsten produktiven Kapital sinken würde verringert werden; und es ist dieser Unterschied, der die Rente ausmacht.

Ohne die Beispiele zu vervielfältigen, hoffe ich, dass genug gesagt wurde, um zu zeigen, dass alles, was die Ungleichheit in den Produkten verringert, die aus aufeinanderfolgenden Teilen des auf demselben oder auf neuem Land eingesetzten Kapitals erzielt werden, dazu führt, dass die Rente sinkt ; und dass alles, was diese Ungleichheit vergrößert, zwangsläufig eine gegenteilige Wirkung hervorruft und dazu neigt, sie zu erhöhen.

Als wir von der Rente des Grundbesitzers sprachen, haben wir sie eher als den Anteil des Gesamtprodukts betrachtet, ohne irgendeinen Bezug auf seinen Tauschwert; Da aber dieselbe Ursache, die Schwierigkeit der Produktion, den Tauschwert des Rohprodukts erhöht und auch den Anteil des Rohprodukts erhöht, der dem Grundbesitzer zur Miete gezahlt wird, ist es offensichtlich, dass der Grundbesitzer von der Schwierigkeit der Produktion doppelt profitiert. Erstens erhält er einen größeren Anteil, und zweitens ist die Ware, für die er bezahlt wird, von größerem Wert. [8]

# KAPITEL III.

## Über die Miete von Minen.

**DIE** METALLE werden wie andere Dinge durch Arbeit gewonnen . Die Natur bringt sie tatsächlich hervor; aber es ist die Arbeit des Menschen, der sie aus den Eingeweiden der Erde holt und sie für unseren Dienst vorbereitet.

Sowohl Minen als auch Land zahlen im Allgemeinen eine Pacht an ihren Eigentümer; und diese Rente ist ebenso wie die Grundrente die Wirkung und niemals die Ursache für den hohen Wert ihrer Produkte.

Wenn es reichlich ebenso fruchtbare Minen gäbe, die sich jeder aneignen könnte, könnten sie keine Rente abwerfen; Der Wert ihrer Produkte würde von der Arbeitsmenge abhängen, die erforderlich ist, um das Metall aus der Mine zu gewinnen und auf den Markt zu bringen.

Aber es gibt Minen unterschiedlicher Qualität, die bei gleichem Arbeitsaufwand sehr unterschiedliche Ergebnisse liefern . Das Metall, das in der ärmsten Mine, in der gearbeitet wird, gefördert wird, muss zumindest einen Tauschwert haben, der nicht nur ausreicht, um alle Kleidungsstücke, Lebensmittel und anderen lebensnotwendigen Güter zu beschaffen, die von den dort Beschäftigten verbraucht werden, und um die Produkte auf den Markt zu bringen, sondern auch die allgemeinen und gewöhnlichen Gewinne demjenigen zu gewähren, der die zur Fortführung des Unternehmens erforderlichen Aktien vorschießt. Die Kapitalrendite der ärmsten Mine, die keine Pacht zahlt, würde die Pacht aller anderen produktiveren Minen regulieren. Diese Mine soll die üblichen Aktiengewinne abwerfen. Alles, was die anderen Minen darüber hinaus produzieren, wird zwangsläufig als Pacht an die Eigentümer gezahlt. Da dieser Grundsatz genau der gleiche ist wie der, den wir bereits in Bezug auf Land festgelegt haben, wird es nicht notwendig sein, ihn weiter zu vertiefen.

Es genügt die Bemerkung, dass dieselbe allgemeine Regel, die den Wert von Rohprodukten und Industriegütern regelt, auch auf Metalle anwendbar ist; Ihr Wert hängt nicht von der Profitrate, noch von der Lohnrate, noch von der für die Minen gezahlten Pacht ab, sondern von der Gesamtmenge an Arbeit, die notwendig ist, um das Metall zu gewinnen und auf den Markt zu bringen.

Wie bei jedem anderen Rohstoff unterliegt auch der Wert der Metalle Schwankungen. An den im Bergbau verwendeten Geräten und Maschinen können Verbesserungen vorgenommen werden, die den Arbeitsaufwand erheblich verkürzen können ; Es könnten neue und produktivere Minen entdeckt werden, in denen mit der gleichen Arbeit mehr Metall gewonnen werden könnte; oder die Möglichkeiten, es auf den Markt zu bringen, könnten erhöht werden. In beiden Fällen würden die Metalle an Wert verlieren und daher gegen eine geringere Menge anderer Dinge eingetauscht werden. Andererseits könnte sein Wert im Vergleich zu anderen Dingen aufgrund der zunehmenden Schwierigkeit, das Metall zu erhalten, verursacht durch die größere Tiefe, in der die Mine betrieben werden muss, und die Ansammlung von Wasser oder andere Eventualitäten, sein erheblich gestiegen.

Es wurde daher zu Recht festgestellt, dass Geld aus Gold und Silber, so ehrlich die Münze eines Landes auch seinem Standard entsprechen mag, dennoch Wertschwankungen unterliegt, nicht nur zufälligen und vorübergehenden, sondern auch dauerhaften und natürlichen Schwankungen auf die gleiche Weise wie andere Waren.

Durch die Entdeckung Amerikas und der reichen Minen, die es dort gibt, hatte dies einen sehr großen Einfluss auf den natürlichen Preis der Edelmetalle. Viele gehen davon aus, dass dieser Effekt noch nicht beendet ist. Es ist jedoch wahrscheinlich, dass alle aus der Entdeckung Amerikas resultierenden Auswirkungen auf den Wert der Metalle schon lange aufgehört haben, und wenn es in den letzten Jahren zu einem Rückgang ihres Wertes gekommen ist, ist dies auf Verbesserungen in der Art und Weise der Metalle zurückzuführen Arbeiten in den Minen.

Was auch immer die Ursache dafür sein mag, die Wirkung war so langsam und allmählich, dass kaum praktische Unannehmlichkeiten dadurch entstanden sind, dass Gold und Silber das allgemeine Medium sind, in dem der Wert aller anderen Dinge geschätzt wird. Obwohl es sich zweifellos um einen variablen Wertmaßstab handelt, gibt es wahrscheinlich keine Ware, die weniger Schwankungen unterliegt. Dieser und die anderen Vorteile, die diese Metalle besitzen, wie ihre Härte , ihre Formbarkeit, ihre Teilbarkeit und viele andere, haben ihnen mit Recht überall den Vorzug als Maßstab für das Geld zivilisierter Länder eingebracht.

Nachdem wir die Unvollkommenheiten anerkannt haben, denen aus Gold und Silber hergestelltes Geld als Wertmaßstab ausgesetzt ist, kann uns die Herstellung aufgrund der größeren oder geringeren Menge an Arbeit gestattet werden, die unter verschiedenen Umständen für die Produktion dieser Metalle erforderlich sein kann die Annahme, dass alle diese Unvollkommenheiten beseitigt seien und dass gleiche Arbeitsmengen jederzeit aus der Mine, die keine Miete zahlte, gleiche Mengen Gold erhalten könnten. Gold wäre dann ein unveränderlicher Wertmaßstab. Die Menge würde zwar mit der Nachfrage wachsen, aber ihr Wert wäre unveränderlich, und sie wäre hervorragend berechnet, um den variierenden Wert aller anderen Dinge zu messen. Ich habe bereits in einem früheren Teil dieser Arbeit davon ausgegangen, dass Gold mit dieser Gleichmäßigkeit ausgestattet ist, und im folgenden Kapitel werde ich diese Annahme fortsetzen. Wenn man also von variierenden Preisen spricht, wird man davon ausgehen, dass die Variation immer auf die Ware zurückzuführen ist und niemals auf das Medium, in dem sie geschätzt wird.

---

# KAPITEL IV.

## AUF NATUR- UND MARKTPREIS.

WENN **WIR** die Arbeit zur Grundlage des Wertes der Waren und die zu ihrer Produktion erforderliche Vergleichsmenge an Arbeit zur Regel machen , die die jeweiligen Warenmengen bestimmt, die im Austausch gegeneinander gegeben werden sollen, dürfen wir das nicht tun leugnen die zufälligen und vorübergehenden Abweichungen des tatsächlichen oder Marktpreises von Waren von diesem, ihrem primären und natürlichen Preis.

Im gewöhnlichen Verlauf der Dinge gibt es keine Ware, die über einen längeren Zeitraum genau in dem Maß an Überfluss geliefert wird, das die Bedürfnisse und Wünsche der Menschheit erfordern, und daher gibt es keine Ware, die nicht zufälligen und vorübergehenden Schwankungen unterworfen ist Preisschwankungen.

Nur als Folge solcher Schwankungen wird Kapital genau in der erforderlichen Menge und nicht mehr für die Produktion der verschiedenen Waren, die gerade nachgefragt werden, eingesetzt. Mit dem Steigen oder Fallen der Preise werden die Gewinne über ihr allgemeines Niveau angehoben oder unter ihr Niveau gesenkt, und das Kapital wird entweder dazu ermutigt, in die bestimmte Beschäftigung einzutreten, in der die Veränderung stattgefunden hat, oder es wird gewarnt, daraus auszusteigen.

Während es jedem Menschen freisteht, sein Kapital dort einzusetzen, wo es ihm gefällt, wird er natürlich die Beschäftigung suchen, die für ihn am vorteilhaftesten ist; Er wird natürlich mit einem Gewinn von 10 Prozent unzufrieden sein, wenn er durch Abzug seines Kapitals einen Gewinn von 15 Prozent erzielen kann. Dieser unruhige Wunsch aller Kapitalgeber, ein weniger profitables Geschäft zugunsten eines vorteilhafteren Geschäfts aufzugeben, hat eine starke Tendenz, die Profitrate aller anzugleichen oder sie in solchen Proportionen festzulegen, wie es der Schätzung entspricht der Parteien kompensieren etwaige Vorteile, die eine Partei gegenüber der anderen hat oder zu haben scheint. Es ist vielleicht sehr schwierig, die Schritte zu verfolgen, durch die diese Änderung bewirkt wird: Sie wird wahrscheinlich dadurch bewirkt, dass ein Fabrikant seine Beschäftigung nicht unbedingt ändert, sondern nur die Menge an Kapital verringert, über die er in dieser Beschäftigung verfügt. In allen reichen Ländern gibt es eine Reihe von Männern, die die sogenannte Geldschicht bilden; Diese Männer betreiben keinen Handel, sondern leben von den Zinsen ihres Geldes, das für die Diskontierung von Wechseln oder für Darlehen an den fleißigeren Teil der Gemeinschaft verwendet wird. Auch die Bankiers verwenden ein großes Kapital für dieselben Zwecke. Das so eingesetzte Kapital bildet ein zirkulierendes Kapital von großem Umfang und wird in größeren oder kleineren Anteilen von allen verschiedenen Gewerben eines Landes eingesetzt. Es gibt vielleicht keinen Fabrikanten, wie reich er auch sein mag, der sein Geschäft auf das Maß beschränkt, das allein seine eigenen Mittel zulassen: Er verfügt immer über einen Teil dieses umlaufenden Kapitals, der je nach Aktivität der Nachfrage nach seinen Waren zunimmt oder abnimmt. Wenn die Nachfrage nach Seide zunimmt und die nach Tuch abnimmt, verlagert der Tuchmacher sein Kapital nicht in den Seidenhandel, sondern entlässt einige seiner Arbeiter und stellt seine Kreditforderungen von Bankiers und wohlhabenden Leuten ein; Beim Seidenfabrikanten hingegen ist das Gegenteil der Fall: Er möchte mehr Arbeiter beschäftigen, und dadurch erhöht sich seine Motivation zur Kreditaufnahme: Er leiht sich mehr, und so wird Kapital von einer Beschäftigung auf eine andere übertragen, ohne dass ein Hersteller seine Beschäftigung aufgeben muss übliche Beschäftigung. Wenn wir auf die Märkte einer großen Stadt blicken und beobachten, wie regelmäßig sie sowohl mit einheimischen als auch ausländischen Waren in der Menge versorgt werden, in der sie benötigt werden, und zwar unter allen Umständen wechselnder Nachfrage, die sich aus der Laune des Geschmacks ergibt, oder eine Veränderung der Bevölkerungszahl, ohne oft entweder die Wirkung einer Überschwemmung aufgrund eines zu großen Angebots oder eines enorm hohen Preises aufgrund einer Ungleichheit des Angebots mit der Nachfrage hervorzurufen, müssen wir zugeben, dass das Prinzip, das Kapital in jeden Handel mit einbringt Die genaue Menge, die benötigt wird, ist aktiver als allgemein angenommen.

Ein Kapitalist wird bei der Suche nach einer gewinnbringenden Beschäftigung für seine Mittel natürlich alle Vorteile berücksichtigen, die ein Beruf gegenüber einem anderen hat. Er könnte daher bereit sein, auf einen Teil seines Geldgewinns zu verzichten, unter Berücksichtigung der Sicherheit, Sauberkeit, Bequemlichkeit oder eines anderen tatsächlichen oder eingebildeten Vorteils, den eine Beschäftigung gegenüber einer anderen haben könnte.

Würde man unter Berücksichtigung dieser Umstände die Aktiengewinne so anpassen, dass sie in einem Geschäft 20, in einem anderen 25 und in einem anderen 30 Prozent betragen würden, würden sie wahrscheinlich dauerhaft mit dieser relativen Differenz und mit dieser Differenz bestehen bleiben nur; denn wenn irgendein Grund den Gewinn eines dieser Geschäfte um 10 Prozent steigern sollte. Entweder wären diese Profite vorübergehender Natur und würden bald wieder auf ihren gewohnten Stand zurückfallen, oder die Profite der anderen würden im gleichen Verhältnis steigen.

Nehmen wir an, dass alle Waren ihren natürlichen Preis haben und dass folglich die Profite des Kapitals in allen Beschäftigungen genau gleich hoch sind oder sich nur so stark unterscheiden, wie es nach Einschätzung der

Parteien einem realen oder eingebildeten Wert entspricht Vorteil, den sie besitzen oder auf den sie verzichten. Nehmen wir nun an, dass eine Änderung der Mode die Nachfrage nach Seide erhöhen würde und weniger als die nach Wolle ; Ihr natürlicher Preis, die für ihre Produktion notwendige Arbeitsmenge , würde unverändert bleiben, aber der Marktpreis für Seide würde steigen und der für Wolle würde fallen; und folglich lägen die Gewinne des Seidenfabrikanten über, während die des Wollfabrikanten unter der allgemeinen und angepassten Profitrate lägen. Bei diesen Beschäftigungen wären nicht nur die Gewinne, sondern auch die Löhne der Arbeiter betroffen. Diese erhöhte Nachfrage nach Seide würde jedoch bald durch die Verlagerung von Kapital und Arbeit von der Woll- auf die Seidenherstellung gedeckt werden; wenn sich die Marktpreise für Seide und Wolle wieder ihren natürlichen Preisen annähern würden und die jeweiligen Hersteller dieser Waren die üblichen Gewinne erzielen würden.

Es ist dann der Wunsch, den jeder Kapitalist hat, seine Mittel von einer weniger einträglichen zu einer profitableren Beschäftigung umzuleiten, der verhindert, dass der Marktpreis der Waren längere Zeit entweder viel über oder viel unter ihrem natürlichen Preis bleibt. Es ist dieser Wettbewerb, der den Tauschwert der Waren so anpasst, dass nach Zahlung der Löhne für die zu ihrer Produktion erforderliche Arbeit und aller anderen Kosten, die erforderlich sind, um das eingesetzte Kapital in seinen ursprünglichen Effizienzzustand zu versetzen, der verbleibende Wert oder Überschuss erhalten bleibt Jeder Handel muss im Verhältnis zum Wert des eingesetzten Kapitals stehen.

Im 7. Kap. Im Hinblick auf den Reichtum der Nationen wird alles, was diese Frage betrifft, äußerst gekonnt behandelt. Nachdem wir die vorübergehenden Auswirkungen, insbesondere Kapitaleinsätze, durch zufällige Ursachen auf die Warenpreise sowie auf die Arbeitslöhne und die Aktiengewinne voll und ganz anerkannt haben, ohne den allgemeinen Warenpreis zu beeinflussen , Löhne oder Profite. Da diese Effekte in allen Phasen der Gesellschaft gleichermaßen wirksam sind, kann es uns gestattet sein, sie völlig aus unserer Betrachtung herauszulassen, während wir uns mit den Gesetzen befassen, die natürliche Preise, natürliche Löhne und natürliche Profiteffekte regulieren völlig unabhängig von diesen zufälligen Ursachen. Wenn ich also vom Tauschwert der Waren spreche oder von der Kaufkraft, die eine einzelne Ware besitzt, meine ich immer die Macht, die sie besitzen würde, wenn sie nicht durch eine vorübergehende oder zufällige Ursache gestört würde, und die ihr natürlicher Preis ist.

# KAPITEL V.

## AUF LÖHNE

DIE ARBEIT HAT WIE ALLE ANDEREN DINGE, DIE GEKAUFT UND VERKAUFT WERDEN UND DEREN MENGE ERHÖHT ODER VERRINGERT WERDEN KANN, IHREN NATÜRLICHEN PREIS UND IHREN Marktpreis. Der natürliche Preis der Arbeit ist der Preis, der notwendig ist, um den Arbeitern untereinander zu ermöglichen, zu überleben und ihre Rasse aufrechtzuerhalten, ohne dass es zu einer Zunahme oder einer Verminderung kommt.

Die Fähigkeit des Arbeiters , sich selbst und die Familie zu ernähren, die notwendig sein kann, um die Zahl der Arbeiter aufrechtzuerhalten , hängt nicht von der Geldmenge ab, die er als Lohn erhalten kann; aber von der Menge an Nahrungsmitteln, Notwendigkeiten und Annehmlichkeiten, die für ihn aus Gewohnheit wesentlich werden und die er mit diesem Geld kaufen kann. Der natürliche Preis der Arbeit hängt daher vom Preis der Lebensmittel, Bedarfsgüter und Annehmlichkeiten ab, die für den Lebensunterhalt des Arbeiters und seiner Familie erforderlich sind. Mit einem Anstieg der Preise für Nahrungsmittel und Bedarfsgüter wird der natürliche Preis der Arbeit steigen; Mit dem Rückgang ihres Preises wird der natürliche Preis der Arbeit sinken.

Mit dem Fortschritt der Gesellschaft hat der natürliche Preis der Arbeit immer die Tendenz, zu steigen, weil eines der Hauptgüter, durch das sein natürlicher Preis reguliert wird, aufgrund der größeren Schwierigkeit seiner Herstellung die Tendenz hat, teurer zu werden. Da jedoch die Verbesserungen in der Landwirtschaft und die Entdeckung neuer Märkte, wenn diese Lebensmittel importiert werden können, eine Zeit lang der Tendenz zu einem Anstieg der Preise der lebensnotwendigen Güter entgegenwirken und sogar ihren natürlichen Preis sinken lassen können, wird dies auch der Fall sein Dieselben Ursachen erzeugen die entsprechenden Auswirkungen auf den natürlichen Preis der Arbeit .

Der natürliche Preis aller Waren mit Ausnahme von Rohstoffen und Arbeit neigt dazu, im Zuge des Fortschritts von Wohlstand und Bevölkerung zu sinken; Denn obwohl sie einerseits durch den Anstieg des natürlichen Preises des Rohmaterials, aus dem sie hergestellt sind, an realem Wert gewinnen, wird dies durch die Verbesserungen der Maschinerie, durch die bessere Teilung und Verteilung der Arbeit mehr als ausgeglichen und durch die zunehmende wissenschaftliche und künstlerische Kompetenz der Produzenten.

Der Marktpreis der Arbeit ist der Preis, der aufgrund des natürlichen Verhältnisses von Angebot und Nachfrage tatsächlich dafür gezahlt wird;

Arbeitskräfte sind teuer, wenn sie knapp sind, und billig, wenn sie reichlich vorhanden sind. So sehr der Marktpreis der Arbeit auch von ihrem natürlichen Preis abweichen mag, sie hat, wie die Waren, die Tendenz, sich diesem anzupassen.

Wenn der Marktpreis der Arbeit ihren natürlichen Preis übersteigt, ist die Lage des Arbeiters gedeihend und glücklich, und es liegt in seiner Macht, über einen größeren Teil der lebensnotwendigen Güter und Freuden zu verfügen und somit ein gesundes Leben zu führen und zahlreiche Familien . Wenn jedoch durch die Förderung des Bevölkerungswachstums durch hohe Löhne die Zahl der Arbeiter zunimmt, sinken die Löhne wieder auf ihren natürlichen Preis, und infolge einer Reaktion fallen sie sogar manchmal darunter.

Wenn der Marktpreis der Arbeit unter ihrem natürlichen Preis liegt, ist die Lage der Arbeiter am erbärmlichsten: Dann beraubt sie die Armut jener Annehmlichkeiten, die die Sitte zu absoluten Notwendigkeiten macht. Erst wenn ihre Zahl durch Entbehrungen zurückgegangen ist oder die Nachfrage nach Arbeitskräften gestiegen ist, wird der Marktpreis der Arbeit auf ihren natürlichen Preis steigen und der Arbeiter wird die moderaten Annehmlichkeiten genießen, die der natürliche Preis des Lohns bieten wird .

Ungeachtet der Tendenz der Löhne, sich ihrem natürlichen Satz anzupassen, kann ihr Marktsatz in einer sich verbessernden Gesellschaft auf unbestimmte Zeit ständig darüber liegen; Denn sobald dem Impuls, den ein erhöhtes Kapital einer neuen Arbeitsnachfrage gibt, Folge geleistet werden kann, kann eine andere Kapitalvermehrung die gleiche Wirkung hervorrufen; und wenn also die Kapitalvermehrung allmählich und konstant erfolgt, kann die Nachfrage nach Arbeitskräften einen anhaltenden Anreiz für eine Vermehrung der Menschen geben.

Kapital ist der Teil des Reichtums eines Landes, der in der Produktion eingesetzt wird und aus Nahrungsmitteln, Kleidung, Werkzeugen, Rohstoffen, Maschinen usw. besteht. notwendig, um der Arbeit Wirkung zu verleihen .

Das Kapital kann quantitativ zunehmen, während gleichzeitig sein Wert steigt. Die Nahrungs- und Bekleidungsmenge eines Landes kann aufgestockt werden, wobei gleichzeitig möglicherweise mehr Arbeit erforderlich ist, um die zusätzliche Menge zu produzieren als zuvor; in diesem Fall wird nicht nur die Quantität, sondern auch der Wert des Kapitals steigen.

Oder das Kapital kann wachsen, ohne dass sein Wert steigt, und selbst während sein Wert tatsächlich abnimmt; Es kann nicht nur zu einem Zuwachs an Nahrungsmitteln und Kleidung eines Landes kommen, sondern dieser Zuwachs kann auch mit Hilfe von Maschinen erfolgen, ohne dass es zu einer Erhöhung und sogar zu einer absoluten Verringerung der proportionalen Menge an Arbeit kommt, die zu ihrer Herstellung erforderlich ist . Die Kapitalmenge kann zunehmen, während weder das Ganze noch ein Teil davon einzeln einen größeren Wert als zuvor haben wird.

Im ersten Fall wird der natürliche Lohnpreis steigen, der immer vom Preis für Lebensmittel, Kleidung und andere lebensnotwendige Güter abhängt; im zweiten Fall bleibt es stationär oder fällt; aber in beiden Fällen wird der Marktlohnsatz steigen, denn im Verhältnis zur Kapitalvermehrung wird die Nachfrage nach Arbeit zunehmen ; Im Verhältnis zur zu erledigenden Arbeit wird die Nachfrage nach denen sein, die sie leisten sollen.

Auch in beiden Fällen wird der Marktpreis der Arbeit über ihren natürlichen Preis steigen; und in beiden Fällen wird es die Tendenz haben, sich seinem natürlichen Preis anzupassen, aber im ersten Fall wird diese Vereinbarung am schnellsten zustande kommen . Die Situation des Arbeiters wird sich verbessern, aber nicht wesentlich; denn die gestiegenen Preise für Nahrungsmittel und Bedarfsgüter werden einen großen Teil seines erhöhten Lohns absorbieren; Folglich wird ein geringes Angebot an Arbeitskräften oder eine unbedeutende Zunahme der Bevölkerung den Marktpreis bald auf den dann erhöhten natürlichen Arbeitspreis senken .

wird sich die Lage des Arbeiters sehr stark verbessern; er wird einen höheren Geldlohn erhalten, ohne einen höheren oder vielleicht sogar einen geringeren Preis für die Waren zahlen zu müssen, die er und seine Familie konsumieren; und erst nach einer großen Bevölkerungszunahme wird der Marktpreis der Löhne wieder auf den damals niedrigen und reduzierten natürlichen Preis sinken.

werden also die Marktlöhne der Arbeit steigen; aber die Dauerhaftigkeit ihres Anstiegs wird von der Frage abhängen, ob auch der natürliche Preis des Arbeitslohns gestiegen ist; und dies wiederum wird von der Steigerung des natürlichen Preises der Bedarfsgüter abhängen, für die der Arbeitslohn ausgegeben wird.

Es ist nicht zu verstehen, dass der natürliche Lohnpreis, selbst wenn er für Nahrungsmittel und Bedarfsgüter geschätzt wird, absolut fest und konstant ist. Sie variiert zu unterschiedlichen Zeiten im selben Land und unterscheidet sich in verschiedenen Ländern erheblich. Es hängt im Wesentlichen von den Gewohnheiten und Bräuchen der Menschen ab. Ein englischer Arbeiter würde seinen Lohn als unter seinem natürlichen Lohnsatz und als zu dürftig erachten, um eine Familie zu ernähren, wenn er dadurch keine andere Nahrung als Kartoffeln kaufen und in keiner besseren Wohnung als einer Lehmhütte leben könnte; Dennoch werden diese gemäßigten Ansprüche der Natur in Ländern, in denen „das Leben des Menschen billig ist" und seine

Bedürfnisse leicht befriedigt werden können, oft als ausreichend angesehen.
Viele der Annehmlichkeiten, die man heute in einem englischen Cottage
genießt, galten zu Beginn unserer Geschichte als Luxus.

seiner Nahrung opfert, ist in der Lage, großzügig für alle seine anderen
Bedürfnisse zu sorgen.

Unabhängig von den Schwankungen im Geldwert, die notwendigerweise
Auswirkungen auf die Löhne haben, von denen wir hier jedoch angenommen
haben, dass sie keine Wirkung haben, da wir Geld als einheitlich von
demselben Wert betrachtet haben, unterliegen die Löhne einem Anstieg oder
Rückgang aus zwei Gründen :

1. Angebot und Nachfrage der Arbeitskräfte .

Zweitens. Der Preis der Waren, für die der Arbeitslohn ausgegeben wird.


In verschiedenen Phasen der Gesellschaft erfolgt die Akkumulation von
Kapital oder Arbeitsmitteln mehr oder weniger schnell und muss in jedem
Fall von der Produktivkraft der Arbeit abhängen . Die Produktivkräfte der
Arbeit sind im Allgemeinen dann am größten, wenn fruchtbares Land im
Überfluss vorhanden ist: In solchen Perioden erfolgt die Akkumulation oft
so schnell, dass Arbeitskräfte nicht mit der gleichen Geschwindigkeit wie
Kapital versorgt werden können.

Es wurde berechnet, dass sich die Bevölkerung unter günstigen Umständen
in 25 Jahren verdoppeln kann; aber unter den gleichen günstigen Umständen
könnte sich das gesamte Kapital eines Landes möglicherweise in kürzerer
Zeit verdoppeln. In diesem Fall würden die Löhne während des gesamten
Zeitraums tendenziell steigen, da die Nachfrage nach Arbeitskräften noch
schneller zunehmen würde als das Angebot.

In neuen Siedlungen, in denen die Künste und Kenntnisse von Ländern
eingeführt werden, die in ihrer Verfeinerung weit fortgeschritten sind, ist es
wahrscheinlich, dass das Kapital die Tendenz hat, schneller zu wachsen als
die Menschheit; und wenn der Mangel an Arbeitskräften nicht durch
bevölkerungsreichere Länder ausgeglichen würde, würde diese Tendenz
noch stärker werden den Preis der Arbeit stark erhöhen . In dem Maße, wie
diese Länder bevölkerungsreicher werden und Land von schlechterer
Qualität bebaut wird, nimmt die Tendenz zur Kapitalvermehrung ab; denn
das überschüssige Produkt, das nach der Befriedigung der Bedürfnisse der
bestehenden Bevölkerung übrigbleibt, muss notwendigerweise im Verhältnis
zur Produktionsmöglichkeit stehen, d. h. auf die geringere Zahl der in der
Produktion beschäftigten Personen. Obwohl es also wahrscheinlich ist, dass
unter den günstigsten Umständen die Produktionskraft immer noch größer

ist als die Bevölkerung, wird dies nicht lange so bleiben; denn das Land ist in seiner Quantität begrenzt und in seiner Qualität unterschiedlich; Mit jedem größeren Teil des darauf eingesetzten Kapitals wird die Produktionsrate sinken, während die Macht der Bevölkerung immer dieselbe bleibt.

In jenen Ländern, in denen es reichlich fruchtbares Land gibt, in denen die Einwohner jedoch aufgrund der Unwissenheit, Trägheit und Barbarei allen Übeln der Not und Hungersnot ausgesetzt sind und in denen, wie es heißt, die Bevölkerung gegen die Mittel drängt Um den Lebensunterhalt zu sichern, sollte ein ganz anderes Heilmittel angewendet werden als das, was in seit langem besiedelten Ländern notwendig ist, wo aufgrund der abnehmenden Versorgung mit Rohprodukten alle Übel einer überfüllten Bevölkerung zu spüren sind. Im einen Fall entsteht das Elend durch die Untätigkeit des Volkes. Um glücklicher zu werden, muss man sie nur zur Anstrengung anregen; Bei einer solchen Anstrengung kann kein Bevölkerungswachstum zu groß sein, da die Produktionskräfte noch größer sind. Im anderen Fall wächst die Bevölkerung schneller als die für ihre Erhaltung erforderlichen Mittel. Jede Anstrengung der Industrie wird das Übel verstärken, wenn sie nicht mit einer geringeren Wachstumsrate der Bevölkerung einhergeht, denn die Produktion kann damit nicht Schritt halten.

In einigen Ländern Europas und in vielen Teilen Asiens sowie auf den Inseln in der Südsee geht es den Menschen elend, entweder wegen einer bösartigen Regierung oder wegen der Trägheitsgewohnheiten, die sie dazu bringen, gegenwärtige Bequemlichkeit und Untätigkeit, wenn auch ohne Sicherheit, zu bevorzugen gegen den Mangel, bei mäßiger Anstrengung, mit reichlich Nahrung und dem Nötigsten. Eine Verringerung ihrer Bevölkerung würde keine Erleichterung bringen, denn die Produktion würde in ebenso großem oder sogar noch größerem Ausmaß zurückgehen. Das Heilmittel gegen die Übel, unter denen Polen und Irland leiden und die denen in der Südsee ähneln, besteht darin, Anstrengung anzuregen, neue Wünsche zu schaffen und neue Geschmäcker einzupflanzen; denn diese Länder müssen eine viel größere Menge an Kapital akkumulieren, bevor die verringerte Produktionsrate dazu führen wird, dass der Fortschritt des Kapitals zwangsläufig weniger schnell erfolgt als der Fortschritt der Bevölkerung. Die Leichtigkeit, mit der die Bedürfnisse der Iren befriedigt werden, ermöglicht es den Menschen, einen großen Teil ihrer Zeit im Müßiggang zu verbringen: Wenn die Bevölkerung verringert würde, würde dieses Übel zunehmen, weil die Löhne steigen würden und daher die Arbeiter befähigt würden . im Austausch für einen noch geringeren Teil seiner Arbeit , um alles zu erhalten, was seine gemäßigten Bedürfnisse erfordern.

Geben Sie dem irischen Arbeiter eine Vorliebe für die Annehmlichkeiten und Freuden, die die Gewohnheit für den englischen Arbeiter unerlässlich gemacht hat , und er würde dann zufrieden sein, einen weiteren Teil seiner

Zeit der Industrie zu widmen, damit er in die Lage versetzt werden könnte, sie zu erlangen. Es würde nicht nur die gesamte jetzt produzierte Nahrung erhalten, sondern auch ein enormer zusätzlicher Wert bei den anderen Waren, für deren Produktion die jetzt arbeitslosen Arbeitskräfte des Landes eingesetzt werden könnten. In den Ländern, in denen die Arbeiterklasse die geringsten Bedürfnisse hat und sich mit den billigsten Nahrungsmitteln begnügt, sind die Menschen den größten Wechselfällen und dem größten Elend ausgesetzt. Sie haben keinen Zufluchtsort vor dem Unglück; sie können nicht in einer niedrigeren Station Sicherheit suchen; Sie sind bereits so tief, dass sie nicht tiefer fallen können. Bei einem Mangel an dem Hauptartikel ihres Lebensunterhalts gibt es nur wenige Ersatzstoffe, auf die sie zurückgreifen können, und mit dem Tod gehen für sie fast alle Übel einer Hungersnot einher.

Im natürlichen Fortschritt der Gesellschaft werden die Arbeitslöhne tendenziell sinken, sofern sie durch Angebot und Nachfrage reguliert werden; denn das Angebot an Arbeitskräften wird weiterhin im gleichen Tempo zunehmen, während die Nachfrage nach Arbeitskräften langsamer zunehmen wird. Wenn zum Beispiel die Löhne durch eine jährliche Kapitalerhöhung in Höhe von 2 Prozent reguliert würden, würden sie sinken, wenn das Kapital nur in Höhe von 1½ Prozent akkumuliert würde. Sie würden noch tiefer fallen, wenn es nur um 1 oder ½ Prozent zunimmt, und würden dies so lange tun, bis das Kapital stationär wird, wenn auch die Löhne stationär werden und nur noch ausreichen, um die Zahl aufrechtzuerhalten die aktuelle Bevölkerung. Ich sage, dass unter diesen Umständen die Löhne sinken würden, wenn sie nur durch Angebot und Nachfrage der Arbeiter reguliert würden ; Aber wir dürfen nicht vergessen, dass die Löhne auch durch die Preise der Waren reguliert werden, für die sie ausgegeben werden.

Mit zunehmender Bevölkerungszahl wird der Preis dieser lebensnotwendigen Güter ständig steigen, da für deren Herstellung mehr Arbeitskräfte erforderlich sein werden. Wenn also der Geldlohn der Arbeit sinken würde, während jede Ware, für die der Arbeitslohn ausgegeben wurde, stieg, wäre der Arbeiter doppelt betroffen und bald völlig seiner Subsistenz beraubt. Statt also zu sinken, würden die Geldlöhne der Arbeit steigen; aber sie würden nicht ausreichend steigen, um es dem Arbeiter zu ermöglichen , so viele Annehmlichkeiten und lebensnotwendige Güter zu kaufen wie vor dem Preisanstieg dieser Waren. Wenn sein Jahreslohn vor 24 *l lag.* oder sechs Viertel Mais, wenn der Preis 4 *l betrug.* pro Quartal würde er wahrscheinlich nur den Wert von fünf Vierteln erhalten, wenn der Mais auf 5 *l anstiege.* Pro Quartal. Aber fünf Viertel würden 25 *l kosten.* ; er würde daher einen Zuschlag zu seinem Geldlohn erhalten, obwohl er mit diesem Zuschlag nicht in der Lage wäre, sich mit der gleichen Menge an Getreide und anderen Waren zu versorgen, die er zuvor in seiner Familie konsumiert hatte.

Ungeachtet dessen, dass der Arbeiter tatsächlich schlechter bezahlt würde, würde diese Erhöhung seines Lohns zwangsläufig den Profit des Fabrikanten verringern; denn seine Waren würden zu keinem höheren Preis verkauft werden, und doch würden die Kosten für ihre Herstellung steigen. Dies wird jedoch bei unserer Untersuchung der Grundsätze zur Gewinnregulierung berücksichtigt.

Arbeitsmenge eine zusätzliche Menge an Nahrungsmitteln bereitzustellen, auch die Löhne erhöhen wird; und wenn das Geld daher einen unveränderlichen Wert hat, werden sowohl die Rente als auch die Löhne die Tendenz haben, mit dem Fortschritt des Reichtums und der Bevölkerung zu steigen.

Aber es gibt diesen wesentlichen Unterschied zwischen dem Anstieg der Miete und dem Anstieg der Löhne. Mit der Steigerung des Geldwertes der Rente geht ein erhöhter Anteil am Produkt einher; nicht nur ist die Geldrente des Grundbesitzers größer, sondern auch seine Getreiderente; Er wird mehr Mais haben, und jedes definierte Maß dieses Mais wird gegen eine größere Menge aller anderen Güter eingetauscht, deren Wert nicht gestiegen ist. Das Schicksal des Arbeiters wird weniger glücklich sein: Er wird zwar mehr Geldlohn erhalten, aber sein Getreidelohn wird geringer sein; und nicht nur seine Beherrschung des Getreides, sondern auch sein Allgemeinzustand wird sich dadurch verschlechtern, dass es für ihn schwieriger wird, den Marktlohnsatz über seinem natürlichen Satz zu halten. Während der Maispreis um 10 Prozent steigt, werden die Löhne immer um weniger als 10 Prozent steigen, aber die Miete wird immer stärker steigen; Die Lage des Arbeiters wird sich im Allgemeinen verschlechtern und die des Vermieters wird sich immer verbessern.

Als Weizen bei 4 *l war.* pro Quartal nehmen wir an, dass der Lohn des Arbeiters 24 l beträgt . pro Jahr, oder den Wert von sechs Vierteln Weizen, und nehmen wir an, dass die Hälfte seines Lohns für Weizen ausgegeben wird und die andere Hälfte, oder 12 *l.* , zu anderen Dingen. Er würde empfangen

| | | | | |
|---|---|---|---|---|
| 24,14 £. | | 4,4,8 £. | | 5,83 qrs. |
| 25.10. | als es Weizen gab | 4.10. | oder der Wert von | 5,66 qrs. |
| 26.8. | | 4.16. | | 5,50 qrs. |

27.8.6 | 5.2.10 | 5,33 qrs.

Er würde diesen Lohn erhalten, um genauso gut und nicht besser leben zu können als zuvor; denn als der Mais 4 l hatte . pro Quartal würde er drei Viertel Mais ausgeben,

| bei 4 *l.* pro qr. | 12 £ |
| und auf andere Dinge | 12 |
| | ——— |
| | 24 |

| Als Weizen 4 *l betrug.* 4 *Sek.* 8 *T.* , drei Viertel, die er und seine Familie verbrauchten, würden ihn kosten | 12,14 £ |
| Andere Dinge haben sich im Preis nicht geändert | 12 |
| | ——— |
| | 24.14 |

| Bei 4 *l.* 10 *Sekunden.* , würden drei Viertel Weizen kosten | 13,10 £ |
| Und andere Dinge | 12 |
| | ——— |
| | 25.10 |

| Bei 4 *l.* 16 *Sek.* , drei qrs. aus Weizen | 14,8 £ |
| Andere Dinge | 12 |
| | ——— |
| | 26.8 |

| Bei 5.2.10 *l.* Dreiviertel Weizen würde kosten | 15,8,6 £. |
| Andere Dinge | 12 |
| | ——— |

Je teurer das Getreide wurde, desto weniger Maislohn würde er erhalten, aber sein Geldlohn würde immer steigen, während seine Freuden unter der obigen Annahme genau die gleichen wären. Da aber der Preis anderer Waren in dem Maße steigen würde, wie Rohprodukte in ihre Zusammensetzung eingehen, müsste er für einige von ihnen mehr bezahlen. Obwohl sein Tee, Zucker, Seife, Kerzen und die Hausmiete wahrscheinlich nicht teurer wären, würde er mehr für Speck, Käse, Butter, Wäsche, Schuhe und Stoffe bezahlen; und daher wäre seine Situation selbst mit der oben genannten Lohnerhöhung vergleichsweise schlechter. Aber man kann sagen, dass ich die Auswirkung der Löhne auf den Preis unter der Annahme untersucht habe, dass Gold oder das Metall, aus dem Geld gemacht wird, das Produkt des Landes ist, in dem die Löhne schwanken; und dass die von mir abgeleiteten Konsequenzen wenig mit dem tatsächlichen Stand der Dinge übereinstimmen, da Gold ein Metall ausländischer Produktion ist. Der Umstand, dass es sich bei Gold um eine ausländische Produktion handelt, wird die Wahrheit des Arguments jedoch nicht entkräften, denn es lässt sich zeigen, dass die Auswirkungen letztendlich und tatsächlich sofort dieselben wären, unabhängig davon, ob es im Inland gefunden oder aus dem Ausland importiert würde .

Wenn die Löhne steigen, liegt das im Allgemeinen daran, dass die Zunahme von Reichtum und Kapital eine neue Nachfrage nach Arbeitskräften verursacht hat , die unweigerlich mit einer erhöhten Warenproduktion einhergehen wird. Um diese zusätzlichen Waren zu zirkulieren, selbst zu den gleichen Preisen wie zuvor, ist mehr Geld erforderlich, mehr von dieser fremden Ware, aus der Geld gemacht wird und die nur durch Import gewonnen werden kann. Immer wenn eine Ware in größerer Menge als zuvor benötigt wird, steigt ihr relativer Wert im Verhältnis zu den Waren, mit denen sie gekauft wird. Wenn mehr Hüte gewünscht würden, würde ihr Preis steigen und mehr Gold würde dafür gegeben werden. Wenn mehr Gold benötigt würde, würde der Goldpreis steigen und der Preis für Hüte sinken, da dann eine größere Menge an Hüten und allen anderen Dingen erforderlich wäre, um die gleiche Menge Gold zu kaufen. Aber im angenommenen Fall bedeutet die Behauptung, dass die Waren steigen werden, weil die Löhne steigen, die Bestätigung eines positiven Widerspruchs; Denn erstens sagen wir, dass der relative Wert von Gold infolge der Nachfrage steigen wird, und zweitens, dass der relative Wert von Gold sinken wird, weil die Preise steigen, zwei Effekte, die völlig unvereinbar miteinander sind. Zu sagen, dass der Preis der Waren steigt, ist dasselbe wie zu sagen, dass der relative Wert des Geldes sinkt; denn der relative Wert von Gold wird anhand der Waren geschätzt. Wenn dann alle Waren im Preis steigen würden, könnte Gold nicht aus dem Ausland kommen, um diese teuren Waren zu kaufen, sondern es würde von zu Hause aus mit Vorteil beim Kauf der vergleichsweise billigeren ausländischen Waren eingesetzt werden. Es scheint also, dass der Anstieg der Löhne die Preise der Waren nicht erhöhen wird, unabhängig davon, ob das Metall, mit dem Geld verdient wird, im Inland oder im Ausland hergestellt wird. Ohne eine Erhöhung der Geldmenge können nicht alle Waren gleichzeitig steigen. Dieser Zusatz konnte, wie wir bereits gezeigt haben, zu Hause nicht erhalten werden; Es konnte auch nicht aus dem Ausland importiert werden. Um eine zusätzliche Menge Gold aus dem Ausland zu kaufen, müssen die Rohstoffe im Inland billig und nicht teuer sein. Die Einfuhr von Gold und ein Anstieg des Preises aller selbst hergestellten Waren, mit denen Gold gekauft oder bezahlt wird, sind absolut unvereinbare Effekte. Die umfassende Verwendung von Papiergeld ändert an dieser Frage nichts, denn Papiergeld entspricht dem Wert von Gold oder sollte diesem entsprechen, und daher wird sein Wert nur von solchen Ursachen beeinflusst, die auch den Wert dieses Metalls beeinflussen.

Dies sind also die Gesetze, nach denen die Löhne geregelt werden und nach denen das Glück des weitaus größten Teils jeder Gemeinschaft bestimmt wird. Wie alle anderen Verträge sollten auch die Löhne dem fairen und freien Wettbewerb des Marktes überlassen werden und niemals durch die Einmischung des Gesetzgebers kontrolliert werden.

Die klare und direkte Tendenz der Armengesetze steht in direktem Widerspruch zu diesen offensichtlichen Grundsätzen: Es geht nicht darum, die Lage der Armen zu verbessern, wie es der Gesetzgeber wohlwollend beabsichtigte, sondern um die Verschlechterung der Lage sowohl der Armen als auch der Reichen; Anstatt die Armen reich zu machen, sollen sie die Reichen arm machen. und solange die gegenwärtigen Gesetze in Kraft sind, liegt es in der natürlichen Ordnung der Dinge, dass der Fonds für den Unterhalt der Armen allmählich ansteigt, bis er alle ordentlichen Einnahmen des Landes oder zumindest einen Teil davon absorbiert hat Wie der Staat verlangt, wird er uns nach Befriedigung seiner eigenen Ansprüche niemals für die öffentlichen Ausgaben zur Verfügung stellen. [9]

Diese schädliche Tendenz dieser Gesetze ist kein Geheimnis mehr, da sie durch die geschickte Hand von Herrn Malthus vollständig entwickelt wurde; und jeder Freund der Armen muss sich sehnlichst ihre Abschaffung wünschen. Bedauerlicherweise haben sie sich jedoch schon so lange etabliert und die Gewohnheiten der Armen haben sich bei ihrer Anwendung so stark entwickelt, dass ihre sichere Beseitigung aus unserem politischen System äußerst vorsichtiges und geschicktes Management erfordert. Alle, die einer Aufhebung dieser Gesetze am meisten befürworten, sind sich einig, dass ihre Abschaffung durch möglichst schrittweise Schritte erfolgen sollte, wenn es wünschenswert ist, denjenigen, zu deren Gunsten sie irrtümlicherweise erlassen wurden, die überwältigendste Not zu ersparen .

Es ist eine Wahrheit, die keinen Zweifel zulässt, dass der Komfort und das Wohlergehen der Armen nicht dauerhaft gesichert werden kann, ohne dass sie Rücksicht nehmen oder sich der Gesetzgeber darum bemüht, die Zunahme ihrer Zahl zu regulieren Dies führt dazu, dass es unter ihnen seltener zu frühen und unvorhergesehenen Ehen kommt. Die Funktionsweise des Systems der Armengesetze steht im direkten Widerspruch dazu. Sie haben die Zurückhaltung überflüssig gemacht und die Unvorsichtigkeit gefördert, indem sie ihr einen Teil des Lohns der Klugheit und des Fleißes angeboten haben.

Die Natur des Übels weist auf das Heilmittel hin. Durch die allmähliche Verengung der Sphäre der Armengesetze; Indem wir den Armen den Wert der Unabhängigkeit einprägen, indem wir ihnen beibringen, dass sie sich nicht auf systematische oder zufällige Almosen, sondern auf ihre eigenen Übungen zur Unterstützung verlassen dürfen, dass Besonnenheit und Voraussicht weder unnötige noch unnütze Tugenden sind, werden wir uns nach und nach einer gesünderen Seite nähern und gesünderer Zustand.

Kein Plan zur Änderung der Armengesetze verdient auch nur die geringste Aufmerksamkeit, dessen letztes Ziel nicht deren Abschaffung ist; und er ist der beste Freund der Armen und der Sache der Menschheit, der aufzeigen kann, wie dieses Ziel mit der größten Sicherheit und gleichzeitig mit der geringsten Gewalt erreicht werden kann. Das Übel kann nicht dadurch gemildert werden, dass der Fonds, aus dem die Armen unterstützt werden, auf andere Weise als bisher aufgebracht wird. Es würde nicht nur zu keiner Verbesserung führen, sondern auch zu einer Verschlimmerung der Notlage führen, die wir beseitigt sehen möchten, wenn der Betrag des Fonds erhöht würde oder gemäß einigen späten Vorschlägen als allgemeiner Fonds des gesamten Landes erhoben würde . Die derzeitige Art der Sammlung und Anwendung hat dazu beigetragen, seine schädlichen Auswirkungen zu mildern. Jede Gemeinde richtet einen eigenen Fonds zur Unterstützung ihrer eigenen Armen ein. Daher ist es von größerem Interesse und praktikabler, die Steuersätze niedrig zu halten, als wenn ein allgemeiner Fonds zur Unterstützung der Armen im gesamten Königreich aufgebracht würde. Eine Gemeinde ist viel mehr an einer sparsamen Erhebung des Steuersatzes und einer sparsamen Verteilung der Hilfsgelder interessiert, wenn die gesamte Ersparnis zu ihrem eigenen Vorteil kommt, als wenn Hunderte anderer Gemeinden daran teilhaben würden.

Diesem Grund müssen wir die Tatsache zuschreiben, dass die armen Gesetze noch nicht alle Nettoeinnahmen des Landes absorbiert haben; Der Strenge , mit der sie angewendet werden, verdanken wir es, dass sie nicht überwältigend bedrückend geworden sind. Wenn per Gesetz jeder Mensch, der Unterstützung braucht, sicher sein könnte, diese zu erhalten, und zwar in einem solchen Ausmaß, dass er das Leben einigermaßen angenehm macht, würde uns die Theorie zu der Annahme verleiten, dass alle anderen Steuern zusammengenommen gering wären im Vergleich zu der einzigen Steuer für Arme Ratten. Das Prinzip der Schwerkraft ist nicht sicherer als die Tendenz solcher Gesetze, Reichtum und Macht in Elend und Schwäche zu verwandeln; die Anstrengungen der Arbeit von jedem Zweck fernzuhalten , außer dem, den bloßen Lebensunterhalt zu gewährleisten; alle intellektuellen Unterscheidungen zunichte machen; den Geist ständig damit zu beschäftigen, die Bedürfnisse des Körpers zu befriedigen; bis schließlich alle Klassen mit der Plage der allgemeinen Armut infiziert sein sollten. Glücklicherweise sind diese Gesetze in einer Zeit fortschreitenden Wohlstands in Kraft getreten, in der die Mittel zur Aufrechterhaltung der Arbeitskräfte regelmäßig gestiegen sind und eine Bevölkerungsvergrößerung natürlich erforderlich gewesen wäre. Aber wenn unser Fortschritt langsamer werden sollte ; Wenn wir den stationären Zustand erreichen sollten, von dem wir, wie ich hoffe, noch weit entfernt sind, dann wird die verderbliche Natur dieser Gesetze deutlicher und alarmierender werden; und dann wird auch ihre Entfernung durch viele zusätzliche Schwierigkeiten behindert.

# KAPITEL V *.

## WIR PROFITIEREN.

**DA** SICH GEZEIGT HAT , dass die Kapitalgewinne in verschiedenen Beschäftigungen in einem Verhältnis zueinander stehen und die Tendenz haben, alle im gleichen Ausmaß und in der gleichen Richtung zu variieren, bleibt es uns überlassen, zu überlegen, was die Ursache dafür ist permanente Schwankungen der Profitrate und die daraus resultierenden permanenten Änderungen des Zinssatzes.

Wir haben gesehen, dass der Preis von Getreide durch die zu seiner Produktion notwendige Arbeitsmenge reguliert wird, wobei der Teil des Kapitals, der keine Rente zahlt, berücksichtigt wird. Wir haben auch gesehen, dass der Preis aller Industriegüter steigt und fällt, je nachdem mehr oder weniger Arbeit für ihre Produktion erforderlich ist. Weder der Bauer, der das Land bewirtschaftet, das den Preis reguliert, noch der Hersteller, der Waren herstellt, opfern irgendeinen Teil der Produkte für die Pacht. Der Gesamtwert ihrer Waren ist nur in zwei Teile geteilt: Der eine ist der Kapitalgewinn, der andere der Arbeitslohn .

Unter der Annahme, dass Mais und Industriegüter immer zum gleichen Preis verkauft werden, wären die Gewinne im Verhältnis zu den niedrigen oder hohen Löhnen hoch oder niedrig. Aber nehmen wir an, dass der Preis für Mais steigt, weil mehr Arbeit nötig ist, um ihn zu produzieren; Diese Ursache wird den Preis von Industriegütern, für deren Herstellung keine zusätzliche Arbeitsmenge erforderlich ist, nicht erhöhen. Wenn dann die Löhne gleich blieben, blieben die Gewinne gleich; aber wenn, was absolut sicher ist, die Löhne mit der Zunahme des Getreides steigen würden, dann würden die Profite zwangsläufig sinken.

Wenn ein Hersteller seine Waren immer für das gleiche Geld verkauft, für 1000 *l.* Beispielsweise würden seine Gewinne vom Preis der für die Herstellung dieser Waren erforderlichen Arbeit abhängen . Bei einem Lohn von 800 *l würde sein Gewinn geringer ausfallen.* als damals, als er nur 600 *l bezahlte.* In dem Maße, in dem die Löhne stiegen, würden die Gewinne sinken. Aber wenn der Preis für Rohprodukte steigen würde, könnte man sich fragen, ob der Landwirt nicht zumindest die gleiche Gewinnrate hätte, obwohl er einen zusätzlichen Preis für die Löhne zahlen müsste? Gewiss nicht: denn er wird nicht nur, gemeinsam mit dem Fabrikanten, jedem Arbeiter, den er beschäftigt , eine Lohnerhöhung zahlen müssen, sondern er wird auch verpflichtet sein, entweder Miete zu zahlen oder eine zusätzliche Anzahl von Arbeitern zu beschäftigen, um denselben Lohn zu erhalten produzieren; und der Anstieg des Rohproduktpreises wird nur im Verhältnis zu dieser Rente oder dieser zusätzlichen Zahl stehen und ihn nicht für den Lohnanstieg entschädigen.

Wenn sowohl der Fabrikant als auch der Landwirt zehn Männer beschäftigten, bei einem Lohn von 24 *l.* bis 25l . pro Jahr. pro Mann würde die von jedem gezahlte Gesamtsumme 250 *l betragen.* statt 240 *l.* Dies ist jedoch der gesamte Zuschlag, den der Hersteller zahlen würde, um die gleiche Warenmenge zu erhalten; aber der Bauer auf neuem Land wäre wahrscheinlich gezwungen, einen zusätzlichen Mann zu beschäftigen und daher eine zusätzliche Summe von 25 l zu zahlen . für Löhne; und der Bauer auf dem alten Land wäre verpflichtet, genau die gleiche zusätzliche Summe von 25 *l zu zahlen.* zu vermieten; Ohne diese zusätzliche Arbeit wäre der Mais nicht gestiegen. Man muss also 275 *l bezahlen.* für den Lohn allein, der andere für Lohn und Miete zusammen; je 25 *l.* mehr als der Hersteller: für letzteren 25 *l.* Sie werden durch einen Aufschlag auf den Preis der Rohprodukte kompensiert, und daher entsprechen ihre Gewinne immer noch den Gewinnen des Herstellers. Da dieser Vorschlag wichtig ist, werde ich mich noch weiter darum bemühen , ihn zu erläutern.

Wir haben gezeigt , dass in frühen Stadien der Gesellschaft sowohl der Anteil des Grundbesitzers als auch des Arbeiters am *Wert* der Produkte der Erde nur gering sein würde; und dass es proportional zum Fortschritt des Wohlstands und der Schwierigkeit, Nahrungsmittel zu beschaffen, zunehmen würde. Wir haben auch gezeigt, dass, obwohl der Wert des Anteils des Arbeiters durch den hohen Wert der Lebensmittel erhöht wird, sein tatsächlicher Anteil verringert wird; während die des Grundeigentümers nicht nur im Wert, sondern auch in der Menge erhöht wird.

Arbeiters verbleibende Menge der landwirtschaftlichen Erzeugnisse gehört notwendigerweise dem Pächter und stellt den Gewinn seines Kapitals dar. Es kann jedoch behauptet werden, dass sein Anteil am gesamten Produkt zwar mit fortschreitender Gesellschaft abnehmen wird, dass er jedoch, da der Wert steigt, ebenso wie der Grundbesitzer und der Arbeiter dennoch einen höheren Wert erhalten können .

Man kann zum Beispiel sagen, dass, als der Mais von 4 *l stieg.* bis 10l . 180 Quartiere aus dem besten Land würden für 1800 *l verkauft.* statt 720 *l.* ; und obwohl sich herausstellt , dass der Grundbesitzer und der Arbeiter einen größeren Wert für Rente und Lohn haben, könnte dennoch auch der Wert des Gewinns des Landwirts steigen. Dies ist jedoch unmöglich, wie ich jetzt zu zeigen versuchen werde.

Erstens würde der Maispreis nur in dem Maße steigen, wie es schwieriger wird, ihn auf Land schlechterer Qualität anzubauen.

Es wurde bereits darauf hingewiesen, dass, wenn durch die Arbeit von zehn Männern auf einem Land einer bestimmten Qualität 180 Viertel Weizen gewonnen werden, der Wert 4 *l beträgt.* pro Quartal, also 720 *l.* ; und wenn die Arbeit von zehn zusätzlichen Männern auf demselben oder einem anderen Land nur 170 Quarter zusätzlich produzieren würde, würde der Weizen von 4 *l steigen.* bis 4 *l.* 4 *Sek.* 8 *T.* ; für 170: 180:: 4 *l.* : 4 *l.* 4 *Sek.* 8 *T.* Mit anderen Worten: Für die Produktion von 170 Quarters ist in dem einen Fall die Arbeit von zehn Männern notwendig, im anderen Fall nur die von 9,44, so würde der Anstieg 9,44 auf 10 oder 4 *l betragen.* bis 4 *l.* 4 *Sek.* 8 *T.* Auf die gleiche Weise ließe sich zeigen, dass der Preis weiter auf 4 l steigen würde, wenn die Arbeit von zehn zusätzlichen Männern nur 160 Viertel produzieren würde . 10 *Sekunden.* ; Eibe 150, bis 4 *l.* 16 *Sek.* , &vs. &vs.

Aber als 180 Quartiere auf dem Land produziert wurden, für
    das keine Pacht gezahlt wurde, betrug der Preis 4 *l.* pro
    Quartal wurde es verkauft                     720 £

Und als 170 Quartiere auf dem Land produziert wurden, für
    das keine Pacht gezahlt wurde, stieg der Preis auf 4 *l.* 4
    *Sek.* 8 *T.* es wurde immer noch verkauft          720

Also 160 Viertel à 4 *l.* 10 *Sekunden.* produzieren       720

Und 150 Viertel à 4 *l.* 16 *Sek.* die gleiche Summe ergeben    720

Es ist nun klar, dass der Bauer, wenn er von diesen gleichen Werten abweicht, einmal verpflichtet ist, einen durch den Weizenpreis von 4 *Litern regulierten Lohn zu zahlen.* , und zu anderen Zeiten, bei höheren Preisen, wird die Rate seiner Gewinne im Verhältnis zum Anstieg des Maispreises abnehmen.

In diesem Fall ist meines Erachtens daher klar gezeigt, dass ein Anstieg des Maispreises, der den Geldlohn des Arbeiters erhöht , den Geldwert der Gewinne des Landwirts verringert.

Aber der Fall des Bauern des alten und besseren Landes wird in keiner Weise anders sein; Er wird auch höhere Löhne zahlen müssen und nie mehr als 720 *l* vom Wert des Produkts behalten, wie hoch der Preis auch sein mag . zwischen ihm und seiner immer gleichen Zahl von Arbeitern aufgeteilt zu sein ; Je mehr sie also bekommen, desto weniger muss er behalten.

Als der Maispreis bei 4 *l lag.* , die gesamten 180 Quartiere gehörten dem Landwirt, und er verkaufte sie für 720 *l.* Als der Mais auf 4 l anstieg . 4 *Sek.* 8 *T.* er war verpflichtet, den Wert von zehn Vierteln seiner 180 Pachtzinsen zu zahlen, die restlichen 170 brachten ihm also nicht mehr als 720 *l ein.* : als es weiter auf 4 *l anstieg.* 10 *Sekunden.* er zahlte zwanzig Viertel bzw. deren Wert für die Miete und behielt folglich nur 160 Viertel, was die gleiche Summe von 720 *l einbrachte.*

Man wird also sehen, dass, was auch immer eine Erhöhung des Maispreises infolge der Notwendigkeit, mehr Arbeit und Kapital einzusetzen, um eine gegebene zusätzliche Produktmenge zu erhalten, stattfinden mag, diese Erhöhung im Wert immer durch die zusätzliche Rente ausgeglichen wird oder zusätzlich eingesetzte Arbeitskräfte ; so dass, ob Mais für 4 *l verkauft wird.* , 4 *l.* 10 *Sekunden.* , gold 5 *l.* 2 *Sek.* 10 *Tage* , erhält der Bauer für das, was ihm nach der Pacht bleibt, den gleichen realen Wert. Wir sehen also , dass der Landwirt immer die gleiche Summe von 720 *l* erhält, unabhängig davon, ob der Ertrag des Landwirts 180, 170, 160 oder 150 Quarter beträgt . dafür; Der Preis steigt umgekehrt proportional zur Menge.

Die Rente fällt dann, so scheint es, immer zu Lasten des Verbrauchers und niemals zu Lasten des Landwirts; Denn wenn das Produkt seiner Farm bei steigendem Preis einheitlich 180 Quarter betragen würde, würde er den Wert einer geringeren Menge für sich behalten und den Wert einer größeren Menge seinem Grundbesitzer geben; aber der Abzug würde dazu führen, dass ihm immer die gleiche Summe von 720 *l verbleibt.*

Es zeigt sich auch, dass in allen Fällen die gleiche Summe von 720 *l anfällt.* müssen zwischen Löhnen und Gewinnen aufgeteilt werden. Übersteigt der Wert des Rohprodukts des Bodens diesen Wert, so gehört es zur Rente, wie hoch auch immer diese sein mag. Liegt kein Selbstbehalt vor, fällt auch keine Miete an. Ob Löhne oder Gewinne steigen oder fallen, es ist diese Summe von 720 *l.* von dem beide bereitgestellt werden müssen. Einerseits kann der Gewinn nie so hoch steigen, dass er so viel von diesen 720 *l absorbieren kann.* , dass nicht genug übrig bleiben wird, um die Arbeiter mit dem absolut Notwendigen zu versorgen; Andererseits können die Löhne niemals so hoch steigen, dass kein Teil dieser Summe für den Gewinn übrigbleibt.

So werden in jedem Fall die Profite sowohl in der Landwirtschaft als auch in der Industrie durch einen Anstieg des Preises der Rohprodukte gesenkt, wenn dieser mit einem Anstieg der Löhne einhergeht. [11] Wenn der Bauer keinen Mehrwert für den Mais erhält, der ihm nach Zahlung der Pacht bleibt, wenn der Hersteller keinen Mehrwert für die Waren erhält, die er herstellt, und wenn beide verpflichtet sind, einen höheren Wert an Löhnen zu zahlen, kann irgendein Punkt sein Ist es klarer, dass die Gewinne bei steigenden Löhnen sinken müssen?

Der Bauer hat also, obwohl er keinen Teil der Rente seines Grundbesitzers zahlt, die immer durch den Preis der Produkte bestimmt wird und immer zu Lasten der Verbraucher geht, dennoch ein sehr entschiedenes Interesse daran, die Rente niedrig zu halten, oder vielmehr, den natürlichen Preis der Produkte aufrechtzuerhalten niedrig produzieren. Als Konsument von

Rohprodukten und von Dingen, in deren Bestandteil Rohprodukte eine Rolle spielen, wird er wie alle anderen Konsumenten daran interessiert sein, den Preis niedrig zu halten. Vor allem aber macht ihm der hohe Maispreis Sorgen, da er sich auf die Löhne auswirkt. Bei jedem Anstieg des Getreidepreises muss er aus einer gleichen und unveränderlichen Summe von 720 Pfund einen zusätzlichen Lohnbetrag an die zehn Männer zahlen, die er ständig beschäftigen soll. Wir haben bei der Behandlung der Löhne gesehen, dass diese unweigerlich mit dem Anstieg des Preises der Rohprodukte steigen. Auf einer zum Zwecke der Berechnung angenommenen Grundlage, Seite 106, wird ersichtlich, dass wenn Weizen bei 4 *l liegt*. pro Quartal sollte der Lohn 24 *l betragen*. pro Jahr.

| | £.s. D. | | | £.s. D. |
|---|---|---|---|---|
| | 4 4 8 | | | 24 14 0 |
| Wenn Weizen da ist | 4 10 0 | | Lohn wäre | 25 10 0 |
| | 4 16 0 | | | 26 8 0 |
| | 5 2 10 | | | 27 8 6 |

Nun, vom unveränderlichen Fonds von 720 *l. zwischen* Arbeitern und Bauern zu verteilen ,

| | £.s. D. | | £.s. | | £.s. D. |
|---|---|---|---|---|---|
| | 4 0 0 | | 240 0 | | 480 0 0 |
| Wenn der | 4 4 8 | | 247 0 | | 473 0 0 |
| Preis für | 4 10 8 | der Arbeiter wird erhalten | 255 0 | ersterer wird empfangen | 465 0 0 |
| Weizen bei | 4 16 8 | | 264 0 | | 456 0 0 |
| | 5 2 8 | | 274 5 | | 445 15 [12] |

Und angenommen, dass das ursprüngliche Kapital des Bauern 3000 *l betrug*. Der Gewinn seiner Aktie betrug zunächst 480 *l* , läge bei 16 Prozent. Als sein Gewinn auf 473 l sank . , lägen sie bei 15,7 Prozent.

| 465 | 15.5 |
|---|---|
| 456 | 15.2 |
| 445 | 14.8 |

Aber die *Profitrate* wird noch weiter sinken, denn das Kapital des Bauern besteht, das muss man bedenken, zu einem großen Teil aus Rohprodukten, wie seinem Mais und seinen Heuhaufen, seinem ungedroschenen Weizen und seiner Gerste, seinen Pferden und Kühen , die als Folge des Anstiegs der Produkte alle im Preis steigen würden. Sein absoluter Gewinn würde von 480 *l sinken.* bis 445 *l.* 15 *Sek.* ; aber wenn aus der Ursache, die ich gerade angegeben habe, sein Kapital von 3000 l steigen würde . bis 3200 *l.* Die Rate seiner Gewinne würde steigen, wenn der Maispreis bei 5 *l lag.* 2 *Sek.* 10 *Tage* , unter 14 Prozent liegen.

Hätte ein Hersteller auch 3000 *l eingesetzt.* In seinem Geschäft wäre er infolge der Lohnsteigerung gezwungen, sein Kapital zu vermehren, um das gleiche Geschäft betreiben zu können. Wenn seine Waren zuvor für 720 *l verkauft wurden.* , würden sie weiterhin zum gleichen Preis verkaufen; aber der Arbeitslohn , der vor 240 *l.* , würde steigen, wenn der Mais 5 l beträgt . 2 *Sek.* 10 *Tage* auf 274l . 5 *Sek.* Im ersten Fall hätte er eine Bilanz von 480 *l.* als Gewinn auf 3000 *l.* , im zweiten hätte er nur einen Gewinn von 445 *l.* 15 *Sek.* , auf ein erhöhtes Kapital, und daher würden seine Gewinne dem veränderten Satz derjenigen des Landwirts entsprechen.

Es gibt wenige Waren, deren Preis nicht mehr oder weniger durch den Anstieg der Rohprodukte beeinflusst wird, weil in die Zusammensetzung der meisten Waren ein Teil des Bodenrohstoffs einfließt. Baumwollwaren, Leinen und Stoffe werden mit der Zunahme des Weizens alle teurer; Sie steigen jedoch aufgrund der größeren Arbeitsmenge, die für das Rohmaterial aufgewendet wird, aus dem sie hergestellt werden, und nicht, weil der Hersteller den Arbeitern , die er für diese Waren beschäftigt, mehr bezahlt hat.

In allen Fällen steigen die Waren, weil für sie mehr Arbeit aufgewendet wird, und nicht, weil die für sie aufgewendete Arbeit einen höheren Wert hat. Schmuck- , Eisen-, Blech- und Kupfergegenstände würden nicht aufgehen , weil in ihre Zusammensetzung kein Rohprodukt von der Erdoberfläche einfließt.

Man könnte sagen, dass ich es für selbstverständlich gehalten habe, dass die Geldlöhne mit steigenden Preisen für Rohprodukte steigen würden, aber dass dies keineswegs eine notwendige Konsequenz ist, da der Arbeiter möglicherweise mit weniger Freuden zufrieden sein könnte . Es ist wahr, dass die Arbeitslöhne zuvor möglicherweise auf einem hohen Niveau waren und eine gewisse Senkung verkraften könnten. Wenn ja, wird der Gewinnrückgang eingedämmt; aber es ist unmöglich, sich vorzustellen, dass der Geldpreis der Löhne sinken oder bei einem allmählich steigenden Preis der lebensnotwendigen Güter gleich bleiben sollte; und daher kann man davon ausgehen, dass es unter normalen Umständen zu keinem dauerhaften Preisanstieg bei lebensnotwendigen Gütern kommt, ohne dass eine Erhöhung der Löhne erfolgt oder vorangegangen ist.

Die Auswirkungen auf die Gewinne wären die gleichen oder nahezu die gleichen gewesen, wenn die Preise für die anderen lebensnotwendigen Güter außer Nahrungsmitteln gestiegen wären, für die der Arbeitslohn aufgewendet wird . Die Notwendigkeit, dass der Arbeiter einen höheren Preis für diese Notwendigkeitsgüter zahlen müsste, würde ihn dazu zwingen, mehr Lohn zu verlangen; und was auch immer die Löhne erhöht, verringert zwangsläufig den Gewinn. Aber nehmen wir an, dass der Preis von Seide, Samt, Möbeln und anderen Waren, die der Arbeiter nicht benötigt , infolge des höheren Arbeitsaufwands für sie steigt, würde sich das dann nicht auf die Gewinne auswirken? sicherlich nicht: denn nichts kann den Gewinn beeinflussen außer einer Lohnerhöhung; Seide und Samt werden vom Arbeiter nicht verbraucht und können daher den Lohn nicht erhöhen.

Es versteht sich, dass ich allgemein von Gewinnen spreche. Ich habe bereits darauf hingewiesen, dass der Marktpreis einer Ware ihren natürlichen oder notwendigen Preis übersteigen kann, da sie möglicherweise in geringerer Menge produziert wird, als die neue Nachfrage nach ihr erfordert. Dies ist jedoch nur ein vorübergehender Effekt. Die hohen Gewinne aus dem Kapital, das bei der Produktion dieser Ware eingesetzt wird, werden natürlich Kapital in diesen Handel locken; und sobald die erforderlichen Mittel bereitgestellt sind und die Menge der Ware ordnungsgemäß erhöht wird, wird ihr Preis fallen und die Handelsgewinne werden sich dem allgemeinen Niveau anpassen. Ein Rückgang der allgemeinen Profitrate ist keineswegs unvereinbar mit einem teilweisen Anstieg der Profite in bestimmten Beschäftigungen. Durch die Ungleichheit der Gewinne wird Kapital von einem Arbeitsplatz zum anderen verlagert. Während dann die allgemeinen Profite sinken und sich infolge des Anstiegs der Löhne und der zunehmenden Schwierigkeit, die wachsende Bevölkerung mit lebensnotwendigen Gütern zu versorgen, allmählich auf einem niedrigeren Niveau einpendeln, können die Profite des Bauern für eine kurze Zeitspanne sinken , über dem vorherigen Niveau liegen. Es kann auch einem bestimmten Zweig des Außen- und Kolonialhandels für eine bestimmte Zeit ein außerordentlicher Anreiz gegeben werden; Aber das Eingeständnis dieser Tatsache entkräftet keineswegs die Theorie, dass die Gewinne von hohen oder niedrigen Löhnen, die Löhne vom Preis der lebensnotwendigen Güter und der Preis der lebensnotwendigen Güter hauptsächlich vom Preis der Lebensmittel abhängen, da alle anderen Anforderungen fast ohne Erhöhung erhöht werden könnten Grenze.

Es sollte daran erinnert werden, dass die Preise auf dem Markt immer schwanken, und zwar in erster Linie aufgrund der vergleichenden Nachfrage-

und Angebotslage. Stoff könnte zwar bei 40 *s eingerichtet werden.* pro Yard und unter Berücksichtigung der üblichen Aktiengewinne kann er auf 60 oder 80 *s steigen.* B. aus einer allgemeinen Änderung der Mode oder aus irgendeinem anderen Grund, der die Nachfrage plötzlich und unerwartet erhöhen oder das Angebot verringern sollte. Die Stoffhersteller werden eine Zeit lang ungewöhnliche Gewinne erzielen, aber das Kapital wird natürlich in diese Produktion fließen, bis Angebot und Nachfrage wieder auf ihrem angemessenen Niveau sind und der Preis für Stoff wieder auf 40 % sinkt . , sein natürlicher oder notwendiger Preis. In gleicher Weise kann die Nachfrage nach Mais mit jeder steigenden Nachfrage so hoch steigen, dass sie dem Landwirt mehr als den allgemeinen Profit einbringt. Wenn reichlich fruchtbares Land vorhanden ist, wird der Getreidepreis wieder auf seinen früheren Standard fallen, nachdem die erforderliche Kapitalmenge für die Produktion eingesetzt wurde, und die Gewinne werden wie zuvor sein; Wenn jedoch nicht genügend fruchtbares Land vorhanden ist und zur Produktion dieser zusätzlichen Menge mehr als die übliche Menge an Kapital und Arbeit erforderlich ist, wird der Mais nicht auf sein früheres Niveau fallen. Sein natürlicher Preis wird erhöht, und der Landwirt wird, anstatt dauerhaft höhere Profite zu erzielen, gezwungen sein, sich mit dem verringerten Satz zufrieden zu geben, der die unvermeidliche Folge des Anstiegs der Löhne ist, der durch den Anstieg der Grundbedürfnisse entsteht.

Die natürliche Tendenz der Gewinne besteht dann darin, zu sinken; Denn im Zuge des Fortschritts der Gesellschaft und des Wohlstands wird die zusätzlich erforderliche Menge an Nahrungsmitteln durch den Einsatz von immer mehr Arbeit erzielt . Diese Tendenz, diese Anziehungskraft sozusagen des Profits, wird in immer wiederkehrenden Abständen glücklicherweise durch die Verbesserungen der Maschinen im Zusammenhang mit der Produktion lebensnotwendiger Güter sowie durch Entdeckungen in der Landwirtschaftswissenschaft gestoppt, die es uns ermöglichen, auf einen Teil der bisherigen Arbeit zu verzichten erforderlich, und daher den Preis des Hauptbedarfs des Arbeiters zu senken . Der Anstieg der Preise der lebensnotwendigen Güter und der Arbeitslöhne ist jedoch begrenzt; denn sobald der Lohn (wie im oben genannten Fall) 720 *l betragen sollte.* , die Gesamteinnahmen des Landwirts, es muss ein Ende der Akkumulation geben; denn dann kann kein Kapital mehr irgendeinen Profit abwerfen, und es kann keine zusätzliche Arbeit nachgefragt werden, und folglich wird die Bevölkerung ihren höchsten Stand erreicht haben. Tatsächlich wird die sehr niedrige Profitrate schon lange vor dieser Periode jegliche Akkumulation gestoppt haben, und fast die gesamte Produktion des Landes wird nach Bezahlung der Arbeiter Eigentum der Landbesitzer und Empfänger von Zehnten und Steuern sein.

Wenn ich also die frühere, sehr unvollkommene Grundlage als Grundlage meiner Berechnung nehme, scheint es, dass bei einem Maisvolumen von 20 *l.* pro Vierteljahr würde das gesamte Nettoeinkommen des Landes den Grundbesitzern gehören, denn dann wäre die gleiche Arbeitsmenge , die ursprünglich zur Produktion von 180 Vierteljahren nötig war, nötig, um 36 Vierteljahre zu produzieren; seit 20 *l.* : 4 *l.* :: 180 : 36. Der Bauer, der ursprünglich 180 Quarters produzierte (falls es solche gab, denn das auf dem Land eingesetzte alte und neue Kapital wäre so vermischt, dass es in keiner Weise unterschieden werden konnte), würde verkaufen Tee

|  |  |  |  |
|---|---|---|---|
| 180 qrs. bei 20 *l.* pro qr. Gold |  | 360 0 £ |  |
| Der Wert von 144gr. | an den Vermieter zur Miete, wobei die Differenz zwischen 36 und 180 qrs beträgt. | 288 0 | — — |
| 36 Gramm. |  | 720 |  |
| der Wert von 50 Gramm. | an zehn Arbeiter | 720 |  |

nichts hinterlassen, um Profit zu machen.

| Zu diesem Preis von 20 *l.* die Arbeiter würden weiterhin jeweils drei Viertel pro Jahr verbrauchen oder | sechzig Pfund |
|---|---|
| Und für andere Waren würden sie Geld ausgeben | 12 |
|  | ———— |
|  | 72 für jeden Pflug |
|  | ———— |
| Und deshalb würden zehn Arbeiter kosten | 720 *Liter.* pro Jahr. |

Bei all diesen Berechnungen ging es mir nur darum, das Prinzip zu erläutern, und es ist kaum notwendig zu bemerken, dass meine gesamte Grundlage zufällig und lediglich zum Zwecke der Veranschaulichung angenommen wurde. Die Ergebnisse wären, wenn auch im Grad unterschiedlich, im Prinzip die gleichen gewesen, wie genau ich auch die Differenz in der Anzahl der Arbeiter hätte darlegen können, die erforderlich sind, um die aufeinanderfolgenden Mengen Mais zu erhalten, die von einer wachsenden

Bevölkerung benötigt werden, die Menge, die von der Bevölkerung verbraucht wird Familie des Arbeiters usw. &vs. Mein Ziel war es, das Thema zu vereinfachen, und ich habe daher den steigenden Preis der anderen Grundbedürfnisse des Arbeiters außer der Nahrung nicht berücksichtigt ; ein Anstieg, der die Folge des gestiegenen Wertes des Rohmaterials wäre, aus dem sie hergestellt werden, und der natürlich die Löhne weiter erhöhen und die Gewinne senken würde.

Ich habe bereits gesagt, dass es lange bevor dieser Preiszustand dauerhaft werden würde, keinen Anreiz zur Akkumulation geben würde; Denn niemand akkumuliert, ohne seine Akkumulation produktiv zu machen, und nur wenn er so eingesetzt wird, erzielt er Gewinne. Ohne ein Motiv gäbe es keine Akkumulation, und folglich könnte es nie zu einem solchen Preiszustand kommen. Der Bauer und Fabrikant kann ebenso wenig ohne Profit leben wie der Arbeiter ohne Lohn. Ihr Motiv zur Akkumulation wird mit jeder Verringerung des Profits abnehmen und ganz aufhören, wenn ihre Profite so niedrig sind, dass sie keinen angemessenen Ausgleich für ihre Unordnung und das Risiko bieten, das sie zwangsläufig eingehen müssen, wenn sie ihr Kapital produktiv einsetzen.

Ich muss noch einmal feststellen, dass die Profitrate viel schneller sinken würde, als ich in meiner Berechnung geschätzt habe: Da der Wert der Produkte unter den angenommenen Umständen so wäre, wie ich ihn angegeben habe, würde der Wert des Viehbestands des Landwirts erheblich steigen aus der Notwendigkeit, dass es aus vielen im Wert gestiegenen Waren besteht. Bevor Mais aus 4 l aufsteigen konnte . bis 12 *l.* sein Kapital würde wahrscheinlich im Tauschwert verdoppelt werden und 6000 *l wert sein.* statt 3000 *l.* Wenn dann sein Gewinn 180 *l betragen würde.* , Gold 6 Prozent. auf sein ursprüngliches Kapital würden die Gewinne zu diesem Zeitpunkt tatsächlich nicht höher *als* 3 Prozent sein; für 6000 *l.* bei 3 Prozent. ergibt 180 *l.* ; und nur zu diesen Bedingungen könnte ein neuer Landwirt mit 6000 *l.* Geld in seiner Tasche fließt in die Landwirtschaft ein.

Viele Trades würden mehr oder weniger aus derselben Quelle einen Vorteil ziehen. Der Brauer, der Brenner, der Tuchmacher und der Leinenfabrikant würden für den Rückgang ihrer Gewinne zum Teil durch den Anstieg des Wertes ihrer Lagerbestände an Roh- und Fertigmaterialien kompensiert; aber ein Hersteller von Eisenwaren, Schmuck und vielen anderen Waren sowie solche, deren Kapital einheitlich aus Geld besteht, wären dem gesamten Fall der Profitrate ausgesetzt, ohne irgendeine Entschädigung.

Wir sollten auch damit rechnen, dass, wie auch immer die Kapitalgewinnrate infolge der Kapitalakkumulation auf dem Land und des Anstiegs der Löhne sinken könnte, die Gesamtgewinne dennoch zunehmen würden . Nehmen wir also an, dass bei wiederholten Ansammlungen von 100.000 *l.* Sollte die

Profitrate von 20 auf 19, auf 18 und auf 17 Prozent sinken, eine ständig sinkende Rate, sollten wir erwarten, dass die Gesamtsumme der Profite, die diese aufeinanderfolgenden Kapitalbesitzer erhalten, immer progressiv sein würde; dass es größer wäre, wenn das Kapital 200.000 *l betragen würde.* , als bei 100.000 *l.* ; noch größer, wenn 300.000 *l.* ; und so weiter, wobei es mit jeder Kapitalvermehrung zunimmt, wenn auch in abnehmender Geschwindigkeit. Diese Entwicklung gilt jedoch nur für eine bestimmte Zeit: also 19 Prozent. wir 200.000 *l.* beträgt mehr als 20 auf 100.000 *l.* ; erneut 18 Prozent. wir 300.000 *l.* beträgt mehr als 19 Prozent. wir 200.000 *l.* ; aber nachdem sich das Kapital zu einem großen Betrag angesammelt hat und die Gewinne gesunken sind, verringert die weitere Akkumulation die Gesamtheit der Gewinne. Nehmen wir also an, dass die Akkumulation 1.000.000 l betragen sollte . , und der Gewinn 7 Prozent. der Gesamtgewinn beträgt 70.000 *l.* ; nun bei einer Zugabe von 100.000 *l.* Das Kapital soll auf eine Million ausgezahlt werden und der Gewinn soll auf 6 Prozent, also 66.000 *l, sinken.* oder eine Reduzierung um 4000 *l.* werden von den Bestandsbesitzern erhalten, obwohl die Gesamtmenge des Bestands von 1.000.000 *l erhöht wird.* bis 1.100.000 *l.*

Es kann jedoch keine Akkumulation von Kapital geben, solange die Aktie überhaupt einen Gewinn abwirft, ohne dass sie nicht nur eine Steigerung des Produkts, sondern auch eine Steigerung des Wertes bringt. Durch den Einsatz von 100.000 *l.* Durch zusätzliches Kapital wird kein Teil des bisherigen Kapitals weniger produktiv. Das Landprodukt und die Arbeitskraft des Landes müssen zunehmen, und sein Wert wird nicht nur um den Wert der Hinzufügung zur früheren Produktionsmenge steigen, sondern auch um den neuen Wert, der dem gesamten Produkt gegeben wird des Landes, durch die zunehmende Schwierigkeit, den letzten Teil davon zu produzieren, dessen neuer Wert immer in die Pacht fließt. Wenn jedoch die Kapitalakkumulation trotz dieser Wertsteigerung sehr groß wird, wird sie so verteilt, dass den Profiten ein geringerer Wert als zuvor zugewiesen wird, während der Wert, der für Rente und Löhne aufgewendet wird, erhöht wird. Also mit sukzessiven Ergänzungen von 100.000 *l.* zum Kapital, mit einem Rückgang der Profitrate von 20 auf 19, auf 18 und auf 17 Prozent. &vs. Die jährlich erzielten Produktionen werden quantitativ zunehmen und mehr betragen als der gesamte Mehrwert, den das zusätzliche Kapital voraussichtlich produzieren soll. Ab 20.000 *l.* es wird auf über 39.000 *l ansteigen.* und dann auf über 57.000 *l.* , und wenn das eingesetzte Kapital eine Million beträgt, wie wir zuvor angenommen haben, wenn 100.000 *l.* Kommt noch mehr dazu, ist die Gewinnsumme tatsächlich geringer als zuvor, nämlich mehr als 6000 *l.* wird dennoch zu den Einkünften des Landes hinzukommen, aber zu den Einkünften der Grundbesitzer; sie werden mehr als das zusätzliche Produkt erhalten und werden durch ihre Lage in die Lage versetzt, sogar in die früheren Gewinne des Kapitalisten einzugreifen. Nehmen wir also an, dass der Maispreis 4 *l beträgt.* pro Quartal, und zwar, wie wir zuvor berechnet haben, von jeweils 720 *l.* dem Bauern nach Zahlung seiner Pacht verbleibende 480 *l.* wurden von ihm behalten, und 240 *l. wurden an seine* Arbeiter bezahlt ; als der Preis auf 6 *l stieg.* pro Vierteljahr wäre er verpflichtet, seinen Arbeitern 300 *l zu zahlen.* und behalten nur 420 *l.* für Gewinne. Wenn nun das eingesetzte Kapital so groß wäre, dass es hunderttausendmal 720 *l ergeben würde.* Gold 72.000.000 *l.* der Gesamtgewinn würde 48.000.000 *l betragen.* als Weizen bei 4 *l war.* Pro Quartal; und wenn man ein größeres Kapital anwendet, 105.000 mal 720 *l.* wurden erhalten, als der Weizen bei 6 *l lag.* , Gold 75.600.000 *l.* , würden die Gewinne tatsächlich von 48.000.000 *l sinken.* bis 44.100.000 *l.* Gold 105.000 mal 420 *l.* , und die Löhne würden von 24.000.000 l steigen . bis 31.500.000 *l.* Die Löhne würden steigen, weil im Verhältnis zum Kapital mehr Arbeiter beschäftigt würden; und jeder Pflug würde mehr Geldlohn erhalten; aber die Lage des Arbeiters wäre, wie wir bereits gezeigt haben, insofern schlechter, als er in der Lage wäre, über eine geringere Menge der landeseigenen Produkte zu verfügen. Die einzigen wirklichen Gewinner wären die Vermieter; Sie würden höhere Renten erhalten, erstens, weil die Produkte einen höheren Wert hättn, und zweitens, weil ihr Anteil stark gestiegen wäre.

Obwohl ein größerer Wert produziert wird, wird ein größerer Teil dessen, was nach Zahlung der Rente von diesem Wert übrig bleibt, von den Produzenten konsumiert, und dies und nur dies reguliert den Gewinn. Während das Land reichliche Erträge erbringt, können die Löhne vorübergehend steigen und die Produzenten verbrauchen möglicherweise mehr als ihr gewohntes Verhältnis; aber der Anreiz, der auf diese Weise der Bevölkerung gegeben wird, wird die Arbeiter schnell auf ihren üblichen Konsum reduzieren. Wenn jedoch arme Ländereien bewirtschaftet werden oder wenn mehr Kapital und Arbeit für die alten Ländereien aufgewendet werden und die Erträge geringer ausfallen, muss die Wirkung dauerhaft sein. Ein größerer Teil des Teils der Produktion, der nach Zahlung der Pacht noch zwischen den Kapitalbesitzern und den Arbeitern aufgeteilt werden muss , wird letzteren zugeteilt. Jeder Mensch kann und wird wahrscheinlich eine weniger absolute Größe haben; aber je mehr Arbeitskräfte im Verhältnis zum Gesamtprodukt beschäftigt werden, das der Landwirt behält, desto mehr wird der Wert eines größeren Teils des Gesamtprodukts durch die Löhne absorbiert, und folglich wird der Wert eines kleineren Teils für den Gewinn verwendet. Dies wird notwendigerweise durch die Naturgesetze, die die Produktivkräfte des Landes begrenzt haben, dauerhaft gemacht.

Damit kommen wir erneut zu der gleichen Schlussfolgerung, die wir zuvor darzulegen versucht haben : dass in allen Ländern und zu allen Zeiten die Profite von der Arbeitsmenge abhängen, die erforderlich ist, um die Arbeiter auf dem Land oder mit dem Kapital mit dem Nötigsten zu versorgen bringt keine Miete. Die Auswirkungen der Akkumulation werden dann in den verschiedenen Ländern unterschiedlich sein und in erster Linie von der Fruchtbarkeit des Landes abhängen. So ausgedehnt ein Land auch sein mag, in dem das Land von schlechter Qualität ist und in dem die Einfuhr von Nahrungsmitteln verboten ist, wird man mit der mäßigsten Kapitalakkumulation bei starken Senkungen der Profitrate und einem raschen Anstieg der Rente rechnen; und im Gegenteil kann ein kleines, aber fruchtbares Land, insbesondere wenn es die Einfuhr von Nahrungsmitteln frei zulässt, einen großen Kapitalbestand anhäufen, ohne dass die Profitrate stark sinkt oder die Grundrente stark steigt. Im Kapitel über die Löhne haben wir versucht zu zeigen, dass der Geldpreis der Waren durch eine Erhöhung der Löhne nicht erhöht werden würde, weder unter der Annahme, dass Gold, der Standard des Geldes, das Produkt dieses Landes sei, noch unter der Annahme, dass dies der Fall sei aus dem Ausland importiert. Aber wenn es anders wäre, wenn die Preise der Waren durch hohe Löhne dauerhaft erhöht würden, wäre die These nicht weniger wahr, die besagt, dass hohe Löhne unweigerlich die Arbeitgeber der Arbeitskräfte beeinträchtigen, indem sie ihnen einen Teil ihres realen Profits entziehen . Angenommen, der Hutmacher, der Strumpfmacher und der Schuhmacher zahlten jeweils 10 *l.* mehr Lohn bei der Herstellung einer bestimmten Menge ihrer Waren und dass der Preis für Hüte, Strümpfe und Schuhe um einen Betrag stieg, der ausreichte, um dem Hersteller die 10 l zurückzuzahlen . ; Ihre Situation wäre nicht besser, als wenn es keinen solchen Anstieg gäbe. Wenn der Strumpfmacher seine Strümpfe für 110 *l verkaufte.* statt 100 *l.* , sein Gewinn wäre genau der gleiche Geldbetrag wie zuvor; aber da er im Austausch für diese gleiche Summe ein Zehntel weniger an Hüten, Schuhen und jeder anderen Ware erhalten würde, und da er mit seinen früheren Ersparnissen weniger Arbeiter bei den erhöhten Löhnen beschäftigen und weniger Rohstoffe kaufen könnte Bei steigenden Preisen wäre er in keiner besseren Lage, als wenn seine Geldgewinne tatsächlich in der Höhe geschmälert worden wären und alles zu seinem alten Preis geblieben wäre. Daher habe ich versucht zu zeigen, erstens, dass eine Erhöhung der Löhne nicht den Preis der Waren erhöhen würde, sondern unweigerlich die Gewinne senken würde; und zweitens, dass, wenn die Warenpreise erhöht werden könnten, die Auswirkung auf die Gewinne immer noch dieselbe wäre; und dass tatsächlich nur der Wert des Mediums gesenkt würde, in dem Preise und Gewinne geschätzt werden.

---

# KAPITEL VI.

## WIR AUSSENHANDEL.

**KEINE** AUSWEITUNG des Außenhandels wird den Wert eines Landes sofort steigern, obwohl sie sehr stark dazu beitragen wird, die Warenmasse und damit die Summe der Freuden zu vergrößern. Da der Wert aller ausländischen Güter an der Menge der Produkte unseres Landes und unserer Arbeit gemessen wird, die im Austausch dafür gegeben werden, hätten wir keinen größeren Wert, wenn wir durch die Entdeckung neuer Märkte die doppelte Menge erhalten würden ausländische Waren im Austausch gegen eine bestimmte Menge unserer Waren. Beim Kauf englischer Waren im Wert von 1000 *l.* Ein Kaufmann kann eine Menge ausländischer Waren erwerben, die er auf dem englischen Markt für 1.200 *l verkaufen kann.* , erhält er 20 Prozent. von einer solchen Verwendung seines Kapitals profitieren; aber weder seine Gewinne noch der Wert der importierten Waren werden durch die größere oder kleinere Menge der erworbenen ausländischen Waren erhöht oder verringert. Ob er zum Beispiel fünfundzwanzig oder fünfzig Pfeifen Wein importiert, sein Interesse kann in keiner Weise beeinträchtigt werden, wenn einmal die fünfundzwanzig Pfeifen und ein anderes Mal fünfzig Pfeifen gleichermaßen für 1.200 l verkauft werden . *In beiden Fällen ist sein Gewinn auf 200 l* begrenzt . , Gold 20 Prozent. auf seinem Kapital; und in jedem Fall wird derselbe Wert nach England importiert. Wenn die fünfzig Pfeifen für mehr als 1.200 *l verkauft werden.* , würden die Profite dieses einzelnen Kaufmanns die allgemeine Profitrate übersteigen, und das Kapital würde natürlich in diesen vorteilhaften Handel fließen, bis der Fall des Weinpreises alles auf das frühere Niveau gebracht hätte.

Es wurde in der Tat behauptet, dass die großen Gewinne, die einzelne Kaufleute manchmal im Außenhandel machen, die allgemeine Profitrate im Land erhöhen werden, und dass die Entnahme von Kapital aus anderen Beschäftigungen dazu führt, dass sie am neuen und nützlichen Ausland teilhaben Der Handel wird allgemein die Preise erhöhen und dadurch die Gewinne steigern. Es wurde von hoher Autorität gesagt, dass notwendigerweise weniger Kapital für den Anbau von Mais, für die Herstellung von Stoffen, Hüten, Schuhen usw. aufgewendet wird. Während die Nachfrage gleich bleibt, wird der Preis dieser Waren so steigen, dass der Landwirt, der Hutmacher, der Tuchmacher und der Schuhmacher ebenso wie der ausländische Kaufmann eine Gewinnsteigerung erzielen werden. [13]

Diejenigen, die dieses Argument vertreten, stimmen mit mir darin überein, dass die Gewinne verschiedener Beschäftigungen dazu neigen, sich einander anzupassen; gemeinsam vor- und zurückgehen. Unsere Meinungsverschiedenheit besteht darin: Sie behaupten, dass die Gewinngleichheit durch die allgemeine Steigerung der Gewinne herbeigeführt werde; und ich bin der Meinung, dass die Gewinne des bevorzugten Handels schnell auf das allgemeine Niveau sinken werden.

Denn erstens bestreite ich, dass notwendigerweise weniger Kapital für den Anbau von Mais, für die Herstellung von Stoffen, Hüten, Schuhen usw. aufgewendet wird, wenn die Nachfrage nach diesen Waren nicht sinkt ; und wenn ja, wird ihr Preis nicht steigen. Beim Kauf ausländischer Waren wird entweder derselbe, ein größerer oder ein geringerer Teil des Boden- und Arbeitsprodukts Englands verwendet. Wenn der gleiche Teil auf diese Weise eingesetzt wird, wird die gleiche Nachfrage nach Stoffen, Schuhen, Getreide und Hüten bestehen wie zuvor, und der gleiche Teil des Kapitals wird für ihre Produktion aufgewendet. Wenn infolge der günstigeren Preise ausländischer Waren ein geringerer Teil der jährlichen Produktion des Bodens und der Arbeitskraft Englands für den Kauf ausländischer Waren verwendet wird, bleibt mehr für den Kauf anderer Dinge übrig. Wenn es eine größere Nachfrage nach Hüten, Schuhen, Mais usw. gibt. als zuvor, was der Fall sein kann, da den Verbrauchern ausländischer Waren ein zusätzlicher Teil ihres verfügbaren Einkommens zur Verfügung steht, steht auch das Kapital zur Verfügung, mit dem zuvor der größere Wert ausländischer Waren erworben wurde; so dass mit der erhöhten Nachfrage nach Getreide, Schuhen usw. Es gibt auch die Möglichkeit, ein erhöhtes Angebot zu beschaffen, und daher können weder Preise noch Gewinne dauerhaft steigen. Wenn mehr Land- und Arbeitserzeugnisse Englands für den Kauf ausländischer Waren verwendet werden, kann weniger für den Kauf anderer Dinge und daher weniger Hüte, Schuhe usw. verwendet werden. wird benötigt werden. Gleichzeitig wird das Kapital aus der Produktion von Schuhen, Hüten usw. befreit. Es muss mehr für die Herstellung derjenigen Waren eingesetzt werden, mit denen ausländische Waren gekauft werden. und folglich wird in allen Fällen die Nachfrage nach ausländischen und inländischen Waren zusammen, soweit es den Wert betrifft, durch die Einkünfte und das Kapital des Landes begrenzt. Wenn das eine zunimmt, muss das andere abnehmen. Wenn die Einfuhr von Wein im Tausch gegen die gleiche Menge englischer Waren verdoppelt wird, können die Menschen in England entweder die doppelte Menge Wein konsumieren wie vorher, oder die gleiche Menge Wein und eine größere Menge englischer Waren. Wenn mein Einkommen 1000 l betragen hätte . , mit dem ich jährlich eine Pfeife Wein für 100 *l kaufte*. und eine bestimmte Menge englischer Waren für 900 *l.* ; als der Wein auf 50 *l fiel.* Pro Rohr würde ich 50 l auslegen . gespart, entweder durch den Kauf einer zusätzlichen Pfeife Wein oder durch den Kauf weiterer englischer Waren. Wenn ich mehr Wein kaufen würde und jeder Weintrinker dasselbe tun würde, würde der Außenhandel nicht im geringsten gestört werden; Die gleiche Menge englischer Waren würde im Austausch gegen Wein exportiert, und wir würden die doppelte Menge, jedoch nicht den doppelten Wert des Weins erhalten. Aber wenn ich und andere uns mit der gleichen Menge Wein wie zuvor zufrieden geben würden, würden weniger englische Waren exportiert, und die Weintrinker könnten entweder die Waren konsumieren, die zuvor exportiert wurden, oder andere, für die sie eine Vorliebe hätten. Das für ihre Produktion erforderliche Kapital würde durch das freigesetzte Kapital des Außenhandels gedeckt.

Es gibt zwei Möglichkeiten, Kapital anzuhäufen: Es kann entweder infolge erhöhter Einnahmen oder infolge verminderten Konsums gespart werden. Wenn mein Gewinn von 1000 l erhöht wird . bis 1200 *l.* Während meine Ausgaben gleich bleiben, sammle ich jährlich 200 *l.* mehr als ich vorher getan habe. Wenn ich 200 l spare . Während meine Gewinne gleich bleiben, wird aus meinen Ausgaben die gleiche Wirkung erzielt; 200l . pro Jahr werden meinem Kapital hinzugefügt. Der Kaufmann, der Wein importierte, nachdem der Gewinn auf 20 Prozent angehoben worden war. auf 40 Prozent, anstatt seine englischen Waren für 1000 *l zu kaufen.* , muss sie für 857 l kaufen . 2 *Sek.* 10 *Tage* , und verkaufte immer noch den Wein, den er als Gegenleistung für diese Waren für 1200 l importierte . ; oder wenn er seine englischen Waren weiterhin für 1000 l kaufte . , muss den Preis seines Weines auf 1400 *l erhöhen.* ; er würde somit 40 statt 20 Prozent erhalten. Gewinn aus seinem Kapital; aber wenn er und alle anderen Verbraucher infolge der Billigkeit aller Waren, für die sein Einkommen ausgegeben wurde, den Wert von 200 *l sparen könnten.* pro 1000 *l.* Bevor sie ausgegeben würden, würden sie den wahren Reichtum des Landes wirksamer steigern. Im einen Fall wären die Einsparungen eine Folge einer Einkommenssteigerung, im anderen Fall eine Folge geringerer Ausgaben.

Wenn durch die Einführung von Maschinen die Gesamtheit der Waren, für die Einnahmen ausgegeben wurden, um 20 Prozent sank. wertmäßig sollte es mir möglich sein, so effektiv zu sparen, als ob mein Einkommen um 20 Prozent gestiegen wäre; aber im einen Fall bleibt die Profitrate stationär, im anderen wird sie um 20 Prozent erhöht . – Wenn ich durch die Einführung billiger ausländischer Waren 20 Prozent sparen kann. Von meinen Ausgaben her wird die Wirkung genau die gleiche sein, als ob die Maschinen ihre Produktionskosten gesenkt hätten, der Gewinn aber nicht gestiegen wäre.

Es ist also nicht die Folge der Ausweitung des Marktes, dass die Profitrate steigt, obwohl eine solche Ausweitung ebenso wirksam bei der Vergrößerung der Warenmasse sein und es uns dadurch ermöglichen kann, die für den Unterhalt vorgesehenen Mittel zu vermehren der Arbeit und der Materialien, für die Arbeit eingesetzt werden kann. Für das Glück der Menschheit ist es ebenso wichtig, dass unsere Freuden durch eine bessere Verteilung der Arbeit gesteigert werden , indem jedes Land diejenigen Waren produziert, für die es aufgrund seiner Lage, seines Klimas und seiner anderen natürlichen oder künstlichen Vorteile geeignet ist. und indem sie sie gegen die Waren anderer Länder eintauschen, so dass sie durch eine Steigerung der Profitrate erhöht würden.

Es war mein Bestreben , in dieser Arbeit zu zeigen, dass die Profitrate nur durch einen Rückgang der Löhne erhöht werden kann, und dass es keinen dauerhaften Rückgang der Löhne geben kann, außer infolge eines Rückgangs der lebensnotwendigen Güter, auf denen die Löhne basieren aufgewendet. Wenn daher durch die Ausweitung des Außenhandels oder durch Verbesserungen der Maschinen die Nahrungsmittel und Bedarfsgüter des Arbeiters zu einem reduzierten Preis auf den Markt gebracht werden können, werden die Gewinne steigen. Wenn wir, anstatt unseren eigenen Mais anzubauen oder Kleidung und andere Bedarfsgüter des Arbeiters herzustellen , einen neuen Markt entdecken, von dem aus wir uns mit diesen Waren zu einem günstigeren Preis versorgen können, werden die Löhne sinken und die Gewinne steigen; Wenn aber die Waren, die man durch die Ausweitung des Außenhandels oder durch die Verbesserung der Maschinerie billiger erhält, ausschließlich von den Reichen konsumiert werden, wird sich die Profitrate nicht ändern. Der Lohnsatz würde sich nicht ändern, obwohl Wein, Samt, Seide und andere teure Waren um 50 Prozent sinken würden, und folglich würden die Gewinne unverändert bleiben.

Der Außenhandel ist also für ein Land von großem Nutzen, da er die Menge und Vielfalt der Objekte erhöht, auf die Einnahmen ausgeweitet werden können, und durch die Fülle und Billigkeit der Waren Anreize zum Sparen und zur Kapitalakkumulation bietet , hat keine Tendenz, die Kapitalgewinne zu steigern, es sei denn, die importierten Waren sind von der Art, für die der Arbeitslohn ausgegeben wird.

Die zum Außenhandel gemachten Ausführungen gelten auch für den Binnenhandel. Die Profitrate wird niemals durch eine bessere Arbeitsverteilung , durch die Erfindung von Maschinen, durch die Errichtung von Straßen und Kanälen oder durch irgendwelche Mittel zur Unterbringung von Arbeitskräften , weder bei der Herstellung noch bei der Beförderung von Gütern, erhöht. Dabei handelt es sich um Ursachen, die sich auf den Preis auswirken und für die Verbraucher stets von großem Nutzen sind. da sie es ihnen ermöglichen, mit derselben Arbeit oder mit dem Wert des Produkts derselben Arbeit im Austausch eine größere Menge der Ware zu erhalten, auf die die Verbesserung angewendet wird; aber sie haben keinerlei Auswirkungen auf den Gewinn. Andererseits erhöht jede Senkung des Arbeitslohns den Gewinn , hat aber keine Auswirkung auf den Warenpreis. Eines ist für alle Klassen von Vorteil, denn alle Klassen sind Konsumenten; das andere kommt nur den Produzenten zugute; sie gewinnen mehr, aber alles bleibt zu seinem früheren Preis. Im ersten Fall erhalten sie dasselbe wie zuvor; aber alles , wofür ihr Gewinn ausgegeben wird, verliert an Tauschwert.

Dieselbe Regel, die den relativen Wert von Waren in einem Land regelt, regelt nicht den relativen Wert der Waren, die zwischen zwei oder mehr Ländern ausgetauscht werden.

In einem System des völlig freien Handels setzt jedes Land sein Kapital und seine Arbeitskraft natürlich für die Beschäftigungen ein, die für jedes Land am vorteilhaftesten sind. Dieses Streben nach individuellem Vorteil ist in bewundernswerter Weise mit dem universellen Wohl des Ganzen verbunden. Indem es die Industrie anregt, den Einfallsreichtum belohnt und die besonderen, von der Natur verliehenen Kräfte am wirksamsten nutzt, verteilt es die Arbeit am effektivsten und wirtschaftlichsten, während es durch die Erhöhung der allgemeinen Produktionsmasse den allgemeinen Nutzen verteilt und durch ein gemeinsames Ganzes verbindet Bindung von Interessen und Verkehr, die universelle Gesellschaft der Nationen in der gesamten zivilisierten Welt. Es ist dieses Prinzip, das bestimmt, dass Wein in Frankreich und Portugal hergestellt werden soll, dass Mais in Amerika und Polen angebaut werden soll und dass Eisenwaren und andere Waren in England hergestellt werden sollen.

In ein und demselben Land sind die Gewinne im Allgemeinen immer auf dem gleichen Niveau; oder unterscheiden sich nur dadurch, dass der Kapitaleinsatz mehr oder weniger sicher und angenehm sein kann. Zwischen verschiedenen Ländern ist das nicht der Fall. Wenn die Gewinne des in Yorkshire eingesetzten Kapitals die des in London eingesetzten Kapitals übersteigen würden, würde das Kapital schnell von London nach Yorkshire wandern und eine Gewinngleichheit herbeigeführt werden; Wenn aber infolge der verringerten Produktionsrate in den Ländern Englands aufgrund der Zunahme von Kapital und Bevölkerung die Löhne steigen und die Profite sinken würden, würde dies nicht zwangsläufig dazu führen, dass Kapital und Bevölkerung von England nach Holland oder ... wandern würden Spanien oder Russland, wo die Gewinne höher sein könnten.

Wenn Portugal keine Handelsbeziehungen mit anderen Ländern hätte , wäre es gezwungen, einen großen Teil seines Kapitals und seiner Industrie in die Produktion von Weinen zu stecken, mit denen es für seinen eigenen Bedarf Stoffe und Eisenwaren aus anderen Ländern kauft Einen Teil dieses Kapitals für die Herstellung dieser Waren verwenden, die sie auf diese Weise wahrscheinlich sowohl qualitativ als auch quantitativ minderwertig erhalten würde.

Die Weinmenge, die sie im Tausch für das Tuch Englands geben soll, wird nicht durch die jeweiligen Arbeitsmengen bestimmt, die für die Produktion jedes einzelnen Produkts aufgewendet werden, wie es der Fall wäre, wenn beide Waren in England oder beide in Portugal hergestellt würden.

England mag so begrenzt sein, dass die Herstellung des Stoffes ein Jahr lang die Arbeit von 100 Männern erfordern könnte; und wenn sie versuchen würde, den Wein herzustellen, könnte dies die Arbeit von 120 Männern in derselben Zeit erfordern. England hätte daher ein Interesse daran, Wein zu importieren und ihn durch den Export von Stoffen zu kaufen.

Um den Wein in Portugal herzustellen, wäre möglicherweise nur die Arbeit von achtzig Männern für ein Jahr erforderlich, und um den Stoff im selben Land herzustellen, wäre möglicherweise die Arbeit von neunzig Männern für dieselbe Zeit erforderlich. Daher wäre es für sie von Vorteil, Wein im Tausch gegen Tuch zu exportieren. Dieser Austausch könnte sogar stattfinden, obwohl die von Portugal importierte Ware dort mit weniger Arbeitskräften als in England hergestellt werden könnte. Obwohl sie den Stoff mit der Arbeit von neunzig Männern herstellen konnte , importierte sie ihn aus einem Land, wo die Arbeit dafür erforderlich war Es würde für sie von Vorteil sein, ihr Kapital lieber für die Produktion von Wein einzusetzen, wofür sie mehr Stoff aus England bekäme, als sie produzieren könnte, wenn sie einen Teil ihres Kapitals für den Anbau von Weinreben abzweigen würde zur Herstellung von Stoffen.

Somit würde England den Arbeitsertrag von 100 Männern für den Arbeitsertrag von 80 Menschen geben. Ein solcher Austausch könnte zwischen den Individuen desselben Landes nicht stattfinden. Die Arbeit von 100 Engländern kann nicht für die von 80 Engländern gegeben werden, aber das Arbeitsprodukt von 100 Engländern kann für das Arbeitsprodukt von 80 Portugiesen, 60 Russen oder 120 Ostindern gegeben werden. Der diesbezügliche Unterschied zwischen einem einzelnen Land und vielen Ländern lässt sich leicht erklären, wenn man die Schwierigkeit berücksichtigt, mit der das Kapital von einem Land in ein anderes wandert, um eine profitablere Beschäftigung zu suchen, und die Aktivität, mit der es ausnahmslos aus einer Provinz wandert zu einem anderen im selben Land. [14]

Für die Kapitalisten Englands und die Verbraucher beider Länder wäre es zweifellos von Vorteil, wenn unter solchen Umständen sowohl der Wein als auch die Stoffe in Portugal hergestellt würden und daher das Kapital und die Arbeit Englands für die Herstellung von Stoffen eingesetzt würden . zu diesem Zweck nach Portugal verlegt werden. In diesem Fall würde der relative Wert dieser Waren durch dasselbe Prinzip reguliert, als ob die eine Ware aus Yorkshire und die andere aus London wäre; und in allen anderen Fällen, wenn das Kapital ungehindert in die Länder fließen würde, in denen es am profitabelsten eingesetzt werden könnte, könnte es keinen Unterschied in der Profitrate und keinen anderen Unterschied im Real- oder Arbeitspreis der Waren geben als die zusätzliche Menge an Waren Arbeitsaufwand, der erforderlich war, um sie zu den verschiedenen Märkten zu transportieren, wo sie verkauft werden sollten.

Die Erfahrung zeigt jedoch, dass die eingebildete oder tatsächliche Unsicherheit des Kapitals, wenn es nicht unter der unmittelbaren Kontrolle seines Eigentümers steht, zusammen mit der natürlichen Abneigung jedes Menschen besteht, das Land seiner Geburt und seiner Verbindungen zu verlassen und sich mit der Festlegung aller seiner Gewohnheiten anzuvertrauen , zu einer seltsamen Regierung und neuen Gesetzen, bremsen die Abwanderung von Kapital. Diese Gefühle, deren Schwächung ich bedauern würde, veranlassen die meisten Vermögenden, sich mit einer niedrigen Profitrate in ihrem eigenen Land zufrieden zu geben, anstatt eine vorteilhaftere Beschäftigung für ihren Reichtum in fremden Ländern zu suchen.

Da Gold und Silber als allgemeines Zirkulationsmittel ausgewählt wurden, werden sie durch die Konkurrenz des Handels in solchen Verhältnissen auf die verschiedenen Länder der Welt verteilt, dass sie sich an den natürlichen Verkehr anpassen, der stattfinden würde, wenn es solche Metalle nicht gäbe existierte, und der Handel zwischen Ländern war ein reiner Tauschhandel.

Daher kann Stoff nicht nach Portugal importiert werden, es sei denn, er wird dort für mehr Gold verkauft , als er in dem Land kostete, aus dem er importiert wurde; und Wein kann nicht nach England importiert werden, es sei denn, er wird dort für mehr verkauft, als er in Portugal kostet. Wenn der Handel ein reiner Tauschhandel wäre, könnte er nur so lange weiterbestehen, wie England Tuch so billig herstellen könnte, dass es mit einer gegebenen Arbeitsmenge eine größere Menge Wein gewinnen könnte, und zwar durch die Herstellung von Tuchen als durch den Anbau von Weinreben ; und auch während die Industrie Portugals von den gegenteiligen Auswirkungen begleitet war. Nehmen wir nun an, England würde ein Verfahren zur Herstellung von Wein entdecken, so dass es zu seinem Interesse würde, ihn eher anzubauen als zu importieren: Es würde natürlich einen Teil seines Kapitals vom Außenhandel in den Binnenhandel umleiten ; Sie würde aufhören, Stoffe für den Export herzustellen und würde für sich selbst Wein anbauen. Der Geldpreis dieser Waren würde entsprechend reguliert; Der Wein würde hier sinken, während der Preis für Stoffe auf seinem früheren Niveau bliebe, und in Portugal würde sich der Preis beider Waren nicht ändern. Tuch würde noch einige Zeit aus diesem Land exportiert werden, da sein Preis in Portugal weiterhin höher sein würde als hier; aber Geld anstelle von Wein würde im Austausch dafür gegeben, bis die Anhäufung von Geld hier und seine Verringerung im Ausland sich so auf den relativen Wert von Stoffen in den beiden Ländern auswirken würde, dass es nicht mehr rentabel wäre, es zu exportieren. Wenn die Verbesserung der Weinherstellung eine sehr wichtige Rolle spielen würde, könnte es für die beiden Länder profitabel sein, Arbeitsplätze zu tauschen; dass England den gesamten Wein und Portugal den gesamten von ihnen verbrauchten Stoff herstellen sollte; dies konnte jedoch nur durch eine neue Verteilung der Edelmetalle erreicht werden, die den Stoffpreis in England erhöhen und in Portugal senken sollte. Der relative Weinpreis würde in England als Folge des tatsächlichen Vorteils aus der Verbesserung seiner Herstellung sinken; das heißt, sein natürlicher Preis würde sinken: der relative Preis des Stoffes würde dort durch die Anhäufung von Geld steigen.

Nehmen wir also an, dass vor der Verbesserung der Weinherstellung in England der Weinpreis hier 50 *l betrug.* pro Pfeife und der Preis für eine bestimmte Stoffmenge betrugen 45 *l.* , während in Portugal der Preis für die gleiche Weinmenge 45 *l betrug.* , und das der gleichen Stoffmenge 50 *l.* ; Wein würde aus Portugal mit einem Gewinn von 5 *l exportiert.* und Tuch aus England mit einem Gewinn in gleicher Höhe.

Nehmen wir an, dass der Wein nach der Verbesserung auf 45 *l sinkt.* In England wird das Tuch zum gleichen Preis weitergeführt. Jede Transaktion im Handel ist eine unabhängige Transaktion. Während ein Händler in England Tuch für 45 l kaufen kann . , und es mit dem üblichen Gewinn in Portugal verkaufen, wird er es weiterhin aus England exportieren. Sein Geschäft besteht lediglich darin, englische Stoffe zu kaufen und sie mit einem Wechsel zu bezahlen, den er mit portugiesischem Geld kauft. Es ist ihm gleichgültig, was aus diesem Geld wird; er hat seine Schuld durch die Überweisung des Wechsels beglichen. Seine Transaktion wird zweifellos durch die Bedingungen geregelt, zu denen er diesen Wechsel erhalten kann, aber sie sind ihm zu diesem Zeitpunkt bekannt; und die Ursachen, die den Marktpreis von Wechseln oder den Wechselkurs beeinflussen können, fallen nicht in seine Überlegungen.

Wenn die Märkte für den Weinexport von Portugal nach England günstig sind, wird der Exporteur des Weins ein Wechselverkäufer sein, der entweder vom Importeur des Stoffes oder von der Person, die ihm seinen Wechsel verkauft hat, gekauft wird ; und ohne dass Geld aus einem der beiden Länder fließen muss, werden die Exporteure in jedem Land für ihre Waren bezahlt. Ohne direkte Transaktionen untereinander wird das in Portugal vom Stoffimporteur gezahlte Geld an den portugiesischen Weinexporteur ausgezahlt; und in England wird der Exporteur des Stoffes durch die Aushandlung desselben Gesetzentwurfs ermächtigt, seinen Wert vom Weinimporteur zu erhalten.

Aber wenn die Weinpreise so hoch wären, dass kein Wein nach England exportiert werden könnte, würde der Stoffimporteur ebenfalls einen Wechsel kaufen; aber der Preis dieses Wechsels wäre höher, wenn der Verkäufer davon wüsste, dass es keinen Gegenwechsel auf dem Markt gibt, mit dem er letztendlich die Transaktionen zwischen den beiden Ländern abwickeln könnte: Er könnte wissen, dass das Gold oder Das Silbergeld, das er im

Austausch für seinen Wechsel erhielt, musste tatsächlich an seinen Korrespondenten in England exportiert werden, damit er die von ihm genehmigte Forderung bezahlen konnte, und er konnte daher den gesamten Preis seines Wechsels in Rechnung stellen die anfallenden Kosten sowie seinen angemessenen und üblichen Gewinn.

Wenn dann diese Prämie für eine England-Rechnung dem Gewinn aus der Tucheinfuhr gleichkäme, würde die Einfuhr natürlich aufhören; aber wenn die Prämie auf dem Wechsel nur 2 Prozent betragen würde, wenn man in England eine Schuld von 100 *Pfund begleichen könnte.* , 102 *l.* sollte in Portugal bezahlt werden, während Stoff 45 *l kostet.* würde für 50 *l verkaufen.* , Stoffe würden importiert, Wechsel gekauft und Geld exportiert, bis die Geldverringerung in Portugal und ihre Anhäufung in England zu einem solchen Preiszustand geführt hätten, dass es nicht länger rentabel wäre, diese Transaktionen fortzusetzen .

Aber die Verminderung des Geldes in einem Land und seine Vermehrung in einem anderen wirken sich nicht nur auf den Preis einer einzigen Ware aus, sondern auf die Preise aller Waren, und deshalb werden in England sowohl die Preise für Wein als auch für Stoffe steigen, und zwar für beide in Portugal gesenkt. Der Stoffpreis beträgt ab 45 *l.* in einem Land und 50 *l.* im anderen Fall würde es wahrscheinlich auf 49 *l sinken.* Gold 48 *l.* in Portugal und steigt auf 46 *l.* Gold 47 *l.* in England und erwirtschaften nach Zahlung einer Wechselprämie keinen ausreichenden Gewinn, um einen Händler zum Import dieser Ware zu bewegen.

Auf diese Weise wird das Geld jedes Landes nur in solchen Mengen zugeführt, die zur Regulierung eines gewinnbringenden Tauschhandels erforderlich sind. England exportierte Stoffe im Tausch gegen Wein, weil dadurch seine Industrie für das Land produktiver wurde; sie hatte mehr Stoff und Wein, als wenn sie beides für sich selbst hergestellt hätte; und Portugal importierte Stoffe und exportierte Wein, weil die Industrie Portugals für beide Länder vorteilhafter bei der Weinproduktion eingesetzt werden konnte. Wenn es in England mehr Schwierigkeiten bei der Herstellung von Stoffen oder in Portugal bei der Herstellung von Wein gäbe, oder wenn es in England mehr Möglichkeiten bei der Herstellung von Wein oder in Portugal bei der Herstellung von Stoffen gäbe, dann muss der Handel sofort eingestellt werden.

An den Verhältnissen Portugals ändert sich nichts; Aber England stellt fest, dass es seine Arbeitskraft produktiver bei der Herstellung von Wein einsetzen kann , und augenblicklich ändert sich der Tauschhandel zwischen den beiden Ländern. Nicht nur wird der Export von Wein aus Portugal gestoppt, es findet auch eine Neuverteilung der Edelmetalle statt und auch die Einfuhr von Stoffen wird verhindert.

Beide Länder würden es wahrscheinlich in ihrem Interesse finden, ihren eigenen Wein und ihre eigenen Stoffe herzustellen; aber dieses einzigartige Ergebnis würde eintreten: In England wäre der Wein zwar billiger, aber der Stoff würde teurer sein, und der Verbraucher würde mehr dafür bezahlen; während in Portugal die Verbraucher sowohl von Stoffen als auch von Wein diese Waren billiger kaufen könnten. In dem Land, in dem die Verbesserung vorgenommen wurde, würden die Preise erhöht; Dort, wo keine Veränderung stattgefunden hätte, ihnen aber ein profitabler Zweig des Außenhandels entzogen worden wäre, würden die Preise fallen.

Dies ist jedoch nur ein scheinbarer Vorteil für Portugal, denn die in diesem Land zusammen produzierte Stoff- und Weinmenge würde verringert, während die in England produzierte Menge erhöht würde. Der Wert des Geldes hätte sich in den beiden Ländern bis zu einem gewissen Grad verändert – in England wäre es gesunken und in Portugal gestiegen. In Geld ausgedrückt würden die gesamten Einnahmen Portugals verringert; In demselben Medium geschätzt, würden die gesamten Einkünfte Englands erhöht werden.

Es scheint also, dass die Verbesserung einer Manufaktur in irgendeinem Land dazu tendiert, die Verteilung der Edelmetalle unter den Nationen der Welt zu verändern: Sie tendiert dazu, die Menge der Waren zu erhöhen, während sie gleichzeitig die allgemeinen Preise in der Welt erhöht Land, in dem Verbesserungen stattfinden.

Um die Frage zu vereinfachen, habe ich angenommen, dass sich der Handel zwischen zwei Ländern auf zwei Waren beschränkt, auf Wein und Tuch, aber es ist wohlbekannt, dass viele und unterschiedliche Artikel in die Liste der Exporte und Importe eingehen. Durch die Entnahme von Geld aus einem Land und die Anhäufung desselben in einem anderen Land wird der Preis aller Waren beeinflusst, und folglich wird der Export von viel mehr Waren als dem Geld gefördert, wodurch eine so große Wirkung verhindert wird vom Wert des Geldes in den beiden Ländern abhängen, wie man es sonst erwarten könnte.

Neben der Verbesserung der Künste und der Maschinen gibt es verschiedene andere Ursachen, die ständig auf den natürlichen Handelsverlauf einwirken und das Gleichgewicht und den relativen Wert des Geldes beeinträchtigen. Prämien auf Ausfuhr oder Einfuhr, neue Steuern auf Waren, manchmal durch ihre direkte, manchmal durch ihre indirekte Wirkung, stören den natürlichen Tauschhandel und erzeugen daraus die Notwendigkeit, Geld zu importieren oder zu exportieren, damit die Preise angeglichen werden können zum natürlichen Handelsverlauf; und diese Wirkung wird nicht nur in dem Land erzeugt, in dem die störende Ursache auftritt, sondern in mehr oder weniger starkem Maße in jedem Land der kommerziellen Welt.

Dies wird in gewissem Maße den unterschiedlichen Geldwert in verschiedenen Ländern erklären; Es wird uns erklären, warum die Preise für heimische Waren und Waren großer Mengen, unabhängig von anderen Ursachen, in den Ländern höher sind, in denen die Manufaktur floriert. In zwei Ländern mit genau der gleichen Bevölkerung und der gleichen Menge an Land mit gleicher Fruchtbarkeit in der Landwirtschaft und mit den gleichen Kenntnissen in der Landwirtschaft werden die Preise für Rohprodukte dort am höchsten sein, wo das größere Können und die besseren Maschinen zum Einsatz kommen bei der Herstellung exportfähiger Güter. Die Profitrate wird sich wahrscheinlich nur geringfügig unterscheiden; denn der Lohn oder der wirkliche Lohn des Arbeiters kann in beiden Fällen derselbe sein; aber diese Löhne sowie Rohprodukte werden in dem Land, in das aufgrund der Vorteile, die ihre Fähigkeiten und Maschinen berücksichtigen, eine Fülle von Geld im Austausch für ihre Waren importiert, in Geld höher bewertet.

Wenn von diesen beiden Ländern das eine bei der Herstellung von Gütern einer Qualität und das andere bei der Herstellung von Gütern einer anderen Qualität im Vorteil wäre, gäbe es in keinem der beiden Länder einen entschiedenen Zustrom von Edelmetallen; aber wenn der Vorteil zu Gunsten eines von beiden sehr stark überwiegen würde, wäre dieser Effekt unvermeidlich.

Im ersten Teil dieser Arbeit haben wir zu Argumentationszwecken angenommen, dass Geld immer den gleichen Wert hat; Wir versuchen nun zu zeigen, dass es neben den gewöhnlichen Schwankungen des Geldwerts, die in der gesamten Handelswelt üblich sind, auch teilweise Schwankungen gibt, denen das Geld in einzelnen Ländern unterliegt. und tatsächlich ist der Wert des Geldes in keinem zwei Ländern derselbe, da er von der relativen Besteuerung, der Fertigungskompetenz, den Vorteilen des Klimas, natürlichen Produktionen und vielen anderen Ursachen abhängt.

Obwohl jedoch das Geld solchen fortwährenden Schwankungen unterworfen ist und folglich auch die Preise der Waren, die in den meisten Ländern üblich sind, erheblichen Unterschieden unterliegen, wird doch weder durch den Zufluss noch durch den Zufluss eine Wirkung auf die Profitrate erzielt Abfluss von Geld. Das Kapital wird nicht vermehrt, weil das Umlaufmedium vergrößert wird. Wenn die Miete, die der Bauer seinem Grundbesitzer zahlt, und der Lohn seiner Arbeiter 20 Prozent betragen. in einem Land höher als in einem anderen und wenn gleichzeitig der Nominalwert des Bauernkapitals 20 Prozent beträgt. mehr noch, er erhält genau die gleiche Gewinnrate, obwohl er seine Rohprodukte zu 20 Prozent verkaufen sollte. höher.

Gewinne, das kann nicht oft genug wiederholt werden, hängen vom Lohn ab; nicht auf Nominal-, sondern auf Reallöhnen; nicht auf die Anzahl der Pfund, die jährlich an den Arbeiter gezahlt werden können , sondern auf die Anzahl der Arbeitstage, die erforderlich sind, um diese Pfund zu erhalten. Die Löhne können daher in zwei Ländern genau gleich sein: Sie können auch im gleichen Verhältnis zur Rente und zum gesamten aus dem Land erzielten Produkt stehen , obwohl der Arbeiter in einem dieser Länder zehn Schilling pro Woche erhalten sollte und im anderen zwölf.

In den frühen Stadien der Gesellschaft, als die Manufaktur kaum Fortschritte gemacht hat und die Produktion aller Länder nahezu gleich ist und aus den sperrigsten und nützlichsten Gütern besteht, wird der Wert des Geldes in den verschiedenen Ländern hauptsächlich durch ihre Entfernung von den Minen bestimmt die die Edelmetalle liefern; Aber wenn die Künste und Fortschritte in der Gesellschaft voranschreiten und verschiedene Nationen sich in bestimmten Manufakturen auszeichnen, wird der Wert der Edelmetalle, auch wenn die Distanz immer noch in die Berechnung einfließt, hauptsächlich durch die Überlegenheit dieser Manufakturen bestimmt.

Angenommen, alle Nationen produzieren nur Mais, Vieh und grobe Kleidung, und durch den Export dieser Waren könnte Gold von den Ländern gewonnen werden, die sie produzierten, oder von denen, die sie unterworfen hielten; Gold hätte in Polen naturgemäß einen größeren Tauschwert als in England, da der Versand einer so sperrigen Ware wie Mais auf eine weiter entfernte Reise teurer ist und auch die Beförderung des Goldes nach Polen teurer ist.

Dieser Unterschied im Goldwert, oder was dasselbe ist, dieser Unterschied im Maispreis in den beiden Ländern, würde bestehen, obwohl die Möglichkeiten zur Maisproduktion in England aufgrund der größeren Fruchtbarkeit der Länder die von Polen bei weitem übertreffen würden Land und die Überlegenheit in den Fähigkeiten und Werkzeugen des Arbeiters .

Wenn jedoch Polen als erstes seine Manufakturen verbessern würde, wenn es ihm gelingen würde, eine Ware herzustellen, die allgemein begehrenswert ist, mit großem Wert in geringer Menge, oder wenn es ausschließlich mit einer natürlichen Produktion gesegnet sein sollte, die allgemein begehrenswert und nicht besessen ist Von anderen Ländern würde sie im Austausch für diese Ware eine zusätzliche Menge Gold erhalten, die sich auf den Preis ihres Getreides, ihres Viehs und ihrer groben Kleidung auswirken würde. Der Nachteil der Entfernung würde wahrscheinlich durch den Vorteil einer exportierbaren Ware von großem Wert mehr als ausgeglichen, und Geld wäre in Polen dauerhaft von geringerem Wert als in England. Wenn England im Gegenteil über den Vorteil von Geschicklichkeit und Maschinen verfügte, käme zu dem, was zuvor existierte, ein weiterer Grund hinzu, warum Gold in England weniger wertvoll sein sollte als in Polen, und warum Getreide, Vieh und Kleidung es sein sollten zu einem höheren Preis im ersteren Land.

Ich glaube, dass dies die einzigen beiden Ursachen sind, die den Vergleichswert des Geldes in den verschiedenen Ländern der Welt regulieren; Denn obwohl die Besteuerung zu einer Störung des Geldgleichgewichts führt, tut sie dies dadurch, dass sie dem Land, in dem sie erhoben wird, einige der Vorteile vorenthält, die mit Geschicklichkeit, Industrie und Klima einhergehen.

Es war mein Bemühen , sorgfältig zwischen einem niedrigen Geldwert und einem hohen Wert von Mais oder einer anderen Ware, mit der Geld verglichen werden kann, zu unterscheiden. Im Allgemeinen wurde davon ausgegangen, dass diese dasselbe bedeuten; Aber es ist offensichtlich, dass ein Anstieg des Maispreises von fünf auf zehn Schilling pro Scheffel entweder auf einen Rückgang des Geldwertes oder auf einen Anstieg des Maiswertes zurückzuführen sein kann. So haben wir gesehen, dass der relative Wert von Mais im Vergleich zu anderen Gütern steigen muss, weil man immer wieder auf Land von immer schlechterer Qualität zurückgreifen musste, um eine wachsende Bevölkerung zu ernähren. Wenn also das Geld dauerhaft den gleichen Wert hat, wird das Getreide gegen mehr von diesem Geld eingetauscht, das heißt, es wird im Preis steigen. Derselbe Anstieg des Maispreises wird durch eine solche Verbesserung der Maschinen in der Manufaktur hervorgerufen, die es uns ermöglichen wird, Waren mit besonderen Vorteilen herzustellen: denn der Geldzufluss wird die Folge sein; Es wird an Wert verlieren und daher gegen weniger Mais eingetauscht werden. Aber die Auswirkungen eines hohen Maispreises, wenn er durch einen Anstieg des Maiswertes hervorgerufen wird, und wenn er durch einen Rückgang des Geldwertes verursacht wird, sind völlig unterschiedlich. In beiden Fällen wird der Geldpreis der Löhne steigen, aber wenn dies als Folge des Geldwertverfalls geschieht, werden nicht nur die Löhne und das Getreide, sondern auch alle anderen Waren steigen. Wenn der Hersteller mehr Lohn zahlen muss, erhält er mehr für seine hergestellten Waren, und die Profitrate bleibt davon unberührt. Aber wenn der Anstieg des Maispreises die Folge der Produktionsschwierigkeiten ist, werden die Gewinne sinken; denn der Fabrikant wird gezwungen sein, mehr Lohn zu zahlen, und wird nicht in der Lage sein, sich durch Preiserhöhung seiner hergestellten Ware zu entlohnen.

Jede Verbesserung der Arbeitsmöglichkeiten in den Minen, durch die die Edelmetalle mit weniger Arbeitsaufwand gefördert werden können , wird den Wert des Geldes im Allgemeinen senken. Es wird dann in allen Ländern gegen weniger Waren eingetauscht; Wenn jedoch ein bestimmtes Land in der Industrie überragend ist und dadurch einen Geldzufluss in dieses Land veranlassen kann, wird der Wert des Geldes niedriger sein und die Preise für Getreide und Arbeit werden in diesem Land relativ höher sein als in jedem anderen.

Dieser höhere Geldwert wird von der Börse nicht angezeigt; Rechnungen können weiterhin zum Nennwert ausgehandelt werden, obwohl die Preise für Mais und Arbeit 10, 20 oder 30 Prozent betragen sollten. in einem Land höher als in einem anderen. Unter den angenommenen Umständen ist ein solcher Preisunterschied die natürliche Ordnung der Dinge, und der Austausch kann nur dann gleichwertig sein, wenn eine ausreichende Geldmenge in das Land eingeführt wird, das in der Herstellung hervorragend ist, um den Preis seines Getreides zu erhöhen Pflügen . Wenn ausländische Länder den Export von Geld verbieten und die Einhaltung eines solchen Gesetzes erfolgreich durchsetzen könnten, könnten sie tatsächlich den Anstieg der Getreide- und Arbeitspreise des produzierenden Landes verhindern; denn ein solcher Anstieg kann erst nach dem Zustrom der Edelmetalle stattfinden, vorausgesetzt, dass kein Papiergeld verwendet wird; aber sie konnten nicht verhindern, dass der Austausch für sie sehr ungünstig ausfiel . Wenn England das Herstellungsland wäre und es möglich wäre, die Einfuhr von Geld zu verhindern, könnte der Austausch mit Frankreich, Holland und Spanien 5, 10 oder 20 Prozent betragen. gegen diese Länder.

Immer wenn der Geldfluss gewaltsam gestoppt wird und verhindert wird, dass sich das Geld auf seinem gerechten Niveau stabilisiert, sind den möglichen Variationen des Austauschs keine Grenzen gesetzt. Die Auswirkungen sind denen ähnlich, die entstehen, wenn ein Papiergeld, das nach dem Willen des Inhabers nicht in Bargeld umgetauscht werden kann, zwangsweise in Umlauf gebracht wird. Eine solche Währung ist notwendigerweise auf das Land beschränkt, in dem sie ausgegeben wird; wenn sie zu reichlich vorhanden ist, kann sie sich nicht allgemein in anderen Ländern verbreiten. Das Niveau der Zirkulation wird zerstört, und der Austausch wird unweigerlich für das Land ungünstig sein, in dem er in übermäßiger Menge vorhanden ist; ebenso wären die Auswirkungen einer metallischen Zirkulation, wenn das Geld mit gewaltsamen Mitteln, durch Gesetze, die nicht umgangen werden könnten, dies tun würde in einem Land festgehalten werden, wenn der Handelsstrom ihm einen Impuls in Richtung anderer Länder gab.

Wenn jedes Land genau die Geldmenge hat, die es haben sollte, wird das Geld zwar nicht in jedem Land den gleichen Wert haben, denn bei vielen Waren kann es um 5, 10 oder sogar 20 Prozent unterschiedlich sein, aber der Wechselkurs wird auf Augenhöhe sein. Einhundert Pfund in England, oder das Silber, das in 100 *l enthalten ist.* , wird einen Schein von 100 *l kaufen.* oder eine gleiche Menge Silber in Frankreich, Spanien oder Holland.

Wenn wir über den Wechselkurs und den Vergleichswert des Geldes in verschiedenen Ländern sprechen, dürfen wir uns in keinem der beiden Länder auf den in Waren geschätzten Geldwert beziehen. Der Wechselkurs wird niemals durch die Schätzung des Vergleichswerts des Geldes in Getreide, Stoff oder irgendeiner anderen Ware ermittelt, sondern durch die Schätzung des Wertes der Währung eines Landes in der Währung eines anderen Landes.

Dies kann auch durch einen Vergleich mit einem in beiden Ländern gemeinsamen Standard festgestellt werden. Wenn eine Rechnung auf England über 100 *l.* Wenn jemand in Frankreich oder Spanien die gleiche Warenmenge kauft, wie ein Wechsel auf Hamburg über die gleiche Summe, ist der Umtausch zwischen Hamburg und England gleichwertig; aber wenn eine Rechnung auf England für 130 *l.* , *wird bei* Hamburgh nicht mehr als einen Schein für 100 *l kaufen.* , der Umtausch beträgt 30 Prozent. gegen England.

In England 100l. kann einen Wechsel kaufen oder das Recht, 101 *l zu erhalten.* in Holland, 102 *B.* in Frankreich und 105 *l.* in Spanien. Der Austausch mit England soll in diesem Fall 1 Prozent betragen. gegen Holland 2 Prozent. gegen Frankreich und 5 Prozent. gegen Spanien. Es weist darauf hin, dass das Währungsniveau in diesen Ländern höher ist, als es sein sollte, und dass der Vergleichswert ihrer Währungen und des Englands sofort wieder auf den gleichen Wert gebracht würde, indem man von ihrem abstrahiert oder den Wert Englands erhöht.

Diejenigen, die behaupteten, dass unsere Währung in den letzten zehn Jahren abgewertet wurde, als der Wechselkurs zwischen 20 und 30 Prozent schwankte. gegen dieses Land haben nie behauptet, wie ihnen vorgeworfen wurde, dass Geld in einem Land im Vergleich zu verschiedenen Waren nicht wertvoller sein könne als in einem anderen; aber sie behaupteten, dass 130 *l. konnte nicht in England festgehalten werden, wenn der Wert, der in* Hamburger oder holländischen Geldern geschätzt wird, nicht höher als 100 *l war.*

Durch den Versand von 130 *l.* gute englische Pfund Sterling nach Hamburg , sogar für 5 l Unkosten . , ich sollte dort über 125 *l verfügen.* ; Was könnte mich dann dazu bringen, 130 *l zu geben?* für eine Rechnung, die mir 100 l einbringen würde . in Hamburgh , aber dass meine Pfunde keine guten Pfund Sterling waren? – sie waren verschlechtert, wurden in ihrem inneren Wert unter die Pfund Sterling von Hamburgh herabgesetzt , und wenn sie tatsächlich dorthin geschickt wurden, kostete es 5 *l.* , würde nur für 100 *l verkauft.* Mit metallischem Pfund ist es nicht zu leugnen, dass mein 130 *l.* würde mir 125 *l besorgen.* in Hamburg , aber mit Papier-Pfund kann ich nur 100 *l bekommen.* ; und doch wird behauptet, dass 130 *l.* in Papierform ist mit 130 l gleichwertig . in Silber oder Gold.

Einige behaupten zwar vernünftiger, dass 130 *l.* in Papier war mit 130 l nicht gleichwertig . in Metallgeld; aber sie sagten, dass es das Metallgeld sei, das seinen Wert verändert habe, und nicht das Papiergeld. Sie wollten die Bedeutung des Wortes „Abwertung" auf einen tatsächlichen Wertverlust beschränken und nicht auf einen komparativen Unterschied zwischen dem Wert des Geldes und dem Maßstab, durch den er gesetzlich geregelt wird. Einhundert Pfund englisches Geld hatten früher den gleichen Wert wie 100 *l.* Hamburger Geld : in jedem anderen Land ein Schein von 100 *l.* auf England oder auf Hamburg könnte genau die gleiche Menge Waren kaufen. Um die gleichen Dinge zu erhalten, musste ich kürzlich 130 *l abgeben.* Englisches Geld, als Hamburgh sie für 100 l bekommen konnte . Hamburger Geld. Wenn das englische Geld damals den gleichen Wert hatte wie zuvor, muss das Hamburger Geld im Wert gestiegen sein. Aber wo ist der Beweis dafür? Wie lässt sich feststellen, ob die englische Währung gesunken oder die Hamburgische Währung gestiegen ist? Es gibt keinen Standard, anhand dessen dies bestimmt werden kann. Es handelt sich um einen Klagegrund, der keinen Beweis zulässt und dem weder positiv bestätigt noch positiv widersprochen werden kann. Die Nationen der Welt müssen schon früh davon überzeugt gewesen sein, dass es in der Natur keinen Wertmaßstab gibt, auf den wir uns unfehlbar berufen könnten, und haben deshalb ein Medium gewählt, das ihnen im Großen und Ganzen weniger variabel erschien als jede andere Ware.

Diesem Maßstab müssen wir uns anpassen, bis das Gesetz geändert wird und bis eine andere Ware entdeckt wird, durch deren Verwendung wir einen vollkommeneren Maßstab erreichen werden als den, den wir aufgestellt haben. Während hierzulande ausschließlich Gold der Standard ist, wird das Geld abgewertet, wenn ein Pfund Sterling nicht den gleichen Wert hat wie 5 Dwts . und 3 gr. des Standardgoldes, und zwar unabhängig davon, ob der Goldwert steigt oder fällt.

# Kapitel VII.

## WIR STEUERN.

**STEUERN** sind ein Teil der Land- und Arbeitserträge eines Landes, der der Regierung zur Verfügung gestellt wird ; und werden letztendlich immer entweder aus dem Kapital oder aus den Einnahmen des Landes bezahlt.

Wir haben bereits gezeigt , wie das Kapital eines Landes entweder fest oder zirkulierend ist, je nachdem es mehr oder weniger nachhaltiger Natur ist. Es ist schwierig, genau zu definieren, wo die Unterscheidung zwischen Umlauf- und Anlagekapital beginnt; denn es gibt nahezu unendliche Grade in der Dauerhaftigkeit des Kapitals. Die Nahrung eines Landes wird mindestens einmal im Jahr konsumiert und reproduziert; die Kleidung des Arbeiters wird wahrscheinlich nicht in weniger als zwei Jahren verbraucht und reproduziert; während sein Haus und seine Möbel auf eine Lebensdauer von zehn oder zwanzig Jahren ausgelegt sind.

Wenn die Jahresproduktion eines Landes seinen Jahresverbrauch übersteigt, spricht man von einer Kapitalvermehrung; Wenn sein Jahresverbrauch zumindest nicht durch seine Jahresproduktion ersetzt wird, verringert sich, so heißt es, sein Kapital. Das Kapital kann daher durch eine gesteigerte Produktion oder durch eine verminderte Konsumtion vermehrt werden.

Wenn der Konsum der Regierung, wenn er durch die Erhebung zusätzlicher Steuern erhöht wird, entweder durch eine gesteigerte Produktion oder durch einen verminderten Konsum seitens des Volkes gedeckt wird, fallen die Steuern auf die Einnahmen und das nationale Kapital bleibt ungepaart ; kommt es jedoch nicht zu einer Steigerung der Produktion oder zu einer Verringerung des Konsums seitens des Volkes, werden die Steuern zwangsläufig auf das Kapital fallen.

In dem Maße, in dem die Hauptstadt eines Landes abnimmt, werden zwangsläufig auch seine Produktionen abnehmen; und daher werden, wenn die gleichen Ausgaben seitens des Volkes und der Regierung fortbestehen und die jährliche Reproduktion ständig sinkt, die Ressourcen des Volkes und des Staates immer schneller schwinden, und Not und Ruin werden die Folge sein.

Ungeachtet der immensen Ausgaben der englischen Regierung in den letzten zwanzig Jahren besteht kaum ein Zweifel daran, dass die gesteigerte Produktion des Volkes diese mehr als ausgeglichen hat. Das Landeskapital ist nicht nur entpaart, es hat sich auch erheblich vergrößert, und die jährlichen Einnahmen des Volkes sind, selbst nach Zahlung seiner Steuern, heute wahrscheinlich größer als in jedem früheren Zeitraum unserer Geschichte.

Um dies zu beweisen, könnten wir uns auf das Bevölkerungswachstum, auf die Ausweitung der Landwirtschaft, auf die Zunahme der Schifffahrt und der Industrie, auf den Bau von Docks, auf die Eröffnung zahlreicher Kanäle sowie auf viele andere kostspielige Unternehmungen berufen ; alles bedeutet eine Steigerung sowohl des Kapitals als auch der Jahresproduktion.

Es gibt keine Steuern, die nicht die Tendenz haben, die Akkumulation zu behindern, denn es gibt keine, die nicht die Produktion hemmen und die gleichen Auswirkungen haben wie ein schlechter Boden oder ein schlechtes Klima, eine Verringerung der Fähigkeiten oder der Industrie, eine schlechtere Verteilung der Steuern Arbeit oder der Verlust einiger nützlicher Maschinen; und obwohl einige Steuern diese Wirkungen in viel größerem Maße hervorrufen als andere, muss man zugeben, dass das große Übel der Besteuerung nicht so sehr in der Auswahl ihrer Ziele liegt, sondern vielmehr in der allgemeinen Höhe ihrer Wirkungen gemeinsam.

Steuern sind nicht unbedingt Kapitalsteuern, denn sie werden auf das Kapital erhoben; noch auf das Einkommen, denn sie sind hässlich auf das Einkommen. Wenn von meinem Einkommen von 1000 *l.* pro Jahr muss ich 100 *l bezahlen.* , es wird wirklich eine Steuer auf mein Einkommen sein, wenn ich mich mit den Ausgaben der restlichen 900 *l zufrieden gebe.* ; aber es wird eine Kapitalsteuer sein, wenn ich weiterhin 1000 *l ausgebe.*

Das Kapital, aus dem mein Einkommen von 1000 *l stammt.* abgeleitet wird, kann einen Wert von 10.000 *l haben.* ; eine Steuer von einem Prozent. auf ein solches Kapital wären 100 *l.* ; aber mein Kapital bliebe unberührt, wenn ich mich nach Zahlung dieser Steuer in gleicher Weise mit der Ausgabe von 900 *l begnügen würde.*

Der Wunsch eines jeden Menschen, seinen Stand im Leben zu behalten und sein Vermögen auf der Höhe zu halten, die er einmal erreicht hat, führt dazu, dass die meisten Steuern, ob auf Kapital oder Einkommen, aus dem Einkommen bezahlt werden; und wenn daher die Besteuerung voranschreitet oder die Regierung ihre Ausgaben erhöht, müssen die jährlichen Ausgaben des Volkes verringert werden, es sei denn, es wird ihm ermöglicht, sein Kapital und Einkommen proportional zu erhöhen. Es sollte die Politik der Regierungen sein, die Menschen dazu zu ermutigen, dies zu tun, und niemals solche Steuern zu erheben, die unweigerlich auf das Kapital fallen; denn dadurch schmälern sie die Mittel zur Aufrechterhaltung der Arbeitskraft und vermindern dadurch die künftige Produktion des Landes.

In England wurde diese Politik bei der Besteuerung von Testamenten, bei der Erbschaftssteuer und bei allen Steuern, die die Übertragung von Eigentum von Toten auf Lebende betreffen, vernachlässigt. Bei einem Vermächtnis von 1000 *l.* unterliegen einer Steuer von 100 *l.* , der Vermächtnisnehmer betrachtet sein Erbe als nur 900 *l.* , und verspürt keine besondere Motivation, die 100 l zu sparen . die Abgaben werden von seinen Ausgaben abgezogen, und so wird das Kapital des Landes gemindert; aber wenn er wirklich 1000 *l bekommen hätte.* und musste 100 *l zahlen.* Als Steuer auf Einkommen, Wein, Pferde oder Dienstboten hätte er wahrscheinlich seine Ausgaben um diesen Betrag verringert oder vielmehr nicht erhöht, und das Kapital des Landes wäre ungepaart gewesen.

„Steuern auf die Übertragung von Eigentum von den Toten auf die Lebenden", sagt Adam Smith, „fallen letztendlich und unmittelbar den Personen zu, auf die das Eigentum übertragen wird. Die Steuern auf den Verkauf von Grundstücken fallen insgesamt zu Lasten des Verkäufers. " Der Verkäufer steht fast immer unter der Notwendigkeit zu verkaufen und muss daher den Preis annehmen, den er erzielen kann. Der Käufer steht selten unter der Notwendigkeit zu kaufen und wird daher nur den Preis geben, den er möchte. Er überlegt, was der Land wird ihn sowohl an Steuern als auch an den Preisen kosten. Je mehr er an Steuern zahlen muss, desto weniger wird er bereit sein, an den Preisen abzugeben. Solche Steuern fallen daher fast immer einer bedürftigen Person zu. und muss daher sehr grausam und bedrückend sein." „Stempelsteuern und Zölle bei der Eintragung von Anleihen und Verträgen über geliehenes Geld fallen vollständig zu Lasten des Kreditnehmers und werden tatsächlich immer von ihm bezahlt. Pflichten der gleichen Art bei Gerichtsverfahren obliegen den Freiern. Sie reduzieren sich auf beide Kapitalwert des Streitgegenstandes. Je mehr es kostet, Eigentum zu erwerben, desto geringer muss der Nettowert beim Erwerb sein. Alle Steuern auf die Übertragung von Eigentum jeglicher Art, soweit sie den Kapitalwert des Eigentums mindern Eigentum tendiert dazu, die Mittel zu verringern, die für den Unterhalt der Arbeit bestimmt sind. Es handelt sich allesamt um mehr oder weniger unsparsame Steuern, die die Einnahmen des Souveräns, der nur unproduktive Arbeitskräfte unterhält , auf Kosten des Kapitals des Volkes erhöhen unterhält nichts anderes als produktiv."

Dies ist jedoch nicht der einzige Einwand gegen Steuern auf die Übertragung von Eigentum. Sie verhindern, dass das Landeskapital so verteilt wird, wie es für die Gemeinschaft am vorteilhaftesten ist. Für den allgemeinen Wohlstand darf die Übertragung und der Austausch von Eigentum aller Art nicht zu sehr erleichtert werden, da auf diese Weise Kapital jeder Art wahrscheinlich in die Hände derer gelangt, die es am besten einsetzen bei der Steigerung der Produktion des Landes. „Warum", fragt Herr Say, „will jemand sein Land verkaufen? Das liegt daran, dass er eine andere Beschäftigung im Auge hat, bei der seine Mittel produktiver sein werden. Warum möchte ein anderer das gleiche Land kaufen? Es ist so." Ein Kapital einsetzen, das ihm zu wenig einbringt, das arbeitslos war oder dessen Verwendung er für verbesserungswürdig hält. Dieser Austausch wird das allgemeine Einkommen erhöhen, da er das Einkommen dieser Parteien erhöht. Aber wenn die Gebühren so exorbitant sind wie Um den Austausch zu verhindern, sind sie ein Hindernis für diese Steigerung des allgemeinen Einkommens.“ Diese Steuern sind jedoch leicht einzutreiben; und viele denken vielleicht, dass dies einen gewissen Ausgleich für ihre schädlichen Auswirkungen bietet.

---

# KAPITEL VIII.

## STEUERN AUF ROHPRODUKTE.

ICH HABE in einem früheren Teil dieser Arbeit hoffentlich zufriedenstellend den Grundsatz dargelegt, dass der Maispreis durch die Kosten seiner Produktion ausschließlich auf diesem Land oder vielmehr ausschließlich mit diesem Kapital reguliert wird, welches Land keine Rente erhält Beachten Sie, dass alles, was die Produktionskosten erhöht, auch den Preis erhöht. Was auch immer es reduzieren mag, wird den Preis senken. Die Notwendigkeit, ärmeres Land zu bebauen oder mit einem gegebenen zusätzlichen Kapital auf bereits bebautem Land einen geringeren Ertrag zu erzielen, wird zwangsläufig den Tauschwert der Rohprodukte erhöhen. Die Entdeckung von Maschinen, die es dem Landwirt ermöglichen, seinen Mais zu geringeren Produktionskosten zu erhalten, wird zwangsläufig seinen Tauschwert senken. Jede Steuer, die dem Landwirt auferlegt werden kann, sei es in Form einer Grundsteuer, des Zehnten oder einer Steuer auf die erzeugten Produkte, erhöht die Produktionskosten und damit den Preis der Rohprodukte.

Wenn der Preis für Rohprodukte nicht stiege, um den Landwirt für die Steuer zu entschädigen, würde er natürlich einen Handel aufgeben, bei dem seine Gewinne unter das allgemeine Gewinnniveau sinken: Dies würde zu einer Verringerung des Angebots führen, bis die unverminderte Nachfrage sinkt haben zu einem solchen Preisanstieg bei Rohprodukten geführt, dass deren Anbau genauso profitabel war wie die Kapitalinvestition in jedem anderen Handel.

Eine Preissteigerung ist das einzige Mittel, mit dem er die Steuer bezahlen kann, und er erzielt weiterhin die üblichen und allgemeinen Gewinne aus dieser Verwendung seines Kapitals. Er konnte die Steuer nicht von seiner Miete abziehen und seinen Vermieter zur Zahlung verpflichten, da er keine Miete zahlt. Er würde es nicht von seinen Gewinnen abziehen, denn es gibt keinen Grund, warum er einer Beschäftigung nachgehen sollte, die geringe Gewinne abwirft, während alle anderen Beschäftigungen größere abwerfen. Es steht dann außer Frage, dass er die Macht haben wird, den Preis für Rohprodukte um einen Betrag zu erhöhen, der der Steuer entspricht.

Der Grundbesitzer würde keine Steuer auf Rohwaren zahlen; es würde nicht vom Landwirt bezahlt werden; aber es würde zu einem erhöhten Preis vom Verbraucher bezahlt werden.

Man sollte bedenken, dass die Rente die Differenz zwischen dem Produkt ist, das durch gleiche Teile der Arbeit und des Kapitals erzielt wird, die auf Land gleicher oder unterschiedlicher Qualität eingesetzt werden. Es sollte auch daran erinnert werden, dass die Geldrente des Bodens und die Kornrente des Bodens nicht im gleichen Verhältnis variieren.

Im Falle einer Steuer auf Rohprodukte, einer Grundsteuer oder des Zehnten wird die Kornrente des Landes variieren, während die Geldrente unverändert bleibt.

Wenn, wie wir zuvor angenommen haben, das bebaute Land drei Qualitäten hätte und das bei gleicher Kapitalmenge,

| | | | Nr. |
|---|---|---|---|
| 180 qrs. Mais wurden vom Land gewonnen | | | 1. |
| 170 | | aus | 2. |
| 160 | | aus | 3. |

die Miete von Nr. 1 würde 20 Viertel betragen, die Differenz zwischen der von Nr. 3 und Nr. 1; und von Nr. 2: 10 Viertel, die Differenz zwischen der von Nr. 3 und Nr. 2; während Nr. 3 überhaupt keine Miete zahlen würde.

Wenn der Preis für Mais nun 4 *l betragen würde.* pro Quartal würde die Geldrente von Nr. 1 80 *l betragen.* und das von Nr. 2, 40 *l.*

Gehen Sie von einer Steuer von 8 *s aus.* pro Quartal für Mais; dann würde der Preis auf 4 l steigen . 8 *Sek.* ; und wenn die Grundbesitzer die gleiche Getreiderente wie zuvor erhalten würden, würde die Rente von Nr. 1 88 *l betragen.* und das von Nr. 2, 44 *l.* Aber sie würden nicht die gleiche Getreiderente erhalten; Die Steuer würde auf Nr. 1 stärker fallen als auf Nr. 2 und auf Nr. 2 als auf Nr. 3, weil sie auf eine größere Menge Getreide erhoben würde. Es ist die Schwierigkeit der Produktion auf Nr. 3, die den Preis reguliert; und Mais steigt auf 4 *l.* 8 *Sek.* , dass die Gewinne des auf Nr. 3 eingesetzten Kapitals auf einer Höhe mit den allgemeinen Gewinnen der Aktien liegen können.

Die Erträge und Steuern auf die drei Landqualitäten betragen wie folgt:

| | | | |
|---|---|---|---|
| Nr. 1, nachgebend | 180 | qrs. bei 4 *l.* 8 *Sek.* pro qr. | 792 £ |
| Ziehen Sie den Wert ab | 16.3 | Gold 8s . pro qr. Wir 180 qrs. | 72 |

| | | | 720 |
|---|---|---|---|
| Netto-Maisprodukt | 163,7 | Nettogeld produzieren | *£* |

| | | | 748 |
|---|---|---|---|
| Nr. 2, nachgebend | 170 | qrs. bei 4 *l.* 8 *Sek.* pro qr. | *£* |
| Ziehen Sie den Wert ab | 15.4 | qrs. bei 4 *l.* 8 *Sek.* Gold 8s . pro qr. wir 170 qrs. | 68 |

| | | | 680 |
|---|---|---|---|
| Netto-Maisprodukt | 154,6 | Nettogeld produzieren | *£* |

| | | | 704 |
|---|---|---|---|
| Nr. 3, | 160 | qrs. bei 4 *l.* 8 *Sek.* | *£* |
| Ziehen Sie den Wert ab | 14.5 | qrs. bei 4 *l.* 8 *Sek.* Gold 8s . pro qr. wir 160 | 64 |

| | | | 640 |
|---|---|---|---|
| Netto-Maisprodukt | 145,5 | Nettogeld produzieren | *£* |

Die Geldmiete von Nr. 1 würde weiterhin 80 *l betragen.* , oder der Unterschied zwischen 640 und 720 *l.* ; und das von Nr. 2, 40 *l.* , oder die Differenz zwischen 640 *l.* und 680 *l.* , genau das gleiche wie zuvor; aber die Maisrente wird von 20 Vierteln auf Nr. 1 auf 18,2 Viertel und diejenige auf Nr. 2 von 10 auf 9,1 Viertel herabgesetzt.

Eine Steuer auf Mais würde also auf die Konsumenten von Mais fallen und seinen Wert im Vergleich zu allen anderen Waren in einem zur Steuer proportionalen Maße erhöhen. In dem Maße, in dem Rohprodukte in die Zusammensetzung anderer Waren eingehen, würde auch ihr Wert steigen, sofern der Steuer nicht andere Gründe entgegenstehen würden. Sie würden faktisch indirekt besteuert und ihr Wert würde proportional zur Steuer steigen.

Eine Steuer auf Rohprodukte und auf die Bedarfsgüter des Arbeiters hätte jedoch noch eine weitere Wirkung: Sie würde die Löhne erhöhen. Aufgrund der Wirkung des Bevölkerungsprinzips auf das Wachstum der Menschheit bleiben die Löhne der niedrigsten Art nie weit über dem Satz, den Natur und Gewohnheit für den Unterhalt der Arbeiter erfordern . Diese Klasse ist niemals in der Lage, einen nennenswerten Teil der Steuern zu tragen; und folglich, wenn sie 8 *s zahlen müssten. Pro Quartal zusätzlich für Weizen und in einem geringeren Anteil für andere Notwendigkeitsgüter wären sie nicht in der Lage, von den gleichen Löhnen wie zuvor zu leben und die Rasse der* Arbeiter aufrechtzuerhalten . Die Löhne würden unweigerlich und notwendigerweise steigen; und in dem Maße, in dem sie stiegen, würden die Gewinne sinken. Der Staat würde eine Steuer von 8 *s erhalten.* pro Vierteljahr auf den gesamten im Land verbrauchten Mais, wobei ein Teil davon direkt von den Maiskonsumenten bezahlt würde; Der andere Teil würde indirekt von denjenigen gezahlt, die Arbeitskräfte beschäftigten , und würde sich auf die gleiche Weise auf die Gewinne auswirken, als ob die Löhne aufgrund der im Vergleich zum Angebot gestiegenen Nachfrage nach Arbeitskräften oder aufgrund einer zunehmenden Schwierigkeit, die benötigten Nahrungsmittel und Bedarfsgüter zu beschaffen, gestiegen wären vom Pflüger .

Soweit sich die Steuer auf die Verbraucher auswirken könnte, wäre sie eine gleichwertige Steuer, soweit sie sich jedoch auf Gewinne auswirken würde, wäre sie eine Teilsteuer; denn es würde sich weder auf den Grundeigentümer noch auf den Aktionär auswirken, da der eine weiterhin die gleiche Geldrente, der andere die gleichen Gelddividenden wie zuvor erhalten würde. Eine Steuer auf die Erträge des Landes würde dann wie folgt aussehen:

1. Sie würde den Preis der Rohprodukte um einen Betrag erhöhen, der der Steuer entspricht, und daher auf jeden Verbraucher im Verhältnis zu seinem Verbrauch fallen.

Zweitens. Es würde die Löhne der Arbeit erhöhen und die Gewinne senken.

Gegen eine solche Steuer kann dann Einspruch erhoben werden,

1. Durch die Erhöhung der Arbeitslöhne und die Senkung der Gewinne handelt es sich um eine ungleiche Steuer, da sie sich auf das Einkommen des Landwirts, Händlers und Herstellers auswirkt und das Einkommen des Grundbesitzers, des Aktionärs und anderer Personen, die über ein festes Einkommen verfügen, steuerfrei lässt.

Zweitens. Dass zwischen dem Anstieg des Maispreises und dem Anstieg der Löhne eine beträchtliche Zeitspanne liegen würde, in der der Arbeiter viel Leid erfahren würde .

Drittens. Dass eine Erhöhung der Löhne und eine Senkung der Gewinne die Akkumulation hemmen und sich auf die gleiche Weise auswirken wie eine natürliche Bodenarmut.

4.. Dass durch die Erhöhung des Preises für Rohprodukte die Preise aller Waren, in die Rohprodukte eingehen, erhöht würden und dass wir daher der ausländischen Produktion auf dem allgemeinen Markt nicht zu gleichen Bedingungen begegnen würden.

Was den ersten Einwand betrifft, so wirkt sich die Erhöhung des Arbeitslohns und die Senkung des Gewinns ungleich aus, da sie sich auf das Einkommen des Landwirts, Händlers und Fabrikanten auswirkt und das Einkommen des Grundbesitzers, des Aktionärs und anderer Festzinsgenossen steuerfrei lässt Einkommen – man könnte antworten, dass, wenn die Wirkungsweise der Steuer ungleich ist, es Sache des Gesetzgebers ist, sie gleich zu machen, indem er die Grundrente und die Aktiendividenden direkt besteuert. Auf diese Weise würden alle Ziele einer Einkommensteuer erreicht, ohne die Unannehmlichkeiten, die mit der abscheulichen Maßnahme verbunden wären, in die Belange jedes Einzelnen einzudringen und Kommissare mit Befugnissen auszustatten, die den Gewohnheiten und Gefühlen eines freien Landes widersprechen.

Auf den zweiten Einwand, dass es zwischen dem Anstieg des Maispreises und dem Anstieg der Löhne eine beträchtliche Zeitspanne geben würde, in der die unteren Klassen viel Bedrängnis erleiden würden, antworte ich, dass unter anderen Umständen die Löhne Folgen Sie dem Preis von Rohprodukten mit sehr unterschiedlichem Selleriegrad; dass in manchen Fällen ein Anstieg des Maispreises keinerlei Auswirkungen auf die Löhne hat; in anderen geht der Anstieg der Löhne dem Anstieg des Maispreises voraus; Auch hier ist die Wirkung bei einigen langsam und bei anderen muss das Intervall sehr kurz sein.

Diejenigen, die behaupten, dass es der Preis der lebensnotwendigen Güter ist, der den Preis der Arbeit reguliert, und dabei immer den besonderen Fortschrittszustand der Gesellschaft berücksichtigen, scheinen allzu bereitwillig eingeräumt zu haben, dass ein Anstieg oder Rückgang der Preise der lebensnotwendigen Güter dies tun wird sehr langsam von einer Lohnerhöhung oder -senkung abgelöst werden. Ein hoher Proviantpreis kann sehr unterschiedliche Ursachen haben und dementsprechend sehr unterschiedliche Auswirkungen haben. Es kann entstehen aus

1. Eine mangelhafte Versorgung.

2. Von einer allmählich steigenden Nachfrage, die letztlich mit steigenden Produktionskosten zu erwarten ist.

3dly. Aus einem Wertverfall des Geldes.

4.. Von Steuern auf lebensnotwendige Güter.

Diese vier Ursachen wurden von denjenigen, die den Einfluss eines hohen Preises für lebensnotwendige Güter auf die Löhne untersucht haben, nicht ausreichend unterschieden und getrennt. Wir werden sie einzeln prüfen.

Eine schlechte Ernte führt zu einem hohen Lebensmittelpreis, und der hohe Preis ist das einzige Mittel, mit dem der Konsum gezwungen wird, sich an die Versorgungslage anzupassen. Wenn alle Maiskäufer reich wären, könnte der Preis beliebig steigen, aber das Ergebnis würde sich nicht ändern; Der Preis würde schließlich so hoch sein, dass die am wenigsten Reichen gezwungen wären, auf die Nutzung eines Teils der Menge zu verzichten, die sie normalerweise konsumieren, da allein durch verminderten Konsum die Nachfrage auf die Grenzen des Angebots gesenkt werden könnte. Unter solchen Umständen kann keine Politik absurder sein als die, die Geldlöhne gewaltsam durch den Lebensmittelpreis zu regulieren, wie es häufig durch falsche Anwendung der Armengesetze geschieht. Eine solche Maßnahme bringt dem Arbeiter keine wirkliche Erleichterung , da sie dazu führt, dass der Maispreis noch höher steigt, und er schließlich gezwungen sein muss, seinen Verbrauch im Verhältnis zum begrenzten Angebot zu begrenzen. Im natürlichen Verlauf der Dinge würde eine mangelhafte Versorgung aufgrund schlechter Jahreszeiten ohne schädliche und unkluge Eingriffe nicht zu einer Erhöhung der Löhne führen. Die Lohnerhöhung ist für diejenigen, die sie erhalten, lediglich nominell; Es erhöht den Wettbewerb auf dem Maismarkt und führt letztendlich zu einer Steigerung der Gewinne der Maisbauern und -händler. Der Arbeitslohn wird in Wirklichkeit durch das Verhältnis zwischen Angebot und Nachfrage an lebensnotwendigen Gütern und Angebot und Nachfrage an Arbeit reguliert ; und Geld ist lediglich das Medium oder Maß, in dem der Lohn ausgedrückt wird. In diesem Fall ist die Not des Arbeiters unvermeidlich, und keine Gesetzgebung kann Abhilfe schaffen, außer durch die Einfuhr zusätzlicher Nahrungsmittel.

Wenn ein hoher Maispreis die Folge einer steigenden Nachfrage ist, geht ihm immer eine Lohnerhöhung voraus, denn die Nachfrage kann nicht steigen, ohne dass die Mittel der Menschen zunehmen, um das zu bezahlen, was sie wollen. Eine Akkumulation von Kapital führt natürlich zu einem verstärkten Wettbewerb zwischen den Arbeitgebern der Arbeitskraft und damit zu einem Anstieg ihres Preises. Der erhöhte Lohn wird nicht sofort für Lebensmittel ausgegeben, sondern dient zunächst dazu, zu den anderen Freuden des Arbeiters beizutragen . Sein verbesserter Zustand verleitet ihn jedoch dazu und ermöglicht ihm, zu heiraten, und dann verdrängt der Bedarf an

Nahrungsmitteln für den Unterhalt seiner Familie natürlich den Bedarf an anderen Vergnügungen, für die sein Lohn vorübergehend ausgegeben wurde. Der Mais steigt dann, weil die Nachfrage danach zunimmt, weil es in der Gesellschaft Menschen gibt, die über bessere Zahlungsmöglichkeiten verfügen; und die Profite des Landwirts werden über das allgemeine Profitniveau angehoben, bis die erforderliche Kapitalmenge für seine Produktion eingesetzt wurde. Ob der Maispreis danach wieder auf seinen früheren Preis sinkt oder dauerhaft höher bleibt, hängt von der Qualität des Landes ab, von dem die erhöhte Maismenge geliefert wurde. Wenn es von einem Land mit der gleichen Fruchtbarkeit wie das zuletzt bewirtschaftete Land und ohne höhere Arbeitskosten gewonnen wird , wird der Preis auf den vorherigen Stand sinken; Wenn es aus ärmerem Land stammt, wird es dauerhaft höher bleiben. Die hohen Löhne resultierten in erster Linie aus einem Anstieg der Nachfrage nach Arbeitskräften : Da sie die Ehe förderten und Kinder unterstützten, führten sie zu einer Erhöhung des Arbeitskräfteangebots . Aber wenn das Angebot gedeckt ist, werden die Löhne wieder auf ihren früheren Preis fallen, wenn der Mais auf seinen früheren Preis gefallen ist; auf einen höheren als den früheren Preis, wenn das erhöhte Angebot an Mais auf Land von minderer Qualität produziert wurde. Ein hoher Preis ist keineswegs unvereinbar mit einem reichlichen Angebot: Der Preis ist dauerhaft hoch, nicht weil die Menge unzureichend ist, sondern weil die Produktionskosten gestiegen sind. Es kommt tatsächlich im Allgemeinen vor, dass, wenn der Bevölkerung ein Anreiz gegeben wurde, eine Wirkung hervorgerufen wird, die über das hinausgeht, was der Fall erfordert; Die Bevölkerung kann und wird im Allgemeinen so stark vergrößert, dass sie trotz der erhöhten Nachfrage nach Arbeitskräften einen größeren Anteil an den Mitteln für den Unterhalt der Arbeitskräfte aufbringen muss als vor der Kapitalvermehrung. In diesem Fall wird es zu einer Reaktion kommen, die Löhne werden unter ihrem natürlichen Niveau liegen, und zwar so lange, bis das normale Verhältnis zwischen Angebot und Nachfrage wiederhergestellt ist. In diesem Fall geht also dem Anstieg des Maispreises ein Anstieg des Lohns voraus und bringt daher für den Arbeiter keine Belastung mit sich .

Ein Rückgang des Geldwertes als Folge des Zuflusses von Edelmetallen aus den Minen oder durch den Missbrauch der Bankprivilegien ist eine weitere Ursache für den Anstieg der Lebensmittelpreise; aber es wird keine Änderung in der produzierten Menge bewirken. Es lässt auch die Zahl der Arbeitskräfte sowie die Nachfrage nach ihnen unberührt; denn es wird weder eine Vermehrung noch eine Verminderung des Kapitals geben. Die dem Arbeiter zuzuteilende Menge an Bedarfsgütern hängt von der Nachfrage und dem Angebot an Bedarfsgütern im Verhältnis zur Nachfrage und dem Angebot an Arbeitskräften ab ; Geld ist nur das Medium, in dem die Menge ausgedrückt wird; und da keines davon geändert wird, wird sich auch der wirkliche Lohn des Arbeiters nicht ändern. Der Geldlohn wird steigen, aber er wird es ihm nur ermöglichen, sich mit der gleichen Menge an lebensnotwendigen Gütern wie zuvor zu versorgen. Diejenigen, die dieses Prinzip bestreiten, müssen zeigen, warum eine Erhöhung des Geldes nicht die gleiche Wirkung auf die Erhöhung des Preises der Arbeit haben sollte , deren Menge nicht erhöht wurde, wie dies ihrer Ansicht nach auf den Preis von Schuhen zutreffen würde Hüte und Getreide, wenn die Menge dieser Waren nicht erhöht würde. Der relative Marktwert von Hüten und Schuhen wird durch die Nachfrage und das Angebot an Hüten im Vergleich zur Nachfrage und dem Angebot an Schuhen reguliert, und Geld ist lediglich das Medium, in dem ihr Wert ausgedrückt wird. Wenn sich der Preis für Schuhe verdoppelt, verdoppelt sich auch der Preis für Hüte, und sie behalten den gleichen Vergleichswert. Wenn sich also der Preis für Mais und alle Bedarfsgüter des Arbeiters verdoppelt, wird sich auch der Preis für die Arbeit verdoppeln, und obwohl die übliche Nachfrage und das Angebot an Bedarfsgütern und Arbeitskräften nicht unterbrochen werden , kann es keinen Grund geben, warum dies nicht der Fall sein sollte ihren relativen Wert bewahren.

Weder ein Rückgang des Geldwertes noch eine Steuer auf Rohprodukte werden, obwohl beides den Preis erhöht, *notwendigerweise* die Menge der Rohprodukte beeinträchtigen; oder mit der Anzahl der Menschen, die es kaufen können und bereit sind, es zu konsumieren. Es ist sehr leicht einzusehen, warum bei unregelmäßigem Wachstum des Kapitals eines Landes die Löhne steigen, während der Getreidepreis gleich bleibt oder in einem geringeren Verhältnis steigt; und warum, wenn das Kapital eines Landes abnimmt, die Löhne sinken sollten, während das Getreide stationär bleibt, oder in einem viel geringeren Verhältnis, und dies auch für eine beträchtliche Zeit; Der Grund dafür ist, dass Arbeit eine Ware ist, die nicht nach Belieben erhöht oder verringert werden kann. Wenn für die Nachfrage zu wenige Hüte auf dem Markt sind, steigt der Preis, allerdings nur für kurze Zeit; denn im Laufe eines Jahres kann durch den Einsatz von mehr Kapital in diesem Handel jede vernünftige Erhöhung der Menge an Hüten vorgenommen werden, und daher kann ihr Marktpreis ihren natürlichen Preis nicht sehr lange übersteigen; aber bei den Menschen ist es nicht so; Sie können ihre Zahl nicht in ein oder zwei Jahren erhöhen, wenn das Kapital zunimmt, und Sie können ihre Zahl auch nicht schnell verringern, wenn sich das Kapital in einem rückläufigen Zustand befindet. und daher muss, da die Zahl der Arbeiter langsam zunimmt oder abnimmt, während die Mittel für den Unterhalt der Arbeit schnell zu- oder abnehmen, eine beträchtliche Zeitspanne vergehen, bis der Preis der Arbeit genau durch den Preis von Getreide und Bedarfsgütern reguliert wird; Wenn jedoch der Wert des Geldes sinkt oder eine Steuer auf Mais erhoben wird, kommt es nicht notwendigerweise zu einem Überschuss an Arbeitskräften oder zu einem

Rückgang der Nachfrage, und daher kann es keinen Grund geben, warum der Arbeiter durchhalten sollte eine echte Lohnkürzung.

Eine Maissteuer verringert nicht unbedingt die Maismenge, sie erhöht nur den Geldpreis; es verringert nicht notwendigerweise die Nachfrage im Vergleich zum Angebot an Arbeitskräften ; Warum sollte es dann den dem Arbeiter gezahlten Anteil verringern ? Nehmen wir an, es sei wahr, dass dadurch die dem Arbeiter gegebene Menge verringert wurde, mit anderen Worten, dass es seinen Geldlohn nicht in dem gleichen Verhältnis erhöhte, in dem die Steuer den Preis des Getreides erhöhte, das er konsumierte; Würde das Angebot an Mais nicht die Nachfrage übersteigen? Würde der Preis nicht fallen? Und würde der Arbeiter nicht so seinen üblichen Anteil erhalten? In einem solchen Fall würde tatsächlich Kapital aus der Landwirtschaft abgezogen; Denn wenn der Preis nicht um den gesamten Betrag der Steuer erhöht würde, wären die landwirtschaftlichen Gewinne niedriger als das allgemeine Profitniveau, und das Kapital würde nach vorteilhafteren Beschäftigungen suchen. Im Hinblick auf eine Steuer auf Rohprodukte, um die es hier geht, scheint es mir, dass zwischen dem Anstieg des Preises der Rohprodukte und dem Anstieg der Löhne kein Zeitraum vergehen würde, der den Arbeiter belasten könnte des Pflügers ; und dass dieser Klasse daher keine anderen Unannehmlichkeiten entstehen würden als die, die sie durch jede andere Art der Besteuerung erleiden würden, nämlich das Risiko, dass die Steuer die für den Unterhalt der Arbeit bestimmten Mittel beeinträchtigen könnte und daher die Kontrolle oder Kontrolle beeinträchtigen könnte verringert die Nachfrage danach.

Was den dritten Einwand gegen die Steuern auf Rohprodukte anbelangt, nämlich dass die Erhöhung der Löhne und die Senkung der Gewinne die Akkumulation hemmen und in der gleichen Weise wie eine natürliche Bodenarmut wirken; Ich habe versucht, in einem anderen Teil dieser Arbeit zu zeigen, dass Einsparungen sowohl bei den Ausgaben als auch bei der Produktion erzielt werden können; aus einer Wertminderung der Waren, wie aus einem Anstieg der Profitrate. Durch die Steigerung meines Gewinns von 1000 *l.* bis 1200 *l.* , während die Preise gleich bleiben, erhöht sich meine Fähigkeit, mein Kapital durch Ersparnisse zu vermehren, aber sie erhöht sich nicht so sehr, als wenn meine Gewinne so weitergingen wie zuvor, während die Warenpreise so gesenkt würden, dass 800 l . würde mir bis zu 1000 *l* *beschaffen.* vorher gekauft.

Die Besteuerung stellt in jeder Form nur eine Auswahl an Übeln dar; wenn es nicht gewinnorientiert handelt, muss es ausgabenorientiert handeln; und vorausgesetzt, dass die Last gleichmäßig getragen wird und die Fortpflanzung nicht unterdrückt wird, ist es gleichgültig, wem sie auferlegt wird. Steuern auf die Produktion oder auf Aktiengewinne haben diesen Vorteil gegenüber anderen Steuern, unabhängig davon, ob sie unmittelbar auf die Gewinne oder indirekt durch die Besteuerung des Landes oder seiner Produkte angewendet werden. Keine Klasse der Gemeinschaft kann sich ihnen entziehen, und jede trägt entsprechend ihren Möglichkeiten bei.

Ein Geizhals kann der Steuer auf seine Ausgaben entkommen; Er kann ein Einkommen von 10.000 pro Jahr haben und nur 300 *l ausgeben.* ; aber den Gewinnsteuern, ob direkt oder indirekt, kann er nicht entkommen; er wird dazu beitragen, indem er entweder einen Teil oder den Wert eines Teils seiner Produkte abgibt; oder aufgrund der höheren Preise der für die Produktion lebensnotwendigen Güter wird er nicht in der Lage sein, weiterhin im gleichen Tempo zu akkumulieren. Er mag zwar über ein gleichwertiges Einkommen verfügen, aber er verfügt nicht über die gleiche Arbeitskraft und auch nicht über die gleiche Menge an Materialien, auf die diese Arbeit ausgeübt werden kann.

Wenn ein Land von allen anderen isoliert ist und mit keinem seiner Nachbarn Handel treibt , kann es in keiner Weise einen Teil seiner Steuern von sich selbst abwälzen. Ein Teil des Ertrags seines Landes und seiner Arbeitskraft wird für den Dienst am Staat bestimmt sein; und ich kann nicht anders, als zu glauben, dass es von geringer Bedeutung sein wird, ob die Steuern auf Gewinne, auf landwirtschaftliche Erzeugnisse oder auf Industriegüter erhoben werden, sofern sie nicht ungleichmäßig auf die Klasse einwirken, die akkumuliert und spart. Wenn mein Einkommen 1000 *l beträgt.* pro Jahr, und ich muss Steuern in Höhe von 100 *l zahlen.* , ist es von geringer Bedeutung, ob ich es aus meinem Einkommen bezahle, sodass mir nur 900 *l übrig bleiben.* , oder 100 *l bezahlen.* außerdem für meine landwirtschaftlichen Erzeugnisse oder für meine Industriegüter. Wenn 100 *l.* mein gerechter Anteil an den Ausgaben des Landes ist, besteht die Tugend der Besteuerung darin, sicherzustellen, dass ich diese 100 *l bezahle.* , weder mehr noch weniger; und das kann auf keine Weise so sicher erreicht werden wie durch Steuern auf Löhne, Gewinne oder Rohprodukte.

Der vierte und letzte Einwand, der noch beachtet werden muss, lautet: Durch die Erhöhung des Preises der Rohprodukte werden die Preise aller Waren, in die Rohprodukte eingehen, erhöht, und wir werden daher den ausländischen Herstellern nicht zu gleichen Bedingungen begegnen der allgemeine Markt.

Erstens könnten die Preise für Mais und *alle* inländischen Rohstoffe ohne einen Zustrom von Edelmetallen nicht wesentlich erhöht werden; denn die gleiche Menge Geld könnte nicht die gleiche Menge Waren zu hohen wie zu niedrigen Preisen in Umlauf bringen, und die Edelmetalle könnten niemals mit teuren Waren gekauft werden. Wenn mehr Gold benötigt wird, muss es dadurch beschafft werden, dass man dafür mehr und nicht weniger Waren gibt. Auch der Mangel an Geld konnte nicht durch Papier gedeckt werden, denn nicht das Papier regelt den Wert des Goldes als Ware, sondern das Gold regelt den Wert des Papiers. Solange der Wert des Goldes nicht gesenkt werden konnte, konnte kein Papier in den Umlauf gelangen, ohne an Wert zu verlieren. Und dass der Wert von Gold nicht gesenkt werden konnte, erscheint klar, wenn man bedenkt, dass der Wert von Gold als Ware durch die Menge an Gütern reguliert werden muss, die Ausländern im Austausch dafür gegeben werden müssen. Wenn Gold billig ist, sind Rohstoffe teuer; und wenn Gold teuer ist, sind die Rohstoffe billig und fallen im Preis. Da nun kein Grund dargelegt ist, warum Ausländer ihr Gold billiger als üblich verkaufen sollten, erscheint es nicht wahrscheinlich, dass es zu einem Goldzufluss kommen würde. Ohne einen solchen Zustrom kann es keine Mengensteigerung, keine Wertminderung, keine Steigerung des allgemeinen Warenpreises geben.

Die wahrscheinliche Wirkung einer Steuer auf Roherzeugnisse würde darin bestehen, den Preis aller Waren, in denen Roherzeugnisse enthalten sind, zu erhöhen, allerdings nicht in einem proportionalen Ausmaß zur Steuer; während andere Waren, in die keine Rohprodukte eingehen, wie z. B. Artikel aus Metallen und Erden, im Preis fallen würden, so dass die gleiche Geldmenge wie zuvor für die gesamte Zirkulation ausreichen würde.

Eine Steuer, die dazu führen sollte, dass der Preis aller Eigenproduktionen steigt, würde den Export nicht behindern, außer während einer sehr begrenzten Zeit. Würden sie im Inland verteuert, könnten sie zwar nicht sofort gewinnbringend exportiert werden, weil sie hier einer Last ausgesetzt würden, von der sie im Ausland frei wären. Die Steuer hätte die gleiche Wirkung wie eine Veränderung des Geldwertes, die nicht allgemein und für alle Länder gleich sei, sondern auf ein einziges Land beschränkt sei. Wenn England dieses Land wäre, könnte es vielleicht nicht verkaufen, aber kaufen, weil die Preise für importierte Waren nicht steigen würden. Unter diesen Umständen könnte nichts als Geld als Gegenleistung für ausländische Waren exportiert werden, aber dies ist ein Handel, der nicht lange aufrechterhalten werden kann; Eine Nation kann von ihrem Geld nicht erschöpft sein, denn nachdem eine bestimmte Menge sie verlassen hat, wird der Wert des Restes steigen, und ein solcher Preis der Waren wird die Folge sein, dass sie wieder gewinnbringend exportiert werden können. Wenn das Geld gestiegen ist, sollten wir es daher nicht mehr als Gegenleistung für importierte Waren exportieren, sondern wir sollten die Erzeugnisse exportieren, deren Preis zunächst durch den Preisanstieg der Rohprodukte, aus denen sie hergestellt wurden, gestiegen ist dann abermals durch den Geldexport gesenkt.

Es lässt sich jedoch einwenden, dass, wenn der Wert des Geldes derart stiege, dieser sowohl im Verhältnis zu ausländischen als auch inländischen Waren steigen würde und dass daher jede Förderung der Einfuhr ausländischer Waren aufhören würde. Nehmen wir also an, wir importieren Waren, die 100 *l kosten.* im Ausland, und das für 120 *l verkauft wurde.* Hier sollten wir aufhören, sie zu importieren, wenn der Geldwert in England so gestiegen ist, dass sie nur noch für 100 *l verkauft werden.* hier: Dies könnte jedoch niemals passieren. Das Motiv, das uns dazu bewegt, eine Ware zu importieren, ist die Entdeckung ihrer relativen Billigkeit im Ausland: Es ist der Vergleich ihres natürlichen Preises im Ausland mit ihrem natürlichen Preis im Inland. Wenn ein Land Hüte exportiert und Stoffe importiert, dann tut es dies, weil es durch die Herstellung von Hüten und deren Eintausch gegen Stoffe mehr Stoff gewinnen kann, als wenn es den Stoff selbst herstellen würde. Wenn der Anstieg der Rohstoffe zu höheren Produktionskosten bei der Herstellung von Hüten führt, würde dies auch zu höheren Kosten bei der Herstellung von Stoffen führen. Wenn also beide Waren zu Hause hergestellt würden, würden sie beide steigen. Da es sich jedoch um eine Ware handelt, die wir importieren, würde sie weder steigen noch fallen, wenn der Wert des Geldes steigt; denn wenn es nicht falle, würde es sein natürliches Verhältnis zur exportierten Ware wiedererlangen. Der Anstieg der Rohstoffe führt dazu, dass ein Hut von 30 auf 33 Schilling oder 10 Prozent steigt. Wenn wir Tuch herstellen würden, würde der Preis aus dem gleichen Grund von 20 Schilling steigen . bis 22 *s.* pro Yard. Dieser Aufstieg zerstört nicht die Beziehung zwischen Stoff und Hüten; Ein Hut war und ist immer noch eineinhalb Meter Stoff wert. Wenn wir jedoch Stoff importieren, bleibt der Preis einheitlich bei 20 *s.* pro Yard, zunächst unbeeinflusst vom Rückgang und dann vom Anstieg des Geldwertes; während Hüte, die von 30 s gestiegen waren . bis 33 *Sek.* , wird ab 33 *s wieder fallen.* bis 30 *Sek.* , an diesem Punkt wird die Beziehung zwischen Stoff und Hüten wiederhergestellt.

Um die Betrachtung dieses Themas zu vereinfachen, habe ich angenommen, dass sich eine Wertsteigerung der Rohstoffe in gleichem Maße auf alle Haushaltswaren auswirken würde; dass, wenn die Wirkung auf einen um 10 Prozent steigen würde, alle 10 Prozent steigen würden; Da sich aber der Wert der Waren sehr unterschiedlich aus Rohmaterial und Arbeit zusammensetzt ; Da einige Waren, zum Beispiel alle aus Metallen, vom Aufstieg der Rohprodukte von der Erdoberfläche nicht betroffen wären, ist es offensichtlich, dass die Auswirkungen auf den Wert der Waren am unterschiedlichsten sein würden eine Steuer auf Rohwaren. Soweit diese Wirkung erzielt würde, würde sie den Export bestimmter Waren anregen oder verzögern und wäre zweifellos mit den gleichen Unannehmlichkeiten verbunden, die mit der Besteuerung von Waren verbunden sind; es würde die natürliche Beziehung zwischen den Werten jedes einzelnen zerstören. Somit könnte der natürliche Preis eines Hutes, anstatt derselbe wie eineinhalb Yards Stoff zu sein, nur den Wert von eineinhalb Yards haben, oder er könnte den Wert von eineinhalb Yards und drei Vierteln haben. und daher könnte dem Außenhandel eher eine andere Richtung gegeben werden. Alle diese Unannehmlichkeiten würden den Wert der Exporte und Importe nicht beeinträchtigen; Sie würden nur die allerbeste Verteilung des Kapitals der ganzen Welt verhindern, die nie so gut reguliert ist, wie wenn jede Ware frei zu ihrem natürlichen Preis gehandelt werden kann.

Obwohl dann der Anstieg der Preise für die meisten unserer eigenen Waren den Export im Allgemeinen eine Zeit lang hemmen würde und den Export einiger weniger Waren dauerhaft verhindern würde, könnte er den Außenhandel nicht wesentlich beeinträchtigen und würde uns keinem Vergleich aussetzen im Hinblick auf den Wettbewerb auf ausländischen Märkten benachteiligt.

# KAPITEL VIII.*

## STEUERN, DIE WIR VERMIETEN.

EINE MIETSTEUER würde nur die Miete betreffen; es läge vollständig bei den Vermietern und könne nicht auf irgendeine Verbraucherschicht verlagert werden. Der Grundbesitzer konnte seine Rente nicht erhöhen, weil er die Differenz zwischen den Erträgen des am wenigsten ertragreichen Landes und denen von Grundstücken anderer Qualität unverändert lassen würde. Drei Sorten Land, Nr. 1, 2 und 3, werden bebaut und liefern bei gleicher Pflügeung jeweils 180, 170 bzw. 160 Viertel Weizen; aber Nr. 3 zahlt keine Miete und ist daher steuerfrei: Die Miete von Nr. 2 kann dann nicht den Wert von zehn übersteigen, und Nr. 1 auch nicht den Wert von zwanzig Vierteln. Eine solche Steuer könnte den Preis von Rohprodukten nicht erhöhen, denn da der Landwirt in den Ländern Nr. 3 weder Miete noch Steuern zahlt, wäre er in keiner Weise in der Lage, den Preis der produzierten Ware zu erhöhen. Eine Steuer auf die Pacht würde die Bewirtschaftung von frischem Land nicht behindern, da auf diesem Land keine Pacht gezahlt wird und keine Steuern erhoben werden. Wenn Nr. 4 bewirtschaftet würde und 150 Viertel einbrachte, würde für dieses Land keine Steuer gezahlt; aber es würde zu einer Miete von zehn Vierteln für Nr. 3 führen, die dann mit der Zahlung der Steuer beginnen würde.

Eine Steuer auf die Pacht, wie sie sich ausdrückt, würde den Anbau behindern, da sie eine Steuer auf die Gewinne des Grundbesitzers wäre. Der Begriff „Grundrente" bezieht sich, wie ich bereits an anderer Stelle festgestellt habe, auf den Gesamtbetrag des Wertes, den der Bauer seinem Grundeigentümer zahlt, wobei nur ein Teil davon streng genommen Rente ist. Die vom Vermieter bezahlten Gebäude und Einrichtungsgegenstände sowie andere Kosten gehören unbedingt zum Inventar des Bauernhofs und müssen vom Pächter eingerichtet worden sein, wenn sie nicht vom Vermieter bereitgestellt werden. Die Miete ist der Betrag, der dem Vermieter für die Nutzung des Grundstücks gezahlt wird, und zwar nur für die Nutzung des Grundstücks. Der weitere Betrag, der ihm unter dem Namen Miete gezahlt wird, dient der Nutzung der Gebäude usw. und ist in Wirklichkeit der Gewinn aus dem Grundbesitz des Grundbesitzers. Da bei der Besteuerung der Pacht kein Unterschied gemacht würde zwischen dem Teil, der für die Nutzung des Landes gezahlt wird, und dem Teil, der für die Nutzung des Grundbesitzes des Grundbesitzers gezahlt wird, würde ein Teil der Steuer auf die Gewinne des Grundbesitzers fallen und daher den Anbau behindern. es sei denn, der Preis für Rohwaren stieg. Auf diesem Grundstück, für dessen Nutzung keine Miete gezahlt wurde, konnte dem Grundeigentümer eine Entschädigung unter diesem Namen für die Nutzung seiner Gebäude gezahlt werden. Diese Gebäude würden nicht errichtet werden, und es würden auch keine Rohprodukte auf diesem Land angebaut werden, bis der Preis, zu dem es verkauft würde, nicht nur alle üblichen Ausgaben, sondern auch diesen zusätzlichen Teil der Steuer decken würde . Dieser Teil der Steuer liegt weder beim Vermieter noch beim Landwirt, sondern beim Verbraucher der Rohprodukte.

Es besteht kaum ein Zweifel daran, dass Vermieter, wenn eine Steuer auf die Miete erhoben würde, bald einen Weg finden würden, zwischen dem, was ihnen für die Nutzung des Grundstücks gezahlt wurde, und dem, was für die Nutzung der Gebäude gezahlt wurde, zu unterscheiden. und die Verbesserungen, die durch den Bestand des Vermieters vorgenommen wurden. Letzteres würde entweder als Miete für Häuser und Gebäude bezeichnet werden, oder bei allen neuen Grundstücken, die bebaut werden, würden solche Gebäude und Verbesserungen vom Pächter und nicht vom Vermieter vorgenommen. Das Kapital des Grundeigentümers könnte tatsächlich für diesen Zweck verwendet werden; Es könnte nominell vom Mieter ausgegeben werden, wenn der Vermieter ihm die Mittel entweder in Form eines Darlehens oder durch den Kauf einer Rente für die Dauer des Mietverhältnisses zur Verfügung stellt. Unabhängig davon, ob unterschieden wird oder nicht, besteht ein tatsächlicher Unterschied zwischen der Art der Entschädigungen, die der Vermieter für diese verschiedenen Objekte erhält. und es ist ziemlich sicher, dass eine Steuer auf die tatsächliche Grundrente vollständig vom Grundbesitzer getragen wird, dass eine Steuer auf die Vergütung, die der Grundbesitzer für die Nutzung seines auf dem Bauernhof ausgegebenen Kapitals erhält, jedoch vom Verbraucher der Rohprodukte getragen wird . Wenn eine Steuer auf die Miete erhoben würde und keine Möglichkeit zur Trennung der jetzt vom Mieter an den Vermieter unter der Bezeichnung „Miete" gezahlten Vergütung eingeführt würde, würde die Steuer, soweit sie die Miete für Gebäude und andere Einrichtungsgegenstände betraf, niemals erhoben fallen für längere Zeit nicht beim Vermieter, sondern beim Verbraucher. Das für diese Gebäude usw. aufgewendete Kapital muss die üblichen Aktiengewinne erbringen; aber es würde diesen Gewinn auf dem zuletzt bewirtschafteten Land nicht mehr erwirtschaften, wenn die Kosten für diese Gebäude usw. fiel nicht auf den Mieter; und wenn dies der Fall wäre, würde der Pächter aufhören, seine üblichen Aktiengewinne zu erzielen, es sei denn, er könnte sie dem Verbraucher in Rechnung stellen.

---

# KAPITEL IX.

## ZEHNTEN.

**DER** ZEHNTE ist eine Steuer auf den Bruttoertrag des Landes und liegt, wie die Steuern auf Roherzeugnisse, vollständig beim Verbraucher. Sie unterscheiden sich von einer Pachtsteuer insofern, als sie Grundstücke betreffen, die eine solche Steuer nicht erreichen würde; und den Preis der Rohwaren erhöhen, was diese Steuer nicht bewirken würde. Sowohl die Ländereien mit der schlechtesten als auch mit der besten Qualität zahlen den Zehnten, und zwar genau im Verhältnis zur Menge der daraus gewonnenen Produkte; Der Zehnte ist daher eine gleichwertige Steuer.

Wenn Land der letzten Qualität oder das, das keine Rente zahlt und den Maispreis reguliert, eine ausreichende Menge erbringt, um dem Landwirt die üblichen Kapitalgewinne zu bescheren, wenn der Weizenpreis 4 l beträgt . pro Quartal muss der Preis auf 4 *l steigen*. 8 *Sek.* bevor nach der Auferlegung des Zehnten die gleichen Gewinne erzielt werden können, denn für jedes Viertel Weizen muss der Landwirt acht Schilling an die Kirche zahlen.

Der einzige Unterschied zwischen Zehnten und Steuern auf Rohprodukte besteht darin, dass es sich bei der einen um eine variable Geldsteuer und bei der anderen um eine feste Geldsteuer handelt. In einem stationären Zustand der Gesellschaft, in dem es weder eine erhöhte noch eine verringerte Möglichkeit gibt, Mais zu produzieren, werden sie in ihren Auswirkungen genau die gleichen sein; denn in einem solchen Staat wird der Preis für Getreide unveränderlich sein, und daher wird auch die Steuer unveränderlich sein. Entweder in einem rückschrittlichen Staat oder in einem Staat, in dem in der Landwirtschaft große Verbesserungen erzielt werden und in dem folglich Rohprodukte im Vergleich zu anderen Dingen an Wert verlieren, wird der Zehnte eine geringere Steuer sein als eine dauerhafte Geldsteuer; denn wenn der Maispreis um 4 *l sinken sollte*. bis 3 *l.* , würde die Steuer von acht auf sechs Schilling sinken. In einem fortschrittlichen Gesellschaftszustand, jedoch ohne deutliche Verbesserungen in der Landwirtschaft, würde der Maispreis steigen, und der Zehnte wäre eine höhere Steuer als eine dauerhafte Geldsteuer. Wenn Mais von 4 *l stieg*. bis 5l ., würde der Zehnte auf demselben Land von acht auf zehn Schilling steigen.

Weder der Zehnte noch eine Geldsteuer werden die Geldrente der Grundbesitzer beeinflussen, aber beide werden sich wesentlich auf die Maisrenten auswirken. Wir haben bereits beobachtet, wie eine Geldsteuer auf Maisrenten wirkt, und es ist ebenso offensichtlich, dass eine ähnliche Wirkung durch den Zehnten erzielt würde. Wenn die Grundstücke Nr. 1, 2, 3 jeweils 180, 170 und 160 Viertel produzieren würden, könnten die Pachtzinsen auf Nr. 1, zwanzig Viertel, und auf Nr. 2, zehn Viertel, liegen;

aber sie würden diesen Anteil nach der Zahlung des Zehnten nicht länger beibehalten: Denn wenn von jedem ein Zehntel abgenommen würde, wäre der verbleibende Ertrag 162, 153, 144, und folglich würde die Getreiderente von Nr. 1 auf achtzehn reduziert werden, und das von Nr. 2 auf neun Viertel. Aber der Maispreis würde von 4 *l steigen.* bis 4 *l.* 8 *Sek.* 10 ⅔ *d.* ; für neun Viertel sind es 4 *l.* als zehn Viertel auf 4 *l.* 8 *Sek.* 10 ⅔ *d.* , und folglich würde die Geldrente unverändert fortbestehen; denn bei Nr. 1 wären es 80 *l.* , und auf Nr. 2, 40 *l.*

Der Haupteinwand gegen den Zehnten besteht darin, dass es sich nicht um eine dauerhafte und feste Steuer handelt, sondern dass ihr Wert im Verhältnis zunimmt, je schwieriger es ist, Mais zu produzieren. Wenn diese Schwierigkeiten den Preis für Mais auf 4 *l erhöhen sollten.* Die Steuer beträgt 8 *s.* , wenn sie es auf 5 *l erhöhen sollten.* Die Steuer beträgt 10 *s.* , und bei 6 *l.* , es sind 12 *s.* Sie steigen nicht nur im Wert, sondern auch in der Menge: Als also Nr. 1 bewirtschaftet wurde, wurde die Steuer nur auf 180 Viertel erhoben; als Nr. 2 angebaut wurde, wurde es auf 180 + 170, also 350 Viertel, erhoben; und als Nr. 3 angebaut wurde, auf 180 + 170 + 160 = 510 Viertel. Nicht nur wird die Höhe der Steuer von 100.000 Quarters auf 200.000 Quarters erhöht, wenn die Produktion von einer auf zwei Millionen Quarters erhöht wird; aber aufgrund der erhöhten Arbeitskraft , die zur Produktion der zweiten Million erforderlich ist, ist der relative Wert des Rohprodukts so hoch, dass die 200.000 Viertel, wenn auch nur doppelt so hoch, wertmäßig dreimal so hoch sein können wie die 100.000 Viertel, die bezahlt wurden Vor.

Wenn auf andere Weise ein gleicher Wert für die Kirche erzielt würde, der in gleicher Weise wie der Zehnte zunimmt, proportional zur Schwierigkeit der Kultivierung, wäre der Effekt derselbe. Die Kirche würde ständig einen größeren Teil des Nettoprodukts des Landes und der Arbeit des Landes erhalten. In einem sich verbessernden Zustand der Gesellschaft nimmt der Nettoertrag des Landes immer im Verhältnis zu seinem Bruttoertrag ab; Aber letztlich werden alle Steuern aus dem Nettoeinkommen eines Landes gezahlt, sei es in einem progressiven oder in einem stationären Land. Eine Steuer, die mit dem Bruttoeinkommen ansteigt und auf das Nettoeinkommen sinkt, muss zwangsläufig eine sehr belastende und sehr unerträgliche Steuer sein. Der Zehnte beträgt ein Zehntel des Bruttoertrags und nicht des Nettoertrags des Landes, und daher müssen sie, wenn der Wohlstand der Gesellschaft zunimmt, trotz des gleichen Anteils des Bruttoertrags einen immer größeren Teil des Nettoertrags ausmachen.

Der Zehnte kann jedoch als schädlich für die Grundbesitzer angesehen werden, da er als Prämie auf die Einfuhr wirkt, indem er das Wachstum von einheimischem Mais besteuert, während die Einfuhr von ausländischem Mais ungehindert bleibt. Und wenn, um die Grundbesitzer von den Auswirkungen der verminderten Nachfrage nach Land zu entlasten, die eine solche Prämie fördern muss, importierter Mais auch mit einem Zehntel besteuert und die Produkte an den Staat gezahlt würden, könnte keine Maßnahme gerechter und gerechter sein; denn alles, was durch diese Steuer an den Staat gezahlt würde, würde dazu führen, die anderen Steuern zu verringern, die die Staatsausgaben notwendig machen. Wenn eine solche Steuer jedoch nur dazu verwendet würde, den an die Kirche gezahlten Fonds zu erhöhen, könnte sie tatsächlich auf die Insgesamt würde sich die Gesamtmasse der Produktion erhöhen, aber der Anteil dieser Masse, der den produktiven Klassen zugeteilt würde, würde sinken.

Wenn der Stoffhandel vollkommen frei bliebe, könnten unsere Hersteller Stoffe möglicherweise billiger verkaufen, als wir sie importieren könnten. Wenn eine Steuer auf den einheimischen Hersteller und nicht auf den Importeur von Stoffen erhoben würde, könnte das Kapital in schädlicher Weise von der Herstellung von Stoffen auf die Herstellung einer anderen Ware gelenkt werden, da diese dann billiger importiert werden könnte, als sie im Inland hergestellt werden könnte . Wenn auch importierte Stoffe besteuert würden, würden die Stoffe wieder im Inland hergestellt. Der Verbraucher kaufte Stoffe zunächst im Inland, weil sie billiger waren als ausländische Stoffe; Dann kaufte er ausländische Stoffe, weil sie unversteuert billiger waren als inländische Stoffe, die besteuert wurden; schließlich kaufte er sie wieder im Inland, weil sie billiger waren, wenn sowohl inländische als auch ausländische Stoffe besteuert wurden. Im letzten Fall zahlt er den höchsten Preis für seine Kleidung, aber seine gesamte zusätzliche Zahlung kommt dem Staat zugute. Im zweiten Fall zahlt er mehr als im ersten, aber alles, was er zusätzlich zahlt, geht nicht an den Staat, es ist ein durch die Schwierigkeit der Produktion verursachter erhöhter Preis, der entsteht, weil die einfachsten Produktionsmittel weggenommen werden von uns, indem wir mit einer Steuer gefesselt werden.

---

# KAPITEL X.

## GRUNDSTEUER.

EINE GRUNDSTEUER , die im Verhältnis zur Grundrente erhoben wird und mit jeder Variation der Grundrente variiert, ist im Grunde eine Steuer auf die Grundrente; und da eine solche Steuer weder auf das Land anwendbar ist, das keine Rente abwirft, noch auf den Ertrag des Kapitals, das auf dem Land nur mit der Absicht eingesetzt wird, Profit zu machen, und das niemals Rente zahlt, wird sie sich in keiner Weise auf das Land auswirken Der Preis für Rohprodukte wird jedoch vollständig von den Grundbesitzern getragen. Eine solche Steuer würde sich in keiner Weise von einer Mietsteuer unterscheiden. Wenn jedoch eine Grundsteuer auf das gesamte bebaute Land erhoben wird, wie auch immer diese moderate Steuer sein mag, handelt es sich um eine Steuer auf Erzeugnisse und wird daher den Preis der Erzeugnisse erhöhen. Wenn es sich bei Nr. 3 um das zuletzt bewirtschaftete Land handelt, kann es nach der Steuer nicht bebaut werden und die allgemeine Profitrate nicht erzielen, obwohl es keine Rente zahlen sollte, es sei denn, der Preis der Produkte steigt, um die Steuer zu decken . Entweder wird Kapital von dieser Beschäftigung zurückgehalten, bis der Getreidepreis infolge der Nachfrage ausreichend gestiegen ist, um den üblichen Gewinn zu erbringen; oder wenn es bereits auf einem solchen Land beschäftigt ist, wird es es verlassen, um eine vorteilhaftere Beschäftigung zu suchen. Die Steuer kann nicht auf den Vermieter abgewälzt werden, da dieser unter der Annahme keine Miete erhält. Eine solche Steuer kann im Verhältnis zur Qualität des Landes und zum Reichtum seiner Erträge stehen und unterscheidet sich dann in keiner Hinsicht vom Zehnten; Oder es handelt sich um eine feste Steuer pro Hektar auf das gesamte bewirtschaftete Land, unabhängig von seiner Qualität.

Eine Grundsteuer dieser letzteren Art wäre eine sehr ungleiche Steuer und stünde im Widerspruch zu einer der vier Steuermaximen im Allgemeinen, denen laut Adam Smith alle Steuern entsprechen sollten. Die vier Maximen lauten wie folgt:

1. „Die Untertanen jedes Staates sollten so weit wie möglich im Verhältnis zu ihren jeweiligen Fähigkeiten zur Unterstützung der Regierung beitragen."

2. „Die Steuer, die jeder Einzelne zahlen muss, sollte sicher und nicht willkürlich sein.

3. „Jede Steuer sollte zu dem Zeitpunkt oder in der Art und Weise erhoben werden, in der es für den Beitragszahler am wahrscheinlichsten ist, sie zu zahlen."

4. „Jede Steuer sollte so gestaltet sein, dass sie dem Volk so wenig wie möglich
aus der Tasche zieht und es ihm vorenthält, über das hinaus, was sie in die
Staatskasse des Staates einbringt."

Eine gleiche Grundsteuer, die wahllos und ohne Rücksicht auf die Qualität
des gesamten bewirtschafteten Landes erhoben wird, wird den Maispreis im
Verhältnis zu der Steuer erhöhen, die der Landwirt für das Land mit der
schlechtesten Qualität zahlt. Ländereien unterschiedlicher Qualität werden
bei Einsatz des gleichen Kapitals sehr unterschiedliche Mengen an
Rohprodukten liefern. Wenn auf dem Land, das bei gegebenem Kapital
tausend Viertel Getreide liefert, eine Steuer von 100 *l erhoben wird.* Sei hässlich,
der Mais wird 2 *s lang aufgehen.* pro Quartal, um den Landwirt für die Steuer
zu entschädigen. Aber mit dem gleichen Kapital können auf Land von
besserer Qualität 2.000 Viertel produziert werden, was bei 2 *s der Fall ist.* ein
viertel Vorschuss würde 200 *l ergeben.* ; Die auf beide Ländereien
gleichermaßen entfallende Steuer beträgt jedoch 100 *l.* sowohl auf dem
besseren als auch auf dem minderwertigen Land, und folglich wird der
Maisverbraucher besteuert, nicht nur, um die Anforderungen des Staates zu
erfüllen, sondern auch, um dem Landwirt des besseren Landes 100 l zu geben
. pro Jahr. während der Dauer seines Mietverhältnisses zu verlangen und
danach die Miete des Vermieters auf diesen Betrag anzuheben. Eine Steuer
dieser Art stünde also im Widerspruch zur vierten Maxime von Adam Smith:
Sie würde mehr aus den Taschen des Volkes herausnehmen und
vorenthalten, als sie in die Staatskasse einbrachte. Die Größe in Frankreich
vor der Revolution war eine Steuer dieser Art; Es wurden nur die Ländereien
besteuert, die von einem unwürdigen Grundbesitzer gehalten wurden. Der
Preis der Rohprodukte stieg im Verhältnis zur Steuer, und daher profitierten
diejenigen, deren Ländereien nicht besteuert wurden, von der Erhöhung
ihrer Rente. Steuern auf Rohprodukte sowie Zehnten sind von diesem
Einwand frei: Sie erhöhen den Preis von Rohprodukten, aber sie nehmen
von jeder Landqualität einen Beitrag im Verhältnis zu ihrem tatsächlichen
Produkt ab und nicht im Verhältnis zum Produkt dessen, was vorhanden ist
am wenigsten produktiv.

Aus der besonderen Sichtweise, die Adam Smith über die Rente vertrat, und
aus der Tatsache, dass er nicht beobachtet hatte, dass in jedem Land viel
Kapital für das Land ausgegeben wird, für das keine Rente gezahlt wird, kam
er zu dem Schluss, dass alle Steuern auf dem Land, unabhängig davon, ob sie
darauf erhoben wurden Land selbst in Form von Grundsteuer oder Zehnten
oder auf die Erträge des Landes oder aus den Gewinnen des Bauern
entnommen wurden, wurden alle ausnahmslos vom Grundbesitzer bezahlt,
und er war in allen Fällen der eigentliche Beitragszahler Die Steuer wurde im
Allgemeinen nominell vom Mieter vorgeschossen. „Steuern auf die Erträge
des Landes", sagt er, „sind in Wirklichkeit Steuern auf die Rente; und obwohl

sie ursprünglich vom Bauern vorgeschossen werden können, werden sie schließlich vom Grundbesitzer bezahlt. Wenn ein bestimmter Teil der Erträge zu entrichten ist." Wenn er eine Steuer abbezahlt hat, berechnet der Bauer so gut er kann, wie hoch der Wert dieses Teils im nächsten Jahr voraussichtlich sein wird, und er nimmt eine entsprechende Kürzung der Pacht vor, die er an den Vermieter zahlen will . Es gibt keinen Bauer, der nicht im Voraus berechnet , wie hoch der Kirchenzehnte, eine solche Grundsteuer, von Jahr zu Jahr voraussichtlich sein wird." Es ist zweifellos wahr, dass der Bauer seine wahrscheinlichen Ausgaben aller Art berechnet, wenn er mit seinem Grundeigentümer eine Vereinbarung über die Pacht seines Hofes trifft; und wenn er für den an die Kirche gezahlten Zehnten oder für die Steuer auf die Erträge des Landes nicht durch einen Anstieg des relativen Wertes der Erträge seiner Farm entschädigt würde, würde er sie natürlich von seiner Rente abziehen . Aber genau das ist die umstrittene Frage: ob er sie irgendwann von seiner Pacht abziehen wird oder ob er durch einen höheren Preis der Produkte entschädigt wird. Aus den bereits genannten Gründen kann ich nicht den geringsten Zweifel daran haben, dass sie den Preis der Produkte erhöhen würden und dass Adam Smith daher eine falsche Sicht auf diese wichtige Frage hat.

Dr. Smiths Sicht auf dieses Thema ist wahrscheinlich der Grund, warum er „den Zehnten und jede andere Grundsteuer dieser Art unter dem Anschein vollkommener Gleichheit als sehr ungleiche Steuern beschrieben hat; ein bestimmter Teil des Ertrags ist unterschiedlich." Situationen, die einem ganz anderen Teil der Miete entsprechen. Ich habe versucht zu zeigen, dass solche Steuern nicht mit ungleichem Gewicht auf die verschiedenen Klassen von Landwirten oder Grundbesitzern fallen, da sie beide durch den Anstieg der Rohprodukte kompensiert werden und nur in dem Verhältnis zur Steuer beitragen, in dem sie Rohprodukte konsumieren . Insofern tatsächlich die Löhne und durch die Löhne die Profitrate beeinflusst werden, sind die Grundbesitzer, anstatt ihren vollen Anteil an einer solchen Steuer beizutragen, die Klasse, die besonders befreit ist. Es sind die Kapitalgewinne, aus denen der Teil der Steuer stammt, der auf die Arbeiter fällt , die aufgrund unzureichender Mittel nicht in der Lage sind, Steuern zu zahlen; Dieser Teil wird ausschließlich von allen getragen, deren Einkommen aus der Beschäftigung von Aktien stammt, und hat daher keinerlei Auswirkungen auf die Grundbesitzer.

Aus dieser Sichtweise des Zehnten und der Steuern auf das Land und seine Produkte lässt sich nicht schließen, dass sie den Anbau nicht behindern. Alles , was den Tauschwert von Waren jeglicher Art erhöht, die einer sehr allgemeinen Nachfrage unterliegen, neigt dazu, sowohl den Anbau als auch die Produktion zu behindern; aber das ist ein Übel, das untrennbar mit jeder

Besteuerung verbunden ist und sich nicht auf die besonderen Steuern beschränkt, von denen wir jetzt sprechen.

Dies kann in der Tat als unvermeidlicher Nachteil angesehen werden, wenn man alle vom Staat eingenommenen und ausgegebenen Steuern berücksichtigt. Jede neue Steuer wird zu einer neuen Produktionsbelastung und erhöht den natürlichen Preis. Ein Teil der Arbeitskraft des Landes, über den zuvor der Steuerzahler verfügen konnte, wird dem Staat zur Verfügung gestellt. Dieser Anteil kann so groß werden, dass möglicherweise nicht genügend überschüssiges Produkt übrig bleibt, um die Anstrengungen derjenigen zu stimulieren, die normalerweise durch ihre Ersparnisse das Staatskapital vermehren. Glücklicherweise ist noch in keinem freien Land die Besteuerung so weit gegangen, dass es ständig von Jahr zu Jahr das Kapital schmälert. Eine solche Besteuerung konnte nicht lange ertragen werden; oder wenn es andauern würde, würde es ständig einen so großen Teil der Jahreserträge des Landes verschlingen, dass es zu einem weitreichenden Szenario von Elend, Hungersnot und Entvölkerung kommen würde.

„Eine Grundsteuer", sagt Adam Smith, „die wie die von Großbritannien für jeden Bezirk nach einem bestimmten unveränderlichen Kanon erhoben wird, obwohl sie zum Zeitpunkt ihrer ersten Einführung gleich sein sollte, wird im Laufe der Zeit zwangsläufig ungleich." Zeit, entsprechend dem ungleichen Grad der Verbesserung oder Vernachlässigung in der Kultivierung der verschiedenen Teile des Landes. In England war die Bewertung, nach der die verschiedenen Grafschaften und Gemeinden bis zum 4. William und Mary zur Grundsteuer erhoben wurden sehr ungleich, schon bei ihrer ersten Einführung. Diese Steuer verstößt daher bisher gegen die erste der vier oben genannten Maximen. Sie ist mit den anderen drei vollkommen einverstanden. Es ist vollkommen sicher. Der Zeitpunkt der Zahlung für die Steuer ist der Die gleiche Steuer wie die für die Miete ist für den Beitragszahler so bequem wie möglich. Obwohl der Vermieter in allen Fällen der eigentliche Beitragszahler ist, wird die Steuer üblicherweise vom Mieter vorgeschossen, dem der Vermieter verpflichtet ist, sie bei der Zahlung einzukalkulieren der Miete."

Wenn die Steuer vom Mieter nicht auf den Vermieter, sondern auf den Verbraucher abgewälzt wird, dann kann sie, wenn sie zunächst nicht ungleich ist, niemals so werden; denn der Preis der Erzeugnisse ist sofort im Verhältnis zur Steuer erhöht worden und wird sich in der Folge aus diesem Grund nicht mehr ändern. Wenn es ungleich ist, verstößt es möglicherweise gegen die vierte oben erwähnte Maxime, was ich zu zeigen versucht habe, aber es verstößt nicht gegen die erste. Es kann sein, dass es mehr aus den Taschen des Volkes zieht, als es in die Staatskasse einbringt, aber es wird nicht ungleichmäßig auf eine bestimmte Klasse von Beitragszahlern fallen. M. Say scheint mir das Wesen und die Auswirkungen der englischen

Grundsteuer falsch verstanden zu haben, wenn er sagt: „Viele Menschen führen dieser festen Bewertung den großen Wohlstand der englischen Landwirtschaft zu. Dass sie dort sehr viel dazu beigetragen hat." Es besteht kein Zweifel. Aber was sollen wir einer Regierung sagen, die, wenn sie sich an einen kleinen Händler wendet, die folgende Formulierung halten sollte: „Mit einem kleinen Kapital betreiben Sie einen begrenzten Handel, und Ihr direkter Beitrag ist daher sehr gering. Nehmen Sie Kredite auf." und akkumulieren Sie Kapital; erweitern Sie Ihren Handel, damit er Ihnen immense Gewinne beschert; dennoch werden Sie niemals einen größeren Beitrag zahlen. Darüber hinaus werden Ihre Ländereien, wenn sie Ihre Gewinne erben und diese noch weiter erhöht haben, nicht höher bewertet für sie als für euch; und eure Nachfolger sollen nicht einen größeren Teil der öffentlichen Lasten tragen.'

„Ohne Zweifel wäre dies eine große Ermutigung für die Manufaktur und den Handel; aber wäre es gerecht? Könnte ihr Fortschritt nicht zu einem anderen Preis erreicht werden? In England selbst hat die verarbeitende Industrie und die Handelsindustrie seitdem nicht noch größere Fortschritte gemacht." Zeitraum, ohne sich mit so großer Parteilichkeit auszuzeichnen? Ein Vermieter erhöht durch seinen Fleiß, seine Sparsamkeit und sein Geschick sein jährliches Einkommen um 5000 Franken. Wenn der Staat von ihm den fünften Teil seines erhöhten Einkommens einfordert, bleiben keine 4000 Franken übrig erhöhen, um seine weiteren Anstrengungen anzuregen?"

Wenn dem Vorschlag von Herrn Say gefolgt würde und der Staat den fünften Teil des erhöhten Einkommens des Landwirts beanspruchen würde, wäre es eine Teilsteuer, die sich auf die Gewinne des Landwirts auswirkt und die Gewinne anderer Beschäftigungen nicht beeinträchtigt. Die Steuer würde von allen Ländern gezahlt werden, sowohl von denen, die nur spärliche Erträge erwirtschafteten, als auch von denen, die reichlich Erträge erwirtschafteten; und auf einigen Grundstücken könnte es keinen Ausgleich dafür durch Abzug von der Pacht geben, da keine Pacht gezahlt wird. Eine Teilsteuer auf Gewinne trifft niemals das Gewerbe, für das sie hässlich ist, denn der Händler wird entweder sein Arbeitsverhältnis aufgeben oder sich selbst für die Steuer entlohnen. Nun könnten diejenigen, die keine Miete zahlen, nur durch einen Anstieg der Produktpreise belohnt werden, und somit würde die von M. Say vorgeschlagene Steuer auf den Verbraucher und nicht auf den Grundbesitzer oder den Landwirt fallen.

Wenn die vorgeschlagene Steuer im Verhältnis zur erhöhten Menge oder zum höheren Wert des auf dem Land erzielten Bruttoertrags erhöht würde, würde sie sich in nichts vom Zehnten unterscheiden und gleichermaßen an den Verbraucher weitergegeben werden. Unabhängig davon, ob sie nun auf das Brutto- oder das Nettoprodukt des Bodens fiele, wäre sie gleichermaßen eine Konsumsteuer und würde den Grundbesitzer und den Bauern nur in der gleichen Weise treffen wie andere Steuern auf Rohprodukte.

Wenn überhaupt keine Steuer auf das Land erhoben worden wäre und die gleiche Summe auf andere Weise aufgebracht worden wäre, hätte die Landwirtschaft mindestens genauso gut geblüht wie bisher; denn es ist unmöglich, dass irgendeine Landsteuer eine Förderung der Landwirtschaft sein kann; Eine moderate Steuer kann die Produktion zwar nicht wesentlich verhindern und wird dies wahrscheinlich auch nicht verhindern, aber sie kann die Produktion nicht fördern. Die englische Regierung hat keine der von Herrn Say angenommenen Formulierungen vertreten. Es versprach nicht, die landwirtschaftliche Klasse und ihre Nachfolger von allen künftigen Steuern zu befreien und die weiteren Lieferungen, die der Staat möglicherweise benötigte, von den anderen Klassen der Gesellschaft zu beschaffen; Darin hieß es nur: „Auf diese Weise werden wir das Land nicht weiter belasten; wir behalten uns aber die vollkommenste Freiheit vor, Sie in anderer Form Ihren vollen Anteil an den künftigen Anforderungen des Staates zahlen zu lassen.“

M. Say spricht von Sachsteuern oder einer Steuer auf einen bestimmten Teil des Ertrags, die genau dasselbe ist wie der Zehnte: „Diese Art der Besteuerung scheint die gerechteste zu sein; es gibt jedoch keine, die weniger gerecht ist.“ : Die vom Produzenten geleisteten Vorschüsse werden dabei völlig außer Acht gelassen; es wird zum Bruttoertrag und nicht zum Nettoerlös verhältnismäßig. Zwei Landwirte bauen verschiedene Arten von Rohprodukten an: Der eine baut Mais auf mittelmäßigem Land an, seine Ausgaben belaufen sich jährlich auf durchschnittlich auf 8000 Franken; die Rohprodukte seiner Ländereien werden für 12.000 Franken verkauft; er hat dann ein Nettoeinkommen von 4000 Franken.

„Sein Nachbar hat Weide- oder Waldland, das ihm jedes Jahr eine ähnliche Summe von 12.000 Franken einbringt, seine Ausgaben betragen aber nur 2.000 Franken. Er hat also im Durchschnitt ein Nettoeinkommen von 10.000 Franken.

„Ein Gesetz schreibt vor, dass ein Zwölftel des Ertrags aller Früchte der Erde in Form von Naturalien erhoben werden soll, was auch immer diese sein mögen. Von der ersten wird als Konsequenz dieses Gesetzes Getreide im Wert von 1000 Francs genommen; und von der zweitens Heu, Vieh oder Holz im gleichen Wert von 1000 Franken. Was ist geschehen? Von dem einen wurde ein Viertel seines Nettoeinkommens, 4000 Franken, genommen; von dem anderen, dessen Einkommen 10.000 Franken betrug, a Es wurde nur das Zehntel genommen. Das Einkommen ist der Nettogewinn, der übrig bleibt, nachdem das Kapital genau in seinem früheren Zustand ersetzt wurde. Hat ein Kaufmann ein Einkommen, das allen Verkäufen entspricht, die er im Laufe eines Jahres macht? Sicherlich nicht; sein Einkommen beträgt nur auf den Überschuss seiner Verkäufe über seine Vorschüsse, und nur auf diesen Überschuss sollten die Einkommenssteuern fallen.

Der Fehler von M. Say in der obigen Passage besteht in der Annahme, dass der Wert des Produkts einer dieser beiden Farmen nach der Wiedereinsetzung des Kapitals größer ist als der Wert des Produkts des anderen, weshalb das Nettoeinkommen höher ist der Kultivatoren werden sich um den gleichen Betrag unterscheiden. Auf die unterschiedliche Höhe der Pacht, die diese Landwirte zahlen müssten, hat M. Say gänzlich verzichtet. Es kann bei derselben Beschäftigung nicht zwei Profitraten geben, und wenn daher das Produkt in einem unterschiedlichen Verhältnis zum Kapital steht, ist es die Rente, die unterschiedlich ist, und nicht der Profit. Unter welchem Vorwand könnte ein Mann mit einem Kapital von 2.000 Franken einen Nettogewinn von 10.000 Franken aus seiner Beschäftigung erzielen, während ein anderer mit einem Kapital von 8.000 Franken nur 4.000 Franken erzielen würde? Lassen Sie M. Say einen angemessenen Mietzuschuss gewähren; Lassen Sie ihn außerdem die Auswirkungen berücksichtigen, die eine solche Steuer auf die Preise dieser verschiedenen Arten von Rohprodukten haben würde, und er wird dann erkennen, dass es sich nicht um eine ungleiche Steuer handelt und dass die Produzenten selbst auch sonst keinen Beitrag dazu leisten werden. als jede andere Verbraucherklasse.

# KAPITEL XI.

## STEUERN AUF GOLD.

**DER** ANSTIEG der Warenpreise als Folge der Besteuerung oder der Produktionsschwierigkeiten wird letztlich in allen Fällen eintreten; aber die Dauer des Intervalls, bevor der Marktpreis der Waren ihrem natürlichen Preis entspricht, muss von der Natur der Ware und von der Leichtigkeit abhängen, mit der sie in ihrer Menge reduziert werden kann. Wenn die Menge der besteuerten Ware nicht verringert werden könnte, wenn das Kapital des Landwirts oder des Hutmachers beispielsweise nicht für andere Beschäftigungen abgezogen werden könnte, wäre es ohne Folgen, wenn ihre Gewinne durch Mittel unter das allgemeine Niveau gesenkt würden einer Steuer; Wenn die Nachfrage nach ihren Waren nicht steigt, wären sie niemals in der Lage, den Marktpreis für Getreide und Hüte auf den erhöhten natürlichen Preis anzuheben. Ihre Drohungen, ihre Beschäftigungen aufzugeben und ihr Kapital in günstigere Branchen zu verlegen , würden als leere Drohung behandelt werden, die nicht in die Tat umgesetzt werden könne; und folglich würde der Preis durch eine verminderte Produktion nicht erhöht werden. Allerdings kann die Menge von Waren jeglicher Art reduziert werden, und Kapital kann aus Geschäften entfernt werden, die weniger profitabel sind, als aus Geschäften, die profitabler sind, allerdings mit unterschiedlicher Geschwindigkeit. Je leichter das Angebot einer bestimmten Ware reduziert werden kann, desto schneller steigt der Preis dieser Ware, nachdem die Schwierigkeit ihrer Produktion durch Besteuerung oder auf andere Weise erhöht wurde. Da Mais eine für jedermann unentbehrliche Ware ist , wird die Nachfrage nach Mais durch eine Steuer kaum beeinflusst, und daher könnte das Angebot nicht lange übermäßig sein, selbst wenn die Produzenten große Schwierigkeiten hätten, ihr Kapital aus der Landwirtschaft zu entfernen Land; Der Maispreis wird daher durch die Besteuerung schnell erhöht, und der Landwirt wird in die Lage versetzt, die Steuer von sich selbst auf den Verbraucher abzuwälzen.

Wenn die Minen, die uns mit Gold versorgen, in diesem Land wären und wenn Gold besteuert würde, könnte sein relativer Wert im Vergleich zu anderen Dingen nicht steigen, bis seine Menge verringert würde. Dies wäre insbesondere dann der Fall, wenn Gold ausschließlich als Geld verwendet würde. Es ist wahr, dass die am wenigsten produktiven Minen, die keine Rente zahlten, nicht mehr betrieben werden konnten, da sie sich die allgemeine Profitrate nicht leisten konnten, bis der relative Wert von Roségold um eine der Steuer entsprechende Summe erreicht war. Die Goldmenge und damit die Geldmenge würden langsam abnehmen; In einem Jahr würde es ein wenig abnehmen, in einem anderen etwas mehr, und schließlich würde sein Wert im Verhältnis zur Steuer steigen; aber in der

Zwischenzeit wären die Eigentümer oder Inhaber, die die Steuer zahlen würden, die Leidtragenden und nicht diejenigen, die Geld verwendeten. Wenn die Regierung von 1000 Vierteln Weizen im Land und von 1000 Vierteln, die in der Zukunft produziert werden, 100 Viertel als Steuer erheben würde, würden die verbleibenden 900 Viertel gegen die gleiche Menge anderer Waren eingetauscht werden, die zuvor 1000 Viertel hatten; aber wenn das Gleiche in Bezug auf Gold geschehen würde, wenn von jeweils 1000 *l.* Für Geld, das sich jetzt im Land befindet oder in Zukunft dorthin gebracht werden soll, könnte die Regierung 100 *l verlangen.* als Steuer die restlichen 900 *l.* Ich würde kaum mehr als 900 *l kaufen.* vorher gekauft. Die Steuer würde auf denjenigen fallen, dessen Vermögen aus Geld bestehe, und dies würde so lange so bleiben, bis seine Menge im Verhältnis zu den durch die Steuer verursachten erhöhten Produktionskosten verringert würde.

Dies trifft möglicherweise insbesondere auf ein Metall zu, das für Geld verwendet wird, als auf jede andere Ware, da die Nachfrage nach Geld nicht auf eine bestimmte Menge beschränkt ist, wie dies bei der Nachfrage nach Kleidung oder Nahrungsmitteln der Fall ist. Die Nachfrage nach Geld wird vollständig durch seinen Wert und sein Wert durch seine Menge reguliert. Wenn Gold den doppelten Wert hätte, würde die halbe Menge im Umlauf die gleichen Funktionen erfüllen, und wenn es den halben Wert hätte, wäre die doppelte Menge erforderlich. Wenn der Marktwert von Mais durch Besteuerung oder durch Produktionsschwierigkeiten um ein Zehntel erhöht würde, wäre es zweifelhaft, ob dies irgendeine Auswirkung auf die verbrauchte Menge haben würde, da jeder Mensch eine bestimmte Menge benötigt und daher … er hat die Mittel zum Einkaufen, er wird weiterhin konsumieren wie bisher; aber für Geld ist die Nachfrage genau proportional zu seinem Wert. Kein Mensch könnte die doppelte Menge Getreide konsumieren, die normalerweise für seinen Lebensunterhalt notwendig ist, aber jeder Mensch, der nur die gleiche Menge an Gütern kauft und verkauft, kann gezwungen sein, die gleiche Geldmenge doppelt, dreimal oder beliebig oft einzusetzen .

Das Argument, das ich gerade verwendet habe, gilt nur für jene Gesellschaftszustände, in denen Edelmetalle als Geld verwendet werden und in denen kein Papierkredit besteht. Der Wert des Metalls Gold wird, wie bei allen anderen Waren auch, auf dem Markt letztlich durch die vergleichbare Leichtigkeit oder Schwierigkeit seiner Herstellung bestimmt; Und obwohl es aufgrund seiner Dauerhaftigkeit und der Schwierigkeit, seine Menge zu reduzieren, Schwankungen seines Marktwerts nicht ohne weiteres unterliegt, wird diese Schwierigkeit durch den Umstand, dass es als Geld verwendet wird, noch verstärkt. Wenn die Goldmenge auf dem Markt nur für Handelszwecke 10.000 Unzen betragen würde und der Verbrauch in unseren Manufakturen 2.000 Unzen pro Jahr betragen würde, könnte sie um ein

Viertel oder 25 Prozent erhöht werden. in seinem Wert, in einem Jahr, durch Halten des Jahresvorrats; aber wenn infolge seiner Verwendung als Geld die eingesetzte Menge 100.000 Unzen betragen würde, würde der Wert in weniger als zehn Jahren nicht um ein Viertel gesteigert werden. Da die Menge von aus Papier hergestelltem Geld leicht reduziert werden kann, würde sein Wert, obwohl sein Standard Gold wäre, ebenso schnell steigen, wie der des Metalls selbst zunehmen würde, wenn es überhaupt keine Verbindung zu Geld hätte .

Wäre Gold das Produkt nur eines Landes und würde es überall als Geld verwendet werden, könnte eine sehr beträchtliche Steuer darauf erhoben werden, die keinem Land zufallen würde, außer in dem Verhältnis, in dem es es für Manufakturen und Gebrauchsgegenstände verwendet; Auf den Teil, der für Geld verwendet wurde, zahlte niemand, obwohl eine hohe Steuer erhoben werden konnte. Das ist eine dem Geld eigentümliche Eigenschaft. Alle anderen Waren, von denen es eine begrenzte Menge gibt und die nicht durch Konkurrenz vermehrt werden können, hängen in ihrem Wert vom Geschmack, der Laune und der Macht der Käufer ab ; Aber Geld ist eine Ware, die kein Land vermehren möchte oder muss: Aus der Verwendung von zwanzig Millionen ergibt sich kein größerer Vorteil als aus der Verwendung von zehn Millionen Bargeld. Ein Land könnte ein Monopol auf Seide oder Wein haben, und dennoch könnten die Preise für Seide und Wein sinken, weil aus Laune, Mode oder Geschmack Stoff und Brandy bevorzugt und ersetzt werden könnten; Die gleiche Wirkung könnte bis zu einem gewissen Grad auch bei Gold eintreten, sofern seine Verwendung auf Industriegüter beschränkt ist: Aber während Geld das allgemeine Tauschmittel ist, ist die Nachfrage danach nie eine Frage der Wahl, sondern immer der Notwendigkeit; Sie müssen es im Austausch für Ihre Waren nehmen, und daher gibt es keine Grenzen für die Menge, die Ihnen durch den Außenhandel aufgezwungen werden kann, wenn der Wert sinkt; und keine Reduzierung, der Sie sich nicht unterwerfen müssen, wenn sie steigt. Sie können zwar Papiergeld ersetzen, aber dadurch verringern Sie nicht die Geldmenge und können dies auch nicht tun; Nur durch den Anstieg der Warenpreise kann verhindert werden, dass sie aus einem Land, in dem sie für wenig Geld gekauft werden, in ein Land exportiert werden, in dem sie für mehr verkauft werden können, und dieser Anstieg kann nur durch bewirkt werden eine Einfuhr von Metallgeld aus dem Ausland oder durch die Schaffung oder Hinzufügung von Papiergeld im Inland. Wenn nun der König von Spanien, vorausgesetzt, er befände sich ausschließlich im Besitz der Minen und würde nur Gold als Geld verwenden, eine beträchtliche Steuer auf das Gold erheben, würde er seinen natürlichen Wert erheblich steigern; Und da sein Marktwert in Europa letztendlich durch seinen natürlichen Wert in Spanisch-Amerika bestimmt wird, würde Europa für eine bestimmte Menge Gold mehr Waren liefern. Aber die gleiche Menge Gold würde in Amerika nicht produziert werden, da sein Wert nur im Verhältnis zur Mengenverringerung und damit infolge der gestiegenen Produktionskosten steigen würde. Dann würden in Amerika im Austausch für das gesamte exportierte Gold nicht mehr Waren erworben werden als zuvor; und man könnte sich fragen: Wo wäre dann der Nutzen für Spanien und seine Kolonien? Der Vorteil wäre, dass, wenn weniger Gold produziert würde, weniger Kapital für die Produktion eingesetzt würde; Derselbe Warenwert aus Europa würde durch den Einsatz des kleineren Kapitals importiert werden, der zuvor durch den Einsatz des größeren Kapitals erzielt wurde; und daher wären alle durch den Einsatz des aus den Minen abgezogenen Kapitals erzielten Erträge ein Vorteil, den Spanien aus der Erhebung der Steuer ziehen würde und den es durch den Besitz der Steuer nicht in solchem Überfluss oder mit solcher Sicherheit erhalten könnte Monopol auf irgendeine andere Ware. Den Nationen Europas würden durch eine solche Steuer, was den Geldbetrag betrifft, keinerlei Schaden entstehen; Sie hätten die gleiche Gütermenge und damit die gleichen Genussmittel wie zuvor, aber diese Güter würden mit einer geringeren Geldmenge zirkulieren.

Wenn infolge der Steuer nur ein Zehntel der gegenwärtigen Goldmenge aus den Minen gewonnen würde, wäre dieses Zehntel von gleichem Wert wie die zehn Zehntel, die jetzt produziert werden. Aber der König von Spanien ist nicht ausschließlich im Besitz der Edelmetallminen; und wenn er es wäre, würde sein Vorteil aus ihrem Besitz und die Steuerbefugnis durch die Beschränkung der Nachfrage und des Konsums in Europa als Folge der allgemeinen mehr oder weniger starken Substitution von Papiergeld erheblich verringert werden . Die Übereinstimmung der Markt- und Naturpreise aller Waren hängt jederzeit von der Möglichkeit ab, mit der das Angebot erhöht oder verringert werden kann. Bei Gold, Häusern und Arbeit sowie vielen anderen Dingen kann dieser Effekt unter Umständen nicht schnell erzielt werden. Anders verhält es sich jedoch mit den Waren, die von Jahr zu Jahr konsumiert und reproduziert werden, wie Hüte, Schuhe, Getreide und Stoffe; Sie können bei Bedarf verringert werden, und es kann nicht lange dauern, bis die Versorgung im Verhältnis zu den erhöhten Produktionskosten verringert wird.

Eine Steuer auf Rohprodukte von der Erdoberfläche wird, wie wir gesehen haben, zulasten des Verbrauchers gehen und sich in keiner Weise auf die Rente auswirken; es sei denn, durch die Kürzung der Mittel zur Aufrechterhaltung der Arbeitskräfte werden die Löhne gesenkt, die Bevölkerung verringert und die Nachfrage nach Mais verringert. Aber eine Steuer auf die Produktion von Goldminen muss, indem sie den Wert dieses Metalls steigert, notwendigerweise die Nachfrage danach verringern und daher zwangsläufig Kapital aus der Beschäftigung verdrängen, für die sie angewendet wurde. Ungeachtet dessen, dass Spanien alle von mir genannten

Vorteile aus einer Goldsteuer ziehen würde, würden die Besitzer von Minen, aus denen Kapital abgezogen wurde, ihre gesamte Rente verlieren. Dies wäre ein Verlust für den Einzelnen, aber kein nationaler Verlust; Da es sich bei der Rente nicht um eine Schöpfung, sondern lediglich um eine Vermögensübertragung handelte, erhielten der König von Spanien und die Eigentümer der weiterhin betriebenen Minen gemeinsam nicht nur alles, was das freigesetzte Kapital produzierte, sondern auch alles, was die anderen Eigentümer verloren.

Angenommen, die Minen erster, zweiter und dritter Qualität würden betrieben und würden 100, 80 bzw. 70 Pfund Gold produzieren, und daher beträfe die Rente von Nr. 1 dreißig Pfund und die von Nr. 2 zehn Pfund. Nehmen wir nun an, dass die Steuer auf jede betriebene Mine siebzig Pfund Gold pro Jahr beträgt; und folglich konnte Nr. 1 allein gewinnbringend bearbeitet werden; Es ist offensichtlich, dass sämtliche Mieten sofort verschwinden würden. Vor der Einführung der Steuer wurde von den 100 Pfund, die auf Nr. 1 produziert wurden, eine Pacht von dreißig Pfund gezahlt, und der Arbeiter der Mine behielt siebzig Pfund, eine Summe, die dem Ertrag der am wenigsten produktiven Mine entsprach. Der Wert dessen, was für den Kapitalisten der Mine Nr. 1 übrig bleibt, muss dann derselbe sein wie zuvor, sonst würde er nicht den gemeinsamen Aktiengewinn erzielen; und folglich muss, nachdem er siebzig von seinen 100 Pfund als Steuer bezahlt hat, der Wert der verbleibenden dreißig so groß sein wie vorher siebzig, und daher muss der Wert der gesamten hundert so groß sein wie vorher 233 Pfund. Sein Wert könnte höher sein, aber er könnte nicht niedriger sein, sonst würde selbst diese Mine nicht mehr betrieben. Monopolisiert sein Als Ware könnte sie ihren natürlichen Wert übersteigen und würde dann eine Rente zahlen, die diesem Überschuss entspricht; aber es würden keine Mittel in der Mine eingesetzt, wenn sie unter diesem Wert lägen. Als Gegenleistung für ein Drittel der in den Minen eingesetzten Arbeit und des Kapitals würde Spanien so viel Gold erhalten, wie es gegen die gleiche oder nahezu die gleiche Menge an Waren wie zuvor eintauschen würde. Sie würde durch die Erträge der zwei Drittel, die aus den Minen befreit wurden, reicher sein. Wenn der Wert der 100 Pfund Gold dem der zuvor geförderten 250 Pfund entsprechen sollte; Der Anteil des Königs von Spanien, seine siebzig Pfund, würde 175 zum früheren Wert betragen: Ein kleiner Teil der Steuer des Königs würde nur auf seine eigenen Untertanen fallen, der größere Teil würde durch die bessere Kapitalverteilung erzielt werden.

Die Rechnung Spaniens würde wie folgt lauten:

*Früher produziert* :

| Gold 250 Pfund im Wert von (angenommen). | 10.000 | Meter Stoff. |

Jetzt produziert:

| Durch die beiden Kapitalisten, die die Minen verließen, wurde der Wert von 140 Pfund Gold, bzw | 5.000 | Meter Stoff. |

| Durch den Kapitalisten, der die Mine Nr. 1 betreibt, stieg der Wert von dreißig Pfund Gold um 1 zu 2½, und daher jetzt um den Wert von | 3.000 | Meter Stoff. |

| Steuer an den König von siebzig Pfund, jetzt im Wert von | 7.000 | Meter Stoff. |

15.600

Von den 7000, die der König erhielt, würde das spanische Volk nur 1400 beisteuern, und 5600 wären reine Gewinne aus der befreiten Hauptstadt.

Wenn es sich bei der Steuer nicht um einen festen Betrag pro betriebener Mine, sondern um einen bestimmten Teil der Produktion handelte, würde die Menge nicht entsprechend reduziert. Wenn die Steuer auf die Hälfte, ein Viertel oder ein Drittel jeder Mine entfallen würde, so läge es dennoch im Interesse der Eigentümer, ihre Minen so ertragreich wie zuvor zu machen; Würde aber die Menge nicht verringert, sondern nur ein Teil davon vom Eigentümer auf den König übertragen, so würde ihr Wert nicht steigen; Die Steuer würde auf die Bevölkerung der Kolonien fallen und es würde kein Vorteil daraus entstehen. Eine Steuer dieser Art hätte die Wirkung, die Adam Smith annimmt, wenn Steuern auf Rohprodukte auf die Landrente hätten — sie würde vollständig auf die Rente der Mine entfallen. Würde die Steuer etwas weiter getrieben, würde sie nicht nur die gesamte Rente absorbieren, sondern dem Arbeiter des Bergwerks auch die allgemeinen Aktiengewinne entziehen, und er würde folglich sein Kapital aus der Goldproduktion abziehen. Bei einer noch weiteren Ausweitung würde die Rente noch besserer Minen absorbiert und das Kapital weiter abgezogen; und so würde die Menge ständig verringert und ihr Wert erhöht werden, und es würden dieselben Wirkungen eintreten, wie wir bereits hervorgehoben haben; Ein

Teil der Steuer würde von der Bevölkerung der spanischen Kolonien bezahlt werden, und der andere Teil wäre eine neue Erzeugung von Produkten, indem die Macht des als Tauschmittel verwendeten Instruments erhöht würde. Es gibt zwei Arten von Goldsteuern: Die eine richtet sich nach der tatsächlich im Umlauf befindlichen Goldmenge, die andere nach der Menge, die jährlich in den Minen gefördert wird. Beide haben die Tendenz, die Menge des Goldes zu verringern und den Wert des Goldes zu steigern; Aber auch dadurch wird sein Wert nicht erhöht, bis die Menge verringert wird, und daher fallen solche Steuern eine Zeit lang, bis die Versorgung abnimmt, auf die Eigentümer des Geldes, werden aber letztendlich vom Eigentümer der Mine in der Mine bezahlt Reduzierung der Rente und durch die Käufer des Teils Gold, der als Ware verwendet wird, die zum Vergnügen der Menschheit beiträgt, und nicht ausschließlich für ein Umlaufmedium reserviert ist.

# KAPITEL XII.

## STEUERN AUF HÄUSER.

**ES** GIBT neben Gold auch andere Rohstoffe, deren Menge nicht schnell reduziert werden kann; Die darauf entfallende Steuer fällt daher dem Eigentümer zu, wenn die Preissteigerung die Nachfrage mindert.

Steuern auf Häuser sind von dieser Art; Obwohl sie dem Mieter aufgebürdet werden, gehen sie häufig durch eine Minderung der Miete zu Lasten des Vermieters. Die Produkte des Landes werden von Jahr zu Jahr verbraucht und reproduziert, ebenso wie viele andere Waren; Da sie daher schnell auf das Niveau der Nachfrage gebracht werden können, können sie ihren natürlichen Preis nicht lange überschreiten. Da eine Haussteuer jedoch im Lichte einer vom Mieter zusätzlich gezahlten Miete in Betracht gezogen werden kann, wird sie tendenziell dazu führen, die Nachfrage nach Häusern mit der gleichen Jahresmiete zu verringern, ohne deren Angebot zu verringern. Dadurch wird die Miete sinken und ein Teil der Steuer wird indirekt vom Vermieter gezahlt.

„Die Miete eines Hauses", sagt Adam Smith, „kann in zwei Teile unterschieden werden, von denen der eine mit Recht als Gebäuderente bezeichnet werden kann, der andere allgemein als Grundrente bezeichnet wird. Die Gebäuderente ist der Zins oder Gewinn." des für den Bau des Hauses aufgewendeten Kapitals. Um das Gewerbe eines Bauunternehmers auf eine Stufe mit anderen Gewerben zu stellen, ist es notwendig, dass diese Rente zunächst ausreicht, um die gleichen Zinsen zu zahlen, die er für sein Kapital erhalten hätte, wenn ... er hatte es gegen eine gute Sicherheit geliehen; und zweitens, um das Haus ständig instand zu halten, oder was auf dasselbe hinausläuft, um innerhalb einer bestimmten Frist von Jahren das Kapital zu ersetzen, das für den Bau aufgewendet worden war." „Wenn das Gewerbe des Bauunternehmers im Verhältnis zu den Geldzinsen zu irgendeinem Zeitpunkt einen viel größeren Gewinn abwirft, wird er bald so viel Kapital aus anderen Gewerben abziehen, dass der Gewinn auf sein angemessenes Niveau sinkt. Wenn es sich ergibt." Zu jedem Zeitpunkt, der weit unter diesem Wert liegt, werden andere Gewerbe bald so viel Kapital daraus ziehen, dass sie diesen Gewinn wieder steigern. Der Teil der gesamten Miete eines Hauses, der über das hinausgeht, was für die Erzielung dieses angemessenen Gewinns ausreicht, geht natürlich an die Grundrente; und wenn der Eigentümer des Grundstücks und der Eigentümer des Gebäudes zwei verschiedene Personen sind, wird sie in den meisten Fällen vollständig an ersteren gezahlt. In Landhäusern, in einer Entfernung von jeder größeren Stadt, wo es eine gibt Bei einer großen Auswahl an Grundstücken beträgt der Grundzins kaum etwas oder nicht mehr als das, was der Raum, auf dem das Haus steht, bei landwirtschaftlicher Nutzung zahlen würde. In Landvillen, in der Nähe einer großen Stadt, ist er manchmal ein guter Wert Der Deal ist höher, und die besondere Bequemlichkeit oder Schönheit der Situation wird dort oft sehr hoch bezahlt. Die Grundrenten sind im Allgemeinen in der Hauptstadt und in den besonderen Teilen davon am höchsten, wo zufällig die größte Nachfrage nach Häusern besteht, was auch immer der Grund für diese Nachfrage sein mag, sei es für Handel und Geschäft, für Vergnügen und Gesellschaft oder für die Mutter Eitelkeit und Mode." Eine Steuer auf die Miete von Häusern kann entweder vom Bewohner, vom Grundstückseigentümer oder vom Gebäudeeigentümer erhoben werden. Im Normalfall kann davon ausgegangen werden, dass die gesamte Steuer sowohl sofort als auch endgültig gezahlt wird der Insasse.

Wenn die Steuer moderat ist und die Umstände des Landes so beschaffen sind, dass sie entweder stationär oder ansteigend ist, gäbe es für den Bewohner eines Hauses kaum einen Grund, sich mit einer Steuer schlechterer Art zu begnügen. Wenn jedoch die Steuer hoch wäre oder andere Umstände die Nachfrage nach Häusern verringern sollten, würde das Einkommen des Vermieters sinken, da der Bewohner durch eine Minderung der Miete teilweise für die Steuer entschädigt würde. Es ist jedoch schwer zu sagen, in welchem Verhältnis der Teil der Steuer, den der Eigentümer durch eine Senkung der Miete einsparte, auf die Gebäudemiete und die Erbbauzinse entfallen würde. Es ist wahrscheinlich, dass zunächst beide betroffen wären; Da aber Häuser zwar langsam, aber mit Sicherheit verfallen, und keine weiteren gebaut würden, bis die Gewinne des Bauunternehmers wieder auf das allgemeine Niveau zurückgekehrt wären, würde die Baurente nach einer gewissen Zeit wieder ihren natürlichen Preis erreichen. Da der Bauunternehmer nur für die Dauer des Gebäudebestands Miete erhält, könnte er unter den katastrophalsten Umständen über einen längeren Zeitraum hinweg keinen Teil der Steuer zahlen.

Die Zahlung dieser Steuer läge dann letztlich beim Nutzer und Grundstückseigentümer, aber „in welchem Verhältnis diese Schlusszahlung zwischen ihnen aufgeteilt würde", sagt Adam Smith, „ist vielleicht nicht ganz einfach festzustellen. Die Aufteilung." würde unter verschiedenen Umständen wahrscheinlich sehr unterschiedlich ausfallen, und eine Steuer dieser Art könnte je nach diesen unterschiedlichen Umständen sowohl den Bewohner des Hauses als auch den Eigentümer des Grundstücks sehr unterschiedlich treffen." [15]

Adam Smith betrachtet Erbpachtzinsen als besonders geeignete Steuersubjekte. „Sowohl die Grundrente als auch die gewöhnliche Grundrente", sagt er, „sind eine Art von Einnahmen, die der Eigentümer in vielen Fällen ohne eigene Fürsorge oder Aufmerksamkeit genießt. Allerdings sollte ein Teil dieser Einnahmen abgezogen werden." Um die Ausgaben des Staates zu bestreiten, wird ihm dabei keine Entmutigung für irgendeine

Industrie geboten. Das jährliche Produkt des Landes und die Arbeit der Gesellschaft , der wirkliche Reichtum und die Einkünfte der großen Masse des Volkes, könnten es sein nach einer solchen Steuer dieselben sein wie zuvor. Grundrenten und die gewöhnliche Grundrente sind daher vielleicht die Einkommensarten, die es am besten ertragen können, dass ihnen eine besondere Steuer auferlegt wird." Es muss zugegeben werden, dass die Auswirkungen dieser Steuern so wären, wie Adam Smith sie beschrieben hat; aber es wäre sicherlich sehr ungerecht, ausschließlich die Einnahmen einer bestimmten Klasse einer Gemeinschaft zu besteuern. Die Lasten des Staates sollten von allen im Verhältnis zu ihren Möglichkeiten getragen werden: Dies ist eine der vier von Adam Smith genannten Maximen, die alle Steuern regeln sollten. Die Miete gehört oft denjenigen, die nach vielen Jahren der Arbeit ihre Gewinne realisiert und ihr Vermögen für den Kauf von Land ausgegeben haben; und es wäre sicherlich ein Verstoß gegen den Grundsatz der Eigentumssicherheit, der stets heilig sein sollte, wenn man es einer ungleichen Besteuerung unterwerfen würde. Es ist zu beklagen, dass die Stempelsteuer, mit der die Übertragung von Grundeigentum belastet wird, dessen Übertragung in die Hände, in denen es wahrscheinlich am produktivsten wäre, erheblich behindert. Und wenn man bedenkt, dass der Preis dieses Grundstücks, das als geeigneter Gegenstand für die ausschließliche Besteuerung angesehen wird, nicht nur gesenkt werden würde, um das Risiko dieser Besteuerung auszugleichen, sondern dass dies auch im Verhältnis zur Unbestimmtheit und zum ungewissen Wert des Risikos der Fall wäre Wenn das Land zu einem geeigneten Gegenstand für Spekulationen wird und mehr der Natur des Glücksspiels als des nüchternen Handels ähnelt, wird es wahrscheinlich erscheinen, dass die Hände, in die Land in diesem Fall am ehesten fallen würde, die Hände derer sind, die es besitzen mehr von den Qualitäten des Spielers als von den Qualitäten des nüchtern denkenden Eigentümers, der sein Land wahrscheinlich zum größten Vorteil nutzen wird.

# KAPITEL XIII.

## STEUERN SIND GEWINNE.

**STEUERN AUF DIESE GÜTER, DIE IM ALLGEMEINEN ALS LUXUSGÜTER BEZEICHNET WERDEN** , fallen nur an diejenigen, die sie nutzen. Eine Weinsteuer ist vom Weinkonsumenten zu entrichten. Eine Steuer auf Vergnügungspferde oder Kutschen wird von denjenigen gezahlt, die sich solche Vergnügungen verschaffen, und zwar in genau dem Verhältnis, in dem sie diese verschaffen. Steuern auf Güter des täglichen Bedarfs wirken sich jedoch nicht im Verhältnis zu der Menge, die sie konsumieren dürfen, auf die Konsumenten der Güter des täglichen Bedarfs aus, sondern oft in einem viel höheren Verhältnis. Wie wir beobachtet haben, wirkt sich eine Steuer auf Mais nicht nur auf einen Fabrikanten in dem Maße aus, in dem er und seine Familie Mais verbrauchen dürfen, sondern sie verändert auch die Kapitalgewinnrate und wirkt sich daher auch auf sein Einkommen aus. Was auch immer den Arbeitslohn erhöht , senkt die Aktiengewinne; Daher hat jede Steuer auf eine vom Arbeiter konsumierte Ware die Tendenz, die Profitrate zu senken.

Eine Steuer auf Hüte wird den Preis von Hüten erhöhen; eine Steuer auf Schuhe, der Preis von Schuhen; Wäre dies nicht der Fall, wäre die Steuer letztlich vom Hersteller zu entrichten; seine Gewinne würden unter das allgemeine Niveau sinken und er würde sein Gewerbe aufgeben. Eine Teilsteuer auf Gewinne wird den Preis der Ware erhöhen, auf die sie fällt: Eine Steuer beispielsweise auf die Gewinne des Hutmachers würde den Preis von Hüten erhöhen; Denn wenn seine Gewinne besteuert würden und nicht die eines anderen Gewerbes, lägen seine Gewinne, sofern er nicht den Preis seiner Hüte erhöhte, unter der allgemeinen Gewinnrate, und er würde seine Anstellung für eine andere aufgeben.

In gleicher Weise würde eine Steuer auf die Gewinne des Landwirts den Maispreis erhöhen; eine Steuer auf den Gewinn des Tuchmachers, den Stoffpreis; und wenn auf alle Geschäfte eine Steuer im Verhältnis zum Gewinn erhoben würde, würde der Preis jeder Ware steigen. Aber wenn die Mine, die uns mit dem Standard unseres Geldes versorgte, in diesem Land wäre und die Gewinne der Bergleute ebenfalls besteuert würden, würde der Preis für keine Ware steigen, jeder würde einen gleichen Anteil seines Einkommens abgeben, und Alles wäre wie zuvor.

Wenn Geld nicht besteuert wird und es daher erlaubt wird, seinen Wert zu bewahren, während alles andere besteuert wird und im Wert steigt, werden es der Hutmacher, der Bauer und der Tuchmacher tun, die jeweils das gleiche Kapital einsetzen und die gleichen Gewinne erzielen den gleichen Steuerbetrag zahlen. Wenn die Steuer 100 *l beträgt.* , die Hüte, das Tuch und der Mais werden jeweils um 100 *l im Wert erhöht*. Wenn der Hutmacher durch seine Hüte 1100 l gewinnt . , statt 1000 *l.* , er zahlt 100 *l.* an die Regierung für die Steuer; und wird daher immer noch 1000 *l haben*. Waren für den Eigenbedarf anschaffen. Da aber Stoff, Getreide und alle anderen Waren aus demselben Grund teurer werden, wird er für seine 1000 *l nicht mehr bekommen*. als er zuvor für 910 l erhielt . und so wird er durch seine geringeren Ausgaben zu den Bedürfnissen des Staates beitragen; Er wird durch die Zahlung der Steuer einen Teil der landwirtschaftlichen Produktion und der Arbeitskraft des Landes der Regierung zur Verfügung gestellt haben, anstatt diesen Teil selbst zu verwenden. Wenn er statt seine 1000 *l auszugeben*. Wenn er es zu seinem Kapital hinzufügt, wird er in der Erhöhung der Löhne und in den erhöhten Kosten für Rohstoffe und Maschinen feststellen, dass seine Ersparnis 1000 *l beträgt*. nicht mehr als eine Einsparung von 910 *l.* betrug vorher.

*l* betragen . ; und da müssen sie jeweils 100 *l bezahlen*. Nach Angaben der Regierung werden sie nur 900 *l behalten*. , was ihnen eine geringere Kontrolle über die Produkte des Landes und die Arbeit des Landes gibt, unabhängig davon, ob sie diese für produktive oder unproduktive Arbeit ausgeben . Genau das, was sie verlieren, wird die Regierung gewinnen. Im ersten Fall würde der Beitragszahler für 1000 *l.* , eine so große Warenmenge haben, wie er zuvor für 910 *l hatte*. ; im zweiten hätte er nur noch so viel wie vorher für 900 *l.* Diese ergibt sich aus der Differenz in der Höhe der Steuer; im ersten Fall beträgt es nur ein Elftel seines Einkommens, im zweiten ein Zehntel; Geld hat in beiden Fällen einen unterschiedlichen Wert.

Wenn aber das Geld nicht besteuert wird und sich sein Wert nicht ändert, werden zwar alle Waren im Preis steigen, aber sie werden nicht im gleichen Verhältnis steigen; Sie werden nach der Steuer nicht den gleichen relativen Wert zueinander haben wie vor der Steuer. In einem früheren Teil dieser Arbeit haben wir die Auswirkungen der Aufteilung des Kapitals in festes und zirkulierendes bzw. in dauerhaftes und vergängliches Kapital auf die Preise von Waren diskutiert. Wir haben gezeigt, dass zwei Fabrikanten genau die gleiche Menge an Kapital einsetzen und daraus genau die gleiche Menge an Gewinnen erzielen könnten, dass sie ihre Waren jedoch für sehr unterschiedliche Geldsummen verkaufen würden, je nachdem, wie schnell die von ihnen eingesetzten Kapitale waren. oder langsam, verbraucht und reproduziert. Der eine könnte seine Waren für 4000 *l verkaufen*. , der andere für 10.000 *l.* , und sie könnten beide 10.000 *l beschäftigen*. des Kapitals und erhalten Sie 20 Prozent. Gewinn, Gold 2000 *l.* Das Kapital einer Person könnte beispielsweise 2000 *l betragen*. Umlaufkapital, das reproduziert werden soll, und 8000 *l.* fest installiert, in Gebäuden und Maschinen; das Kapital des anderen hingegen könnte 8000 *l betragen*. Zirkulation und von nur 2000 *l.* Anlagekapital in Maschinen und Gebäuden. Nun, wenn jede dieser Personen mit 10 Prozent besteuert werden müsste. auf sein Einkommen, oder 200 *l.* Der eine muss, damit sein Geschäft ihm die allgemeine Profitrate einbringt, seine Güter von 10.000 *l erhöhen.* bis 10.200 *l.* ; der andere wäre ebenfalls verpflichtet, den Preis seiner Waren ab 4000 *l zu erhöhen.* bis 4200 *l.* Vor der Steuer waren die von einem dieser Hersteller verkauften Waren 2½-mal wertvoller als die Waren des anderen; nach der Steuer werden sie 2,42-mal wertvoller sein: die eine Sorte wird um 2 Prozent gestiegen sein; die anderen 5 Prozent: Folglich würde eine Steuer auf das Einkommen die relativen Preise und den Wert der Waren verändern, während der Wert des Geldes unverändert bliebe. Dies trifft zu, wenn die Steuer nicht auf den Gewinn, sondern auf die Waren selbst erhoben würde: Vorausgesetzt, sie würden im Verhältnis zum Wert des für ihre Produktion eingesetzten Kapitals besteuert, würden sie unabhängig von ihrem Wert gleichmäßig steigen Daher würden sie nicht das gleiche Verhältnis wie zuvor beibehalten. Eine Ware, die von 10.000 auf 11.000 Pfund gestiegen ist, würde zu einer anderen Ware, die von 2.000 auf 3.000 *Pfund gestiegen ist, nicht das gleiche Verhältnis haben wie zuvor.* Wenn unter diesen Umständen der Wert des Geldes stieg, aus welchem Grund auch immer, würde dies die Preise der Waren nicht im gleichen Verhältnis beeinflussen. Derselbe Grund, der den Preis für einen ab 10.200 *l senken würde.* bis 10.000 *l.* oder weniger als 2 Prozent, würde den Preis des anderen von 4200 *l senken.* bis 4000 *l.* Gold 4-3/4 Prozent. Würden sie in einem anderen Verhältnis fallen, wären die Gewinne nicht gleich; um sie gleich zu machen, wenn der Preis der ersten Ware 10.000 *l betrug.* , der Preis für die zweite sollte 4000 *l betragen.* ; und als der Preis des ersten 10.200 *l betrug.* , der Preis des anderen sollte 4200 *l betragen.*

Die Betrachtung dieser Tatsache wird zum Verständnis eines sehr wichtigen Prinzips führen, auf das meiner Meinung nach nie hingewiesen wurde. Es ist das; dass in einem Land, in dem es keine Besteuerung gibt, die Veränderung des Geldwerts aufgrund von Knappheit oder Überfluss sich in gleichem Maße auf die Preise aller Waren auswirkt; dass, wenn eine Ware von 1000 *l.* Wertanstieg auf 1200 *l.* , oder auf 800 l sinken . , eine Ware von 10.000 *l.* Der Wert steigt auf 12.000 *l.* oder auf 8000 l fallen . ; Aber in einem Land, in dem die Preise durch Steuern künstlich erhöht werden, wirkt sich der Geldüberfluss aus einem Zufluss oder der Export und die daraus resultierende Knappheit davon aufgrund der Auslandsnachfrage nicht im gleichen Verhältnis auf die Preise aller Waren aus. Bei manchen erhöht oder senkt es sich um 5, 6 oder 12 Prozent, bei anderen um 3, 4 oder 7 Prozent. Wenn ein Land nicht besteuert würde und das Geld an Wert verlieren würde, würde sein Überfluss auf jedem Markt auf jedem Markt ähnliche Auswirkungen haben. Wenn Fleisch um 20 Prozent steigen würde, würden auch Brot, Bier, Schuhe, Arbeit und alle anderen Waren um 20 Prozent steigen; Es ist notwendig, dass sie dies tun, um bei jedem Handel die gleiche Gewinnrate sicherzustellen. Dies gilt jedoch nicht mehr, wenn eine dieser

Waren besteuert wird; Wenn in diesem Fall alle im Verhältnis zum Wertverlust des Geldes steigen würden, wären die Gewinne ungleich; Im Falle der besteuerten Waren würden die Gewinne über das allgemeine Niveau angehoben und das Kapital würde von einer Beschäftigung zur anderen verlagert, bis ein Gleichgewicht der Gewinne wiederhergestellt wäre, was nur möglich wäre, nachdem die relativen Preise geändert worden wären.

Wird dieses Prinzip nicht die unterschiedlichen Auswirkungen erklären, die der veränderte Wert des Geldes während der Bankenrestriktion auf die Warenpreise hervorgerufen hat? Denjenigen, die behaupteten, dass die Währung zu dieser Zeit aufgrund der zu großen Fülle des Papierumlaufs an Wert verloren habe, wurde entgegengehalten, dass, wenn dies der Fall wäre, alle Waren im gleichen Verhältnis hätten steigen müssen; Es wurde jedoch festgestellt , dass viele deutlich stärker schwankten als andere, und daraus wurde gefolgert, dass der Preisanstieg auf etwas zurückzuführen sei, das den Wert der Waren beeinflusse, und nicht auf eine Veränderung im Wert der Währung. Es scheint jedoch, wie wir gerade gesehen haben, dass in einem Land, in dem Waren besteuert werden, der Preis nicht alle im gleichen Verhältnis schwankt, weder infolge eines Anstiegs noch eines Rückgangs des Währungswerts.

Wenn die Gewinne aller Gewerbe besteuert würden, mit Ausnahme der Gewinne des Landwirts, würde der Geldwert aller Güter steigen, mit Ausnahme der Rohprodukte. Der Bauer hätte das gleiche Maiseinkommen wie zuvor und würde seinen Mais auch zum gleichen Geldpreis verkaufen; Da er jedoch verpflichtet wäre, für alle von ihm konsumierten Waren außer Mais einen zusätzlichen Preis zu zahlen, wäre dies für ihn eine Ausgabensteuer. Er würde auch durch eine Änderung des Geldwertes nicht von dieser Steuer befreit werden, denn eine Änderung des Geldwertes könnte alle besteuerten Waren auf ihren früheren Preis sinken lassen, die unversteuerte jedoch würde unter ihr früheres Niveau sinken; und obwohl der Bauer seine Waren zum gleichen Preis wie zuvor kaufen würde, hätte er weniger Geld, um sie zu kaufen.

Auch der Grundeigentümer wäre in genau der gleichen Situation, er hätte das gleiche Getreide und die gleiche Geldrente wie zuvor, wenn alle Waren im Preis stiegen und das Geld auf dem gleichen Wert bliebe; und er hätte das gleiche Getreide, aber eine geringere Geldrente, wenn alle Waren zum gleichen Preis blieben: so dass er in beiden Fällen, obwohl sein Einkommen nicht direkt besteuert würde, indirekt zum gesammelten Geld beitragen würde.

Nehmen wir jedoch an, dass auch die Gewinne des Landwirts besteuert werden, dann wäre er in der gleichen Situation wie andere Händler; Seine Rohprodukte würden steigen, so dass er nach Zahlung der Steuer die gleichen Geldeinnahmen hätte, aber er würde einen zusätzlichen Preis für alle Waren zahlen, die er konsumierte, einschließlich der Rohprodukte.

Sein Vermieter wäre jedoch in einer anderen Lage, er würde von der Steuer auf die Gewinne seines Pächters profitieren, da er für den zusätzlichen Preis entschädigt würde, zu dem er seine Industriegüter kaufen würde, wenn deren Preis stiegen; und er hätte den gleichen Geldertrag, wenn infolge einer Wertsteigerung des Geldes die Waren zu ihrem früheren Preis verkauft würden. Eine Steuer auf den Gewinn des Landwirts ist keine Steuer im Verhältnis zum Bruttoertrag des Landes, sondern zu seinem Nettoertrag nach Zahlung von Pacht, Löhnen und allen anderen Abgaben. Da die Bewirtschafter der verschiedenen Landarten Nr. 1, 2 und 3 genau das gleiche Kapital einsetzen, werden sie genau die gleichen Gewinne erzielen, unabhängig von der Menge des Bruttoprodukts, das einer mehr als der andere erzielen kann ; und folglich werden sie alle gleich besteuert. Nehmen wir an, dass der Bruttoertrag des Landes der Qualität Nr. 1 180 qrs beträgt, der von Nr. 2 170 qrs und der von Nr. 3 160 qrs, und dass jeweils 10 Viertel, die Differenz zwischen den Erträgen , besteuert werden von Nr. 1, Nr. 2 und Nr. 3 bleibt nach Zahlung der Steuer derselbe wie zuvor; denn wenn Nr. 1 auf 170, Nr. 2 auf 160 und Nr. 3 auf 150 qrs reduziert wird; die Differenz zwischen 3 und 1 beträgt wie zuvor 20 qrs.; und von Nr. 3 und Nr. 2, 10 qrs. Wenn nach der Steuer die Preise für Getreide und jede andere Ware die gleichen bleiben würden wie zuvor, würde sowohl die Geldrente als auch die Getreiderente unverändert bleiben; Wenn aber infolge der Steuer der Preis für Getreide und jede andere Ware steigen sollte, wird auch die Geldrente im gleichen Verhältnis steigen. Wenn der Maispreis 4 *l betragen würde.* pro Quartal hätte die Miete von Nr. 1 80 *l betragen.* und das von Nr. 2, 40 *l.* ; aber wenn der Mais um zehn Prozent oder auf 4 *l stieg. 8 Sek.* Auch die Rente würde um zehn Prozent steigen, denn zwanzig Viertel Getreide wären dann 88 *l wert.* und zehn Viertel 44 *l.* ; so dass der Vermieter in jedem Fall von einer solchen Steuer unberührt bleibt. Eine Steuer auf Aktiengewinne lässt die Maisrente immer unverändert, und daher schwankt die Geldrente mit dem Maispreis; aber eine Steuer auf Rohprodukte oder Zehnten lässt die Getreiderente nie unverändert, sondern lässt die Geldrente im Allgemeinen gleich wie zuvor. In einem anderen Teil dieser Arbeit habe ich bemerkt, dass, wenn eine Grundsteuer in gleicher Höhe auf jede Art von bewirtschaftetem Land erhoben würde, ohne Berücksichtigung von Unterschieden in der Fruchtbarkeit, diese in ihrer Funktionsweise sehr ungleich wäre es wäre ein Gewinn für den Grundbesitzer der fruchtbareren Ländereien. Es würde den Maispreis im Verhältnis zu der Last erhöhen, die der Landwirt des schlechtesten Landes trägt; Da dieser zusätzliche Preis jedoch für die größere Ertragsmenge des besseren Landes erzielt wird, würden die Landwirte dieses Landes während ihrer Pacht profitieren, und danach würde der Vorteil in Form einer Erhöhung der Rente an den Grundbesitzer gehen. Die Wirkung einer gleichen Steuer auf die Gewinne des Landwirts ist genau die gleiche; es erhöht die Geldrente der Grundeigentümer, wenn das Geld den gleichen Wert behält; Da aber die Gewinne aller anderen Gewerbe sowie die des Landwirts besteuert werden und folglich die Preise aller Waren sowie des Maises erhöht werden, verliert der Grundbesitzer durch den erhöhten Geldpreis der Waren und des Mais ebenso viel für die seine Rente ausgegeben wird, da er durch die Erhöhung seiner Rente gewinnt. Wenn der Wert des Geldes steigen würde und alle Dinge nach einer Steuer auf die Aktiengewinne auf ihren früheren Preis fallen würden, wäre auch die Rente dieselbe wie zuvor. Der Grundbesitzer würde die gleiche Geldrente erhalten und alle Waren, für die er ausgegeben wurde, zu ihrem früheren Preis erhalten; damit er unter allen Umständen steuerfrei bliebe.

Eine Steuer auf Aktiengewinne würde sich auch auf den Aktionär auswirken, wenn alle Waren im Verhältnis zur Steuer steigen würden; aber wenn durch die Veränderung des Geldwertes alle Waren auf ihren früheren Preis sinken würden, würde der Aktionär nichts für die Steuer zahlen; Er würde alle seine Waren zum gleichen Preis kaufen, aber immer noch die gleiche Gelddividende erhalten.

Herstellern gleichzustellen; und dass durch die Besteuerung der Gewinne zweier Hersteller die Preise zweier Güterarten steigen müssen. Ich sehe nicht ein, wie man bestreiten kann, dass durch die Besteuerung der Gewinne aller Hersteller die Preise aller Güter steigen würden, sofern die Mine vorhanden wäre die uns mit Geld versorgten, wurden im Land besteuert. Da aber Geld oder der Geldstandard eine aus dem Ausland importierte Ware ist, könnten die Preise aller Güter nicht steigen; denn ein solcher Effekt könnte nicht ohne eine zusätzliche Geldmenge stattfinden, die nicht gegen teure Güter eingetauscht werden könnte, wie auf Seite 108 gezeigt wurde. Wenn jedoch ein solcher Anstieg stattfinden könnte, könnte er nicht dauerhaft sein, z es hätte einen starken Einfluss auf den Außenhandel. Als Gegenleistung für importierte Waren konnten diese teuren Waren nicht exportiert werden, und deshalb sollten wir eine Zeit lang weiter kaufen, obwohl wir aufhörten zu verkaufen; und sollte Geld oder Goldbarren exportieren, bis die relativen Preise der Waren nahezu die gleichen waren wie zuvor. Es scheint mir absolut sicher zu sein, dass eine gut regulierte Gewinnsteuer letztendlich sowohl im Inland als auch im Ausland hergestellte Waren wieder auf den gleichen Geldpreis bringen würde, den sie vor Einführung der Steuer hatten.

Da Steuern auf Rohprodukte, Zehnten, Steuern auf Löhne und auf die Bedarfsgüter des Arbeiters durch höhere Löhne zu geringeren Gewinnen führen werden, wird erwartet, dass sie alle, wenn auch nicht in gleichem Maße, die gleichen Auswirkungen haben.

Die Entdeckung von Maschinen, die die Herstellung von Eigenheimen wesentlich verbessern, hat immer die Tendenz, den relativen Wert des Geldes zu erhöhen und damit seine Einfuhr zu fördern. Alle Steuern, alle erhöhten Hindernisse, sei es für den Warenproduzenten oder den Warenproduzenten, tendieren im Gegenteil dazu, den relativen Wert des Geldes zu senken und damit seinen Export zu fördern.

# KAPITEL XIV.

## STEUERN AUF LÖHNE.

**LOHNSTEUERN** erhöhen die Löhne und verringern daher die Kapitalgewinnquote . Wir haben bereits gesehen, dass eine Steuer auf lebensnotwendige Güter deren Preise in die Höhe treiben wird und eine Erhöhung der Löhne nach sich ziehen wird. Der einzige Unterschied zwischen einer Steuer auf lebensnotwendige Güter und einer Lohnsteuer besteht darin, dass erstere zwangsläufig mit einem Anstieg des Preises für lebensnotwendige Güter einhergeht, letztere jedoch nicht; Zu einer Lohnsteuer wird folglich weder der Aktionär, der Grundeigentümer noch irgendeine andere Klasse außer den Arbeitgebern beitragen . Eine Steuer auf Löhne ist ausschließlich eine Steuer auf Gewinne, eine Steuer auf Güter des täglichen Bedarfs ist teilweise eine Steuer auf Gewinne und teilweise eine Steuer auf reiche Verbraucher. Die letztendlichen Auswirkungen solcher Steuern sind dann genau die gleichen wie diejenigen, die sich aus einer direkten Steuer auf Gewinne ergeben.

„Die Löhne der unteren Arbeiterklassen“, sagt Adam Smith, „ich habe im ersten Buch zu zeigen versucht , werden überall notwendigerweise durch zwei verschiedene Umstände reguliert: die Nachfrage nach Arbeit und den gewöhnlichen oder durchschnittlichen Preis der Lebensmittel.“ Die Nachfrage nach Arbeitskräften regelt den Lebensunterhalt des Arbeiters und bestimmt, in welchem Maße sie entweder liberal, gemäßigt, oder dürftig. Der *gewöhnliche oder durchschnittliche* Preis der Lebensmittel bestimmt die Geldmenge, die dem Arbeiter gezahlt werden muss, um ihm zu ermöglichen, Jahr für Jahr diesen großzügigen, mäßigen oder dürftigen Lebensunterhalt zu kaufen. Während die Nachfrage nach Arbeitskräften und Da der Preis der Lebensmittel also derselbe bleibt, kann eine direkte Steuer auf den Arbeitslohn keine andere Wirkung haben, als ihn etwas über die Steuer anzuheben.“

Gegen den Vorschlag, wie er hier von Dr. Smith vorgebracht wird, erhebt Herr Buchanan zwei Einwände. Erstens bestreitet er, dass der Geldlohn der Arbeit durch den Preis der Lebensmittel reguliert wird; und zweitens bestreitet er, dass eine Steuer auf den Arbeitslohn den Preis der Arbeit erhöhen würde . Zum ersten Punkt lautet das Argument von Herrn Buchanan auf Seite 59 wie folgt: „Der Arbeitslohn besteht , wie bereits erwähnt, nicht aus Geld, sondern aus dem, was man mit Geld kauft, nämlich Proviant und anderen lebensnotwendigen Gütern, sowie aus der Vergütung von.“ Der Arbeiter aus dem Stammkapital wird immer im Verhältnis zum Angebot stehen. Wo die Vorräte *billig und reichlich vorhanden sind* , wird sein Anteil größer sein; und wo sie *knapp und teuer sind* , wird er geringer sein. Sein Lohn wird immer geben ihm seinen gerechten Anteil, und sie können ihm nicht mehr geben. Es ist in der Tat eine von Dr. Smith und den meisten anderen Autoren vertretene Meinung, dass der Geldpreis der Arbeit durch den Geldpreis der Vorräte reguliert wird, und zwar wenn die Vorräte im Preis steigen , steigen die Löhne proportional. Aber es ist klar, dass der Preis der Arbeit nicht notwendigerweise mit dem Preis der Lebensmittel zusammenhängt , da er vollständig vom Angebot an Arbeitskräften im Vergleich zur Nachfrage abhängt. Außerdem ist zu beobachten, dass die hohen Der Preis der Lebensmittel ist ein sicheres Indiz für eine unzureichende Versorgung und entsteht im natürlichen Lauf der Dinge mit dem Ziel, den Verbrauch zu verzögern. Ein kleinerer Vorrat an Nahrungsmitteln, der auf die gleiche Anzahl von Verbrauchern aufgeteilt wird, wird offensichtlich jedem einen kleineren Anteil hinterlassen, und der Arbeiter muss seinen Anteil am gemeinsamen Bedarf tragen. Um diese Last gleichmäßig zu verteilen und den Arbeiter daran zu hindern , seinen Lebensunterhalt so großzügig zu konsumieren wie zuvor, steigt der Preis. Aber es scheint, dass auch die Löhne steigen müssen, damit er immer noch die gleiche Menge eines knapperen Gutes verbrauchen kann; und so wird dargestellt, dass die Natur ihren eigenen Absichten entgegenwirkt: zunächst die Erhöhung der Lebensmittelpreise, um den Konsum zu verringern, und anschließend die Erhöhung der Löhne, um dem Arbeiter die gleiche Versorgung wie zuvor zu bieten.

In dieser Argumentation von Herrn Buchanan scheint mir eine große Mischung aus Wahrheit und Irrtum zu liegen. Da ein hoher Lebensmittelpreis manchmal auf eine mangelhafte Versorgung zurückzuführen ist, geht Herr Buchanan davon aus, dass dies ein sicheres Anzeichen für eine mangelhafte Versorgung ist. Er schreibt ausschließlich einer Ursache zu, was aus vielen entstehen kann. Es ist zweifellos wahr, dass im Falle einer Unterversorgung eine geringere Menge auf die gleiche Anzahl von Verbrauchern aufgeteilt wird und jedem ein kleinerer Anteil zufällt. Um diesen Mangel gleichmäßig zu verteilen und den Arbeiter daran zu hindern , seinen Lebensunterhalt so großzügig zu konsumieren wie zuvor, steigt der Preis. Herrn Buchanan muss daher zugestanden werden, dass jeder Anstieg der Lebensmittelpreise, der durch eine mangelhafte Versorgung verursacht wird, nicht notwendigerweise den Geldlohn der Arbeit erhöhen wird ; da der Verzehr verzögert werden muss; Dies kann nur dadurch erreicht werden , dass die Kaufkraft der Verbraucher verringert wird. Da jedoch der Preis für Lebensmittel durch eine unzureichende Versorgung steigt, sind wir keineswegs berechtigt, wie Herr Buchanan zu dem Schluss zu kommen, dass es möglicherweise keine reichliche Versorgung mit einem hohen Preis gibt; Nicht nur im Hinblick auf das Geld ein hoher Preis, sondern auch im Hinblick auf alle anderen Dinge.

Der natürliche Preis der Waren, der letztlich immer ihren Marktpreis bestimmt, hängt von der Produktionsmöglichkeit ab; aber die produzierte Menge steht nicht im Verhältnis zu dieser Möglichkeit. Obwohl die Ländereien, die jetzt bewirtschaftet werden, weitaus schlechter sind als die Ländereien, die vor drei Jahrhunderten bebaut wurden, und daher die Schwierigkeit der Produktion zugenommen hat, wer kann daran zweifeln, dass die heute produzierte Menge die Menge bei weitem übersteigt dann produziert? Ein hoher Preis ist nicht nur mit einem größeren Angebot vereinbar, er geht auch selten damit einher. Wenn also infolge der Besteuerung oder der Produktionsschwierigkeiten der Preis der Lebensmittel erhöht und die Menge nicht verringert wird, wird der Geldlohn der Arbeit steigen; Denn wie Herr Buchanan zu Recht bemerkt hat: „Der Arbeitslohn besteht nicht aus Geld, sondern aus dem, was man mit Geld kauft, nämlich Proviant und andere lebensnotwendige Güter; und die Vergütung des Arbeiters aus dem Stammkapital wird immer im Verhältnis dazu stehen." die Versorgung."

In Bezug auf den zweiten Punkt, ob eine Steuer auf den Arbeitslohn den Preis der Arbeit erhöhen würde , sagt Herr Buchanan: „Nachdem der Arbeiter den gerechten Lohn für seine Arbeit erhalten hat , wie kann er sich dann an seinen Arbeitgeber wenden? was er später an Steuern abzahlen muss? Es gibt kein Gesetz oder Prinzip in menschlichen Angelegenheiten, das eine solche Schlussfolgerung rechtfertigen würde. Nachdem der Arbeiter seinen Lohn erhalten hat, sind sie in seiner eigenen Obhut, und er muss, soweit er ist, dazu verpflichtet sein Er ist in der Lage, die Last aller Forderungen zu tragen, denen er später ausgesetzt sein könnte: denn er hat offensichtlich keine Möglichkeit, diejenigen zur Rückerstattung zu zwingen, die ihm bereits den angemessenen Preis für seine Arbeit gezahlt haben. Herr Buchanan hat mit großer Zustimmung die folgende treffende Passage aus Herrn Malthus' Werk über die Bevölkerung zitiert, die meiner Meinung nach seinen Einwand vollständig zu beantworten scheint. „Der Preis der Arbeit ist, wenn man ihn seinem natürlichen Niveau überlässt, ein äußerst wichtiges politisches Barometer, das das Verhältnis zwischen dem Angebot an Lebensmitteln und der Nachfrage danach, zwischen der zu verbrauchenden Menge und der Zahl der Verbraucher ausdrückt; und." Im Durchschnitt ausgedrückt, unabhängig von zufälligen Umständen, drückt es darüber hinaus deutlich die Bedürfnisse der Gesellschaft in Bezug auf die Bevölkerung aus, d wird gerade ausreichen, um diese Zahl zu stützen oder über oder unter ihr zu liegen, je nach der Lage der realen Mittel zur Aufrechterhaltung der Arbeit, sei sie stationär, fortschreitend oder rückläufig. Statt es jedoch dabei zu berücksichtigen Licht, wir betrachten es als etwas, das wir nach Belieben erhöhen oder senken können, etwas, das hauptsächlich von den Friedensrichtern Seiner Majestät abhängt. Wenn ein Anstieg des Preises für Lebensmittel bereits zum Ausdruck bringt, dass die Nachfrage zu groß für das Angebot ist, in Ordnung Um den Arbeiter in den gleichen Zustand wie zuvor zu versetzen, erhöhen wir den Preis der Arbeit , das heißt, wir erhöhen die Nachfrage, und sind dann sehr überrascht, dass der Preis der Lebensmittel weiterhin steigt. Dabei verhalten wir uns in etwa auf die gleiche Weise, als ob wir, wenn das Quecksilber im gewöhnlichen Wetterglas bei *stürmischem Wetter stand* , es durch einen gewaltsamen Druck anheben würden, um es ruhig zu halten, und uns dann sehr wundern würden, dass es weiterhin regnete. "

„Der Arbeitspreis wird eindeutig die Bedürfnisse der Gesellschaft in Bezug auf die Bevölkerung zum Ausdruck bringen." es wird gerade ausreichen, um die Bevölkerung zu ernähren, was zu diesem Zeitpunkt der Staat an Mitteln für den Unterhalt der Arbeitskräfte erfordert. Wenn der Lohn des Arbeiters vorher nur ausreichte, um die erforderliche Bevölkerung zu versorgen, wird er nach der Steuer nicht ausreichen, um diese Versorgung zu gewährleisten, da er nicht über die gleichen Mittel verfügt, die er für seine Familie aufwenden kann. Die Arbeitskräfte werden daher steigen, weil die Nachfrage anhält und nur durch die Erhöhung des Preises das Angebot nicht eingeschränkt wird.

Nichts ist häufiger, als Hüte oder Malz bei der Besteuerung steigen zu sehen; Sie steigen, weil die erforderliche Versorgung nicht gewährleistet wäre, wenn sie nicht gestiegen wären. Wenn also die Löhne besteuert werden, steigt der Preis der Arbeit , weil sonst die erforderliche Bevölkerung nicht aufrechterhalten werden würde. Erlaubt Herr Buchanan nicht alles, was behauptet wird, wenn er sagt, dass „wenn er (der Arbeiter ) tatsächlich auf das Nötigste reduziert würde, er keine weitere Kürzung seines Lohns erleiden würde, da er dafür nicht in der Lage wäre." Bedingungen setzt sein Rennen fort?" Nehmen wir an, dass die Verhältnisse im Land so sind, dass die niedrigsten Arbeiter nicht nur dazu aufgerufen sind, ihre Rasse fortzusetzen, sondern sie zu vermehren; ihr Lohn wäre entsprechend geregelt worden. Können sie sich vermehren, wenn eine Steuer ihnen einen Teil ihres Lohns wegnimmt und sie auf das Nötigste reduziert?

Es ist zweifellos wahr, dass eine besteuerte Ware nicht im Verhältnis zur Steuer steigt, wenn die Nachfrage nach ihr abnimmt und die Menge nicht verringert werden kann. Wenn metallisches Geld im allgemeinen Gebrauch wäre, würde sein Wert durch eine Steuer im Verhältnis zur Höhe der Steuer für eine beträchtliche Zeit nicht erhöht werden, da bei einem höheren Preis die Nachfrage verringert und die Menge nicht verringert würde ; Und zweifellos beeinflusst die gleiche Ursache häufig den Arbeitslohn . Die Zahl der Arbeiter kann nicht im Verhältnis zur Vergrößerung oder Verringerung des Fonds, der sie beschäftigen soll, schnell erhöht oder verringert werden. aber im angenommenen Fall gibt es keinen notwendigen Rückgang der Arbeitsnachfrage , und wenn sie sinkt, nimmt die Nachfrage nicht im

Verhältnis zur Steuer ab. Herr Buchanan vergisst, dass der durch die Steuer aufgebrachte Fonds von der Regierung für den Unterhalt von Arbeitskräften verwendet wird , zwar unproduktiven, aber dennoch Arbeitskräften . Wenn die Arbeit bei der Lohnbesteuerung nicht steigen würde, würde die Konkurrenz um Arbeit stark zunehmen, weil die Kapitalbesitzer, die nichts für eine solche Steuer zahlen müssten, über die gleichen Mittel für die Beschäftigung verfügen würden Pflügen ; während die Regierung, die die Steuer erhielt, über einen zusätzlichen Fonds für denselben Zweck verfügen würde. Regierung und Volk werden so zu Konkurrenten, und die Folge ihrer Konkurrenz ist ein Anstieg der Arbeitspreise . Es wird nur die gleiche Anzahl von Männern beschäftigt, diese werden jedoch zu einem zusätzlichen Lohn beschäftigt.

Wenn die Steuer sofort dem Volk auferlegt worden wäre, wäre sein Fonds für die Aufrechterhaltung der Arbeit in demselben Maße gekürzt worden, wie der Regierungsfonds für diesen Zweck erhöht worden wäre; und deshalb hätte es keine Lohnerhöhung gegeben; denn obwohl es die gleiche Nachfrage gäbe, gäbe es nicht die gleiche Konkurrenz. Wenn bei der Erhebung der Steuer die Regierung deren Ertrag sofort als Subvention an einen fremden Staat exportierte und diese Mittel daher für den Unterhalt von Ausländern und nicht von englischen Arbeitern wie Soldaten, Seeleuten usw. verwendet wurden , . &vs.; dann gäbe es tatsächlich eine geringere Nachfrage nach Arbeitskräften , und die Löhne würden möglicherweise nicht steigen, obwohl sie besteuert würden; Aber das Gleiche würde passieren, wenn die Steuer auf Verbrauchsgüter oder auf Aktiengewinne erhoben worden wäre oder wenn auf andere Weise die gleiche Summe zur Bereitstellung dieser Subvention aufgebracht worden wäre: Es könnten weniger Arbeitskräfte im Inland eingesetzt werden . Im einen Fall wird verhindert, dass die Löhne steigen, im anderen Fall müssen sie unbedingt sinken. Nehmen wir jedoch an, dass der Betrag einer Steuer auf Löhne, nachdem er auf die Arbeiter erhoben und unentgeltlich an ihre Arbeitgeber gezahlt würde, ihren Geldfonds für die Aufrechterhaltung der Arbeit erhöhen würde , aber weder die Waren noch die Arbeit erhöhen würde . Dies würde folglich den Wettbewerb zwischen den Arbeitgebern verstärken , und die Steuer würde letztendlich ohne Verluste für den Unternehmer oder den Arbeiter erfolgen . Der Meister würde einen höheren Preis für die Arbeit zahlen ; Der Zuschlag, den der Arbeiter erhielt, würde als Steuer an die Regierung gezahlt und wieder an die Herren zurückgegeben. Es darf jedoch nicht vergessen werden, dass die Steuererträge oft verschwenderisch ausgegeben werden und dass sie durch die Verringerung des Kapitals dazu neigen, den realen Fonds zu verringern, der für die Aufrechterhaltung der Arbeit bestimmt ist ; und daher die tatsächliche Nachfrage danach zu verringern. Steuern vermindern dann im Allgemeinen, sofern sie vom realen Kapital des Landes abweichen, die Nachfrage nach Arbeit , und daher ist es eine wahrscheinliche, aber weder eine notwendige noch eine besondere Konsequenz einer Lohnsteuer, dass die Löhne zwar steigen würden , würden sie nicht um einen Betrag steigen, der genau der Steuer entspricht.

Adam Smith hat, wie wir gesehen haben, voll und ganz zugegeben, dass die Auswirkung einer Lohnsteuer darin bestehen würde, die Löhne um einen Betrag zu erhöhen, der mindestens der Steuer entspricht, und letztlich, wenn nicht sofort, vom Arbeitgeber der Arbeit gezahlt würde . Bisher stimmen wir voll und ganz zu; Wir sind jedoch im Wesentlichen unterschiedlicher Meinung über die spätere Wirkungsweise einer solchen Steuer.

„Eine direkte Steuer auf den Arbeitslohn " , sagt Adam Smith, „könnte daher, obwohl der Arbeiter sie vielleicht aus seiner Hand bezahlen könnte, nicht mit Recht gesagt werden, dass sie von ihm überhaupt vorgezogen wurde; zumindest wenn die Nachfrage nach Arbeit und … " Der durchschnittliche Preis der Lebensmittel blieb nach der Steuer derselbe wie vor der Steuer. In allen solchen Fällen würde nicht nur die Steuer, sondern etwas mehr als die Steuer in Wirklichkeit von der Person vorgeschossen, die ihn unmittelbar beschäftigte. Die Schlusszahlung würde erfolgen Verschiedene Fälle treffen verschiedene Personen. Die Erhöhung, die eine solche Steuer bei den Löhnen der Industriearbeit verursachen könnte , würde vom Meisterfabrikanten vorgeschossen, *der berechtigt und verpflichtet wäre, sie mit einem Gewinn auf den Preis seiner Waren zu belasten* . Der Anstieg, den eine solche Steuer bei der Landarbeit hervorrufen könnte, würde vom Landwirt vorangetrieben, der, um die gleiche Zahl von Arbeitern wie zuvor zu erhalten , gezwungen wäre, *ein* größeres Kapital einzusetzen Es wäre notwendig, dass er einen größeren Teil oder, was auf dasselbe hinausläuft, den Preis eines größeren Teils der Erträge des Landes behält und folglich weniger Rente an den Grundbesitzer zahlt. Die endgültige Zahlung dieser Lohnerhöhung würde in diesem Fall daher dem Grundbesitzer zufallen, *zusammen mit den zusätzlichen Gewinnen des Bauern, der sie vorgeschossen hat* . In allen Fällen muss eine direkte Steuer auf den Arbeitslohn auf lange Sicht sowohl zu einer stärkeren Senkung der Grundrente als auch zu einem stärkeren Anstieg des Preises der Industriegüter führen, als dies bei richtiger Beurteilung der Fall gewesen wäre eine Summe, die dem Ertrag der Steuer entspricht, teils auf die Grundrente, teils auf Verbrauchsgüter." Bd. III, S. 337. In dieser Passage wird behauptet, dass der von den Bauern gezahlte zusätzliche Lohn letztendlich auf die Steuer entfallen wird Grundbesitzer, die eine geringere Miete erhalten; die von den Herstellern gezahlten zusätzlichen Löhne werden jedoch zu einem Anstieg des Preises der Industriegüter führen und daher zu Lasten der Verbraucher dieser Waren gehen.

Arbeitern besteht . Man ist sich darüber einig, dass die Arbeiter für die Steuer entlohnt würden; aber von wem? Denn wenn der Preis ihrer Waren im Verhältnis zu dem von ihnen gezahlten Mehrlohn steigen würde, wären sie nach der Steuer in einer besseren Lage als vor der Steuer. Wenn der Tuchmacher, der Hutmacher, der Schuhmacher usw. jeweils in der Lage wären, den Preis ihrer Waren um 10 Prozent zu erhöhen , dann nehmen wir 10 Prozent an. um sie vollständig für die von ihnen gezahlten zusätzlichen Löhne zu entlohnen – wenn sie, wie Adam Smith sagt, „berechtigt und verpflichtet wären, die zusätzlichen Löhne *mit einem Gewinn* auf den Preis ihrer Waren zu berechnen", könnten sie alle so viel konsumieren wie zuvor von den Gütern des anderen und würden daher nichts für die Steuer zahlen. Wenn der Tuchmacher mehr für seine Hüte und Schuhe bezahlte, würde er mehr für seine Stoffe erhalten, und wenn der Hutmacher mehr für seine Stoffe und Schuhe bezahlte, würde er mehr für seine Hüte erhalten. Alle hergestellten Waren würden dann von ihnen mit dem gleichen Vorteil wie zuvor gekauft werden, und da der Preis für Mais nicht steigen würde, während sie für den Kauf eine zusätzliche Summe ausgeben müssten, würden sie davon profitieren und nicht geschädigt werden Steuer.

Wenn dann weder die Arbeiter noch die Fabrikanten zu einer solchen Steuer beitragen würden; Wenn auch die Bauern durch einen Rückgang der Rente belohnt würden, müssten nicht nur die Grundbesitzer allein die ganze Last tragen, sondern sie müssten auch zu den erhöhten Gewinnen der Fabrikanten beitragen. Um dies zu erreichen, sollten sie jedoch alle Industriegüter des Landes konsumieren, denn der zusätzliche Preis, der auf die gesamte Masse erhoben wird, ist kaum höher als die Steuer, die ursprünglich den Arbeitern in der Industrie auferlegt wurde .

Nun lässt sich nicht bestreiten, dass der Tuchmacher, der Hutmacher und alle anderen Fabrikanten gegenseitige Konsumenten der Waren sind; Es wird nicht bestritten, dass Arbeiter aller Art Seife, Stoff, Schuhe, Kerzen und verschiedene andere Waren konsumieren: Es ist daher unmöglich, dass die gesamte Last dieser Steuern nur auf die Grundbesitzer fällt.

Wenn die Arbeiter jedoch keinen Teil der Steuer zahlen und dennoch der Preis der Industriegüter steigt, müssen die Löhne steigen, nicht nur, um sie für die Steuer zu kompensieren, sondern auch für den gestiegenen Preis der Industriegüter, der sich auf die landwirtschaftliche Arbeit auswirkt , wird eine neue Ursache für den Rückgang der Miete sein; und, soweit es die Produktionsarbeit betrifft , für einen weiteren Anstieg der Güterpreise. Dieser Anstieg des Warenpreises wird sich wieder auf den Arbeitslohn auswirken, und die Aktion und Reaktion, zunächst des Arbeitslohns auf den Arbeitslohn, dann der Waren auf den Arbeitslohn, wird sich ohne festlegbare Grenzen ausdehnen. Die Argumente, mit denen diese Theorie gestützt wird, führen zu solch absurden Schlussfolgerungen, dass man sofort erkennen kann, dass das Prinzip völlig unhaltbar ist.

Alle Auswirkungen, die auf die Kapitalgewinne und die Arbeitslöhne durch einen Anstieg der Rente und einen Anstieg der Bedarfsgüter im natürlichen Fortschritt der Gesellschaft und eine zunehmende Schwierigkeit der Produktion hervorgerufen werden, werden durch einen Anstieg der Löhne hervorgerufen Folge der Besteuerung; und deshalb werden die Freuden des Arbeiters sowie die seiner Arbeitgeber durch die Steuer eingeschränkt; und nicht speziell durch diese Steuer, sondern durch jede andere, die einen gleichen Betrag erheben sollte.

Der Irrtum von Adam Smith beruht zunächst auf der Annahme, dass alle vom Landwirt gezahlten Steuern notwendigerweise in Form eines Abzugs von der Rente zu Lasten des Grundbesitzers gehen müssen. Zu diesem Thema habe ich mich am ausführlichsten erklärt, und ich vertraue darauf, dass zur Zufriedenheit des Lesers gezeigt wurde, dass auf dem Land, das keine Rente zahlt, viel Kapital eingesetzt wird und dass es sich um das mit diesem Kapital erzielte Ergebnis handelt die den Preis von Rohprodukten regelt, kann kein Abzug von der Miete vorgenommen werden; und entweder wird dem Landwirt folglich keine Vergütung für eine Lohnsteuer gezahlt, oder wenn sie erhoben wird, muss sie durch einen Aufschlag auf den Preis der Rohprodukte erfolgen.

Wenn die Steuern den Landwirt ungleichmäßig belasten, wird er in die Lage versetzt, den Preis für Rohprodukte zu erhöhen und sich so auf eine Stufe mit denen zu stellen, die andere Gewerbe betreiben; aber eine Lohnsteuer, die ihn nicht stärker treffen würde als jedes andere Gewerbe, konnte nicht beseitigt oder durch einen hohen Preis für Rohprodukte kompensiert werden; Denn der gleiche Grund, der ihn dazu veranlassen sollte, den Maispreis zu erhöhen, nämlich um sich für die Steuer zu entlohnen, würde den Tuchmacher dazu veranlassen, den Preis für Stoff zu erhöhen, den Schuhmacher, Hutmacher und Polsterer, den Preis für Schuhe zu erhöhen , Hüte und Möbel.

Wenn sie alle den Preis ihrer Waren erhöhen könnten, um sich mit einem Gewinn für die Steuer zu entschädigen; Da sie alle gegenseitig Waren konsumieren, ist es offensichtlich, dass die Steuer niemals gezahlt werden könnte; Denn wer wären die Beitragszahler, wenn alle entschädigt würden?

Ich hoffe also, dass es mir gelungen ist zu zeigen, dass jede Steuer, die eine Erhöhung der Löhne bewirken soll, durch eine Verringerung des Gewinns bezahlt wird und dass daher eine Steuer auf Löhne tatsächlich eine Steuer auf Gewinne ist.

Dieses Prinzip der Aufteilung des Arbeitsprodukts und des Kapitals zwischen Löhnen und Profiten, das ich zu begründen versucht habe, scheint mir so sicher zu sein, dass ich es, abgesehen von den unmittelbaren Auswirkungen, für wenig wichtig halten würde, ob die Kapitalprofite, oder

der Arbeitslohn , wurden besteuert. Durch die Besteuerung der Aktiengewinne würden Sie wahrscheinlich die Rate ändern, mit der die Mittel zur Aufrechterhaltung der Arbeitskraft wachsen, und die Löhne stünden in keinem Verhältnis zum Zustand dieses Fonds, weil sie zu hoch wären. Durch die Besteuerung der Löhne stünde die dem Arbeiter gezahlte Vergütung außerdem in keinem Verhältnis zur Höhe dieses Fonds, da sie zu niedrig wäre. Im einen Fall würde durch einen Rückgang, im anderen Fall durch einen Anstieg des Geldlohns das natürliche Gleichgewicht zwischen Profiten und Löhnen wiederhergestellt. Eine Lohnsteuer lastet dann nicht auf dem Grundeigentümer, sondern auf den Kapitalgewinnen: Sie „berechtigt und verpflichtet den Meisterfabrikanten nicht, ihm einen Gewinn auf die Preise seiner Waren zu berechnen", denn er wird dazu nicht in der Lage sein um ihren Preis zu erhöhen, und muss daher eine solche Steuer vollständig und ohne Entschädigung selbst zahlen. [16]

Wenn die Auswirkungen von Steuern auf Löhne so sind, wie ich sie beschrieben habe, verdienen sie nicht die Kritik, die Dr. Smith gegen sie ausgesprochen hat. Über solche Steuern bemerkt er: „Diese und einige andere Steuern der gleichen Art sollen durch die Erhöhung des Arbeitspreises den größten Teil der holländischen Industrieproduktion ruiniert haben. Ähnliche Steuern, wenn auch nicht ganz so hoch, werden erhoben." in den Mailänder Staaten, in den Bundesstaaten Genua, im Herzogtum Modena, in den Herzogtümern Parma, Placentia und Guastalla und in den Kirchenstaaten. Ein bedeutender französischer Autor hat vorgeschlagen, die Finanzen seines Landes zu reformieren. indem er diese verderblichste aller Steuern an die Stelle anderer Steuern setzt. „Es gibt nichts so Absurdes", sagt Cicero, „was nicht manchmal von einigen Philosophen behauptet wurde." Und an einer anderen Stelle sagt er: „Steuern auf . " Durch die Erhöhung des Arbeitslohns tendieren die Notwendigkeiten zwangsläufig dazu, den Preis aller Manufakturen zu erhöhen und folglich den Umfang ihres Verkaufs und Konsums zu verringern." Sie hätten diesen Tadel nicht verdient; selbst wenn Dr. Smiths Grundsatz richtig wäre, dass solche Steuern die Preise für Industriegüter erhöhen würden; denn eine solche Wirkung könnte nur vorübergehender Natur sein und würde uns im Außenhandel keinen Nachteil bescheren. Sollte irgendein Grund den Preis einiger Industriegüter erhöhen, würde dies deren Export verhindern oder hemmen; aber wenn die gleiche Ursache allgemein auf alle wirken würde, wäre die Wirkung nur nominell und würde weder ihren relativen Wert beeinträchtigen noch den Anreiz für einen Tauschhandel in irgendeiner Weise verringern; was der gesamte Handel, sowohl der inländische als auch der inländische, wirklich ist.

Ich habe bereits zu zeigen versucht, dass, wenn irgendein Grund die Preise aller Waren im Allgemeinen erhöht, die Auswirkungen fast einem

Wertverlust des Geldes ähneln. Wenn der Wert des Geldes sinkt, steigen alle Waren im Preis; und wenn die Wirkung auf ein Land beschränkt ist, wird sie dessen Außenhandel in derselben Weise beeinflussen wie ein hoher Warenpreis, der durch die allgemeine Besteuerung verursacht wird; und deshalb untersuchen wir bei der Untersuchung der Auswirkungen eines auf ein Land beschränkten niedrigen Geldwerts auch die Auswirkungen eines auf ein Land beschränkten hohen Warenpreises. Tatsächlich war sich Adam Smith der Ähnlichkeit zwischen diesen beiden Fällen voll bewusst und vertrat stets die Ansicht, dass der niedrige Wert des Geldes oder, wie er es nennt, des Silbers in Spanien als Folge des Exportverbots äußerst schädlich sei an die Manufakturen und den Außenhandel Spaniens. „Aber dieser Wertverfall des Silbers, der entweder auf die besondere Situation oder die politischen Institutionen eines bestimmten Landes zurückzuführen ist und nur in diesem Land stattfindet, ist eine Angelegenheit von sehr großer Tragweite, die keineswegs tendenziell ist Um jeden Körper wirklich reicher zu machen, tendieren sie dazu, jeden wirklich ärmer zu machen . Der Anstieg des Geldpreises aller Waren, der in diesem Fall diesem Land eigen ist, tendiert dazu, mehr oder weniger jede Art von Industrie, die dort betrieben wird, zu entmutigen und es ausländischen Nationen zu ermöglichen, diese nicht nur auf dem ausländischen, sondern sogar auf dem heimischen Markt zu unterbieten, indem sie fast alle Arten von Waren für eine geringere Menge Silber liefern, als sich ihre eigenen Arbeiter leisten können. Flug. ii. Seite 278.

Den einen und meiner Meinung nach einzigen der Nachteile eines niedrigen Silberwertes in einem Land, der aus einem erzwungenen Überfluss resultiert, hat Dr. Smith treffend erklärt. Wenn der Handel mit Gold und Silber frei wäre, „würde das Gold und Silber, das ins Ausland gehen würde, nicht umsonst ins Ausland gehen, sondern einen gleichen Wert an Gütern der einen oder anderen Art zurückbringen. Auch diese Güter wären nicht alles von reinem Luxus und Kosten, der von müßigen Menschen konsumiert werden soll, die nichts als Gegenleistung für ihren Konsum produzieren. Da der wirkliche Reichtum und die Einnahmen der müßigen Menschen durch diesen außergewöhnlichen Export von Gold und Silber nicht erhöht würden, würde dies auch bei ihrem Konsum der Fall sein Diese Güter würden wahrscheinlich zum größten Teil und sicherlich zu einem Teil davon aus Materialien, Werkzeugen und Lebensmitteln bestehen, die für die Beschäftigung und den Unterhalt fleißiger Menschen bestimmt sind, die mit Gewinn den vollen Wert reproduzieren würden ihres Konsums. Ein Teil des toten Kapitals der Gesellschaft würde so in aktives Kapital umgewandelt und eine größere Menge an Industrie in Gang gesetzt, als zuvor eingesetzt wurde.

Indem Sie keinen freien Handel mit Edelmetallen zulassen, wenn die Rohstoffpreise steigen, sei es durch Steuern oder durch den Zufluss von Edelmetallen, verhindern Sie, dass ein Teil des toten Kapitals der

Gesellschaft in aktives Kapital umgewandelt wird – Sie verhindern, dass eine größere Menge Industrie beschäftigt wird. Aber das ist das ganze Ausmaß des Übels; ein Übel, das die Länder, in denen die Ausfuhr von Silber entweder erlaubt oder geduldet wird, nie zu spüren bekommen.

Der Austausch zwischen den Ländern erfolgt nur auf Augenhöhe, solange sie genau über die Währungsmenge verfügen, die sie in der tatsächlichen Lage der Dinge benötigen müssten, um die Zirkulation ihrer Waren aufrechtzuerhalten. Wenn der Handel mit Edelmetallen völlig frei wäre und Geld ohne jegliche Kosten exportiert werden könnte, könnten die Börsen in jedem Land nicht anders als zum Nennwert ablaufen. Wäre der Handel mit den Edelmetallen vollkommen frei, wenn sie allgemein im Umlauf wären, selbst mit den Kosten für ihren Transport, könnte der Austausch in keinem von ihnen mehr davon abweichen als durch diese Kosten. Ich glaube, dass diese Grundsätze derzeit nicht mehr bestritten werden. Wenn ein Land Papiergeld verwendet, das nicht gegen Bargeld umtauschbar ist und daher keinem festen Standard unterliegt, könnten die Wechselkurse in diesem Land umso mehr vom Nennwert abweichen, als sein Geld über die Menge hinaus vervielfacht würde, die ihm vom General zugeteilt worden wäre Handel, wenn der Handel mit Geld frei gewesen wäre und die Edelmetalle entweder für Geld oder für den Geldstandard verwendet worden wären.

Wenn durch die allgemeinen Handelsgeschäfte 10 Millionen Pfund Sterling mit einem bekannten Barrengewicht und -feinheit der Anteil Englands sein würden und 10 Millionen Papierpfunde ersetzt würden, hätte dies keine Auswirkung auf den Umtausch; aber wenn durch den Missbrauch der Macht, Papiergeld auszugeben, 11 Millionen Pfund in der Zirkulation eingesetzt würden, würde der Umtausch 9 Prozent betragen. gegen England; wenn 12 Millionen beschäftigt wären, würde der Austausch 16 Prozent betragen; und wenn 20 Millionen , würde der Austausch 50 Prozent betragen. gegen England. Um diesen Effekt zu erzielen, ist es jedoch nicht notwendig, dass Papiergeld eingesetzt wird: irgendein Mittel, das eine größere Menge an Pfund im Umlauf hält, als im Umlauf gewesen wäre, wenn der Handel frei gewesen wäre und die Edelmetalle ein bekanntes Gewicht und eine bekannte Feinheit gehabt hätten entweder für Geld oder für den Standard des Geldes verwendet würde, würde genau die gleichen Wirkungen hervorrufen. Nehmen wir an, dass durch die Kürzung des Geldes jedes Pfund nicht die Menge an Gold oder Silber enthielte, die es laut Gesetz enthalten sollte, so könnte eine größere Anzahl solcher Pfund im Umlauf verwendet werden, als wenn sie nicht gekürzt würden. Wenn von jedem Pfund ein Zehntel weggenommen würde, könnten statt 10 11 Millionen solcher Pfund verwendet werden; Wenn zwei Zehntel weggenommen würden, könnten 12 Millionen beschäftigt werden; und wenn eine Hälfte weggenommen würde, wären 20 Millionen vielleicht nicht überflüssig. Wenn die letztere Summe anstelle von 10 Millionen verwendet würde , würde jede Ware in England auf das Doppelte ihres früheren Preises erhöht, und der Umtausch würde 50 Prozent betragen. gegen England, aber dies würde weder zu Störungen im Außenhandel führen noch die Herstellung irgendeiner Ware behindern. Wenn zum Beispiel in England Stoff ab 20 *l stieg.* bis 40 *l.* Pro Stück sollten wir es nach der Erhöhung genauso frei exportieren wie vor einer Entschädigung von 50 Prozent. würde im Austausch an den ausländischen Käufer gezahlt werden; so dass mit 20 *l.* Von seinem Geld könnte er einen Wechsel kaufen, der es ihm ermöglichen würde, eine Schuld von 40 l zu begleichen . in England. Ebenso verhält es sich, wenn er eine Ware exportiert, die 20 *l kostet.* zu Hause, und der in England für 40 *l verkauft wurde.* er würde nur 20 *l erhalten.* , für 40 *l.* In England würde man nur einen Schein für 20 *l kaufen.* wir haben ein fremdes Land. Aus welchem Grund auch immer würden sich die gleichen Auswirkungen ergeben: 20 Millionen könnten gezwungen werden, das Zirkulationsgeschäft in England zu betreiben, wenn nur 10 Millionen nötig wären. Wenn ein so absurdes Gesetz wie das Verbot der Ausfuhr von Edelmetallen durchgesetzt werden könnte und die Folge eines solchen Verbots wäre, dass 11 statt 10 Millionen in Umlauf gebracht würden, würde der Umtausch 9 Prozent betragen. gegen England; wenn 12 Millionen , 16 Prozent; und wenn 20 Millionen , 50 Prozent. gegen England. Aber die Manufakturen Englands ließen sich nicht entmutigen; Wenn einheimische Waren in England zu einem hohen Preis verkauft würden, würden dies auch ausländische Waren tun; und ob sie hoch oder niedrig wären, würde für den ausländischen Exporteur und Importeur von geringer Bedeutung sein, während er einerseits verpflichtet wäre, eine Kompensation im Austausch zuzulassen, wenn seine Waren zu einem teuren Kurs verkauft würden, und dies erhalten würde gleiche Entschädigung, als er gezwungen war, englische Waren zu einem hohen Preis zu kaufen. Der einzige Nachteil, der einem Land dann entstehen könnte, wenn es durch Verbotsgesetze eine größere Menge Gold und Silber im Umlauf hält, als sonst dort verblieben wäre, wäre der Verlust, den es erleiden würde, wenn es einen Teil seines Kapitals unproduktiv anwendet, anstatt es zu beschäftigen es produktiv. In Form von Geld bringt dieses Kapital keinen Profit hervor; in Form von Materialien, Maschinen und Nahrungsmitteln, gegen die es eingetauscht werden könnte, würde es Einnahmen generieren und den Reichtum und die Ressourcen des Staates erhöhen. Ich hoffe also , dass ich zufriedenstellend bewiesen habe, dass ein vergleichsweise niedriger Preis der Edelmetalle als Folge der Besteuerung, oder mit anderen Worten, ein allgemein hoher Preis der Waren, für einen Staat als Teil davon keinen Nachteil darstellen würde Die Metalle würden exportiert, was durch die Wertsteigerung die Rohstoffpreise wiederum senken würde. Und weiter: Wenn sie nicht exportiert würden und durch Verbotsgesetze in einem Land behalten werden könnten, würde die Auswirkung auf den Wechselkurs die Auswirkung hoher

Preise ausgleichen. Wenn also Steuern auf lebensnotwendige Güter und auf Löhne nicht die Preise aller Waren erhöhen würden, für die Arbeit aufgewendet wurde, können sie aus solchen Gründen nicht verurteilt werden; und selbst wenn die Meinung begründet wäre, dass sie eine solche Wirkung haben würden, wären sie aus diesem Grund in keiner Weise schädlich.

Es ist zweifellos wahr, dass „Luxussteuern keine Tendenz haben, den Preis anderer Waren außer dem der besteuerten Waren zu erhöhen"; Aber es ist nicht wahr, dass Steuern auf lebensnotwendige Güter durch die Erhöhung des Arbeitslohns zwangsläufig dazu führen, dass sich der Preis aller Industriegüter erhöht. Es stimmt, dass „Steuern auf Luxusartikel letztlich von den Konsumenten der besteuerten Waren gezahlt werden, ohne dass diese Steuern erhoben werden." jede Vergeltung. Sie fallen gleichgültig auf jede Art von Einkommen, den Arbeitslohn , die Kapitalgewinne und die Grundrente; es stimmt jedoch nicht, dass Steuern auf lebensnotwendige Güter, *soweit sie die arbeitenden Armen betreffen* , letztendlich teilweise gezahlt werden von den Grundbesitzern wegen der verringerten Rente ihres Landes und teilweise von den reichen Verbrauchern, seien es Grundbesitzer oder andere, wegen der erhöhten Preise der Industriegüter; denn soweit diese Steuern die *arbeitenden Armen betreffen* , werden sie fast vollständig von den verminderten gezahlt Aktiengewinne, wobei nur ein kleiner Teil von den Arbeitern selbst in Form der verringerten Arbeitsnachfrage bezahlt wird , die durch Besteuerung jeglicher Art tendenziell erzeugt wird.

Dr. Smiths falsche Sicht auf die Wirkung dieser Steuern hat ihn zu dem Schluss geführt, dass „die mittleren und höheren Schichten der Menschen, wenn sie ihre eigenen Interessen verstehen, sich immer gegen alle Steuern auf das Notwendige wehren sollten." des Lebens sowie alle direkten Steuern auf den Arbeitslohn . Diese Schlussfolgerung ergibt sich aus seiner Argumentation, „dass die Schlusszahlung sowohl für den einen als auch für den anderen gänzlich auf sie selbst fällt, und zwar immer mit einem erheblichen Aufpreis. Sie fällt am schwersten auf die Grundbesitzer, die immer in doppelter Eigenschaft zahlen; in der Eigenschaft der Grundbesitzer, durch die Senkung ihrer Rente und bei reichen Verbrauchern durch die Erhöhung ihrer Ausgaben. Die Beobachtung von Sir Matthew Decker, dass bestimmte Steuern im Preis bestimmter Waren enthalten sind, manchmal wiederholt und vier- oder fünfmal akkumuliert, ist vollkommen Gerade im Hinblick auf die Steuern auf die lebensnotwendigen Dinge. Beim Lederpreis zum Beispiel müssen Sie nicht nur die Steuer auf das Leder Ihrer eigenen Schuhe bezahlen, sondern auch einen Teil davon auf das Leder des Schuhmachers und anderer Gerber. Du musst auch die Steuer auf das Salz, die Seife und die Kerzen bezahlen, die diese Arbeiter verbrauchen, während sie in deinem Dienst beschäftigt sind, und für die Steuer auf das Leder, das der Salzmacher, der Seifenmacher, zahlt , und der Kerzenmacher verbraucht, während er in seinem Dienst beschäftigt ist."

Da nun Dr. Smith nicht behauptet, dass der Gerber, der Salzmacher, der Seifenmacher und der Kerzenmacher von der Steuer auf Leder, Salz, Seife und Kerzen profitieren werden; und da es sicher ist, dass die Regierung nicht mehr als die erhobene Steuer erhalten wird, ist es unmöglich, sich vorzustellen, dass die Öffentlichkeit mehr zahlen kann, egal auf wen auch immer die Steuer fallen mag. Die reichen Verbraucher können und werden für die armen Verbraucher zahlen, aber sie werden nicht mehr als den gesamten Steuerbetrag zahlen; und es liegt nicht in der Natur der Sache, dass „die Steuer vier- oder fünfmal wiederholt und angehäuft werden sollte".

Ein Steuersystem kann fehlerhaft sein; Vom Volk kann mehr erhoben werden, als in die Staatskasse gelangt, da ein Teil aufgrund seiner Auswirkung auf die Preise möglicherweise von denen erhalten wird, die von der besonderen Art der Steuern profitieren hässlich. Solche Steuern sind schädlich und sollten nicht gefördert werden; denn es kann als Grundsatz festgelegt werden, dass Steuern, wenn sie gerecht funktionieren, der ersten Maxime von Dr. Smith entsprechen und dem Volk so wenig wie möglich über das hinausbringen, was in die Staatskasse des Staates gelangt. M. Say sagt: „Andere bieten Finanzpläne an und schlagen Mittel vor, um die Kassen des Souveräns zu füllen, ohne dass seine Untertanen dafür etwas bezahlen müssten. Aber wenn ein Finanzplan nicht den Charakter eines kommerziellen Unternehmens hat, kann er der Regierung nicht mehr bringen." als es Einzelpersonen oder der Regierung selbst in einer anderen Form wegnimmt. Etwas kann nicht durch einen Zauberstabstrich aus dem Nichts gemacht werden. Auf welche Weise auch immer eine Operation getarnt sein mag, auf welche Weise auch immer wir einen Wert einschränken können Egal, welche Metamorphose wir auch durchmachen mögen, wir können nur einen Wert haben , indem wir es erschaffen oder von anderen nehmen. Der allerbeste Finanzplan besteht darin, wenig auszugeben, und die beste aller Steuern ist das was der geringste Betrag ist."

Dr. Smith vertritt einheitlich und meines Erachtens zu Recht die Ansicht, dass die arbeitenden Klassen keinen wesentlichen Beitrag zu den Lasten des Staates leisten können. Eine Steuer auf lebensnotwendige Güter oder auf Löhne wird daher von den Armen auf die Reichen verlagert: Wenn dann die Bedeutung von Dr. Smith darin besteht, „dass bestimmte Steuern im Preis bestimmter Güter manchmal wiederholt und zu viert oder fünfmal akkumuliert werden." „Zeiten" nur zum Zwecke der Erreichung dieses Ziels, nämlich der Übertragung der Steuer von den Armen auf die Reichen, können sie aus diesem Grund nicht tadelbar gemacht werden.

Angenommen, der gerechte Anteil der Steuern eines reichen Verbrauchers beträgt 100 *l.*, *und dass er sie direkt zahlen würde, wenn die Steuer auf Einkommen, auf Wein oder auf irgendeinen anderen Luxus erhoben würde, er würde keinen Schaden erleiden, wenn er durch die Besteuerung von Bedarfsgütern nur zur Zahlung von 25 l* aufgefordert würde . , soweit es seinen eigenen Verbrauch an lebensnotwendigen Gütern und den seiner Familie betraf, sollte jedoch verpflichtet werden, diese Steuer dreimal zu wiederholen, indem ein zusätzlicher Preis für andere Waren gezahlt wird, um die Arbeiter oder ihre Arbeitgeber für die Steuer zu entlohnen Sie wurden aufgefordert, voranzukommen. Selbst in diesem Fall ist die Begründung nicht schlüssig: Denn wenn nicht mehr gezahlt wird, als von der Regierung verlangt wird; Welche Bedeutung kann es für den reichen Verbraucher haben, ob er die Steuer direkt zahlt, indem er einen erhöhten Preis für einen Luxusgegenstand zahlt, oder indirekt, indem er einen erhöhten Preis für die von ihm konsumierten Bedarfsgüter und anderen Waren zahlt? Wenn das Volk nicht mehr zahlt, als die Regierung erhält, wird der reiche Verbraucher nur seinen angemessenen Anteil zahlen; Wenn mehr gezahlt wird, hätte Adam Smith angeben müssen, von wem es erhalten wird.

M. Say scheint mir nicht konsequent an dem offensichtlichen Grundsatz festgehalten zu haben, den ich aus seiner kompetenten Arbeit zitiert habe; denn auf der nächsten Seite, in der es um die Besteuerung geht, sagt er: „Wenn sie zu weit getrieben wird, erzeugt sie diesen beklagenswerten Effekt, sie beraubt den Steuerzahler eines Teils seines Reichtums, ohne den Staat zu bereichern." Das können wir verstehen, Wenn wir bedenken, dass die Fähigkeit eines jeden Menschen, produktiv zu konsumieren oder nicht, durch sein Einkommen begrenzt ist, kann ihm ein Teil seines Einkommens nicht entzogen werden, ohne dass er gezwungen ist, seinen Konsum proportional zu reduzieren. Daher kommt es zu einer Verringerung der Nachfrage danach Waren, die er nicht mehr konsumiert, und insbesondere für diejenigen, auf die die Steuer erhoben wird. Aus dieser Verringerung der Nachfrage resultiert eine Verringerung der Produktion und folglich der steuerpflichtigen Waren. Der Beitragszahler wird dann einen Teil seiner Freuden verlieren; die der Produzent einen Teil seiner Gewinne und die Staatskasse einen Teil ihrer Einnahmen."

M. Say nennt Beispiele für die Salzsteuer in Frankreich vor der Revolution; was, wie er sagt, die Salzproduktion um die Hälfte verringerte. Wenn jedoch weniger Salz verbraucht wurde, wurde weniger Kapital für seine Herstellung eingesetzt; und daher würde der Produzent, obwohl er bei der Salzproduktion weniger Gewinn erzielen würde, bei der Produktion anderer Dinge mehr erzielen. Wenn eine Steuer, so belastend sie auch sein mag, auf die Einnahmen und nicht auf das Kapital fällt, verringert sie nicht die Nachfrage, sondern verändert nur deren Natur. Sie ermöglicht es der

Regierung, so viel vom Land- und Arbeitsertrag des Landes zu verbrauchen, wie zuvor von den Einzelpersonen verbraucht wurde, die zur Steuer beitragen. Wenn mein Einkommen 1000 *l beträgt.* pro Jahr, und ich werde für 100 l abgerufen . pro Jahr kann ich für eine Steuer nur neun Zehntel der Warenmenge verlangen, die ich zuvor verbraucht habe, aber ich erlaube der Regierung, das andere Zehntel zu verlangen. Wenn es sich bei der besteuerten Ware um Mais handelt, ist es nicht notwendig, dass meine Nachfrage nach Mais sinkt, da ich möglicherweise lieber 100 *l zahlen würde.* pro Jahr mehr für meinen Mais, und um den gleichen Betrag sinkt auch mein Bedarf an Wein, Möbeln oder anderen Luxusgütern. [17] Folglich wird im Wein- oder Polsterhandel weniger Kapital eingesetzt, dafür aber mehr in der Herstellung dieser Waren, für die die von der Regierung erhobenen Steuern aufgewendet werden.

*Say* sagt, dass M. Turgot durch die Halbierung der Marktabgaben für Fisch ( *Eintritts- und Marktrechte bei Flut* ) in Paris die Menge ihrer Produkte nicht verringert hat und dass sich folglich der Fischkonsum verdoppelt haben muss . Er schließt daraus, dass sich auch die Gewinne der Fischer und der im Handel tätigen Personen verdoppelt haben müssen und dass das Einkommen des Landes um den gesamten Betrag dieser erhöhten Gewinne gestiegen sein muss; und durch die Förderung der Akkumulation müssen die Ressourcen des Staates erhöht worden sein. [18]

Ohne die Politik, die diese Änderung der Steuer diktierte, in Frage zu stellen, darf ich doch bezweifeln, ob sie der Akkumulation einen großen Anreiz gab. Wenn sich die Gewinne der Fischer und anderer im Handel tätiger Personen infolge des erhöhten Fischkonsums verdoppelt hätten, müssten Kapital und Arbeit aus anderen Berufen abgezogen worden sein, um sie in diesem speziellen Handel zu engagieren. Aber in diesen Berufen erwirtschafteten Kapital und Arbeit Gewinne, die bei ihrem Rückzug aufgegeben worden sein mussten. Die Fähigkeit des Landes zur Akkumulation wurde nur durch die Differenz zwischen den Gewinnen erhöht, die in dem Geschäft erzielt wurden, in dem das Kapital neu eingesetzt wurde, und denen, die in dem Geschäft erzielt wurden, aus dem es abgezogen wurde.

Unabhängig davon, ob Steuern vom Einkommen oder vom Kapital erhoben werden, verringern sie die steuerpflichtigen Güter des Staates. Wenn ich aufhöre, 100 l auszugeben . auf Wein, denn durch die Zahlung einer Steuer in dieser Höhe habe ich es der Regierung ermöglicht, 100 l auszugeben . Anstatt es selbst auszugeben, werden zwangsläufig Waren im Wert von hundert Pfund von der Liste der steuerpflichtigen Waren gestrichen. Wenn das Einkommen der Einzelpersonen eines Landes 10 Millionen beträgt , verfügen sie über steuerpflichtige Waren im Wert von mindestens 10 Millionen . Wenn durch die Besteuerung von einigen eine Million in die Verfügungsgewalt der Regierung überführt wird, betragen ihre Einnahmen nominell immer noch 10 Millionen , es verbleiben jedoch nur steuerpflichtige Waren im Wert von neun Millionen. Es gibt keine Umstände, unter denen die Besteuerung nicht die Freuden derjenigen schmälert, die letztlich von der Steuer betroffen sind, und es gibt keine Möglichkeit, diese Freuden wieder zu verlängern, sondern nur die Anhäufung neuer Einnahmen.

Die Besteuerung kann niemals so gleichmäßig angewendet werden, dass sie sich im gleichen Verhältnis auf den Wert aller Waren auswirkt und sie dennoch auf dem gleichen relativen Wert erhält. Aufgrund seiner indirekten Wirkungen funktioniert es häufig ganz anders als die Absicht des Gesetzgebers. Wir haben bereits gesehen, dass die Wirkung einer direkten Steuer auf Mais und Rohprodukte darin besteht, dass, wenn im Land auch Geld produziert wird, der Preis aller Waren in dem Verhältnis steigt, in dem Rohprodukte in ihre Zusammensetzung eingehen, und dadurch zerstören die natürliche Beziehung, die zuvor zwischen ihnen bestand. Ein weiterer indirekter Effekt besteht darin, dass die Löhne steigen und die Profitrate sinkt. und wir haben auch in einem anderen Teil dieser Arbeit gesehen, dass die Wirkung eines Anstiegs der Löhne und eines Rückgangs der Profite darin besteht, dass die Geldpreise derjenigen Waren sinken, die in größerem Maße durch den Einsatz von fixem Kapital produziert werden .

Dass eine Ware, wenn sie besteuert wird, nicht mehr so gewinnbringend exportiert werden kann, ist so gut bekannt, dass bei ihrer Ausfuhr häufig eine Vergütung gewährt und bei ihrer Einfuhr ein Zoll erhoben wird. Wenn diese Nachteile und Zölle nicht nur auf die Waren selbst, sondern auf alles, was sie indirekt betreffen, genau angewendet werden, dann wird es in der Tat keine Beeinträchtigung des Werts der Edelmetalle geben. Da wir eine Ware nach der Besteuerung genauso gut exportieren könnten wie zuvor und da keine besondere Erleichterung für die Einfuhr gegeben wäre, würden die Edelmetalle nicht mehr als zuvor in die Liste der exportierbaren Waren aufgenommen.

Von allen Waren eignet sich vielleicht keine so gut zur Besteuerung wie diejenigen, die entweder mit Hilfe der Natur oder der Kunst mit besonderer Leichtigkeit hergestellt werden. In Bezug auf das Ausland können solche Waren unter die Kategorie derjenigen eingeordnet werden, deren Preis nicht durch die Menge der aufgewendeten Arbeit , sondern vielmehr durch die Launen, den Geschmack und die Macht der Käufer bestimmt wird. Wenn England ertragreichere Zinnminen als andere Länder hätte oder wenn es aufgrund überlegener Maschinen oder Brennstoffe über besondere Möglichkeiten zur Herstellung von Baumwollwaren verfügte, würden die Preise für Zinn und Baumwollwaren in England immer noch durch die relative Menge an Arbeit und Kapital reguliert zu ihrer Herstellung erforderlich, und die Konkurrenz unserer Händler würde sie für den ausländischen Verbraucher kaum teurer machen. Unser Vorteil bei der

Produktion dieser Waren könnte so groß sein, dass sie wahrscheinlich einen sehr hohen Mehrpreis auf dem ausländischen Markt verkraften könnten, ohne ihren Verbrauch wesentlich zu verringern. Diesen Preis konnten sie, solange die Konkurrenz im Inland frei war, niemals auf anderem Wege als durch eine Exportsteuer erzielen. Diese Steuer würde vollständig den ausländischen Verbrauchern zufallen, und ein Teil der Ausgaben der Regierung Englands würde durch eine Steuer auf Land und Arbeit anderer Länder bestritten. Die Teesteuer, die derzeit vom englischen Volk gezahlt wird und zur Deckung der Ausgaben der englischen Regierung dient, könnte, wenn sie in China auf den Export des Tees erhoben würde, zur Deckung der Ausgaben verwendet werden der Regierung Chinas.

Steuern auf Luxusgüter haben einen gewissen Vorteil gegenüber Steuern auf lebensnotwendige Güter. Sie werden im Allgemeinen aus dem Einkommen bezahlt und schmälern daher nicht das produktive Kapital des Landes. Wenn der Preis für Wein infolge der Besteuerung stark angestiegen wäre, würde ein Mann wahrscheinlich lieber auf den Weingenuss verzichten, als bedeutende Eingriffe in sein Kapital vorzunehmen, um ihn kaufen zu können. Sie sind so sehr mit dem Preis identifiziert, dass der Steuerzahler sich kaum bewusst ist, dass er eine Steuer zahlt. Sie haben aber auch ihre Nachteile. Erstens erreichen sie nie das Kapital, und in einigen außergewöhnlichen Fällen kann es zweckmäßig sein, dass sogar das Kapital zu den öffentlichen Forderungen beiträgt; und zweitens gibt es keine Gewissheit über die Höhe der Steuer, da sie möglicherweise nicht einmal das Einkommen erreicht. Wer sparen will, wird sich von der Steuer auf Wein befreien, indem er auf den Konsum verzichtet. Das Einkommen des Landes mag unvermindert bleiben, und dennoch ist der Staat möglicherweise nicht in der Lage, einen Schilling durch die Steuer aufzubringen.
Welche Gewohnheit auch immer angenehm gemacht hat, wird mit Widerwillen aufgegeben und trotz einer sehr hohen Steuer weiterhin konsumiert werden; Aber diese Zurückhaltung hat ihre Grenzen, und die tägliche Erfahrung zeigt, dass eine Erhöhung des Nominalbetrags der Besteuerung oft zu einer Verringerung des Ertrags führt. Ein Mann wird weiterhin die gleiche Menge Wein trinken, obwohl der Preis für jede Flasche um drei Schilling erhöht werden sollte, und der dennoch lieber auf die Verwendung von Wein verzichten würde, als vier Schilling zu zahlen. Ein anderer zahlt gerne vier Schilling, weigert sich jedoch, fünf Schilling zu zahlen. Das Gleiche gilt für andere Luxussteuern: Viele würden eine Steuer von 5 *l zahlen*. Für den Genuss, den ein Pferd bietet, wer würde nicht 10 *l bezahlen*. Gold 20 *l*. Nicht weil sie nicht mehr bezahlen können, verzichten sie auf Wein und Pferde, sondern weil sie nicht mehr bezahlen wollen. Jeder Mensch hat in seinem Kopf einen Maßstab, nach dem er den Wert seiner Freuden beurteilt, aber dieser Maßstab ist so vielfältig wie der menschliche Charakter. Ein Land, dessen Finanzlage durch die schelmische Politik der

Anhäufung hoher Staatsschulden und der daraus resultierenden enormen Besteuerung äußerst künstlich geworden ist, ist den Unannehmlichkeiten, die diese Art der Steuererhöhung mit sich bringt, besonders ausgesetzt. Nach dem Besuch mit einer Steuer die ganze Runde Luxus; nachdem Pferde, Kutschen, Wein, Diener und alle anderen Vergnügungen der Reichen gegen Beitrag bereitgestellt wurden; Ein Minister neigt dazu, zu dem Schluss zu kommen, dass das Land den Höchstbetrag der Besteuerung erreicht hat, da er durch eine Erhöhung des Steuersatzes den Betrag keiner dieser Steuern erhöhen kann. Aber mit dieser Schlussfolgerung wird er nicht immer Recht haben, denn es ist sehr gut möglich, dass ein solches Land eine sehr große zusätzliche Last tragen könnte, ohne die Integrität seines Kapitals zu beeinträchtigen.

# Kapitel XV.

## STEUERN AUF ANDERE WAREN ALS ROHPRODUKTE.

**NACH** DEM gleichen Prinzip, dass eine Steuer auf Mais den Maispreis erhöhen würde, würde auch eine Steuer auf jede andere Ware den Preis dieser Ware erhöhen. Wenn die Ware nicht um einen Betrag stieg, der der Steuer entspricht, würde sie dem Produzenten nicht den gleichen Gewinn bringen, den er zuvor hatte, und er würde sein Kapital für eine andere Beschäftigung einsetzen.

Die Besteuerung aller Güter, seien es Bedarfs- oder Luxusgüter, wird, während der Wert des Geldes unverändert bleibt, ihre Preise um einen Betrag erhöhen, der mindestens der Steuer entspricht. [19] Eine Steuer auf die hergestellten Bedarfsgüter des Arbeiters hätte die gleiche Wirkung auf den Lohn wie eine Steuer auf Mais, das sich von anderen Bedarfsgütern nur dadurch unterscheidet, dass es das erste und wichtigste auf der Liste ist; und es würde genau die gleichen Auswirkungen auf die Gewinne des Aktien- und Außenhandels haben. Aber eine Steuer auf Luxusartikel hätte keine andere Wirkung, als deren Preis zu erhöhen. Es würde vollständig zu Lasten des Verbrauchers gehen und könnte weder die Löhne erhöhen noch die Gewinne senken.

Steuern, die von einem Land zur Unterstützung des Krieges oder für die gewöhnlichen Staatsausgaben erhoben werden und hauptsächlich der Unterstützung unproduktiver Arbeiter dienen , werden der produktiven Industrie des Landes entnommen; und jede Ersparnis, die aus solchen Ausgaben erzielt werden kann, wird im Allgemeinen zu den Einnahmen, wenn nicht sogar zum Kapital der Beitragszahler hinzugerechnet. Wenn für die Kosten eines Kriegsjahres zwanzig Millionen durch eine Anleihe aufgebracht werden, sind es diese zwanzig Millionen, die dem produktiven Kapital der Nation entzogen werden. Die Million pro Jahr, die durch Steuern aufgebracht wird, um die Zinsen dieses Darlehens zu bezahlen, wird lediglich von denjenigen, die sie zahlen, auf diejenigen übertragen, die sie erhalten, vom Steuerzahler auf den nationalen Gläubiger. Der eigentliche Aufwand sind die zwanzig Millionen und nicht die Zinsen, die dafür gezahlt werden müssen. [20] Ob die Zinsen gezahlt werden oder nicht, das Land wird weder reicher noch ärmer sein. Die Regierung hätte die zwanzig Millionen sofort in Form von Steuern verlangen können; In diesem Fall wäre es nicht notwendig gewesen, die jährlichen Steuern in Höhe von einer Million zu erhöhen. Dies hätte jedoch nichts an der Art der Transaktion geändert. Eine Einzelperson statt zur Zahlung von 100 *l aufgefordert zu werden.* pro Jahr hätte möglicherweise 2000 l zahlen müssen . ein für alle Mal. Vielleicht hätte es seiner Bequemlichkeit auch besser gepasst, sich diesen 2000 *l auszuleihen.* , und 100 *l zu bezahlen.* pro Jahr für Zinsen an den Kreditgeber zu zahlen, als den größeren Betrag aus eigenen Mitteln zu ersparen. In einem Fall handelt es sich um eine private Transaktion zwischen A und B, im anderen Fall garantiert die Regierung B die Zahlung der von A zu gleichen Teilen zu zahlenden Zinsen. Wäre die Transaktion privater Natur gewesen, würden darüber keine öffentlichen Aufzeichnungen geführt , und es wäre für das Land vergleichsweise gleichgültig, ob A seinen Vertrag gegenüber B treu erfüllte oder die 100 *l zu Unrecht einbehielt.* pro Jahr in seinem eigenen Besitz. Das Land hätte ein allgemeines Interesse an der getreuen Erfüllung eines Vertrags, aber im Hinblick auf das Volksvermögen hätte es kein anderes Interesse, als ob A oder B diese 100 l leisten würden . am produktivsten, aber in dieser Frage hätte es weder das Recht noch die Fähigkeit, zu entscheiden. Es wäre möglich, dass A, wenn er es für seinen eigenen Gebrauch behielte, es unrentabel besetzte, und wenn es an B ausgezahlt würde, könnte er es seinem Kapital hinzufügen und es produktiv einsetzen. Und auch das Umgekehrte wäre möglich, B könnte es in Beschlag nehmen und A könnte es produktiv einsetzen. Nur im Hinblick auf den Reichtum könnte es ebenso oder noch wünschenswerter sein, dass A ihn bezahlen sollte oder nicht; aber die Ansprüche von Gerechtigkeit und Treu und Glauben, ein größerer Nutzen, dürfen nicht gezwungen werden, denen eines geringeren nachzugeben; und dementsprechend würden die Gerichte A zur Erfüllung seines Vertrags verpflichten, wenn der Staat zum Eingreifen aufgefordert würde. Eine vom Staat verbürgte Schuld unterscheidet sich in keiner Hinsicht von der oben genannten Transaktion. Gerechtigkeit und Treu und Glauben verlangen, dass die Zinsen der Staatsschulden weiterhin gezahlt werden und dass diejenigen, die ihr Kapital zum Wohle der Allgemeinheit vorgeschossen haben, nicht aus Gründen der Zweckmäßigkeit auf ihre Billigkeitsansprüche verzichten müssen.

Aber unabhängig von dieser Überlegung ist es keineswegs sicher, dass der politische Nutzen durch den Verzicht auf politische Integrität irgendetwas gewinnen würde; Daraus folgt keineswegs, dass die Partei, die von der Zahlung der Zinsen der Staatsschuld befreit ist, diese produktiver einsetzen würde als diejenigen, denen sie unbestreitbar zusteht. Durch den Erlass der Staatsschulden könnte das Einkommen eines Mannes von 1000 *l erhöht werden.* bis 1500 *l* , aber die eines anderen Mannes würde von 1500 *l abgesenkt werden.* bis 1000 *l.* Das Einkommen dieser beiden Männer beträgt nun 2500 *l* , sie würden dann nicht mehr ausmachen. Wenn es das Ziel der Regierung wäre, Steuern zu erhöhen, gäbe es in einem Fall genau das gleiche steuerpflichtige Kapital und Einkommen wie im anderen. Ein Land gerät dann weder durch die Zahlung der Zinsen auf die Staatsschuld in Bedrängnis, noch kann es durch die Befreiung von der Zahlung entlastet werden. Nur durch Einsparungen bei den Einnahmen und Kürzungen bei den Ausgaben kann das nationale Kapital erhöht werden; und weder würden die Einnahmen erhöht, noch würden die Ausgaben durch die Vernichtung der Staatsschulden verringert. Durch die hohen Staats- und Privatausgaben sowie durch Kredite wird ein Land verarmt; Daher wird jede Maßnahme, die darauf abzielt, die öffentliche und private Wirtschaft zu fördern , die öffentliche Not lindern; aber es ist ein Irrtum und eine Täuschung anzunehmen, dass ein wirkliches nationales Problem dadurch beseitigt werden kann, dass man es von den Schultern einer Klasse der Gemeinschaft, die es zu Recht tragen sollte, auf die Schultern einer anderen Klasse verlagert, die nach jedem Grundsatz der Das Eigenkapital sollte nicht mehr als ihren Anteil tragen. Aus dem, was ich gesagt habe, darf nicht gefolgert werden, dass ich das System der Kreditaufnahme für das am besten geeignete System halte, um die außerordentlichen Ausgaben des Staates zu decken. Es ist ein System, das dazu neigt, uns weniger sparsam zu machen – und uns blind für unsere wirkliche Situation zu machen. Wenn die Kosten eines Krieges 40 Millionen pro Jahr betragen würden und der Anteil, den ein Mann zu diesen jährlichen Ausgaben beisteuern müsste, 100 *l betragen würde.* , er würde sich bemühen , sobald er um seinen Teil gebeten würde, die 100 *l schnell zu sparen.* von seinem Einkommen. Durch das Kreditsystem ist er aufgefordert, nur die Zinsen dieser 100 *l zu zahlen.* , gold 5 *l.* pro Jahr und ist der Meinung, dass er mit der Einsparung dieser 5 *l genug tut.* von seinen Ausgaben ab und täuscht sich dann vor, er sei genauso reich wie zuvor. Wenn die ganze Nation auf diese Weise denkt und handelt, spart sie nur die Zinsen von 40 Millionen , also zwei Millionen; und so verlieren sie nicht nur alle Zinsen oder Profite, die 40 Millionen produktiv eingesetztes Kapital liefern würden, sondern auch 38 Millionen , die Differenz zwischen ihren Ersparnissen und Ausgaben. Wenn, wie ich zuvor bemerkt habe, jeder Mensch seinen eigenen Kredit aufnehmen und seinen vollen Anteil an den Anforderungen des Staates beisteuern müsste, würde die Besteuerung sofort nach Ende des Krieges aufhören, und wir würden sofort in einen natürlichen Preiszustand fallen . Aus seinen privaten Mitteln müsste A möglicherweise an B Zinsen für das Geld zahlen, das er sich während des Krieges von ihm geliehen hat, damit er seinen Anteil an den Ausgaben bezahlen kann; aber das würde die Nation nicht beunruhigen. Ein Land, das große Schulden angehäuft hat, wird in eine höchst künstliche Situation gebracht; Und obwohl die Höhe der Steuern und der gestiegene Preis der Arbeit das Land nicht in einen anderen Nachteil gegenüber dem Ausland bringen, und das glaube ich auch nicht, außer dem unvermeidlichen, diese Steuern zahlen zu müssen, wird es doch zum Interesse von jeder Beitragszahler muss seine Schulter von der Last abziehen und diese Zahlung von sich selbst auf einen anderen verlagern; und die Versuchung, sich und seine Hauptstadt in ein anderes Land zu verlegen, wo er von solchen Lasten befreit wird, wird schließlich unwiderstehlich und überwindet den natürlichen Widerwillen, den jeder Mensch empfindet, den

Ort seiner Geburt und den Schauplatz seiner Kindheit zu verlassen Verbände. Ein Land, das sich in die Schwierigkeiten dieses künstlichen Systems verwickelt hat, würde klug handeln, wenn es sich von ihnen freikaufen würde, und zwar unter dem Preis eines Teils seines Eigentums, der zur Tilgung seiner Schulden notwendig sein könnte. Was in einem Einzelnen weise ist, ist auch in einer Nation weise. Ein Mann, der 10.000 *l hat.* und zahlte ihm ein Einkommen von 500 *l.*, davon muss er 100 *l bezahlen.* pro Jahr an den Zinsen der Schulden, ist eigentlich nur 8000 *l wert.*, und wäre ebenso reich, wenn er weiterhin 100 *l zahlen würde.* pro Jahr oder auf einmal und nur einmal 2000 *l geopfert.* Aber wo, so wird gefragt, wäre der Käufer der Immobilie, die er verkaufen muss, um diese 2000 *l zu erhalten?*? Die Antwort ist klar: der nationale Gläubiger, der diese 2000 l erhalten soll., wird eine Investition für sein Geld wollen und bereit sein, es entweder dem Grundbesitzer oder Fabrikanten zu leihen oder von ihm einen Teil des Eigentums zu kaufen, über das er verfügen muss. Zu diesem Effekt würden die Aktionäre selbst einen großen Teil beitragen. Ein solcher Plan wurde oft empfohlen, aber ich fürchte, wir verfügen weder über genügend Weisheit noch über genügend Tugend, um ihn zu übernehmen. Es muss jedoch zugegeben werden, dass unsere unaufhörlichen Bemühungen im Frieden darauf gerichtet sein sollten, den Teil der Schulden zu begleichen, die während des Krieges aufgenommen wurden; und dass keine Versuchung der Erleichterung, kein Wunsch, der Gegenwart zu entfliehen, und ich hoffe, vorübergehende Nöte uns dazu veranlassen sollten, in unserer Aufmerksamkeit auf dieses große Ziel nachzulassen. Kein Tilgungsfonds kann zum Schuldenabbau wirksam sein, wenn er nicht aus dem Überschuss der öffentlichen Einnahmen über die öffentlichen Ausgaben stammt. Es ist zu bedauern, dass der sinkende Fonds in diesem Land nur dem Namen nach so ist; denn es gibt keinen Überschuss der Einnahmen über die Ausgaben. Aus wirtschaftlichen Gründen sollte es zu dem gemacht werden, was es angeblich ist: ein wirklich effizienter Fonds zur Begleichung der Schulden. Wenn wir bei Ausbruch eines künftigen Krieges unsere Schulden nicht wesentlich reduziert haben, muss eines von zwei Dingen eintreten: Entweder müssen die gesamten Kosten dieses Krieges durch von Jahr zu Jahr erhöhte Steuern bestritten werden, oder wir müssen dies tun spätestens nach dem Ende dieses Krieges einen Staatsbankrott hinnehmen; nicht, dass wir nicht in der Lage wären, größere Schuldenzuschüsse zu ertragen; Es wäre schwierig, den Kräften einer großen Nation Grenzen zu setzen. Aber sicherlich gibt es Grenzen für den Preis, den Einzelpersonen in Form einer dauerhaften Besteuerung für das Privileg zahlen müssen, in ihrem Heimatland zu leben.

Wenn eine Ware einen Monopolpreis hat, handelt es sich um den höchsten Preis, zu dem die Verbraucher bereit sind, sie zu kaufen. Waren haben nur dann einen Monopolpreis, wenn ihre Menge auf keinen Fall erhöht werden kann; und wenn daher die Konkurrenz ganz auf einer Seite liegt – bei den Käufern. Der Monopolpreis einer Periode kann viel niedriger oder höher sein als der Monopolpreis einer anderen, da der Wettbewerb zwischen den Käufern von ihrem Reichtum, ihrem Geschmack und ihren Launen abhängen muss. Diese besonderen Weine , die in sehr begrenzten Mengen hergestellt werden, und diese Kunstwerke, die aufgrund ihrer Vorzüglichkeit oder Seltenheit einen phantasievollen Wert erlangt haben, werden je nach Gesellschaft gegen eine ganz andere Menge des Produkts gewöhnlicher Arbeit eingetauscht ob es reich oder arm ist, je nachdem, ob es einen Überfluss oder Mangel an solchen Produkten besitzt oder ob es sich in einem rauen oder gepflegten Zustand befindet. Der Tauschwert einer Ware, die zu einem Monopolpreis steht, wird daher in keiner Weise durch die Produktionskosten reguliert.

Für Rohprodukte gilt kein Monopolpreis, da der Marktpreis von Gerste und Weizen ebenso durch ihre Produktionskosten bestimmt wird wie der Marktpreis von Stoff und Leinen. Der einzige Unterschied besteht darin, dass ein Teil des in der Landwirtschaft eingesetzten Kapitals den Getreidepreis reguliert, nämlich der Teil, der keine Rente zahlt; während bei der Produktion von Manufakturwaren jeder Teil des Kapitals mit den gleichen Ergebnissen eingesetzt wird; und da kein Anteil Rente zahlt, ist jeder Anteil gleichermaßen ein Preisregulator: Auch Mais und andere Rohprodukte können durch den Einsatz von mehr Kapital auf dem Land mengenmäßig gesteigert werden und haben daher keinen Monopolpreis. Sowohl unter den Verkäufern als auch unter den Käufern herrscht Konkurrenz. Dies ist bei der Herstellung dieser seltenen Weine und dieser wertvollen Kunstwerke, von denen wir gesprochen haben, nicht der Fall; Ihre Menge kann nicht erhöht werden, und ihr Preis wird nur durch die Macht und den Willen der Käufer begrenzt. Der Pachtzins dieser Weinberge kann über alle mäßig zuordenbaren Grenzen hinaus erhöht werden, da kein anderes Land in der Lage ist, solche Weine zu produzieren, und daher auch nicht mit ihnen in Konkurrenz gebracht werden kann.

Der Mais und die Rohprodukte eines Landes können tatsächlich eine Zeit lang zu einem Monopolpreis verkauft werden; Sie können dies aber dauerhaft nur dann tun, wenn auf dem Land kein Kapital mehr gewinnbringend eingesetzt werden kann und daher ihre Produktion nicht gesteigert werden kann. Zu diesem Zeitpunkt wird jeder Teil des bewirtschafteten Landes und jeder Teil des auf dem Boden eingesetzten Kapitals eine Rente abwerfen, die tatsächlich im Verhältnis zur Differenz in der Rendite unterschiedlich ist. Auch in einem solchen Fall wird jede Steuer, die dem Landwirt auferlegt werden kann, auf die Miete und nicht auf den Verbraucher fallen. Er kann den Preis seines Getreides nicht erhöhen, weil es vermutlich bereits den höchsten Preis hat, zu dem die Käufer es kaufen wollen oder können. Er wird sich nicht mit einer niedrigeren Profitrate als die anderer Kapitalisten zufrieden geben, und daher wird seine einzige Alternative darin bestehen, eine Reduzierung der Rente zu erreichen oder seine Beschäftigung aufzugeben.

Herr Buchanan geht davon aus, dass Mais und Rohwaren einen Monopolpreis haben, weil sie eine Rente abwerfen: Alle Waren, die eine Rente abwerfen, müssen seiner Meinung nach einen Monopolpreis haben; und dann folgert er, dass alle Steuern auf Rohprodukte beim Grundbesitzer und nicht beim Verbraucher liegen würden. „Der Maispreis", sagt er, „der immer eine Rente bietet, wird in keiner Weise von den Kosten seiner Produktion beeinflusst, diese Kosten müssen aus der Rente bezahlt werden; und wenn sie steigen oder fallen, ist daher die Konsequenz." ist kein höherer oder niedrigerer Preis, sondern eine höhere oder niedrigere Rente. Nach dieser Ansicht sind alle Steuern auf Landarbeiter, Pferde oder landwirtschaftliche Geräte in Wirklichkeit Grundsteuern; die Last, die dem Landwirt während der Zeit auferlegt wird Die Währung seines Pachtvertrags und der Grundbesitzer sind verpflichtet, wenn der Pachtvertrag erneuert wird. Ebenso alle verbesserten landwirtschaftlichen Geräte, die dem Landwirt Kosten ersparen, wie Maschinen zum Dreschen und Mähen, und alles, was ihm einen leichteren Zugang zum Markt verschafft , wie gute Straßen, Kanäle und Brücken, senken zwar die ursprünglichen Kosten des Getreides, senken aber nicht seinen Marktpreis. Alles, was durch diese Verbesserungen eingespart wird, gehört daher dem Grundbesitzer als Teil seiner Miete."

Es ist offensichtlich, dass, wenn wir Herrn Buchanan die Grundlage geben, auf der seine Argumentation basiert, nämlich dass der Maispreis immer eine Rente abwirft, natürlich alle Konsequenzen folgen würden, die er fordert. Die Steuern des Landwirts würden dann nicht vom Verbraucher, sondern von der Miete getragen; und alle Verbesserungen in der Landwirtschaft würden die Rente erhöhen; aber ich hoffe, ich habe hinreichend deutlich gemacht, dass, bis ein Land in allen Teilen und bis zum höchsten Grad bebaut ist, immer ein Teil des auf dem Land eingesetzten Kapitals vorhanden ist, der keinen Ertrag bringt Rente, und dass es dieser Teil des Kapitals ist, dessen Ergebnis, wie bei Manufakturen, zwischen Profiten und Löhnen aufgeteilt wird, der den Maispreis reguliert. Da der Preis für Getreide, das keine Rente bietet, durch die Produktionskosten beeinflusst wird, können diese Kosten nicht aus der Rente bezahlt werden. Die Folge steigender Ausgaben ist also ein höherer Preis und nicht eine niedrigere Miete. [21]

Es ist bemerkenswert, dass sowohl Adam Smith als auch Herr Buchanan, die sich völlig darin einig sind, dass Steuern auf Rohprodukte, eine Grundsteuer und der Zehnte alle auf die Grundrente und nicht auf die Konsumenten von Rohprodukten fallen, dies dennoch zugeben Die Steuern auf Malz würden beim Bierkonsumenten lasten und nicht bei der Miete des Vermieters. Adam Smiths Argumentation ist eine so treffende Darstellung der Meinung, die ich zum Thema der Steuer auf Malz und jeder anderen Steuer auf Rohwaren vertrete, dass ich nicht umhin kann, den Leser darauf aufmerksam zu machen.

„Die Rente und der Gewinn von Gerstenland müssen immer nahezu gleich sein mit denen von anderem ebenso fruchtbarem und ebenso gut bewirtschaftetem Land. Wenn sie geringer wären, würde ein Teil des Gerstenlandes bald für einen anderen Zweck verwendet werden; und wenn sie es wären." größeres, größeres Land würde bald für den Gerstenanbau genutzt werden. Wenn der gewöhnliche Preis eines bestimmten Landprodukts einem sogenannten Monopolpreis entspricht, verringert eine darauf erhobene Steuer zwangsläufig die Rente und den Gewinn 22 des angebauten Landes Eine Steuer auf die Erzeugnisse dieser kostbaren Weinberge, deren Wein so weit hinter der tatsächlichen Nachfrage zurückbleibt, dass ihr Preis stets über dem natürlichen Verhältnis zu dem anderer ebenso fruchtbarer und ebenso gut bebauter Ländereien liegt, würde notwendigerweise sinken die Rente und der Gewinn 22 dieser Weinberge. Da der Preis der Weine bereits der höchste war, der für die üblicherweise auf den Markt gebrachte Menge erzielt werden konnte, konnte er nicht erhöht werden, ohne diese Menge zu verringern, und die Menge konnte nicht ohne weiteres verringert werden größerer Verlust, weil das Land nicht für andere, ebenso wertvolle Produkte genutzt werden konnte. Das gesamte Gewicht der Steuer würde daher auf der Rente und dem Gewinn lasten; 23 richtig auf die *Pacht* des Weinbergs." „Aber der gewöhnliche Preis für Gerste war nie ein Monopolpreis; und die Rente und der Gewinn des Gerstenlandes lagen nie über ihrem natürlichen Verhältnis zu denen anderer ebenso fruchtbarer und ebenso gut bebauter Ländereien. Die verschiedenen Steuern, die auf Malz, Bier und Ale erhoben wurden, *haben den Gerstenpreis nie gesenkt* ; haben nie die Rente und den Profit 24 des Gerstenlandes verringert. Der Malzpreis für den Brauer ist im Verhältnis zu den ihm auferlegten Steuern ständig gestiegen; und diese Steuern haben zusammen mit den verschiedenen Zöllen auf Bier und Ale ständig entweder den Preis erhöht oder, was auf dasselbe hinausläuft, die Qualität dieser Waren für den Verbraucher verringert. Die endgültige Zahlung dieser Steuern liegt ständig beim Verbraucher und nicht beim Erzeuger." Zu dieser Passage bemerkt Herr Buchanan: „Eine Malzsteuer könnte niemals den Preis für Gerste senken, denn es sei denn, daraus könnte so viel gemacht werden." Gerste durch Mälzen, da durch den Verkauf ungemälzt die benötigte Menge nicht auf den Markt gebracht würde. Es ist daher klar, dass der Malzpreis im Verhältnis zur darauf erhobenen Steuer steigen muss, da die Nachfrage sonst nicht gedeckt werden könnte. Der Preis für Gerste ist jedoch ebenso ein Monopolpreis wie der für Zucker;

beide bringen eine Rente, und der Marktpreis beider hat gleichermaßen jegliche Verbindung zu den ursprünglichen Kosten verloren."


Es scheint also die, Meinung von Herrn Buchanan zu sein, dass eine Steuer auf Malz den Preis für Malz erhöhen würde, dass eine Steuer auf die Gerste, aus der Malz hergestellt wird, den Preis für Gerste jedoch nicht erhöhen würde; und wenn daher Malz besteuert wird, wird die Steuer vom Verbraucher gezahlt; Wird Gerste versteuert, muss diese vom Vermieter bezahlt werden, da dieser eine geringere Miete erhält. Laut Herrn Buchanan handelt es sich bei Gerste also um einen Monopolpreis, den höchsten Preis, den die Käufer dafür zu zahlen bereit sind; Aber Malz aus Gerste hat keinen Monopolpreis und kann daher im Verhältnis zu den darauf erhobenen Steuern erhöht werden. Diese Meinung von Herrn Buchanan zu den Auswirkungen einer Steuer auf Malz scheint mir in direktem Widerspruch zu seiner Meinung zu einer ähnlichen Steuer, einer Steuer auf Brot, zu stehen. „Eine Brotsteuer wird letztendlich nicht durch eine Preiserhöhung, sondern durch eine Senkung der Miete gezahlt." [24] Wenn eine Malzsteuer den Bierpreis erhöhen würde, muss eine Brotsteuer den Brotpreis erhöhen.

Das folgende Argument von M. Say basiert auf den gleichen Ansichten wie die von Herrn Buchanan: „Die Menge Wein oder Mais, die ein Stück Land produzieren wird, wird nahezu gleich bleiben, unabhängig von der Steuer, die darauf erhoben wird." Die Steuer kann die Hälfte oder sogar drei Viertel seines Nettoertrags oder, wenn Sie so wollen, seiner Rente wegnehmen, dennoch würde das Land trotzdem für die Hälfte oder das Viertel bewirtschaftet, das nicht durch die Steuer absorbiert wird. Das heißt, die Rente der Anteil des Grundeigentümers wäre lediglich etwas geringer. Der Grund dafür wird deutlich, wenn wir bedenken, dass im angenommenen Fall die Menge der aus dem Land gewonnenen und auf den Markt gebrachten Produkte dennoch dieselbe bleiben wird. Andererseits bleiben auch die Motive, auf denen die Nachfrage nach dem Produkt beruht , dieselben.

„Wenn nun die Menge der gelieferten Produkte und die nachgefragte Menge zwangsläufig gleich bleiben, ungeachtet der Einführung oder Erhöhung der Steuer, wird sich der Preis dieser Produkte nicht ändern; und wenn sich der Preis nicht ändert, wird der Verbraucher dies tun." zahlen Sie nicht den geringsten Teil dieser Steuer.

„Wird man sagen, dass der Bauer, also derjenige, der Arbeit und Kapital bereitstellt, gemeinsam mit dem Grundbesitzer die Last dieser Steuer tragen wird? Sicherlich nicht, denn der Umstand oder die Steuer hat die Zahl der zu verpachtenden Höfe nicht verringert, noch erhöhte sich die Zahl der Landwirte. Da in diesem Fall auch Angebot und Nachfrage gleich bleiben, muss auch die Pacht der Bauernhöfe gleich bleiben. Das Beispiel des

Salzfabrikanten, der den Verbrauchern nur einen Teil der Steuer zahlen lassen kann , und die des Vermieters, der sich nicht die geringste Rückerstattung leisten kann, beweisen den Irrtum derjenigen , die im Gegensatz zu den Ökonomen behaupten, dass alle Steuern letztendlich zulasten des Verbrauchers gehen." – Bd. ii. P. 338.

Wenn die Steuer „die Hälfte oder sogar drei Viertel des Nettoertrags des Landes wegnahm" und der Preis der Erzeugnisse nicht stieg, wie könnten dann jene Landwirte die üblichen Gewinne von Vieh erzielen, die sehr moderate Pachtzinsen zahlten und diese Qualität besaßen? Land, das einen viel größeren Arbeitsaufwand erfordert, um ein bestimmtes Ergebnis zu erzielen, als Land von fruchtbarerer Qualität? Wenn die gesamte Rente erlassen würde, würden sie immer noch geringere Gewinne erzielen als diejenigen in anderen Gewerben und würden daher ihr Land nicht weiter bewirtschaften, es sei denn, sie könnten den Preis seiner Produkte erhöhen. Wenn die Steuer auf die Bauern fiele, gäbe es weniger Bauern, die bereit wären, Bauernhöfe zu pachten; Wenn es auf den Grundbesitzer fiele, würden viele Höfe überhaupt nicht vermietet werden, weil sie keine Miete zahlen würden. Aber aus welchem Fonds würden diejenigen die Steuer bezahlen, die Mais produzieren, ohne irgendeine Miete zu zahlen? Es ist völlig klar, dass die Steuer beim Verbraucher liegen muss. Wie würde ein solches Land, wie M. Say in der folgenden Passage beschreibt, eine Steuer in Höhe der Hälfte oder drei Viertel seines Ertrags zahlen?

„Wir sehen in Schottland arme Ländereien, die auf diese Weise vom Eigentümer bewirtschaftet werden und die von keinem anderen Menschen bewirtschaftet werden könnten. So sehen wir auch in den inneren Provinzen der Vereinigten Staaten riesige und fruchtbare Ländereien, deren Einnahmen allein nicht ausreichen würden Der Unterhalt des Eigentümers. Diese Ländereien werden zwar bebaut, aber dies muss vom Eigentümer selbst erfolgen, oder mit anderen Worten, er muss zu der Rente, die wenig oder gar nichts ist, die Gewinne seines Kapitals und seiner Industrie hinzufügen, um dies zu ermöglichen Es ist bekannt, dass Land, obwohl es bewirtschaftet wird, dem Grundbesitzer kein Einkommen bringt, wenn kein Bauer bereit ist, dafür eine Pacht zu zahlen: was ein Beweis dafür ist, dass solches Land nur die Profite des Kapitals abwirft und der für seinen Anbau notwendigen Industrie." – *Say*, Bd. ii. P. 127.

# Kapitel XVI.

## SCHLECHTE PREISE.

**WIR** HABEN gesehen, dass die Steuern auf Rohprodukte und auf die Gewinne des Landwirts vom Verbraucher der Rohprodukte getragen werden; denn wenn er nicht in der Lage wäre, sich durch eine Preiserhöhung zu entlohnen, würde die Steuer seine Gewinne unter das allgemeine Gewinnniveau senken und ihn dazu drängen, sein Kapital in einen anderen Handel zu verlegen. Wir haben auch gesehen, dass er die Steuer nicht durch Abzug von der Miete auf seinen Vermieter übertragen konnte; denn der Bauer, der keine Pacht zahlte, würde ebenso wie der Bewirtschafter von besserem Land der Steuer unterliegen, sei es auf Rohprodukte oder auf die Gewinne des Landwirts. Ich habe auch versucht zu zeigen, dass eine Steuer, wenn sie allgemein wäre und gleichermaßen alle Gewinne, seien sie in der Industrie oder in der Landwirtschaft, betroffen wäre, sich weder auf den Preis von Waren noch auf Rohprodukte auswirken würde, sondern sowohl sofort als auch letztendlich gezahlt würde durch die Produzenten. Es wurde festgestellt, dass eine Steuer auf die Miete nur dem Vermieter obliegt und auf keinen Fall auf den Mieter übergehen kann.

Der Armensteuersatz ist eine Steuer, die von der Natur aller dieser Steuern abhängt und unter verschiedenen Umständen auf den Verbraucher von Rohprodukten und Gütern, auf die Kapitalgewinne und auf die Grundrente fällt. Es handelt sich um eine Steuer, die mit besonderem Gewicht auf den Gewinn des Landwirts fällt und daher als Einfluss auf den Preis von Rohprodukten angesehen werden kann. Je nach dem Ausmaß, in dem sie sich gleichermaßen auf die Industrie- und Agrargewinne auswirkt, wird es sich um eine allgemeine Steuer auf die Kapitalgewinne handeln, die keine Änderung im Preis von Roh- und Industrieerzeugnissen hervorruft. Im Verhältnis zur Unfähigkeit des Landwirts, sich durch Erhöhung des Preises der Rohprodukte für den Teil der Steuer zu entschädigen, der ihn besonders betrifft, handelt es sich um eine Steuer auf die Pacht, die vom Grundbesitzer zu zahlen ist. Um dann die Funktionsweise des Armensatzes zu einem bestimmten Zeitpunkt zu kennen, müssen wir feststellen, ob er sich zu diesem Zeitpunkt in gleichem oder ungleichem Maße auf die Gewinne des Landwirts und des Fabrikanten auswirkt; und auch , ob die Umstände so sind, dass der Landwirt die Möglichkeit hat, den Preis für Rohprodukte zu erhöhen.

Es wird behauptet, dass die Armensteuer vom Bauern im Verhältnis zu seiner Pacht erhoben wird; und dementsprechend sollte der Bauer, der eine sehr geringe oder gar keine Pacht zahlte, wenig oder keine Steuer zahlen. Wäre dies wahr, würden die schlechten Steuersätze, soweit sie von der landwirtschaftlichen Klasse gezahlt werden, vollständig zu Lasten des Grundbesitzers gehen und könnten nicht auf den Verbraucher von

Rohprodukten abgewälzt werden. Aber ich glaube, das stimmt nicht; der Armensatz richtet sich nicht nach der Pacht, die ein Bauer tatsächlich an seinen Vermieter zahlt; es steht im Verhältnis zum jährlichen Wert seines Landes, unabhängig davon, ob dieser jährliche Wert ihm durch das Kapital des Grundbesitzers oder des Pächters gegeben wird.

Wenn zwei Bauern in derselben Gemeinde Land unterschiedlicher Qualität pachteten, zahlte der eine eine Pacht von 100 *l.* pro Jahr für 50 Acres des fruchtbarsten Landes und der andere für die gleiche Summe von 100 *l.* für 1000 Acres des am wenigsten fruchtbaren Landes würden sie den gleichen Betrag an Armensteuern zahlen, wenn keiner von ihnen versuchen würde, das Land zu verbessern; aber wenn der Landwirt des armen Landes, der auf eine sehr lange Pacht angewiesen ist, mit großem Aufwand dazu gebracht werden sollte, die Produktivkraft seines Landes durch Düngung, Trockenlegung, Einzäunung usw. zu verbessern, würde er zu den Armensätzen beitragen, nicht im Verhältnis zur tatsächlich an den Vermieter gezahlten Miete, sondern im Verhältnis zum tatsächlichen Jahreswert des Grundstücks. Der Satz kann der Miete entsprechen oder diese übersteigen; aber unabhängig davon, ob dies der Fall war oder nicht, würde der Vermieter keinen Teil dieser Rate bezahlen. Es wäre zuvor vom Mieter berechnet worden; und wenn der Preis der Produkte nicht ausreichte, um ihn für alle seine Ausgaben zu entschädigen, zusammen mit dieser zusätzlichen Gebühr für schlechte Preise, wären seine Verbesserungen nicht in Angriff genommen worden. Es liegt also auf der Hand, dass die Steuer in diesem Fall vom Verbraucher zu zahlen ist; denn wenn es keinen Zinssatz gegeben hätte, wären die gleichen Verbesserungen vorgenommen worden, und die übliche und allgemeine Profitrate wäre auf das eingesetzte Kapital bei einem niedrigeren Getreidepreis erzielt worden.

Es würde in dieser Frage auch nicht den geringsten Unterschied machen, wenn der Vermieter diese Verbesserungen selbst vorgenommen und dadurch seine Miete von 100 *l erhöht hätte.* bis 500 *l.* ; der Tarif würde zu gleichen Teilen dem Verbraucher in Rechnung gestellt; Denn ob er eine große Geldsumme für sein Land ausgeben würde, würde von der Rente oder dem, was man Rente nennt, abhängen, die er als Vergütung dafür erhalten würde; und dies würde wiederum davon abhängen, dass der Preis für Mais oder andere Rohprodukte hoch genug wäre, um nicht nur diese zusätzliche Rente zu decken, sondern auch den Zinssatz, dem das Land unterliegen würde. Wenn aber gleichzeitig das gesamte Produktionskapital im gleichen Verhältnis zu den Armensätzen beitragen würde wie das Kapital, das der Bauer oder Grundbesitzer für die Verbesserung des Bodens aufwendet, dann wäre es keine Teilsteuer mehr auf die Gewinne des Bauern oder Grundbesitzers Kapital, sondern eine Steuer auf das Kapital aller Produzenten; und konnte daher weder auf den Rohwarenverbraucher noch auf den Grundbesitzer abgewälzt werden. Die Gewinne des Landwirts würden die Wirkung des Steuersatzes nicht stärker spüren als die des Herstellers; und ersterer konnte dies ebensowenig wie letzterer als Grund für einen Anstieg des Preises seiner Ware geltend machen. Es ist nicht der absolute, sondern der relative Rückgang der Profite, der verhindert, dass Kapital in einem bestimmten Gewerbe eingesetzt wird: Es ist die Profitdifferenz, die Kapital von einer Beschäftigung zur anderen schickt.

Es muss jedoch anerkannt werden, dass im tatsächlichen Zustand der schlechten Steuersätze im Verhältnis zu ihren jeweiligen Gewinnen ein viel größerer Betrag auf den Landwirt fällt als auf den Hersteller; Der Landwirt wird nach den tatsächlichen Erträgen bewertet, die er erzielt, der Fabrikant nur nach dem Wert der Gebäude, in denen er arbeitet, ohne Rücksicht auf den Wert der Maschinen, Arbeitskräfte oder Vorräte, die er möglicherweise verwendet . Aus diesem Umstand folgt, dass der Landwirt den Preis seiner Produkte um diese ganze Differenz erhöhen kann . Denn da die Steuer ungleichmäßig und insbesondere auf seine Gewinne fällt, wäre er weniger motiviert, sein Kapital dem Land zu widmen, als es in einem anderen Gewerbe einzusetzen, es sei denn, der Preis der Rohprodukte würde erhöht. Wäre dagegen der Steuersatz mit größerer Last für den Hersteller als für den Landwirt gesunken, hätte er aus demselben Grund wie der Landwirt unter ähnlichen Umständen den Preis seiner Waren um den Betrag der Differenz erhöhen können , könnte den Preis für Rohwaren erhöhen. Wenn daher in einer Gesellschaft, die ihre Landwirtschaft ausweitet, die schlechten Steuersätze mit besonderer Wucht auf das Land fallen, werden sie teils von den Arbeitgebern des Kapitals in Form einer Verringerung der Kapitalgewinne und teils von den Verbrauchern der Rohprodukte gezahlt sein erhöhter Preis. In einem solchen Zustand kann die Steuer unter bestimmten Umständen sogar vorteilhafter als schädlich für die Vermieter sein; Denn wenn die vom Landwirt des schlechtesten Landes gezahlte Steuer im Verhältnis zur Menge der erzielten Produkte höher ist als die von den Landwirten des fruchtbareren Landes gezahlte Steuer, wird sich der Anstieg des Maispreises auf den gesamten Mais erstrecken , wird letztere für die Steuer mehr als entschädigen. Dieser Vorteil bleibt ihnen während der Fortführung ihres Mietverhältnisses erhalten, geht aber anschließend auf ihre Vermieter über. Dies wäre dann die Auswirkung schlechter Zinsen in einer fortschreitenden Gesellschaft; aber in einem stationären oder einem rückschrittlichen Land würde, sofern kein Kapital aus dem Land abgezogen werden könnte, wenn ein weiterer Steuersatz für die Unterstützung der Armen erhoben würde, der Teil davon, der auf die Landwirtschaft entfiel, während der Zeit bezahlt werden Die laufenden Pachtverträge werden von den Landwirten übernommen, aber nach Ablauf dieser Pachtverträge würde es fast vollständig auf die Grundbesitzer fallen. Der Pächter, der während seiner früheren Pacht sein Kapital für die Verbesserung seines Landes aufgewendet hatte, wenn es sich noch in seinen eigenen Händen befände, würde für diese neue Steuer nach dem neuen Wert berechnet, den das Land durch seine Verbesserung erlangt hatte, und zwar so Betrag, den er während seiner Pachtzeit zahlen müsste, auch wenn seine Gewinne dadurch unter die allgemeine Gewinnrate sinken könnten; denn das Kapital, das er ausgegeben hat, kann dem Land so einverleibt werden, dass es nicht mehr davon entfernt werden kann. Wenn er oder sein Grundeigentümer (sollte es von ihm ausgegeben worden sein) tatsächlich in der Lage wäre, dieses Kapital abzuziehen und dadurch den Jahreswert des Landes zu verringern, würde der Zinssatz proportional sinken und gleichzeitig die Erträge sinken verringert, würde sein Preis steigen; er würde für die Steuer entschädigt, indem er sie dem Verbraucher in Rechnung stellt, und kein Teil würde auf die Miete entfallen; Dies ist jedoch zumindest in Bezug auf einen Teil des Kapitals unmöglich, und folglich wird die Steuer in diesem Verhältnis von den Landwirten während ihrer Pacht und von den Grundbesitzern bei deren Ablauf gezahlt. Diese zusätzliche Steuer würde, sofern sie ungleichmäßig auf die Hersteller fiele, unter solchen Umständen zum Preis ihrer Waren hinzugerechnet werden; denn es kann keinen Grund geben, warum ihre Profite unter die allgemeine Profitrate sinken sollten, wenn ihre Kapitale leicht in die Landwirtschaft verbracht werden könnten. [25]

---

# Kapitel XVII.

ÜBER Plötzliche Veränderungen in den Handelskanälen.

EIN GROßES Industrieland ist besonders vorübergehenden Rückschlägen und Eventualitäten ausgesetzt, die durch den Abzug von Kapital von einem Arbeitsplatz zum anderen entstehen. Die Anforderungen an die Produkte der Landwirtschaft sind einheitlich, sie unterliegen nicht dem Einfluss von Mode, Vorurteilen oder Launen. Um das Leben zu erhalten, ist Nahrung notwendig, und die Nachfrage nach Nahrungsmitteln muss in allen Altersgruppen und in allen Ländern bestehen bleiben. Bei Herstellern ist das anders; Die Nachfrage nach einer bestimmten hergestellten Ware unterliegt nicht nur den Bedürfnissen, sondern auch dem Geschmack und der Laune der Käufer. Auch eine neue Steuer kann den komparativen Vorteil zerstören, den ein Land zuvor bei der Herstellung einer bestimmten Ware hatte; oder die Auswirkungen des Krieges können die Fracht- und Versicherungskosten für den Transport so erhöhen, dass es nicht mehr mit der heimischen Produktion des Landes konkurrieren kann, in das es zuvor exportiert wurde. In all diesen Fällen werden diejenigen, die mit der Herstellung solcher Waren beschäftigt sind, erhebliches Leid und zweifellos auch einige Verluste erleiden; und dies wird sich nicht nur zum Zeitpunkt des Wechsels bemerkbar machen, sondern während der gesamten Zeitspanne, in der sie ihr Kapital und die Arbeit , über die sie verfügen können, von einer Beschäftigung zur anderen verlagern.

Es wird auch nicht nur in dem Land, in dem solche Schwierigkeiten ihren Ursprung haben, Bedrängnis geben, sondern in den Ländern, in die die Waren zuvor exportiert wurden. Kein Land kann lange importieren, wenn es nicht auch exportiert, oder kann lange exportieren, wenn es nicht auch importiert. Wenn dann ein Umstand eintreten sollte, der ein Land dauerhaft daran hindern sollte, die übliche Menge ausländischer Waren zu importieren, wird dies notwendigerweise die Produktion einiger dieser Waren, die normalerweise exportiert wurden, verringern; und obwohl sich der Gesamtwert der Produktionen des Landes wahrscheinlich nur wenig ändern wird, da das gleiche Kapital eingesetzt wird, werden sie doch nicht gleichermaßen reichlich und billig sein; und der Arbeitsplatzwechsel wird mit erheblichen Belastungen verbunden sein. Wenn durch den Einsatz von 10.000 *l.* Bei der Herstellung von Baumwollwaren für den Export importierten wir jährlich 3000 Paar Seidenstrümpfe im Wert von 2000 *l.* , und wenn wir durch die Unterbrechung des Außenhandels gezwungen wären, dieses Kapital aus der Baumwollfabrikation abzuziehen und es selbst für die Herstellung von Strümpfen zu verwenden, würden wir immer noch Strümpfe im Wert von 2000 l erhalten . sofern kein Teil der Hauptstadt zerstört wurde; aber anstatt 3000 Paare zu haben, könnten wir nur 2500 haben. Der Abzug des Kapitals vom Baumwollanbau in den Strumpfhandel könnte große Schwierigkeiten mit sich bringen, würde aber den Wert des Volkseigentums nicht wesentlich beeinträchtigen, obwohl es die Menge unserer Jahresproduktionen verringern könnte.

Der Beginn eines Krieges nach einem langen Frieden oder eines Friedens nach einem langen Krieg führt im Allgemeinen zu erheblichen Schwierigkeiten im Handel. Es verändert in großem Maße die Art der Beschäftigungen, denen die jeweiligen Hauptstädte der Länder zuvor gewidmet waren; und während der Zeit, in der sie sich in den Situationen niederlassen, die durch die neuen Umstände am vorteilhaftesten geworden sind, ist ein großer Teil des Anlagekapitals arbeitslos, vielleicht sogar ganz verloren, und die Arbeiter sind ohne Vollbeschäftigung. Die Dauer dieser Not wird länger oder kürzer sein, je nachdem wie stark die Abneigung ist, die die meisten Menschen empfinden, die Verwendung ihres Kapitals, an die sie seit langem gewöhnt sind, aufzugeben. Sie wird oft auch durch die Beschränkungen und Verbote verlängert, zu denen die absurden Eifersüchteleien führen, die zwischen den verschiedenen Staaten des kommerziellen Gemeinwesens herrschen.

Die Not, die aus einem Aufschwung des Handels hervorgeht, wird oft mit der Not verwechselt, die mit einer Verminderung des nationalen Kapitals und einem rückläufigen Zustand der Gesellschaft einhergeht; und es wäre vielleicht schwierig, irgendwelche Merkmale anzugeben, anhand derer sie genau unterschieden werden könnten.

Wenn jedoch eine solche Not unmittelbar mit einem Übergang vom Krieg zum Frieden einhergeht, lässt unser Wissen über die Existenz einer solchen Ursache die begründete Annahme zu, dass die Gelder für den Unterhalt der Arbeit eher aus ihrem gewohnten Verwendungszweck abgelenkt wurden, als dass sie materiell geschädigt wurden und dass die Nation nach vorübergehendem Leiden wieder im Wohlstand zunehmen wird. Es muss auch daran erinnert werden, dass der rückläufige Zustand immer ein unnatürlicher Zustand der Gesellschaft ist. Der Mensch wächst von der Jugend zum Mann heran, verfällt dann und stirbt; aber das ist nicht der Fortschritt der Nationen. Wenn sie den Zustand höchster Kraft erreicht haben, kann ihr weiteres Vordringen zwar aufgehalten werden, aber ihre natürliche Tendenz besteht darin, über Jahrhunderte hinweg weiterzumachen und ihren Reichtum und ihre Bevölkerung unvermindert aufrechtzuerhalten.

In reichen und mächtigen Ländern, in denen große Kapitalien in Maschinen investiert werden, wird ein Abschwung im Handel stärker in Bedrängnis geraten als in ärmeren Ländern, in denen es verhältnismäßig viel weniger festes und viel größeres zirkulierendes Kapital gibt, und wo Folglich wird mehr Arbeit durch die Arbeit von Menschen geleistet . Es ist nicht so schwierig, ein zirkulierendes Kapital als festes Kapital aus jeder Beschäftigung herauszuziehen, die es möglicherweise ausübt. Es ist oft unmöglich, die Maschinen, die für eine Manufaktur errichtet wurden, für die Zwecke einer anderen zu nutzen; aber die Kleidung, die Nahrung und die Unterkunft des Arbeiters in einer Beschäftigung können für den Unterhalt des Arbeiters in einer anderen verwendet werden, oder derselbe Arbeiter kann die gleiche Nahrung, Kleidung und Unterkunft erhalten, während seine Beschäftigung wechselt. Dies ist jedoch ein Übel, dem sich eine reiche Nation unterwerfen muss; und es wäre nicht vernünftiger, sich darüber zu beschweren, als wenn ein reicher Kaufmann beklagen würde, dass sein Schiff den Gefahren des Meeres ausgesetzt war, während die Hütte seines armen Nachbarn vor allen solchen Gefahren sicher war .

Von solchen Risiken, wenn auch in geringerem Maße, ist auch die Landwirtschaft nicht ausgenommen. Der Krieg, der in einem Handelsland den Handel zwischen Staaten unterbricht, verhindert häufig die Ausfuhr von Getreide aus Ländern, in denen es mit geringen Kosten produziert werden kann, in andere, nicht so günstig gelegene Länder. Unter solchen Umständen wird eine ungewöhnlich große Menge Kapital in die Landwirtschaft gelenkt, und das Land, das zuvor importiert wurde, wird von ausländischer Hilfe unabhängig. Mit dem Ende des Krieges sind die Einfuhrhindernisse beseitigt und es beginnt eine für den Eigenbauer vernichtende Konkurrenz, aus der er sich nicht zurückziehen kann, ohne einen großen Teil seines Kapitals zu opfern. Die beste Politik des Staates bestünde darin, für eine begrenzte Anzahl von Jahren eine von Zeit zu Zeit abnehmende Steuer auf die Einfuhr von ausländischem Mais zu erheben, um dem heimischen Landwirt die Möglichkeit zu geben, sein Getreide abzuziehen Kapital nach und nach aus dem Land. Dadurch würde das Land möglicherweise nicht die vorteilhafteste Kapitalverteilung vornehmen, aber die vorübergehende Steuer, der es unterworfen wäre, käme einer bestimmten Klasse zugute, deren Kapitalverteilung für die Beschaffung von Kapital von großem Nutzen wäre Lebensmittel, als der Import gestoppt wurde. Wenn solche Anstrengungen in einer Zeit der Not mit der Gefahr des Ruins nach Beendigung der Schwierigkeit einhergingen, würde das Kapital eine solche Beschäftigung meiden. Neben den üblichen Viehgewinnen würden die Landwirte erwarten, dass sie für das Risiko entschädigt werden, das ihnen durch einen plötzlichen Maiszufluss entsteht, und dass daher nicht nur der Preis für den Verbraucher zu den Jahreszeiten, in denen er eine Versorgung am meisten benötigt, erhöht wird durch die höheren Kosten für den Maisanbau im eigenen Land, aber auch durch die Versicherung, die er im Preis für das besondere Risiko zahlen musste, dem dieser Kapitaleinsatz ausgesetzt war. Ungeachtet dessen, dass es dem Land trotz aller Kapitalopfer mehr Wohlstand bringen würde, die Einfuhr von billigem Mais zu ermöglichen, wäre es vielleicht ratsam, es für ein paar Jahre mit einem Zoll zu belasten.

Bei der Untersuchung der Frage der Rente stellten wir fest, dass mit jeder Zunahme des Getreideangebots und dem daraus resultierenden Rückgang seines Preises Kapital aus dem ärmeren Land abgezogen würde; und Land besserer Art, das dann keine Pacht zahlen würde, würde zum Maßstab werden, nach dem der natürliche Preis für Mais reguliert würde. Bei 4 *l.* pro Quartal darf Land minderer Qualität, das mit Nr. 6 bezeichnet werden kann, bebaut werden; bei 3 *l.* 10 *Sekunden.* Nr. 5; bei 3 *l.* Nr. 4 und so weiter. Wenn der Mais als Folge des dauerhaften Überflusses auf 3 *l sinkt.* 10 *Sekunden.* das auf Nr. 6 eingesetzte Kapital würde nicht mehr eingesetzt werden; denn das war nur der Fall, als der Mais bei 4 *l lag.* dass es die allgemeinen Profite erzielen könnte, auch ohne Rente zu zahlen: Es würde daher zurückgezogen werden, um jene Waren herzustellen, mit denen das gesamte auf Nr. 6 angebaute Getreide gekauft und importiert werden würde. In dieser Beschäftigung wäre es für seinen Besitzer notwendigerweise produktiver, sonst würde es sich nicht von dem anderen zurückziehen; Denn wenn er durch den Anbau auf Land, für das er keine Rente zahlte, mehr Getreide gewinnen könnte, als durch die Herstellung einer Ware, mit der er es kaufte, dürfte der Preis nicht unter 4 *l liegen.*

Es wurde jedoch gesagt, dass dem Land kein Kapital entzogen werden könne; dass es sich um Ausgaben handelt, die nicht erstattungsfähig sind, wie z. B. Düngung, Zäune, Trockenlegung usw., die notwendigerweise untrennbar mit dem Land verbunden sind. Das ist bis zu einem gewissen Grad wahr; aber das Kapital, das aus Rindern, Schafen, Heu und Mais, Heuhaufen, Karren usw. besteht. kann zurückgezogen werden; und es wird immer eine Frage der Berechnung, ob diese trotz des niedrigen Getreidepreises weiterhin auf dem Land eingesetzt werden sollen oder ob sie verkauft und ihr Wert auf eine andere Beschäftigung übertragen werden sollen.

Nehmen wir jedoch an, dass die Tatsache wie angegeben ist und dass kein Teil des Kapitals abgezogen werden könnte; Der Bauer würde weiterhin Mais anbauen, und zwar genau die gleiche Menge, zu welchem Preis auch immer er sich verkaufen ließe; denn es könnte nicht sein Interesse sein, weniger zu produzieren, und wenn er sein Kapital nicht so einsetzte, würde er daraus überhaupt keine Rendite erzielen. Mais konnte nicht importiert werden, da er ihn unter 3 *l verkaufen würde.* 10 *Sekunden.* anstatt es überhaupt nicht zu verkaufen, und unter der Annahme, dass der Importeur es nicht zu diesem Preis verkaufen könnte. Obwohl dann die Bauern, die Land dieser Qualität bewirtschafteten, zweifellos durch den Rückgang des Tauschwerts der von ihnen produzierten Ware geschädigt würden – wie würde sich das auf das Land auswirken? Wir sollten von jeder Ware genau die gleiche Menge produzieren, aber Rohwaren und Mais würden zu einem viel günstigeren Preis verkauft. Das Kapital eines Landes besteht aus seinen Waren, und da diese dieselben wären wie zuvor, würde die Reproduktion im gleichen Tempo weitergehen. Dieser niedrige Maispreis würde jedoch dem Land Nr. 5 nur die üblichen Aktiengewinne bescheren, die dann keine Rente zahlen würden, und die Rente aller besseren Ländereien würde sinken: Die Löhne würden ebenfalls sinken und die Profite würden steigen.

So tief der Maispreis auch fallen mag; Wenn das Kapital nicht aus dem Land entfernt werden könnte und die Nachfrage nicht steige, würde keine Einfuhr stattfinden; denn die gleiche Menge wie bisher würde im Inland produziert. Obwohl es eine andere Aufteilung der Produkte gäbe und einige Klassen begünstigt und andere geschädigt würden, wäre die Gesamtheit der Produktion genau dieselbe und die Nation wäre insgesamt weder reicher noch ärmer.

Aber aus einem relativ niedrigen Maispreis ergibt sich immer der Vorteil , dass die Aufteilung der tatsächlichen Produktion eher dazu führt, dass der Fonds für den Unterhalt der Arbeit wächst , da mehr, unter dem Namen Profit, zur Verfügung gestellt wird die produktive Klasse, unter dem Namen Rente, ein Weniger zur unproduktiven Klasse.

Dies gilt auch dann, wenn das Kapital nicht aus dem Land abgezogen werden kann und dort eingesetzt werden muss oder gar nicht eingesetzt werden muss: Aber wenn ein großer Teil des Kapitals abgezogen werden könnte, was offensichtlich möglich ist, wird es nur abgezogen . wenn es dem Besitzer mehr bringt, wenn es zurückgezogen wird, als wenn man es dort bleiben lässt, wo es war; es wird erst dann zurückgezogen, wenn es an anderer Stelle sowohl für den Eigentümer als auch für die Öffentlichkeit produktiver eingesetzt werden kann. Er willigt ein, den Teil seines Kapitals zu versenken, der nicht vom Land getrennt werden kann, weil er mit dem Teil, den er wegnehmen kann, einen größeren Wert und eine größere Menge an Rohprodukten erzielen kann, als wenn er diesen Teil des Landes nicht versenken würde Hauptstadt. Sein Fall ähnelt genau dem eines Mannes, der mit großem Aufwand in seiner Manufaktur Maschinen gebaut hat, die später durch modernere Erfindungen so sehr verbessert wurden, dass die von ihm hergestellten Waren sehr an Wert verloren. Für ihn wäre es völlig eine Frage der Berechnung, ob er die alte Maschinerie aufgeben und die vollkommenere errichten sollte, wodurch der *ganze Wert der alten verloren ginge* , oder ob er sich weiterhin ihrer verhältnismäßig schwachen Kräfte bedienen sollte. Wer würde ihn unter solchen Umständen dazu drängen, auf die Verwendung der besseren Maschine zu verzichten, weil diese den Wert der alten verschlechtern oder vernichten würde? Dies ist jedoch das Argument derjenigen, die möchten, dass wir die Einfuhr von Mais verbieten, weil dadurch der Teil des Kapitals des Bauern, der für immer im Land versunken ist, beeinträchtigt oder vernichtet wird . Sie erkennen nicht, dass das Ziel allen Handels darin besteht, die Produktion zu steigern, und dass durch die Steigerung der Produktion, auch wenn sie teilweise Verluste mit sich bringt, das allgemeine Glück gesteigert wird. Um konsequent zu sein, sollten sie sich bemühen , alle Verbesserungen in der Landwirtschaft und in der Industrie sowie alle Erfindungen im Maschinenbereich zu stoppen; Denn obwohl diese zum allgemeinen Überfluss und damit zum allgemeinen Glück beitragen, versäumen sie es nie, im Moment ihrer Einführung einen Teil des bestehenden Kapitals der Landwirte und Fabrikanten zu verschlechtern oder zu vernichten.

Die Landwirtschaft unterliegt wie alle anderen Gewerbe und insbesondere in einem Handelsland einer Rückwirkung, die in entgegengesetzter Richtung auf die Wirkung eines starken Anreizes folgt. Wenn also der Krieg die Einfuhr von Getreide unterbricht, zieht der daraus resultierende hohe Preis Kapital aus den großen Gewinnen, die eine solche Verwendung des Getreides einbringt, auf das Land; Dies wird wahrscheinlich dazu führen, dass mehr Kapital eingesetzt wird und mehr Rohprodukte auf den Markt gebracht werden, als der Bedarf des Landes erfordert. In einem solchen Fall wird der Maispreis aufgrund der Auswirkungen eines Überangebots sinken und es wird große landwirtschaftliche Not entstehen, bis das durchschnittliche Angebot auf ein Niveau mit der durchschnittlichen Nachfrage gebracht wird.

# Kapitel XVIII.

## WERT UND REICHTUM, IHRE BESONDEREN EIGENSCHAFTEN.

„ EIN MANN ist reich oder arm", sagt Adam Smith, „je nachdem, inwieweit er es sich leisten kann, die Notwendigkeiten, Annehmlichkeiten und Vergnügungen des menschlichen Lebens zu genießen."

Der Wert unterscheidet sich dann wesentlich vom Reichtum, denn der Wert hängt nicht vom Überfluss ab, sondern von der Schwierigkeit oder Leichtigkeit der Produktion. Die Arbeit einer Million Menschen in der Industrie wird immer den gleichen Wert hervorbringen, aber nicht immer den gleichen Reichtum. Durch die Erfindung von Maschinen, durch Verbesserung der Fähigkeiten, durch eine bessere Arbeitsteilung oder durch die Entdeckung neuer Märkte, auf denen vorteilhaftere Austauschmöglichkeiten möglich sind, können eine Million Menschen die Menge an Reichtümern verdoppeln oder verdreifachen „Notwendigkeiten, Annehmlichkeiten und Vergnügungen" in einem Zustand der Gesellschaft, die sie in einem anderen produzieren könnten, aber aus diesem Grund werden sie keinen Mehrwert schaffen; Denn der Wert jedes Dings steigt oder fällt im Verhältnis zur Leichtigkeit oder Schwierigkeit seiner Herstellung, oder mit anderen Worten, im Verhältnis zur Menge der für seine Herstellung aufgewendeten Arbeit . Nehmen wir an, dass mit einem gegebenen Kapital die Arbeit einer bestimmten Anzahl von Männern 1000 Paar Strümpfe produziert und dass dieselbe Anzahl von Männern durch Erfindungen in der Maschinerie 2000 Paar produzieren kann oder dass sie weiterhin 1000 Paar produzieren können und produzieren können außerdem 500 Hüte; dann der Wert des 2000 Paar Strümpfe; oder von 1000 Paar Strümpfen und 500 Hüten wird weder mehr noch weniger sein als der von 1000 Paar Strümpfen vor der Einführung der Maschinerie; denn sie werden das Produkt der gleichen Arbeitsmenge sein . Aber der Wert der gesamten Warenmasse wird dennoch vermindert; denn obwohl der Wert der infolge der Verbesserung produzierten Mehrmenge genau derselbe sein wird wie der Wert der geringeren Menge, die produziert worden wäre, wird, wenn keine Verbesserung stattgefunden hätte, auch eine Wirkung auf den Teil erzeugt von noch nicht verbrauchten Gütern, die vor der Verbesserung hergestellt wurden; Der Wert dieser Güter wird insofern verringert, als sie Menge für Menge auf das Niveau der unter allen Vorteilen der Verbesserung produzierten Güter fallen müssen, und die Gesellschaft wird ungeachtet der erhöhten Menge ihrer Waren ungeachtet ihrer Zunahme sinken Reichhaltigkeit und ihre gesteigerten Genussmittel haben einen geringeren Wert. Indem wir die Produktionsmöglichkeiten ständig steigern, verringern wir ständig den Wert einiger Waren vor der Produktion, obwohl wir auf die gleiche Weise nicht nur den nationalen Reichtum, sondern auch die Kraft der künftigen Produktion vergrößern. Viele der Fehler in der politischen Ökonomie sind auf Fehler in diesem Bereich zurückzuführen, auf die Annahme, dass eine Zunahme des Reichtums und eine Wertsteigerung dasselbe bedeuten, und auf unbegründete Vorstellungen darüber, was ein Standardmaß für den Wert darstellt . Ein Mann betrachtet Geld als einen Wertmaßstab, und seiner Meinung nach wird eine Nation in dem Maße reicher oder ärmer, je mehr ihre Waren aller Art gegen mehr oder weniger Geld eingetauscht werden können. Andere stellen Geld als ein sehr bequemes Medium für Tauschzwecke dar, aber nicht als geeigneten Maßstab, um den Wert anderer Dinge einzuschätzen: Der wahre Maßstab für den Wert ist ihrer Meinung nach Mais,[26] und ein Land ist reich oder [arm]. je nachdem, wie seine Waren gegen mehr oder weniger Mais eingetauscht werden. Wieder andere wiederum halten ein Land für reich oder arm, je nachdem, wie viel Arbeitskraft es kaufen kann. [27] Aber warum sollten Gold, Mais oder Arbeit mehr als Kohlen oder Eisen der Standardmaßstab für den Wert sein? – mehr als Stoff, Seife, Kerzen und die anderen Notwendigkeiten des Arbeiters ? – kurz gesagt, warum sollten überhaupt welche gelten? Soll eine Ware oder alle Waren zusammen der Maßstab sein, wenn ein solcher Maßstab selbst Wertschwankungen unterliegt? Sowohl Mais als auch Gold können je nach Schwierigkeit oder Produktionsmöglichkeit um 10, 20 oder 30 Prozent im Verhältnis zu anderen Dingen schwanken; Warum sollten wir immer sagen, dass es die anderen Dinge sind, die sich verändert haben, und nicht der Mais? Nur diese Ware ist unveränderlich, und zu ihrer Herstellung sind zu jeder Zeit die gleichen Opfer an Leinwand und Arbeitskraft erforderlich. Von einer solchen Ware wissen wir nichts, aber wir können hypothetisch darüber streiten und sprechen, als ob wir es wüssten; und kann unser Wissen über die Wissenschaft verbessern, indem es deutlich die absolute Unanwendbarkeit aller bisher angenommenen Standards aufzeigt. Aber selbst wenn man annimmt, dass einer dieser beiden Werte ein korrekter Maßstab ist, wäre es dennoch kein Maßstab für Reiche, denn Reiche sind nicht auf Werte angewiesen. Ein Mensch ist reich oder arm, je nach der Fülle an lebensnotwendigen Gütern und Luxusgütern, über die er verfügen kann; und ob der Tauschwert dieser Güter für Geld, für Mais oder für Arbeit hoch oder niedrig ist, sie werden gleichermaßen zum Vergnügen ihres Besitzers beitragen. Durch die Verwechslung der Vorstellungen von Wert und Reichtum bzw. Reichtümern wurde behauptet, dass durch die Verringerung der Menge an Waren, das heißt der Notwendigkeiten, Annehmlichkeiten und Freuden des menschlichen Lebens, der Reichtum zunehmen könne. Wenn der Wert das Maß für Reichtum wäre, könnte dies nicht geleugnet werden, denn durch Knappheit steigt der Wert der Waren; Aber wenn Adam Smith Recht hat, wenn Reichtum aus Notwendigkeiten und Genüssen besteht, dann kann er nicht durch eine Verringerung der Menge vermehrt werden.

Es ist wahr, dass der Mensch, der ein knappes Gut besitzt, reicher ist, wenn er dadurch mehr von den Notwendigkeiten und Freuden des menschlichen Lebens erlangen kann; Da aber der allgemeine Vorrat, aus dem jeder Mensch seine Reichtümer bezieht, durch alles , was ein Einzelner davon nimmt, mengenmäßig abnimmt, müssen die Anteile anderer Menschen zwangsläufig in dem Verhältnis verringert werden, in dem dieser begünstigte Einzelne in der Lage ist, sich eine größere Menge anzueignen .

Lassen Sie Wasser knapp werden, sagt Lord Lauderdale, und lassen Sie es ausschließlich von einem Einzelnen besitzen, und Sie werden seinen Reichtum vergrößern, weil Wasser dann einen Wert haben wird; Und wenn Reichtum die Summe individueller Reichtümer ist, wirst du auf die gleiche Weise auch Reichtum vermehren. Sie werden zweifellos den Reichtum dieser Person vermehren, aber insofern, als der Bauer einen Teil seines Mais verkaufen muss, der Schuhmacher einen Teil seiner Schuhe, und alle Menschen einen Teil ihres Besitzes aufgeben müssen, nur um sich mit Wasser zu versorgen , die sie zuvor umsonst hatten, werden sie um die ganze Warenmenge ärmer, die sie für diesen Zweck aufwenden müssen, und der Besitzer des Wassers profitiert gerade um den Betrag ihres Verlustes. Die gesamte Gesellschaft genießt die gleiche Menge Wasser und die gleiche Menge an Gütern, ist aber unterschiedlich verteilt. Dies setzt jedoch eher ein Wassermonopol als eine Wasserknappheit voraus. Wenn es knapp wäre, würden die Reichtümer des Landes und des Einzelnen tatsächlich gemindert, da ihm ein Teil seiner Freuden entzogen würde. Der Bauer hätte nicht nur weniger Mais, den er gegen andere Güter eintauschen könnte, die für ihn notwendig oder wünschenswert sein könnten, sondern er und jeder andere Mensch würde auch in den Genuss einer ihrer wichtigsten Annehmlichkeiten eingeschränkt. Es käme nicht nur zu einer anderen Vermögensverteilung, sondern auch zu einem tatsächlichen Vermögensverlust.

Von zwei Ländern, die genau die gleiche Menge an lebensnotwendigen Gütern und Annehmlichkeiten besitzen, kann man dann sagen, dass sie gleich reich sind, aber der Wert ihrer jeweiligen Reichtümer würde von der vergleichsweisen Leichtigkeit oder Schwierigkeit abhängen, mit der sie hergestellt wurden. Denn wenn eine verbesserte Maschine es uns ermöglichen würde, ohne zusätzliche Arbeit zwei Paar Strümpfe anstelle von einem herzustellen , würde die doppelte Menge im Austausch für einen Meter Stoff gegeben. Wenn eine ähnliche Verbesserung in der Herstellung von Stoffen erzielt wird, werden Strümpfe und Stoffe im gleichen Verhältnis wie zuvor ausgetauscht, aber beide werden an Wert verlieren; denn wenn man sie gegen Hüte, gegen Gold oder andere Waren im Allgemeinen eintauscht, muss das Doppelte der vorherigen Menge gegeben werden. Erweitern Sie die Verbesserung auf die Produktion von Gold und allen anderen Waren; und sie werden alle ihre früheren Proportionen wiedererlangen. Die jährlich im

Land produzierte Warenmenge wird verdoppelt, und daher wird sich der Reichtum des Landes verdoppeln, aber dieser Reichtum wird nicht an Wert gewonnen haben.

kaufen kann.". " Nun unterscheidet sich diese Beschreibung wesentlich von der anderen und ist sicherlich falsch; Denn angenommen, die Minen würden produktiver werden, so dass Gold und Silber aufgrund der größeren Leichtigkeit ihrer Produktion an Wert verlieren würden. oder dass Samt mit so viel weniger Arbeit als zuvor hergestellt werden sollte , dass er auf die Hälfte seines früheren Wertes fiel; Der Reichtum aller, die diese Waren kauften, würde zunehmen: Ein Mann könnte die Menge seines Tellers erhöhen, ein anderer könnte die doppelte Menge Samt kaufen; aber mit dem Besitz dieses zusätzlichen Tellers und Samts konnten sie nicht mehr Arbeit leisten als zuvor; Denn da der Tauschwert von Samt und Teller sinken würde, müssten sie sich von proportional mehr dieser Arten von Reichtümern trennen, um die Arbeit eines Tages zu kaufen . Reichtum kann dann nicht anhand der Menge an Arbeit geschätzt werden, die er kaufen kann.

Aus dem Gesagten geht hervor, dass der Reichtum eines Landes auf zwei Arten gesteigert werden kann: Er kann dadurch gesteigert werden, dass ein größerer Teil des Einkommens für die Aufrechterhaltung der produktiven Arbeit verwendet wird, was nicht nur zu einer Vergrößerung der Quantität führt , sondern zum Wert der Warenmasse; oder es kann erhöht werden, ohne dass eine zusätzliche Arbeitsmenge eingesetzt wird , indem dieselbe Menge produktiver gemacht wird – was den Überfluss erhöht, aber nicht den Wert der Waren.

Im ersten Fall würde ein Land nicht nur reich werden, sondern auch der Wert seiner Reichtümer würde steigen. Es würde durch Sparsamkeit reich werden; indem es seine Ausgaben für Luxus- und Genussgegenstände verringert; und diese Ersparnisse in der Reproduktion einzusetzen.

Im zweiten Fall wird es nicht unbedingt zu einer Verringerung der Ausgaben für Luxusgüter und Vergnügungen oder zu einer erhöhten Menge an produktiver Arbeit kommen , sondern es würde mit der gleichen Arbeit mehr produziert werden; Der Reichtum würde steigen, aber nicht der Wert. Von diesen beiden Arten der Vermögensvermehrung muss die letzte bevorzugt werden, da sie die gleiche Wirkung ohne den Verzicht und die Verminderung der Freuden hervorruft, die mit der ersten Methode immer einhergehen müssen. Kapital ist der Teil des Reichtums eines Landes, der im Hinblick auf die künftige Produktion eingesetzt wird und auf die gleiche Weise wie der Reichtum vermehrt werden kann. Ein zusätzliches Kapital wird bei der Produktion künftigen Reichtums gleichermaßen wirksam sein, sei es durch Verbesserungen der Fertigkeiten und Maschinen oder durch die reproduktive Verwendung von mehr Einnahmen; Denn der Reichtum hängt immer von der Menge der produzierten Waren ab, ohne Rücksicht auf die Leichtigkeit, mit der die zur Produktion verwendeten Instrumente beschafft worden sein mögen. Eine bestimmte Menge an Kleidung und Proviant wird die gleiche Anzahl von Menschen ernähren und beschäftigen und daher die gleiche Menge an zu verrichtender Arbeit beschaffen, unabhängig davon, ob sie durch die Arbeit von 100 oder von 200 Männern hergestellt werden; aber sie werden den doppelten Wert haben, wenn 200 Menschen für ihre Produktion eingesetzt worden wären.

M. Say scheint mir in seiner Definition von Reichtum und Wert im ersten Kapitel seines ausgezeichneten Werkes besonders unglücklich gewesen zu sein: Der Kern seiner Argumentation besteht im Folgenden: Reichtum besteht, wie er feststellt, nur aus Dingen, die einen Wert haben selbst: Reiche sind groß, wenn die Summe der Werte, aus denen sie bestehen, groß ist. Sie sind klein, wenn die Summe ihrer Werte klein ist. Zwei Dinge mit gleichem Wert sind gleich reich. Sie sind gleichwertig, wenn sie im allgemeinen Einvernehmen frei gegeneinander ausgetauscht werden. Wenn nun der Mensch einer Sache einen Wert beimisst, dann aufgrund der *Verwendung*, für die sie anwendbar ist. Diese Fähigkeit bestimmter Dinge, die verschiedenen Bedürfnisse der Menschheit zu befriedigen, nenne ich Nützlichkeit. Objekte zu schaffen, die einen Wert jeglicher Art haben, bedeutet, Reichtümer zu schaffen, da der Nutzen der Dinge die erste Grundlage ihres Wertes ist und es der Wert der Dinge ist, der den Reichtum ausmacht. Aber wir erschaffen keine Objekte: Alles, was wir tun können, ist, Materie in einer anderen Form zu reproduzieren – wir können ihr einen Nutzen verleihen. Produktion ist also eine Schöpfung, nicht der Materie, sondern der Nützlichkeit, und sie wird am Wert gemessen, der sich aus der Nützlichkeit des produzierten Objekts ergibt. Der Nutzen eines jeden Objekts wird nach allgemeiner Einschätzung durch die Menge anderer Waren angezeigt, gegen die es eingetauscht wird. Diese Bewertung, die sich aus der allgemeinen Wertschätzung der Gesellschaft ergibt, stellt das dar, was Adam Smith als Tauschwert bezeichnet; was Turgot nennenswerten Wert nennt; und was wir kürzer mit dem Begriff *Wert bezeichnen können*.

Soweit Herr Say, aber in seiner Darstellung von Wert und Reichtum hat er zwei Dinge verwechselt, die immer getrennt gehalten werden sollten und die von Adam Smith „Gebrauchswert" und „Tauschwert" genannt werden. Wenn ich mit einer verbesserten Maschine mit der gleichen Arbeitsmenge zwei Paar Strümpfe anstelle von einem herstellen kann, beeinträchtigt das in keiner Weise den *Nutzen* eines Paars Strümpfe, obwohl ich ihren Wert mindere. Hätte ich dann genau die gleiche Menge an Mänteln, Schuhen, Strümpfen und allen anderen Dingen wie zuvor, hätte ich genau die gleiche Menge nützlicher Gegenstände und wäre daher ebenso reich, wenn der Nutzen das Maß des Reichtums wäre; aber ich hätte einen geringeren Wert, denn meine Strümpfe würden nur noch die Hälfte ihres früheren Wertes haben. Der Nutzen ist dann nicht das Maß für den Tauschwert.

Wenn wir Herrn Say fragen, worin Reichtum besteht, sagt er uns, dass er im Besitz von Gegenständen von Wert ist. Wenn wir ihn dann fragen, was er unter Wert versteht, sagt er uns, dass die Dinge im Verhältnis zu ihrem Nutzen wertvoll sind. Wenn wir ihn erneut bitten, uns zu erklären, mit welchen Mitteln wir den Nutzen von Gegenständen beurteilen sollen, antwortet er anhand ihres Wertes. Das Maß des Werts ist also der Nutzen, und das Maß des Nutzens ist der Wert.

Wenn M. Say von den Vorzügen und Unvollkommenheiten des großartigen Werks von Adam Smith spricht, unterstellt er ihm als Fehler, dass „er allein der Arbeit des Menschen die Fähigkeit zuschreibt, Wert zu schaffen." Eine korrektere Analyse zeigt uns das Der Wert ist das Ergebnis der Tätigkeit der Arbeit , oder besser gesagt des Fleißes des Menschen, kombiniert mit der Tätigkeit der von der Natur bereitgestellten Kräfte und der Tätigkeit des Kapitals. Seine Unkenntnis dieses Prinzips hinderte ihn daran, die wahre Theorie des Einflusses der Maschinerie aufzustellen bei der Schaffung von Wohlstand."

Im Gegensatz zur Meinung von Adam Smith spricht M. Say im vierten Kapitel von dem Wert, der Waren durch natürliche Kräfte wie die Sonne, die Luft, den Druck der Atmosphäre usw. verliehen wird, die manchmal vorhanden sind Sie ersetzen die Arbeit des Menschen und unterstützen ihn manchmal bei der Produktion. [28]

*den Gebrauchswert* erheblich steigern , niemals den Tauschwert, von dem Herr Say spricht, zu einer Ware: Sobald Sie mit Hilfe von Maschinen oder durch die Kenntnis der Naturphilosophie einen Gefallen tun Wenn natürliche Agenten die Arbeit verrichten, die zuvor vom Menschen verrichtet wurde, sinkt der Tauschwert dieser Arbeit entsprechend. Wenn zehn Männer eine Getreidemühle drehen und sich herausstellt, dass durch die Unterstützung von Wind oder Wasser die Arbeit dieser zehn Männer eingespart werden kann, würde das Mehl, das das Produkt der von der Mühle geleisteten Arbeit ist, sofort hergestellt Wertverlust im Verhältnis zur eingesparten Arbeitsmenge ; und die Gesellschaft würde durch die Waren reicher, die die Arbeit der zehn Männer produzieren könnte, wobei die für ihren Unterhalt bestimmten Mittel in keiner Weise beeinträchtigt würden.

M. Say wirft Dr. Smith vor, den Wert übersehen zu haben, der Waren durch natürliche Kräfte und Maschinen verliehen wird, weil er der Ansicht war, dass der Wert aller Dinge aus der Arbeit des Menschen abgeleitet sei; aber es scheint mir nicht, dass dieser Vorwurf begründet ist; Denn Adam Smith unterschätzt die Dienste, die diese natürlichen Agenten und Maschinen für uns leisten, keineswegs, aber er unterscheidet zu Recht die Art des Wertes, den sie den Waren verleihen – sie sind für uns von Nutzen, indem sie die Fülle der Produktionen steigern Menschen reicher machen, indem der Gebrauchswert erhöht wird; Aber da sie ihre Arbeit unentgeltlich verrichten und für die Nutzung von Luft, Wärme und Wasser nichts bezahlt wird, trägt die Hilfe, die sie uns leisten, im Gegenzug nichts zum Wert bei. Im ersten Kapitel des zweiten Buches gibt M. Say selbst eine ähnliche Aussage über den Wert, denn er sagt, dass „der Nutzen die Grundlage des Wertes ist, dass Waren nur wünschenswert sind, weil sie in irgendeiner Weise nützlich sind, aber dass ihr Wert." hängt nicht von ihrem Nutzen ab, nicht von dem Grad, in dem sie gewünscht werden, sondern von der Menge an Arbeit , die zu ihrer Beschaffung erforderlich ist." „Der so verstandene Nutzen einer Ware macht sie zu einem Objekt der Begierde des Menschen, weckt in ihm den Wunsch danach und begründet eine Nachfrage danach. Wenn es für den Erwerb einer Sache ausreicht, sie zu begehren, kann sie als Artikel betrachtet werden." des natürlichen Reichtums, der dem Menschen in unbegrenzter Menge gegeben wird und den er genießt, ohne ihn durch irgendein Opfer zu erkaufen; das sind die Luft, das Wasser, das Licht der Sonne. Wenn er auf diese Weise alle Gegenstände seiner Bedürfnisse erhielte und Wenn er seine Wünsche erfüllen würde, wäre er unendlich reich: Ihm würde es an nichts mangeln. Aber leider ist das nicht der Fall: der größte Teil der Dinge, die ihm bequem und angenehm sind, sowie die Dinge, die im sozialen Staat unentbehrlich notwendig sind , für die der Mensch spezifisch geschaffen zu sein scheint, werden ihm nicht unentgeltlich gegeben; sie könnten nur durch die Ausübung bestimmter Arbeit , den Einsatz eines bestimmten Kapitals und in vielen Fällen durch die Nutzung von Land existieren. Dies sind Hindernisse auf dem Weg des unentgeltlichen Genusses; Hindernisse, die zu echten Produktionskosten führen; weil wir verpflichtet sind, für die Unterstützung dieser Produktionsagenten zu zahlen." „Erst wenn dieser Nutzen einer Sache auf diese Weise mitgeteilt wurde (nämlich durch Industrie, Kapital und Land), handelt es sich um eine Produktion, und zwar. *" es hat einen Wert* . Es ist sein Nutzen, der die Grundlage für die Nachfrage danach bildet, *aber die Opfer und die Kosten, die notwendig sind, um es zu erhalten, oder mit anderen Worten, sein Preis* , begrenzen das Ausmaß dieser Nachfrage." Die Verwirrung, die aus der Verwechslung der Begriffe „Wert" und „Reichtum" entsteht, wird am besten in den folgenden Passagen deutlich. [30] Sein Schüler bemerkt: „Sie haben außerdem gesagt, dass sich der Reichtum einer Gesellschaft aus der Gesamtsumme der Werte zusammensetzte, die sie besaß; es scheint mir zu folgen, dass der Rückgang einer Produktion, von Strümpfen für Beispielsweise verringert sich durch die Verringerung der Gesamtsumme der zur Gesellschaft gehörenden Werte die Masse ihres Reichtums;" worauf folgende Antwort gegeben wird: „Die *Summe* des Reichtums der Gesellschaft wird dadurch nicht sinken. Es werden zwei Paar Strümpfe anstelle von einem hergestellt; und zwei Paar zu drei Francs sind genauso wertvoll wie ein Paar zu sechs Francs. Die Das Einkommen der Gesellschaft bleibt gleich, weil der Hersteller mit zwei Paaren zu drei Franken genauso viel gewonnen hat wie mit einem Paar zu sechs Franken. Bisher ist M. Say zwar falsch, aber zumindest konsistent. Wenn der Wert der Maßstab für Reichtum ist, ist die Gesellschaft ebenso reich, weil der Wert aller ihrer Waren derselbe ist wie zuvor. Nun aber zu seiner Schlussfolgerung. „Aber wenn das Einkommen gleich bleibt und die Produktionspreise sinken, ist die Gesellschaft wirklich bereichert. Wenn derselbe Rückgang bei allen Waren zur gleichen Zeit stattfand, was nicht absolut unmöglich ist, kauft die Gesellschaft zum halben früheren Preis.“ , wären alle Gegenstände seines Konsums, ohne einen Teil seines Einkommens verloren zu haben, tatsächlich doppelt so reich wie zuvor und könnten die doppelte Menge an Gütern kaufen.“

In der ersten Passage wird uns gesagt, dass die Gesellschaft gleichermaßen reich wäre, wenn alles aufgrund des Überflusses auf die Hälfte seines Wertes fallen würde, weil es die doppelte Menge an Waren zum halben früheren Wert geben würde, oder mit anderen Worten, es wäre so derselbe Wert sein. Aber in der letzten Passage wird uns mitgeteilt, dass durch eine Verdoppelung der Warenmenge zwar der Wert jeder Ware um die Hälfte verringert werden sollte und daher der Wert aller Waren zusammen genau derselbe wäre wie zuvor, die Gesellschaft jedoch gleich bleiben würde doppelt so reich wie zuvor. Im ersten Fall werden Reiche nach der Höhe ihres Wertes geschätzt, im zweiten Fall nach der Fülle an Gütern, die zum menschlichen Vergnügen beitragen. M. Say sagt weiter, „dass ein Mensch ohne Wertgegenstände unendlich reich ist, wenn er umsonst alle Gegenstände erhalten kann, die er sich wünscht.“ Doch an einer anderen Stelle wird uns gesagt: „Reichtümer bestehen nicht im Produkt selbst, denn es ist so.“ nicht reich, wenn es keinen Wert hat , sondern in seinem Wert.“ Bd. II. S. 2.

# KAPITEL XIX.

## AUSWIRKUNGEN DER KUMULATION AUF GEWINNE UND ZINSEN.

AUS der Darstellung der Aktiengewinne geht hervor, dass keine Kapitalakkumulation die Gewinne dauerhaft senken wird, es sei denn, es gibt einen dauerhaften Grund für den Anstieg der Löhne . Wenn die Mittel zur Aufrechterhaltung der Arbeit verdoppelt, verdreifacht oder vervierfacht würden, würde es nicht mehr lange schwierig sein, die erforderliche Anzahl von Arbeitern zu beschaffen, die von diesen Mitteln beschäftigt werden könnten; aber aufgrund der zunehmenden Schwierigkeit, die Nahrungsmittel des Landes ständig zu ergänzen, würden Mittel gleichen Werts wahrscheinlich nicht die gleiche Arbeitsmenge aufrechterhalten . Wenn die Bedürfnisse des Arbeiters mit der gleichen Leichtigkeit ständig erhöht werden könnten, gäbe es keine dauerhafte Änderung der Profit- oder Lohnrate, egal wie viel Kapital angehäuft werden würde. Adam Smith führt den Rückgang der Profite jedoch einheitlich auf die Kapitalakkumulation und die daraus resultierende Konkurrenz zurück, ohne jemals auf die zunehmende Schwierigkeit hinzuweisen, die zusätzliche Zahl von Arbeitern, die das zusätzliche Kapital beschäftigen wird, mit Nahrungsmitteln zu versorgen . „Er sagt, dass die Erhöhung der Lagerbestände, die die Löhne erhöht, dazu führt, dass der Gewinn sinkt. Wenn die Aktien vieler reicher Kaufleute in den gleichen Handel umgewandelt werden, tendiert ihre gegenseitige Konkurrenz natürlich dazu, den Gewinn zu verringern; und wenn es zu einer ähnlichen Erhöhung der Lagerbestände kommt." In all den verschiedenen Gewerben, die in derselben Gesellschaft ausgeübt werden, muss der gleiche Wettbewerb bei allen die gleiche Wirkung hervorrufen." Adam Smith spricht hier von einem Anstieg der Löhne, aber es handelt sich um einen vorübergehenden Anstieg, der von erhöhten Mitteln ausgeht, bevor die Bevölkerung wächst; und er scheint nicht zu erkennen, dass mit der Kapitalvermehrung auch die vom Kapital zu leistende Arbeit im gleichen Verhältnis zunimmt. Herr Say hat jedoch sehr treffend dargelegt, dass es keine Kapitalmenge gibt, die in einem Land nicht verwendet werden darf, weil die Nachfrage nur durch die Produktion begrenzt wird. Kein Mensch produziert, außer um zu konsumieren oder zu verkaufen, und er verkauft nie, sondern mit der Absicht, eine andere Ware zu kaufen, die für ihn unmittelbar nützlich sein oder zur zukünftigen Produktion beitragen kann. Indem er produziert, wird er notwendigerweise entweder zum Konsumenten seiner eigenen Güter oder zum Käufer und Konsumenten der Güter einer anderen Person. Es ist nicht anzunehmen, dass er über längere Zeit hinweg schlecht über die Waren informiert sein sollte, die er am vorteilhaftesten produzieren kann, um das von ihm angestrebte Ziel, nämlich den Besitz anderer Güter, zu erreichen; und daher ist es unwahrscheinlich, dass er kontinuierlich eine Ware produzieren wird, für die keine Nachfrage besteht. [31]

Es kann dann in einem Land keine Kapitalmenge angesammelt werden, die nicht produktiv eingesetzt werden kann, bis die Löhne infolge des Anstiegs der Bedarfsgüter so hoch steigen und folglich so wenig für die Aktiengewinne übrig bleibt, dass die Motivation zur Akkumulation aufhört. [32] Auch wenn die Aktiengewinne hoch sind, haben die Menschen eine Motivation, anzuhäufen. Während ein Mann die gewünschte Befriedigung nicht erhält , wird er eine Nachfrage nach mehr Waren haben; und es wird eine wirksame Nachfrage sein, solange er im Austausch dafür einen neuen Wert anzubieten hat. Wenn einem Mann mit 100.000 l zehntausend Pfund gegeben würden . pro Jahr würde er es nicht in einer Truhe einsperren, sondern entweder seine Ausgaben um 10.000 *l erhöhen.* ; es selbst produktiv einsetzen oder es zu diesem Zweck einer anderen Person leihen; In beiden Fällen würde die Nachfrage steigen, wenn auch nach anderen Objekten. Wenn er seine Ausgaben erhöhen würde, könnte sein tatsächlicher Bedarf wahrscheinlich in Gebäuden, Möbeln oder ähnlichen Vergnügungen bestehen. Wenn er seine 10.000 *l einsetzte.* Im produktiven Bereich würde der effektive Bedarf an Nahrungsmitteln, Kleidung und Rohstoffen bestehen, die neue Arbeitskräfte zur Arbeit veranlassen könnten; aber es würde trotzdem verlangt werden. [33]

Produktionen werden immer durch Produktionen gekauft, Geld ist nur das Medium, durch das der Tausch zustande kommt . Möglicherweise wird zu viel von einer bestimmten Ware produziert, und es kann zu einer solchen Überschwemmung auf dem Markt kommen, dass das dafür aufgewendete Kapital nicht zurückgezahlt werden kann; aber das kann nicht bei allen Waren der Fall sein; Die Nachfrage nach Mais wird durch die Münder begrenzt, die es essen sollen, nach Schuhen und Mänteln durch die Personen, die sie tragen sollen; aber obwohl eine Gemeinschaft oder ein Teil einer Gemeinschaft so viel Mais und so viele Hüte und Schuhe haben kann, wie sie konsumieren kann oder möchte, kann das Gleiche nicht von jeder Ware gesagt werden, die von der Natur oder der Kunst produziert wird. Manche würden mehr Wein konsumieren, wenn sie die Möglichkeit hätten, ihn zu beschaffen. Andere, die genug Wein haben, möchten die Menge erhöhen oder die Qualität ihrer Möbel verbessern. Andere möchten vielleicht ihre Grundstücke verschönern oder ihre Häuser vergrößern. Der Wunsch, alles oder einiges davon zu tun, ist in die Brust jedes Mannes eingepflanzt; Nichts ist erforderlich als die Mittel, und nichts kann sich die Mittel leisten als eine Steigerung der Produktion. Wenn ich Lebensmittel und Bedarfsgüter zur Verfügung hätte, würde es mir nicht lange an Arbeitern mangeln, die mir einige der für mich nützlichsten oder begehrenswertesten Gegenstände beschaffen würden.

Ob diese Produktionssteigerungen und die damit verbundene Nachfrage den Profit senken oder nicht, hängt einzig und allein vom Anstieg der Löhne ab; und die Erhöhung der Löhne, außer für einen begrenzten Zeitraum, abhängig von der Fähigkeit, die Nahrungsmittel und Bedarfsgüter des Arbeiters zu produzieren . Ich sage, mit Ausnahme einer begrenzten Zeitspanne, denn kein Punkt ist besser belegt, als dass das Angebot an Arbeitskräften letztendlich immer im Verhältnis zu den Mitteln zu ihrem Unterhalt stehen wird.

Es gibt nur einen Fall, und dieser wird vorübergehender Natur sein, in dem die Akkumulation von Kapital bei niedrigen Nahrungsmittelpreisen mit einem Rückgang der Profite einhergehen kann; und das heißt, wenn die Mittel zur Aufrechterhaltung der Arbeit viel schneller wachsen als die Bevölkerung; dann werden die Löhne hoch und die Profite niedrig sein. Wenn jeder Mensch auf den Gebrauch von Luxusgütern verzichten und sich nur auf die Anhäufung konzentrieren würde, könnte eine Menge lebensnotwendiger Güter produziert werden, für die es keinen unmittelbaren Konsum geben könnte. Bei einer derart begrenzten Anzahl an Waren könnte es zweifellos zu einem weltweiten Überangebot kommen, und infolgedessen gäbe es möglicherweise weder eine Nachfrage nach einer zusätzlichen Menge solcher Waren noch Gewinne durch den Einsatz von mehr Kapital. Wenn die Menschen aufhören würden zu konsumieren, würden sie aufhören zu produzieren. Dieses Eingeständnis stellt den allgemeinen Grundsatz nicht in Frage. In einem Land wie England zum Beispiel ist es schwer anzunehmen, dass es eine Neigung geben kann, das gesamte Kapital und die gesamte Arbeit des Landes nur der Produktion lebensnotwendiger Güter zu widmen.

Wenn Kaufleute ihr Kapital im Außenhandel oder im Transporthandel einsetzen, geschieht dies stets aus freien Stücken und niemals aus Notwendigkeit: Denn in diesem Handel werden ihre Gewinne etwas größer sein als im Inlandshandel.

Adam Smith hat zu Recht festgestellt, „dass der Wunsch nach Nahrung bei jedem Menschen durch das geringe Fassungsvermögen des menschlichen Magens begrenzt ist, der Wunsch nach Annehmlichkeiten und Verzierungen von Gebäuden, Kleidung, Ausstattung und Haushaltsmöbeln jedoch keine Grenzen zu haben scheint." bestimmte Grenze." Die Natur hat dann zwangsläufig die Menge an Kapital begrenzt, die zu jedem Zeitpunkt gewinnbringend in der Landwirtschaft eingesetzt werden kann, aber sie hat der Menge an Kapital, die zur Beschaffung der „Annehmlichkeiten und Ziergegenstände" des Lebens eingesetzt werden kann, keine Grenzen gesetzt. Ziel ist es, sich diese Befriedigungen in größtmöglichem Überfluss zu verschaffen, und nur weil der Außenhandel oder der Transporthandel dies besser bewerkstelligen kann, beschäftigen sich die Menschen lieber damit als mit der Herstellung der benötigten Waren oder eines Ersatzes dafür sie, zu

Hause. Wenn wir jedoch aus besonderen Umständen daran gehindert wären, Kapital im Außenhandel oder im Transportgewerbe einzusetzen, würden wir es, wenn auch mit geringerem Vorteil, im Inland einsetzen; und während dem Wunsch nach „Annehmlichkeiten, Bauschmuck, Kleidung, Ausrüstung und Haushaltsmöbeln" keine Grenzen gesetzt sind, kann es keine Grenze für das Kapital geben, das zu deren Beschaffung eingesetzt werden kann, außer dem, was unsere Aufrechterhaltungsmacht einschränkt die Arbeiter, die sie herstellen sollen.

Adam Smith spricht jedoch vom Transportgewerbe nicht als etwas, das einer Wahl, sondern einer Notwendigkeit entspricht; als ob das eingesetzte Kapital träge wäre, wenn es nicht eingesetzt würde, als ob das Kapital im Binnenhandel überfließen könnte, wenn es nicht auf eine begrenzte Menge beschränkt wäre. Er sagt: „Wenn der Kapitalstock eines Landes in einem solchen Ausmaß erhöht wird, *dass er nicht vollständig für die Versorgung des Konsums und die Unterstützung der produktiven Arbeit dieses bestimmten Landes verwendet werden kann* , vergießt sich der überschüssige Teil davon auf natürliche Weise in die Tragfähigkeit." Handel und ist damit beschäftigt, die gleichen Aufgaben in anderen Ländern wahrzunehmen.

„Ungefähr sechsundneunzigtausend Hogsheads Tabak werden jährlich mit einem Teil der überschüssigen Produkte der britischen Industrie gekauft. Aber die Nachfrage Großbritanniens erfordert vielleicht nicht mehr als vierzehntausend. Wenn die restlichen zweiundachtzigtausend also Könnten sie nicht ins Ausland geschickt *und gegen etwas Gefragteres im Inland eingetauscht werden* , würde ihre Einfuhr sofort aufhören *und damit auch die produktive Arbeit aller Einwohner Großbritanniens, die derzeit mit der Herstellung der Waren beschäftigt sind, mit denen diese achtzig Menschen beschäftigt sind - Jährlich werden zweitausend Hogsheads gekauft* . Aber könnte dieser Teil der produktiven Arbeit Großbritanniens nicht für die Herstellung anderer Waren verwendet werden, mit denen man im Inland etwas kaufen könnte, das stärker nachgefragt wird? Und wenn dies nicht möglich wäre, könnten wir diese produktive Arbeit dann nicht, wenn auch mit geringerem Vorteil, dazu verwenden, die nachgefragten Güter im Inland herzustellen oder sie zumindest zu ersetzen? Wenn wir Samt wollten, könnten wir dann nicht versuchen, Samt herzustellen? und wenn es uns nicht gelingen sollte, könnten wir dann nicht mehr Stoff oder einen anderen für uns wünschenswerten Gegenstand herstellen?

Wir stellen Waren her und kaufen damit Waren im Ausland ein, weil wir eine größere Menge beschaffen können, als wir im Inland herstellen könnten. Entziehen Sie uns diesen Handel, und wir fertigen sofort wieder für uns selbst. Aber diese Meinung von Adam Smith steht im Widerspruch zu all seinen allgemeinen Lehren zu diesem Thema. „Wenn ein fremdes Land uns billiger mit einer Ware versorgen kann, als wir sie selbst herstellen können, kaufen wir es besser von ihnen mit einem Teil der Produkte unserer eigenen Industrie, die wir auf eine Weise einsetzen, die uns einen Vorteil verschafft. Die allgemeine Industrie *von Da das Land immer im Verhältnis zu dem Kapital steht, das es einsetzt* , wird es dadurch nicht gemindert, sondern es bleibt nur übrig, herauszufinden, wie es mit dem größten Vorteil eingesetzt werden kann."

Wieder. „Wer also über mehr Nahrung verfügt, als er selbst verzehren kann, ist immer bereit, den Überschuss oder, was dasselbe ist, den Preis dafür gegen Befriedigungen anderer Art einzutauschen. Was darüber hinausgeht." Die Befriedigung des begrenzten Verlangens dient der Belustigung jener Wünsche, die nicht befriedigt werden können, die aber völlig endlos zu sein scheinen. Um an Nahrung zu kommen, bemühen sich die Armen, die Fantasien der Reichen zu befriedigen und sie mit größerer Sicherheit zu erhalten Sie leben miteinander in der Billigkeit und Perfektion ihrer Arbeit. Die Zahl der Arbeiter wächst mit der zunehmenden Menge an Nahrungsmitteln oder mit der zunehmenden Verbesserung und Kultivierung des Landes und je nachdem, wie die Art ihres Geschäfts die äußersten Unterteilungen zulässt Durch die Arbeit wächst die Menge der Materialien, die sie verarbeiten können, in einem viel größeren Verhältnis als ihre Anzahl. Daher entsteht eine Nachfrage nach jeder Art von Material, das menschliche Erfindungen nützlich oder dekorativ zum Bauen, zur Kleidung, zur Ausstattung usw. verwenden können Haushaltsmöbel; für die Fossilien und Mineralien, die in den Eingeweiden der Erde enthalten sind, die Edelmetalle und die Edelsteine."

Adam Smith hat zu Recht festgestellt, dass es äußerst schwierig ist, die Gewinnrate von Aktien zu bestimmen. „Der Gewinn schwankt so stark, dass es selbst in einem bestimmten Gewerbe und noch viel mehr in Gewerben im Allgemeinen schwierig wäre, die durchschnittliche Höhe des Gewinns anzugeben. Um zu beurteilen, wie hoch er früher oder in fernen Zeiträumen gewesen sein mag, mit irgendeinem Grad an Präzision muss völlig unmöglich sein. Da es jedoch offensichtlich ist, dass viel für die Verwendung von Geld ausgegeben wird, wenn damit viel verdient werden kann, schlägt er vor, dass „der Marktzinssatz uns dazu bringen wird, uns eine Vorstellung von der Profitrate und der Geschichte zu machen." Der Fortschritt des Zinses liefert uns den Fortschritt des Profits." Wenn der Marktzinssatz für einen längeren Zeitraum genau bekannt sein könnte, hätten wir zweifellos ein einigermaßen korrektes Kriterium, anhand dessen wir die Entwicklung der Gewinne abschätzen könnten.

Aber in allen Ländern hat der Staat aufgrund falscher politischer Vorstellungen eingegriffen, um einen fairen und freien Marktzinssatz zu verhindern, indem er allen, die mehr als den gesetzlich festgelegten Zinssatz nehmen, schwere und ruinöse Strafen auferlegt. Wahrscheinlich werden diese Gesetze in allen Ländern umgangen, aber die Aufzeichnungen geben uns diesbezüglich wenig Aufschluss und weisen eher auf den gesetzlichen und festen Zinssatz als auf den Marktzinssatz hin. Während des gegenwärtigen Krieges waren Schatz- und Marinewechsel häufig mit einem so hohen Diskont versehen, dass deren Käufer 7,8 Prozent oder einen höheren Zinssatz für ihr Geld erhielten. Die Regierung hat Kredite zu einem Zinssatz von mehr als 6 Prozent aufgenommen, und Einzelpersonen wurden häufig auf indirekte Weise gezwungen, mehr als 10 Prozent für die Geldzinsen zu zahlen. Dennoch lag der gesetzliche Zinssatz im selben Zeitraum einheitlich bei 5 Prozent. Daher kann man sich bei der Information kaum auf den festen und gesetzlichen Zinssatz verlassen, wenn wir feststellen, dass dieser so erheblich vom Marktzins abweichen kann. Adam Smith teilt uns mit, dass vom 37. Heinrich VIII. bis zum 21. Jakobus I. 10 Prozent. weiterhin der gesetzliche Zinssatz. Bald nach der Restaurierung wurde sie auf 6 Prozent und am 12. Anna auf 5 Prozent gesenkt. Er geht davon aus, dass der gesetzliche Zinssatz dem Marktzins folgte und ihm nicht vorausging. Vor dem Amerikanischen Krieg nahm die Regierung Kredite zu 3 Prozent auf, und die kreditwürdigen Menschen in der Hauptstadt und in vielen anderen Teilen des Königreichs nahmen Kredite zu 3½, 4 und 4½ Prozent auf.

Der Zinssatz wird zwar letztlich und dauerhaft von der Profitrate bestimmt, unterliegt jedoch vorübergehenden Schwankungen aus anderen Gründen. Mit jeder Schwankung der Geldmenge und des Geldwertes verändern sich natürlich auch die Preise der Waren. Sie variieren auch, wie wir bereits gezeigt haben, durch die Veränderung des Verhältnisses von Angebot und Nachfrage, obwohl die Produktion weder einfacher noch schwieriger sein sollte. Wenn die Marktpreise von Waren aufgrund eines reichlichen Angebots, einer geringeren Nachfrage oder eines Anstiegs des Geldwerts sinken, häuft ein Hersteller naturgemäß eine ungewöhnliche Menge an Fertigwaren an und ist bereit, diese zu sehr niedrigen Preisen zu verkaufen. Um seine gewöhnlichen Zahlungen zu leisten, für die er früher auf den Verkauf seiner Waren angewiesen war, versucht er jetzt , Kredite aufzunehmen, und ist oft gezwungen, einen erhöhten Zinssatz zu zahlen. Dies ist jedoch nur von vorübergehender Dauer; Denn entweder waren die Erwartungen des Herstellers begründet und der Marktpreis seiner Waren steigt, oder er stellt fest, dass die Nachfrage dauerhaft zurückgegangen ist und er sich dem Lauf der Dinge nicht mehr widersetzt: Die Preise fallen, und Geld und Zinsen gewinnen wieder ihren tatsächlichen Wert . Wenn durch die Entdeckung einer neuen Mine, durch den Missbrauch des Bankwesens oder aus irgendeinem anderen Grund die Geldmenge stark erhöht wird, besteht ihre letztendliche Wirkung darin, dass die Warenpreise im Verhältnis zur erhöhten Geldmenge steigen; aber es gibt wahrscheinlich immer eine Zeitspanne, während der eine gewisse Wirkung auf den Zinssatz entsteht.

Der Preis der finanzierten Immobilie ist kein festes Kriterium für die Beurteilung des Zinssatzes. In Kriegszeiten ist der Aktienmarkt durch die kontinuierlichen Kredite der Regierung so stark belastet, dass der Aktienkurs keine Zeit hat, sich auf seinem angemessenen Niveau einzupendeln, bevor eine neue Finanzierungsoperation stattfindet, oder er wird durch die Erwartung politischer Ereignisse beeinflusst . In Friedenszeiten hingegen sind die Operationen des sinkenden Fonds der Widerwille, den eine bestimmte Personengruppe verspürt, ihre Mittel für eine andere Beschäftigung als die zu verwenden, an die sie gewöhnt sind, die sie für sicher halten und in der sie sich befinden deren Dividenden mit äußerster Regelmäßigkeit ausgezahlt werden, erhöht den Aktienkurs und senkt folglich den Zinssatz für diese Wertpapiere unter den allgemeinen Marktzinssatz. Es ist auch zu beobachten, dass der Staat für verschiedene Wertpapiere sehr unterschiedliche Zinssätze zahlt. Während 100 *l.* Kapital in 5 Prozent. Der Vorrat wird für 95 l verkauft . , ein Schatzwechsel von 100 *l.* , wird manchmal für 100 l verkauft . 5 *Sek.* , für welchen Schatzwechsel jährlich nicht mehr als 4 *l Zinsen gezahlt werden.* 11 *Sek.* 3 *T.* : Eines dieser Wertpapiere zahlt einem Käufer zu den oben genannten Preisen einen Zins von mehr als 5¼ Prozent, das andere jedoch kaum mehr als 4¼ Prozent. eine bestimmte Menge dieser Schatzwechsel wird als sichere und marktfähige Anlage für Banker benötigt; Wenn sie weit über diesen Bedarf hinaus erhöht würden, würden sie wahrscheinlich genauso stark an Wert verlieren wie die 5 Prozent. Aktie. Eine Aktie mit einer Rendite von 3 Prozent. pro Jahr wird immer zu einem proportional höheren Preis verkauft als Aktien, die 5 Prozent zahlen, denn die Kapitalschulden von keinem können nur zum Nennwert oder zu 100 *l beglichen werden.* Geld für 100 *l.* Aktie. Der Marktzins könnte auf 4 Prozent sinken, und der Staat würde dem Inhaber dann 5 Prozent zahlen. Aktien zum Nennwert, es sei denn, er stimmte zu, 4 Prozent oder einen verminderten Zinssatz von weniger als 5 Prozent zu nehmen: Sie hätten keinen Vorteil, wenn sie dem Inhaber auf diese Weise 3 Prozent zahlten. Aktie, bis der Marktzinssatz unter 3 Prozent gefallen war. pro Jahr. Um die Zinsen der Staatsschulden zu bezahlen, werden viermal im Jahr für einige Tage große Geldbeträge aus dem Verkehr gezogen. Da diese Geldforderungen nur vorübergehend sind, wirken sie sich kaum auf die Preise aus; Sie werden im Allgemeinen durch die Zahlung eines hohen Zinssatzes überhöht. [35]

# KAPITEL XX.

Prämien bei der Ausfuhr und Einfuhrverbote.

EINE PRÄMIE auf den Export von Mais senkt tendenziell den Preis für den ausländischen Verbraucher, hat jedoch keine dauerhafte Auswirkung auf den Preis auf dem heimischen Markt.

Nehmen wir an, dass der Maispreis in England 4 *l betragen müsste, um die üblichen und allgemeinen Aktiengewinne zu erzielen*. Pro Quartal; Es konnte dann nicht ins Ausland exportiert werden, wo es für 3 *l verkauft wurde*. 15 *Sek*. Pro Quartal. Aber wenn ein Kopfgeld von 10 *s*. Wurden für den Export pro Quartal Angaben gemacht, konnte es auf dem Auslandsmarkt für 3 *l verkauft werden*. 10 *Sekunden*. , und folglich würde der Maisbauern den gleichen Gewinn erzielen, unabhängig davon, ob er ihn für 3 *l verkaufte*. 10 *Sekunden*. im Ausland, oder bei 4 *l*. im Heimatmarkt.

Eine Prämie, die den Preis für britischen Mais im Ausland unter die Produktionskosten für Mais in diesem Land senken sollte, würde natürlich die Nachfrage nach britischem Mais erhöhen und die Nachfrage nach eigenem Mais verringern. Diese Ausweitung der Nachfrage nach britischem Mais konnte nicht umhin, seinen Preis auf dem Inlandsmarkt eine Zeit lang zu erhöhen und während dieser Zeit auch zu verhindern, dass er auf dem Auslandsmarkt so tief fiel, wie es die Prämie bewirkt . Aber die Ursachen, die auf diese Weise auf den Marktpreis von Mais in England einwirken würden, hätten keinerlei Auswirkungen auf seinen natürlichen Preis, auf seine tatsächlichen Produktionskosten. Der Maisanbau würde weder mehr Arbeit noch mehr Kapital erfordern, und wenn folglich die Gewinne aus dem Bestand des Landwirts zuvor nur gleich den Gewinnen aus dem Bestand anderer Händler gewesen wären, würden sie nach dem Preisanstieg erheblich darüber liegen . Durch die Steigerung der Gewinne aus dem Viehbestand des Landwirts wird die Prämie als Anreiz für die Landwirtschaft wirken, und Kapital wird von den Manufakturen abgezogen, um auf dem Land eingesetzt zu werden, bis die erhöhte Nachfrage für den ausländischen Markt gedeckt ist, wenn der Preis für Mais steigt wird auf dem heimischen Markt wieder auf seinen natürlichen und notwendigen Preis fallen, und die Gewinne werden wieder auf ihrem normalen und gewohnten Niveau liegen. Das erhöhte Getreideangebot auf dem Auslandsmarkt wird auch dessen Preis in dem Land senken, in das es exportiert wird, und dadurch die Gewinne des Exporteurs auf den niedrigsten Satz beschränken, zu dem er sich den Handel leisten kann.

Die letztendliche Wirkung einer Prämie auf den Export von Mais besteht also nicht darin, den Preis auf dem heimischen Markt zu erhöhen oder zu senken, sondern darin, den Maispreis für den ausländischen Verbraucher zu senken – und zwar im gesamten Umfang der Prämie, wenn nicht sogar des Preises Der Maispreis war zuvor auf dem ausländischen Markt nicht niedriger gewesen als auf dem inländischen Markt – und zwar in geringerem Maße, wenn der Preis im inländischen Markt über dem Preis auf dem ausländischen Markt gelegen hätte.

Ein Schriftsteller im fünften Band. Der Bericht des Edinburgh Review zum Thema einer Prämie auf den Export von Mais hat sehr deutlich auf deren Auswirkungen auf die Auslands- und Inlandsnachfrage hingewiesen . Er hat auch zu Recht bemerkt, dass dadurch die Landwirtschaft im Exportland durchaus gefördert werden würde; aber er scheint sich den weit verbreiteten Irrtum zu eigen gemacht zu haben, der Dr. Smith und ich glaube den meisten anderen Autoren zu diesem Thema in die Irre geführt hat. Er geht davon aus, dass der Maispreis, da er letztendlich die Löhne reguliert, auch den Preis aller anderen Waren regulieren wird. Er sagt, dass die Prämie „durch die Steigerung der Gewinne der Landwirtschaft als Anreiz für die Landwirtschaft wirken wird; indem sie den Maispreis für die Verbraucher zu Hause erhöht, wird sie vorübergehend ihre Fähigkeit verringern, dieses Lebensnotwendige zu kaufen, und." Dadurch wird ihr wirklicher Reichtum gekürzt. Es ist jedoch offensichtlich, dass dieser letzte Effekt vorübergehender Natur sein muss: Die Löhne der arbeitenden Verbraucher wurden zuvor durch die Konkurrenz angepasst, und das gleiche Prinzip wird sie durch die Erhöhung des Geldes wieder an den gleichen Satz anpassen Der Preis der Arbeit und *dadurch auch anderer Waren wird zum Geldpreis von Mais* . Die Prämie bei der Ausfuhr wird daher letztendlich den Geldpreis von Mais auf dem heimischen Markt erhöhen, jedoch nicht direkt, sondern durch Vermittlung von eine erweiterte Nachfrage auf dem ausländischen Markt und eine daraus resultierende Verbesserung des realen Preises im Inland: *und dieser Anstieg des Geldpreises wird, wenn er einmal auf andere Waren mitgeteilt wurde, natürlich feststehen* .

Wenn es mir jedoch gelungen ist zu zeigen, dass es nicht der Anstieg des Geldlohns der Arbeit ist , der den Preis der Waren erhöht, sondern dass sich ein solcher Anstieg immer auf die Gewinne auswirkt, wird daraus folgen, dass die Preise der Waren infolgedessen nicht steigen würden ein Kopfgeld.

Aber ein vorübergehender Anstieg des Maispreises, hervorgerufen durch eine erhöhte Nachfrage aus dem Ausland, hätte keinen Einfluss auf den Geldpreis der Löhne. Der Aufstieg des Mais wird durch einen Wettbewerb um die Versorgung verursacht, die zuvor ausschließlich dem heimischen Markt vorbehalten war. Durch die Steigerung der Gewinne wird zusätzliches Kapital in der Landwirtschaft eingesetzt und das erhöhte Angebot erzielt; aber bis er erreicht wird, ist der hohe Preis unbedingt notwendig, um den Verbrauch im Verhältnis zum Angebot zu halten, was durch eine Lohnerhöhung ausgeglichen würde. Der Anstieg des Getreides ist die Folge seiner Knappheit und führt dazu, dass die Nachfrage der Hauskäufer sinkt. Wenn die Löhne erhöht würden, würde die Konkurrenz zunehmen und eine weitere Erhöhung des Maispreises notwendig werden. In dieser Darstellung der Auswirkungen einer Prämie wird davon ausgegangen, dass nichts geschieht, was den natürlichen Preis von Mais erhöhen würde, durch den sein Marktpreis letztlich bestimmt wird; denn es wurde nicht angenommen, dass auf dem Land zusätzliche Arbeit erforderlich wäre, um eine bestimmte Produktion sicherzustellen , und dies allein kann den natürlichen Preis erhöhen. Wenn der natürliche Stoffpreis 20 *s betragen würde.* pro Yard könnte ein starker Anstieg der Auslandsnachfrage den Preis auf 25 *s erhöhen.* , oder mehr, aber die Gewinne, die der Tuchmacher dann machen würde, würden es nicht verfehlen, Kapital in diese Richtung zu locken, und obwohl die Nachfrage verdoppelt, verdreifacht oder vervierfacht werden sollte, würde das Angebot letztendlich gedeckt und der Stoff würde sinken sein natürlicher Preis von 20 s. Auch wenn wir jährlich 2, 3 oder 800.000 Quarter exportieren sollten, würde der Mais letztendlich zu seinem natürlichen Preis produziert, der sich nie ändert, es sei denn, für die Produktion ist eine andere Arbeitsmenge erforderlich.

Vielleicht sind seine Schlussfolgerungen an keinem Teil von Adam Smiths zu Recht gefeiertem Werk anfälliger für Einwände als im Kapitel über Kopfgelder. Erstens spricht er von Mais als einer Ware, deren Produktion infolge einer Exportprämie nicht gesteigert werden kann; er geht stets davon aus, dass es nur auf die tatsächlich produzierte Menge einwirkt und keinen Anreiz für die weitere Produktion darstellt. „In Jahren des Überflusses", sagt er, „hält es durch die Veranlassung einer außergewöhnlichen Ausfuhr notwendigerweise den Maispreis auf dem heimischen Markt über dem Niveau, auf das er natürlich fallen würde. In Jahren des Mangels wird die Prämie jedoch häufig ausgesetzt." Der große Export, den er in Jahren des Überflusses hervorruft, muss häufig mehr oder weniger verhindern, dass der Überfluss eines Jahres die Knappheit eines anderen lindert. Sowohl in Jahren des Überflusses als auch in Jahren des Mangels tendiert die Fülle daher zwangsläufig dazu den Geldpreis für Mais etwas höher anheben, als dies sonst auf dem heimischen Markt der Fall wäre. [36]


Adam Smith schien sich völlig bewusst gewesen zu sein, dass die Richtigkeit seiner Argumentation ausschließlich von der Tatsache abhing, ob die Erhöhung „des Geldpreises für Mais, indem sie dieses Gut für den Landwirt profitabler macht, nicht unbedingt seine Produktion fördern würde."

„Ich antworte", sagt er, „dass dies der Fall sein könnte, wenn die Wirkung der Prämie darin bestünde, den realen Maispreis zu erhöhen oder es dem

Landwirt zu ermöglichen, mit einer gleichen Menge davon eine größere Anzahl Getreide zu ernähren." Arbeiter auf die gleiche Weise, ob liberal, gemäßigt oder dürftig, wie andere Arbeiter üblicherweise in seiner Nachbarschaft unterhalten werden .

Arbeiter nichts außer Mais verzehrte und wenn der Anteil, den er erhielt, der geringste war, den sein Lebensunterhalt erforderte, könnte es Grund zu der Annahme geben, dass die an den Arbeiter gezahlte Menge unter keinen Umständen verringert werden könnte . – aber der Geldlohn der Arbeit steigt manchmal überhaupt nicht und steigt nie im Verhältnis zum Anstieg des Geldpreises für Mais, weil Mais zwar ein wichtiger Teil ist, aber nur einen Teil des Konsums des Arbeiters ausmacht . Wenn die Hälfte seines Lohns für Mais ausgegeben würde und die andere Hälfte für Seife, Kerzen, Treibstoff, Tee, Zucker, Kleidung usw., Waren, bei denen es keinen Anstieg geben sollte, wäre es ihm offensichtlich genauso gut ergangen mit anderthalb Scheffeln Weizen bezahlt, als es 16 *s betrug. ein Scheffel, wie er mit zwei Scheffeln war, als der Preis 8 s* betrug . pro Scheffel; oder mit 24 *s*. in Geld, wie er zuvor mit 16 s war . Sein Lohn würde nur um 50 Prozent steigen. Allerdings stieg der Mais um 100 Prozent, und es gäbe folglich genügend Motivation, mehr Kapital in das Land umzuleiten, wenn die Gewinne aus anderen Branchen genauso blieben wie zuvor. Aber eine solche Lohnsteigerung würde auch die Fabrikanten dazu veranlassen, ihr Kapital aus den Fabriken abzuziehen, um es auf dem Land zu beschäftigen; Denn während der Bauer den Preis seiner Ware um 100 Prozent und seinen Lohn nur um 50 Prozent erhöhte, wäre der Fabrikant gezwungen, auch den Lohn um 50 Prozent zu erhöhen, während er für die Erhöhung seiner Ware überhaupt keine Entschädigung erhielte hergestellte Ware, für diese erhöhte Produktionsgebühr; Folglich würde Kapital von der Industrie in die Landwirtschaft fließen, bis das Angebot den Maispreis wieder auf 8 *Pfennig senken würde*. pro Scheffel und Lohn bis 16 *s*. pro Woche; wenn der Fabrikant die gleichen Gewinne erzielen würde wie der Landwirt und die Flut des Kapitals nicht mehr in die eine oder andere Richtung strömen würde. Dies ist in der Tat die Art und Weise, wie der Maisanbau immer ausgeweitet wird und die gestiegenen Bedürfnisse des Marktes gedeckt werden. Die Mittel zur Aufrechterhaltung der Arbeitskraft steigen und die Löhne werden erhöht. Die bequeme Lage des Arbeiters veranlasst ihn zur Heirat – die Bevölkerung nimmt zu und die Nachfrage nach Mais erhöht seinen Preis im Verhältnis zu anderen Dingen – mehr Kapital wird gewinnbringend in der Landwirtschaft eingesetzt und fließt weiterhin in diese Richtung, bis das Angebot gleich ist Nachfrage, wenn der Preis wieder sinkt und die Gewinne in der Landwirtschaft und im verarbeitenden Gewerbe wieder auf ein Niveau gebracht werden.

Aber ob die Löhne nach dem Anstieg des Maispreises stabil blieben oder mäßig oder enorm stiegen, ist für diese Frage ohne Bedeutung, denn die

Löhne werden sowohl vom Fabrikanten als auch vom Landwirt und daher in dieser Hinsicht gezahlt Sie müssen gleichermaßen von einem Anstieg des Maispreises betroffen sein. Sie sind jedoch in ihren Gewinnen ungleich betroffen, da der Bauer seine Ware zu einem höheren Preis verkauft, während der Fabrikant seine Ware zum gleichen Preis wie zuvor verkauft. Es ist jedoch die Ungleichheit des Profits, die immer den Anreiz darstellt, Kapital von einer Beschäftigung in eine andere zu verlagern, und daher würde mehr Getreide produziert und weniger Waren hergestellt. Die Industrieproduktion würde nicht zunehmen, weil weniger hergestellt würde, da man im Austausch für den exportierten Mais einen Vorrat davon erhalten würde.

Wenn eine Prämie den Maispreis erhöht, erhöht sie ihn entweder im Vergleich zum Preis anderer Waren oder nicht. Wenn dies zutrifft, ist es unmöglich, die größeren Profite des Landwirts und die Versuchung zum Kapitalabzug zu leugnen, bis sein Preis durch ein reichliches Angebot wieder gesenkt wird. Wenn es sie im Vergleich zu anderen Gütern nicht erhöht, wo liegt dann der Schaden für den Privatverbraucher, abgesehen von der Unannehmlichkeit, die Steuer zu zahlen? Wenn der Produzent einen höheren Preis für seinen Mais zahlt, wird er durch den höheren Preis, zu dem er seine Ware verkauft, entschädigt, mit dem sein Mais letztendlich gekauft wird.

Der Fehler von Adam Smith entspringt genau derselben Quelle wie der des Autors der Edinburgh Review; denn beide meinen, „dass der Geldpreis von Mais den Preis aller anderen hausgemachten Waren regelt". [37] „Es regelt", sagt Adam Smith, „den Geldpreis der Arbeit , der immer so sein muss, dass der Arbeiter eine Menge Mais kaufen kann, die ausreicht, um sich und seine Familie zu ernähren, sei es großzügig, gemäßigt oder spärlich." Art und Weise, in der die fortschreitenden, stationären oder sich entwickelnden Umstände der Gesellschaft ihre Arbeitgeber dazu verpflichten, ihn zu unterhalten. Durch die Regulierung des Geldpreises aller anderen Teile des Rohprodukts des Landes reguliert sie den der Materialien fast aller Manufakturen. Indem es den Geldpreis der Arbeit reguliert , regelt es den der Manufakturkunst und der Industrie; und indem es beides reguliert, regelt es den der gesamten Manufaktur. *Der Geldpreis der Arbeit und von allem , was das Produkt von Land oder Arbeit ist , muss notwendigerweise im Verhältnis zum Geldpreis von Mais steigen oder fallen. "*

Diese Meinung von Adam Smith habe ich zuvor versucht zu widerlegen. Indem er einen Anstieg der Rohstoffpreise als notwendige Folge eines Anstiegs des Maispreises betrachtet, argumentiert er so, als gäbe es keinen anderen Fonds, aus dem die erhöhte Gebühr bezahlt werden könnte. Er hat die Berücksichtigung der Gewinne völlig vernachlässigt, deren Minderung diesen Fonds bildet, ohne den Preis der Waren zu erhöhen. Wenn diese Meinung von Dr. Smith begründet wäre, könnten die Gewinne niemals wirklich sinken, egal, welche Kapitalanhäufung es auch geben mag. Wenn der Lohn stieg, könnte der Bauer den Preis seines Getreides erhöhen, und der Tuchmacher, der Hutmacher, der Schuhmacher und jeder andere Hersteller könnten auch den Preis ihrer Waren im Verhältnis zum Vorschuss, wenn auch in Geld geschätzt, erhöhen Wenn alle Werte angehoben würden, hätten sie im Verhältnis zueinander weiterhin den gleichen Wert. Jeder dieser Berufe könnte über die gleiche Menge an Gütern wie zuvor in den anderen verfügen, was der einzige Umstand ist, der für sie von Bedeutung sein könnte, da Güter und nicht Geld den Reichtum ausmachen; und der gesamte Preisanstieg für Rohprodukte und Waren würde keinen anderen Personen schaden als denen, deren Eigentum aus Gold und Silber bestand oder deren Jahreseinkommen in einer beigesteuerten Menge dieser Metalle, sei es in Form, gezahlt wurde von Barren oder Geld. Angenommen, die Verwendung von Geld würde gänzlich aufgegeben und der gesamte Handel würde durch Tauschhandel abgewickelt. Könnte der Tauschwert von Mais unter solchen Umständen im Vergleich zu anderen Dingen steigen? Wenn dies der Fall wäre, dann stimmt es nicht, dass der Wert von Mais den Wert aller anderen Waren regelt; Um dies zu erreichen, sollte der relative Wert für sie nicht variieren. Wenn dies nicht möglich wäre, dann muss behauptet werden, dass, egal ob Getreide auf reichem oder auf armem Land, mit viel oder wenig Arbeit , mit oder ohne Hilfe von Maschinen gewonnen wird, es immer gegen eine gleiche Menge eingetauscht werden würde alle anderen Waren.

Ich kann jedoch nicht umhin zu bemerken, dass Adam Smiths allgemeine Lehren zwar mit dem übereinstimmen, was ich gerade zitiert habe, er aber in einem Teil seines Werkes offenbar eine korrekte Darstellung der Natur des Wertes gegeben hat. „Das Verhältnis zwischen dem Wert von Gold und Silber und dem von Gütern jeder anderen Art *hängt in allen Fällen* ", sagt er, „ *von dem Verhältnis zwischen der Arbeitsmenge ab , die notwendig ist, um eine bestimmte Menge Gold herzustellen.* " und *Silber auf den Markt sowie das, was notwendig ist, um eine bestimmte Menge anderer Waren dorthin zu bringen* . Erkennt er hier nicht voll und ganz an, dass der relative Wert dieser Güter steigt, wenn die Arbeitsmenge , die erforderlich ist, um eine Art von Gütern auf den Markt zu bringen, zunimmt, während bei der Vermarktung einer anderen Art keine solche Steigerung stattfindet? Wenn keine weitere Arbeit erforderlich ist, um Stoff und Gold auf den Markt zu bringen, wird sich ihr relativer Wert nicht ändern. Wenn jedoch mehr Arbeit erforderlich ist, um Getreide und Schuhe auf den Markt zu bringen, wird der Wert von Mais und Schuhen im Verhältnis zu Stoff und Geld nicht steigen aus Gold gemacht?

Adam Smith ist erneut der Ansicht, dass die Prämie eine teilweise Verschlechterung des Geldwerts zur Folge hat. „Diese Verschlechterung", sagt er, „im Wert von Silber, die die Auswirkung der Ergiebigkeit der Minen ist und sich im größten Teil der Handelswelt gleichermaßen oder nahezu gleichmäßig auswirkt, ist eine sehr geringe Sache." Konsequenz für jedes einzelne Land. Der daraus resultierende Anstieg aller Geldpreise macht diejenigen, die sie erhalten, zwar nicht wirklich reicher, aber nicht wirklich ärmer. Ein Tellerservice wird wirklich billiger, und alles andere bleibt genau gleich echter Wert wie zuvor." Diese Beobachtung ist höchst richtig.

„Aber dieser Wertverfall des Silbers, der entweder auf die besondere Situation oder die politischen Institutionen eines bestimmten Landes zurückzuführen ist und nur in diesem Land stattfindet, ist eine Angelegenheit von sehr großer Tragweite, die keineswegs tendenziell ist Um jeden Körper wirklich reicher zu machen, tendieren sie dazu, jeden Körper wirklich ärmer zu machen . Der Anstieg des Geldpreises aller Waren, der in diesem Fall diesem Land eigen ist, tendiert dazu, mehr oder weniger jede Art von Industrie, die im Land betrieben wird, zu entmutigen und es ausländischen Nationen zu ermöglichen, diese nicht nur auf dem ausländischen, sondern sogar auf dem heimischen Markt zu unterbieten, indem sie fast alle Arten von Waren für eine geringere Menge Silber liefern, als sich ihre eigenen Arbeiter leisten können.

Ich habe an anderer Stelle versucht zu zeigen, dass eine teilweise Verschlechterung des Geldwerts, die sich sowohl auf landwirtschaftliche Produkte als auch auf Industriegüter auswirkt, unmöglich dauerhaft sein kann. Zu sagen, dass Geld in diesem Sinne teilweise degradiert ist, bedeutet, dass alle Waren einen hohen Preis haben; Aber während es Gold und Silber freisteht, Einkäufe auf dem billigsten Markt zu tätigen, werden sie für die billigeren Waren anderer Länder exportiert, und die Verringerung ihrer Menge wird ihren Wert im Inland erhöhen; Die Rohstoffe werden wieder ihr gewohntes Niveau erreichen und die für ausländische Märkte geeigneten Güter werden wie bisher exportiert.

Eine Prämie kann daher meines Erachtens aus diesem Grund nicht beanstandet werden.

Wenn dann eine Prämie den Maispreis im Vergleich zu allen anderen Dingen erhöht, wird der Bauer davon profitieren und es wird mehr Land bebaut; aber wenn die Prämie den Wert des Getreides im Verhältnis zu anderen Dingen nicht erhöht, dann wird es keine andere Unannehmlichkeit erwarten, als die Prämie zu zahlen; etwas, das ich weder verheimlichen noch unterschätzen möchte.

Dr. Smith erklärt: „Durch die Einführung hoher Zölle auf die Einfuhr und Prämien auf die Ausfuhr von Mais schienen die Landherren das Verhalten der Fabrikanten nachgeahmt zu haben." Mit denselben Mitteln hatten beide versucht , den Wert ihrer Waren zu steigern. „Sie haben vielleicht nicht mit dem großen und wesentlichen Unterschied gerechnet, den die Natur zwischen Mais und fast jeder anderen Art von Waren geschaffen hat. Wenn

Sie auf eine der oben genannten Weisen unseren Herstellern ermöglichen, ihre Waren zu einem etwas besseren Preis zu verkaufen als sie Andernfalls erhöhen Sie nicht nur den Nominalpreis, sondern auch den tatsächlichen Preis dieser Waren. Sie erhöhen nicht nur den Nominalpreis, sondern auch den tatsächlichen Gewinn, den tatsächlichen Reichtum und die Einnahmen dieser Hersteller – Sie fördern wirklich diese Hersteller. Aber wann Durch ähnliche Institutionen erhöhen Sie den Nominal- oder Geldpreis von Mais, Sie erhöhen nicht seinen tatsächlichen Wert, Sie erhöhen nicht den tatsächlichen Reichtum unserer Bauern oder Landherren, Sie fördern nicht das Wachstum von Mais. Die Dinge haben sich verändert auf Mais einen realen Wert, der nicht durch bloße Änderung seines Geldpreises verändert werden kann. Überall auf der Welt im Allgemeinen ist dieser Wert gleich der Arbeitsmenge, die er aufrechterhalten kann."

Ich habe bereits zu zeigen versucht, dass der Marktpreis für Mais bei einer erhöhten Nachfrage aufgrund der Wirkung einer Prämie seinen natürlichen Preis übersteigen würde, bis das erforderliche zusätzliche Angebot erreicht wäre, und dass er dann wieder auf seinen natürlichen Preis fallen würde Preis. Aber der natürliche Preis von Mais ist nicht so festgelegt wie der natürliche Preis von Waren; denn bei jeder größeren zusätzlichen Nachfrage nach Mais müssten Landflächen schlechterer Qualität bebaut werden, auf denen mehr Arbeit erforderlich wäre, um eine bestimmte Menge zu produzieren, und der natürliche Preis des Mais würde steigen. Durch eine fortgesetzte Prämie beim Export von Mais würde daher eine Tendenz zu einem dauerhaften Anstieg des Maispreises geschaffen, und dies führt, wie ich an anderer Stelle gezeigt habe, immer zu einer Erhöhung der [Rente] . Landherren haben dann nicht nur ein vorübergehendes, sondern ein dauerhaftes Interesse an Verboten der Getreideeinfuhr und an Prämien für die Ausfuhr von Getreide; Aber die Hersteller haben kein dauerhaftes Interesse an einer Prämie für den Warenexport, ihr Interesse ist völlig vorübergehend.

Eine Prämie auf den Export von Industriegütern wird zweifellos, wie Dr. Smith behauptet, den Marktpreis der Industriegüter erhöhen, aber nicht ihren natürlichen Preis. Die Arbeit von 200 Männern wird die doppelte Menge dieser Güter produzieren, die 100 zuvor produzieren konnten; und wenn folglich die erforderliche Kapitalmenge zur Bereitstellung der erforderlichen Menge an Manufakturen eingesetzt würde, würden diese wieder auf ihren natürlichen Preis fallen. Nur in der Zeitspanne nach dem Anstieg des Marktpreises der Waren und vor dem Erhalt des zusätzlichen Angebots werden die Hersteller hohe Gewinne erzielen; denn sobald die Preise gesunken wären, würden ihre Gewinne auf das allgemeine Niveau sinken.

Anstatt also Adam Smith zuzustimmen, dass die Landherren kein so großes Interesse daran hatten, die Einfuhr von Mais zu verbieten, wie die

Fabrikanten daran, die Einfuhr von Industriegütern zu verbieten, behaupte ich, dass sie ein viel größeres Interesse haben; denn ihr Vorteil ist dauerhaft, während der des Herstellers nur vorübergehend ist. Dr. Smith stellt fest, dass die Natur einen großen und wesentlichen Unterschied zwischen Mais und anderen Gütern geschaffen hat, aber die richtige Schlussfolgerung aus diesem Umstand ist genau das Gegenteil von dem, was er daraus zieht; denn aufgrund dieses Unterschieds entsteht Rente, und die Landherren haben ein Interesse an der Steigerung des natürlichen Getreidepreises. Anstatt das Interesse des Fabrikanten mit dem Interesse des Landherrn zu vergleichen, hätte Dr. Smith es mit dem Interesse des Landwirts vergleichen sollen, der sich stark von dem seines Grundbesitzers unterscheidet. Die Hersteller haben kein Interesse daran, dass der natürliche Preis ihrer Waren steigt, und die Landwirte haben auch kein Interesse daran, dass der natürliche Preis von Mais oder anderen Rohprodukten steigt, obwohl beide Klassen davon profitieren, solange der Marktpreis ihrer Produktion sie übersteigt natürlicher Preis. Im Gegenteil, die Grundbesitzer haben ein entschiedenes Interesse an der Steigerung des natürlichen Getreidepreises; denn der Anstieg der Rente ist die unvermeidliche Folge der Schwierigkeit, Rohprodukte zu produzieren, ohne die ihr natürlicher Preis nicht steigen könnte. Da nun Exportprämien und Verbote der Maiseinfuhr die Nachfrage steigern und uns zur Bewirtschaftung ärmerer Ländereien treiben, führen sie zwangsläufig zu einer Vergrößerung der Produktionsschwierigkeiten.

Die einzige Wirkung der Prämie auf den Export von Industriegütern oder Getreide besteht darin, einen Teil des Kapitals für eine Beschäftigung umzuleiten, die es von Natur aus nicht anstreben würde. Es führt zu einer schädlichen Verteilung der allgemeinen Mittel der Gesellschaft – es entführt einen Fabrikanten dazu, eine vergleichsweise weniger profitable Beschäftigung aufzunehmen oder fortzusetzen. Es ist die schlimmste Art der Besteuerung, denn sie gibt dem fremden Land nicht alles zurück, was es dem Heimatland wegnimmt, sondern der Rest des Verlustes wird durch die ungünstigste Verteilung des Gesamtkapitals ausgeglichen. Wenn also der Maispreis in England 4 *l beträgt.* , und in Frankreich 3 *l.* 15 *Sek.* ein Kopfgeld von 10 *Sek.* wird es letztendlich auf 3 *l reduzieren.* 10 *Sekunden.* in Frankreich, und behalten Sie es zum gleichen Preis von 4 *l bei.* in England. Für jedes exportierte Quartal zahlt England eine Steuer von 10 *s.* Für jedes nach Frankreich importierte Viertel gewinnt Frankreich nur 5 *s.* , so dass der Wert 5 *s beträgt.* pro Quartal geht der Welt durch eine solche Verteilung ihrer Mittel völlig verloren, dass sie zu einer verringerten Produktion führt, wahrscheinlich nicht von Mais, sondern von einem anderen Bedarfs- oder Genussgegenstand.

Herr Buchanan scheint den Trugschluss von Dr. Smiths Argumenten in Bezug auf Prämien erkannt zu haben, und er bemerkt zu der letzten Passage, die ich zitiert habe, sehr vernünftig: „Indem er behauptet, dass die Natur dem Mais einen echten Wert aufgeprägt hat, der nicht einfach durch andere verändert werden kann." indem er seinen Geldpreis ändert, verwechselt Dr. Smith seinen Gebrauchswert mit seinem Tauschwert. Ein Scheffel Weizen wird in Zeiten der Knappheit nicht mehr Menschen ernähren als in Zeiten des Überflusses; aber ein Scheffel Weizen wird gegen eine größere Menge an Luxusgütern und Annehmlichkeiten eingetauscht wenn es knapp ist, als wenn es reichlich vorhanden ist; und die Grundbesitzer, die einen Überschuss an Nahrungsmitteln zu veräußern haben, werden daher in Zeiten der Knappheit reichere Menschen sein; sie werden ihren Überschuss gegen einen größeren Wert anderer Genüsse eintauschen , als wenn Mais in größerer Menge vorhanden ist. Es ist daher vergeblich zu argumentieren, dass, wenn die Prämie zu einem erzwungenen Export von Mais führt, sie nicht auch zu einem wirklichen Preisanstieg führen wird." Die gesamten Argumente von Herrn Buchanan zu diesem Teil des Themas der Kopfgelder scheinen mir vollkommen klar und zufriedenstellend zu sein.

Herr Buchanan hat jedoch meiner Meinung nach ebenso wenig wie Dr. Smith oder der Autor der Edinburgh Review eine korrekte Meinung über den Einfluss eines Anstiegs der Arbeitspreise auf Industriegüter. Aufgrund seiner eigentümlichen Ansichten, die ich an anderer Stelle bemerkt habe, glaubt er, dass der Preis der Arbeit keinen Zusammenhang mit dem Preis des Getreides hat und dass daher der tatsächliche Wert des Getreides steigen könnte und würde, ohne den Preis der Arbeit zu beeinflussen ; aber wenn die Arbeit betroffen wäre, würde er mit Adam Smith und dem Autor der Edinburgh Review behaupten, dass auch der Preis der Industriegüter steigen würde; Und dann verstehe ich nicht, wie er einen solchen Anstieg des Getreides von einem Rückgang des Geldwertes unterscheiden könnte oder wie er zu einer anderen Schlussfolgerung als der von Dr. Smith kommen könnte. In einer Anmerkung zu Seite 276, Bd. ich . Herr Buchanan stellt fest, dass der Preis für Mais den Geldpreis aller anderen Teile des Rohprodukts des Landes nicht regelt. Er regelt weder den Preis für Metalle noch für verschiedene andere nützliche Substanzen. B. Kohlen, Holz, Steine usw.; und da es den Preis der *Arbeit nicht reguliert , reguliert es auch nicht den Preis der Industriegüter* ; so dass die Prämie, soweit sie den Preis des Getreides erhöht, zweifellos a ist Es ist also kein wirklicher Nutzen für den Landwirt. Deshalb muss seine Politik nicht auf dieser Grundlage argumentiert werden. Die Förderung der Landwirtschaft durch die Erhöhung der Maispreise muss anerkannt werden; und dann stellt sich die Frage, ob die Landwirtschaft dies tun sollte Werden Sie dadurch ermutigt?" – Laut Herrn Buchanan ist dies dann ein echter Vorteil für den Landwirt, da es den Preis der Arbeit nicht erhöht ; aber wenn dies der Fall wäre, würde es den Preis aller Dinge im Verhältnis dazu erhöhen, und dann würde es der Landwirtschaft keinen besonderen Anreiz geben.

Es muss jedoch eingeräumt werden, dass die Tendenz einer Prämie auf den Export einer Ware darin besteht, den Wert des Geldes in geringem Maße zu senken. Was auch immer den Export erleichtert, führt dazu, dass sich in einem Land Geld ansammelt. und im Gegenteil: Was auch immer den Export behindert, tendiert dazu, ihn zu verringern. Die allgemeine Wirkung der Besteuerung führt durch die Erhöhung der Preise der besteuerten Waren tendenziell zu einer Verringerung der Exporte und damit zur Eindämmung des Geldzuflusses. und nach dem gleichen Prinzip fördert ein Kopfgeld den Geldzufluss. Dies wird in den allgemeinen Bemerkungen zur Besteuerung ausführlicher erläutert.

Die schädlichen Auswirkungen des Handelssystems wurden von Dr. Smith vollständig aufgedeckt; Das gesamte Ziel dieses Systems bestand darin, die Warenpreise auf dem heimischen Markt durch das Verbot der ausländischen Konkurrenz zu erhöhen. aber dieses System war für die landwirtschaftlichen Klassen nicht schädlicher als für jeden anderen Teil der Gemeinschaft. Indem das Kapital in Kanäle gezwungen wurde, in die es sonst nicht fließen würde, verringerte es die Gesamtmenge der produzierten Waren. Der Preis war zwar dauerhaft höher, wurde aber nicht durch Knappheit, sondern durch die Schwierigkeit der Produktion aufrechterhalten; und obwohl die Verkäufer solcher Waren sie zu einem höheren Preis verkauften, verkauften sie sie, nachdem die erforderliche Kapitalmenge für ihre Produktion eingesetzt wurde, nicht mit höherem Gewinn. [39]

Die Hersteller selbst mussten als Verbraucher für solche Waren einen zusätzlichen Preis zahlen, und daher kann nicht richtig gesagt werden, dass „die durch beides (Gesellschaftsgesetze und hohe Zölle auf die Einfuhr ausländischer Waren) verursachte Preisverbesserung" ist Überall wurde es schließlich von den Grundbesitzern, Bauern und Arbeitern des Landes bezahlt.

Es ist äußerst notwendig, diese Bemerkung zu machen, da heutzutage die Autorität von Adam Smith von Landherren zitiert wird, der ähnlich hohe Zölle auf die Einfuhr von ausländischem Mais erhebt. Da durch einen Fehler in der Gesetzgebung die Produktionskosten und damit die Preise verschiedener Industriegüter für den Verbraucher erhöht wurden, wurde das Land unter dem Vorwand der Gerechtigkeit aufgefordert, sich stillschweigend neuen Forderungen zu unterwerfen. Da wir alle einen zusätzlichen Preis für unsere Leinen-, Musselin- und Baumwollstoffe zahlen, wird angenommen, dass wir auch einen zusätzlichen Preis für unseren Mais zahlen sollten. Weil wir bei der allgemeinen Verteilung der Arbeit der Welt verhindert haben, dass die größte Produktionsmenge durch diese Arbeit in Form von Industriegütern erzielt wird; Wir sollten uns weiter bestrafen, indem wir die Produktivkraft der allgemeinen Arbeit bei der Versorgung mit Rohprodukten verringern. Es wäre viel klüger, die Fehler anzuerkennen, zu denen uns eine falsche Politik bewogen hat, und sofort mit der schrittweisen Rückkehr zu den gesunden Grundsätzen eines allgemein freien Handels zu beginnen.

„Ich hatte bereits Gelegenheit zu der Bemerkung", bemerkt M. Say, „als ich von dem spreche, was man zu Unrecht Handelsbilanz nennt, dass, wenn es einem Kaufmann besser passt, die Edelmetalle in ein fremdes Land zu exportieren als alle anderen Waren, dann ist das der Fall." Es liegt auch im Interesse des Staates, dass er sie exportiert, denn der Staat gewinnt oder verliert nur über den Kanal seiner Bürger; und was den Außenhandel betrifft, so passt das, was dem Einzelnen am besten passt, auch dem Staat am besten; daher durch Indem man den Hindernissen für den Export der Edelmetalle entgegensteht, zu denen Einzelpersonen geneigt wären, wird nichts anderes getan, als sie zu zwingen, sie durch ein anderes, für sie selbst und den Staat weniger profitables Gut zu ersetzen. Es muss jedoch angemerkt werden, dass ich das sage nur *im Außenhandel* ; denn die Gewinne, die die Kaufleute im Verkehr mit ihren Landsleuten erzielen, ebenso wie diejenigen, die im ausschließlichen Handel mit Kolonien erzielt werden, sind nicht ausschließlich Gewinne für den Staat. Im Handel zwischen Individuen desselben Land gibt es keinen anderen Gewinn als den Wert eines produzierten Nutzens; *Das ist der Wert von einem produzierter Nutzen* . " [40] Bd . Es lag in meiner Macht, Goldbarren zu exportieren, die zum Wert des Produkts von 100 Arbeitstagen gekauft wurden , aber die Regierung sollte mich durch das Verbot der Ausfuhr von Goldbarren dazu zwingen, meinen Wein mit einer Ware zu kaufen, die zum Wert von gekauft wurde das Ergebnis von einhundertfünf Tagen Arbeit , der Ertrag von fünf Arbeitstagen geht mir und durch mich dem Staat verloren. Wenn diese Transaktionen jedoch zwischen Individuen in verschiedenen Provinzen desselben Landes stattfanden, würde sich derselbe Vorteil sowohl für den Einzelnen als auch über ihn für das Land erhöhen, wenn er in der Wahl der Waren, mit denen er handelt, keine Einschränkungen hätte machte seine Einkäufe; und derselbe Nachteil, wenn er von der Regierung gezwungen würde, mit der am wenigsten vorteilhaften Ware einzukaufen. Wenn ein Fabrikant mit dem gleichen Kapital mehr Eisen produzieren könnte, wo Kohlen reichlich vorhanden sind, als er es könnte, wo Kohlen knapp sind, würde das Land von der Differenz profitieren. Wenn aber Kohlen nirgendwo in Hülle und Fülle vorhanden wären und er Eisen importieren und diese zusätzliche Menge durch die Herstellung einer Ware mit dem gleichen Kapital und der gleichen Arbeit erhalten könnte , würde er seinem Land in gleicher Weise durch die zusätzliche Menge Eisen nützen. Im 6. Kap. In dieser Arbeit habe ich versucht zu zeigen, dass jeder Handel, ob im Ausland oder im Inland, vorteilhaft ist, indem er die Menge und nicht den Wert der Produktion erhöht. Wir werden keinen größeren Wert haben, egal ob wir den vorteilhaftesten Inlands- und Außenhandel betreiben oder aufgrund der Fesseln durch Verbotsgesetze gezwungen sind, uns mit dem am wenigsten vorteilhaften zu begnügen. Die Profitrate und der produzierte Wert werden gleich sein. Der Vorteil löst sich immer in dem auf, was M. Say scheinbar auf den heimischen Handel beschränkt; In beiden Fällen gibt es keinen anderen Gewinn als den des *Nutzenwerts produziert* .

# KAPITEL XXI.

### Über Prämien für die Produktion.

ES DÜRFTE nicht unlehrreich sein, die Auswirkungen einer Prämie auf die *Produktion* von Rohprodukten und anderen Waren zu betrachten, um die Anwendung der Grundsätze zu beobachten, die ich im Hinblick auf die Kapitalgewinne festzulegen versucht habe Jahresprodukt des Bodens und der Arbeit sowie die relativen Preise von Industriegütern und Rohprodukten. Nehmen wir zunächst an, dass auf alle Waren eine Steuer erhoben würde, um einen Fonds zu beschaffen, der von der Regierung als Prämie für die Maisproduktion verwendet werden *soll* . Da kein Teil einer solchen Steuer von der Regierung ausgegeben würde und alles, was von einer Klasse des Volkes erhalten würde, an eine andere zurückgegeben würde, wäre die Nation insgesamt durch eine solche Steuer und Prämie weder reicher noch ärmer. Es wäre ohne weiteres möglich, dass die Warensteuer, mit der der Fonds geschaffen wurde, den Preis der besteuerten Waren erhöhen würde; alle Verbraucher dieser Waren würden daher zu diesem Fonds beitragen; Mit anderen Worten: Ihr natürlicher oder notwendiger Preis würde steigen, und damit würde auch ihr Marktpreis steigen. Aber aus dem gleichen Grund, aus dem der natürliche Preis dieser Waren erhöht würde, würde der natürliche Preis von Mais gesenkt; Bevor die Prämie auf die Produktion gezahlt wurde, erzielten die Bauern einen so hohen Preis für ihr Getreide, wie nötig war, um ihre Pacht und Ausgaben zurückzuzahlen und ihnen die allgemeine Profitrate zu ermöglichen. Nach der Prämie würden sie mehr als diesen Satz erhalten, es sei denn, der Maispreis fiele um einen Betrag, der mindestens der Prämie entsprach. Die Wirkung der Steuer und der Prämie würde dann darin bestehen, dass der Preis der Waren in einem Ausmaß ansteigt, das der auf sie erhobenen Steuer entspricht, und dass der Preis für Getreide um einen Betrag gesenkt wird, der der gezahlten Prämie entspricht. Es wird auch beobachtet, dass keine dauerhafte Änderung in der Verteilung des Kapitals zwischen Landwirtschaft und Manufaktur vorgenommen werden könnte, denn da es keine Änderung geben würde, weder in der Menge des Kapitals noch in der Bevölkerung, gäbe es genau die gleiche Nachfrage nach Brot und stellt her. Die Gewinne des Landwirts würden nach dem Rückgang des Maispreises nicht höher sein als das allgemeine Niveau; Auch würden die Gewinne des Herstellers nach dem Anstieg der Industriegüter nicht geringer sein; Die Prämie würde dann weder dazu führen, dass mehr Kapital auf dem Land für die Getreideproduktion eingesetzt wird, noch weniger für die Herstellung von Gütern. Doch wie würde das Interesse des Vermieters beeinträchtigt? Nach den gleichen Grundsätzen, nach denen eine Steuer auf Rohprodukte die Maisrente des Landes senken und die Geldrente unverändert lassen würde, würde eine Produktionsprämie, die das direkte Gegenteil einer Steuer ist, die Maisrente erhöhen und die Geldrente unverändert lassen. [41] Mit der gleichen Geldrente müsste der Grundbesitzer einen höheren Preis für seine Industriegüter und einen niedrigeren Preis für sein Getreide zahlen; er wäre daher wahrscheinlich weder reicher noch ärmer.

Ob sich eine solche Maßnahme nun auf den Arbeitslohn auswirken würde , würde von der Frage abhängen, ob der Arbeiter beim Kauf von Waren so viel für die Steuer zahlen würde, wie er aus der Prämie im niedrigen Preis erhalten würde sein Essen. Wenn diese beiden Größen gleich wären, bliebe der Lohn unverändert; Wären die besteuerten Waren jedoch nicht diejenigen, die der Arbeiter verbraucht , würde sein Lohn sinken und sein Arbeitgeber würde von der Differenz profitieren. Für seinen Arbeitgeber ist dies jedoch kein wirklicher Vorteil; es würde in der Tat dazu führen, dass seine Profitrate steigt, wie es bei jedem Lohnrückgang der Fall sein muss; aber je weniger der Arbeiter zu dem Fonds beitrug, aus dem die Prämie gezahlt wurde und der, wie man bedenkt, aufgebracht werden muss, desto mehr muss sein Arbeitgeber beisteuern; mit anderen Worten, er würde durch seine Ausgaben so viel zur Steuer beitragen, wie er durch die Prämie und die höhere Gewinnrate zusammen erhalten würde. Er erhält eine höhere Profitrate, um von ihm die Zahlung nicht nur seiner eigenen Steuerquote, sondern auch der seines Arbeiters zu verlangen ; Die Vergütung, die er für seine Arbeitsquote erhält , erscheint in vermindertem Lohn oder, was dasselbe ist, in gesteigertem Profit; Die Vergütung für sich selbst erscheint in der durch die Prämie bedingten Minderung des Preises des Getreides, das er konsumiert.

An dieser Stelle ist es angebracht, auf die unterschiedlichen Auswirkungen hinzuweisen, die sich aus einer Änderung des realen Arbeitswerts von Mais und einer Änderung des relativen Wertes von Mais, aus Steuern und Prämien auf die Gewinne ergeben. Wenn der Maispreis durch eine Änderung seines Arbeitspreises gesenkt wird, ändert sich nicht nur die Rate der Aktiengewinne, sondern auch die absoluten Profite; was, wie wir gerade gesehen haben, nicht der Fall ist, wenn der Fall künstlich durch ein Kopfgeld herbeigeführt wird. Durch den realen Wertverlust von Mais, der darauf zurückzuführen ist, dass weniger Arbeit zur Herstellung eines der wichtigsten Konsumgüter des Menschen erforderlich ist, wird die Arbeit produktiver. Mit demselben Kapital wird dieselbe Arbeit eingesetzt, und eine Steigerung der Produktion ist die Folge; Dann erhöht sich nicht nur die Profitrate, sondern auch der absolute Aktiengewinn; Nicht nur wird jeder Kapitalist ein größeres Geldeinkommen haben, wenn er das gleiche Geldkapital einsetzt, sondern es wird ihm auch eine größere Warensumme verschaffen, wenn dieses Geld ausgegeben wird; seine Freuden werden zunehmen. Im Falle der Prämie hat er, um den Vorteil auszugleichen, den er aus dem Fall einer Ware zieht, den Nachteil, für eine andere Ware einen überproportional hohen Preis zu zahlen; er erhält eine erhöhte Profitrate, um diesen höheren Preis zahlen zu können; so dass sich seine tatsächliche Situation in keiner Weise verbessert: Obwohl er eine höhere Profitrate erzielt, hat er keine größere Kontrolle über die Produkte des Landes und die Arbeitskraft des Landes. Wenn der Wertverlust von Mais durch natürliche Ursachen verursacht wird, wird ihm nicht durch den Anstieg anderer Waren entgegengewirkt; im Gegenteil, sie fallen durch den Abfall des Rohmaterials, aus dem sie hergestellt sind: Wenn aber der Rückgang des Getreides durch künstliche Mittel verursacht wird, wird ihm immer eine reale Wertsteigerung einer anderen Ware entgegengewirkt, so dass, wenn es sich um Mais handelt billiger gekauft werden, andere Güter werden teurer gekauft.

Dies ist dann ein weiterer Beweis dafür, dass Steuern auf lebensnotwendige Güter keinen besonderen Nachteil mit sich bringen, weil sie die Löhne erhöhen und die Profitrate senken. Die Gewinne werden zwar gesenkt, aber nur bis zur Höhe des Anteils des Arbeiters an der Steuer, der auf jeden Fall entweder von seinem Arbeitgeber oder vom Verbraucher der Arbeitsprodukte des Arbeiters gezahlt werden muss . Ob Sie 50 *l abziehen*. pro Jahr aus dem Einkommen des Arbeitgebers, oder 50 *l hinzufügen*. Die Auswirkungen auf die Preise der Waren, die er konsumiert, können für ihn oder die Gemeinschaft keine andere Auswirkung haben, als dass sie sich gleichermaßen auf alle anderen Klassen auswirken können. Wenn sie zu den Warenpreisen hinzugerechnet wird, kann ein Geizhals die Steuer umgehen, indem er nicht konsumiert; Wenn es indirekt vom Einkommen eines jeden Mannes abgezogen wird, kann er nicht umhin, seinen gerechten Anteil an den öffentlichen Lasten zu zahlen.

Eine Prämie auf die Maisproduktion hätte also keine wirkliche Auswirkung auf die Jahresproduktion des Landes und die Arbeitskraft des Landes, obwohl sie den Mais relativ billig und die Erzeugnisse relativ teuer machen würde. Aber nehmen wir nun an, dass eine gegenteilige Maßnahme ergriffen würde, dass eine Steuer auf Mais erhoben würde, um einen Fonds für eine Prämie auf die Produktion von Waren bereitzustellen.

In einem solchen Fall wäre es offensichtlich, dass Mais teuer und die Rohstoffe billig wären; Die Arbeit würde zum gleichen Preis weitergehen, wenn der Arbeiter von der Billigkeit der Waren ebenso profitieren würde, wie er von der Teuerung des Mais geschädigt würde; aber wenn er es nicht wäre, würden die Löhne steigen und die Gewinne sinken, während die Geldrente gleich bleiben würde wie zuvor; Die Gewinne würden sinken, denn wie wir gerade erläutert haben, wäre dies die Art und Weise, in der der Anteil des Arbeiters an der Steuer von den Arbeitgebern der Arbeit gezahlt würde . Durch die Lohnerhöhung würde der Arbeiter für die Steuer entschädigt, die er durch den gestiegenen Maispreis zahlen würde; Wenn er keinen Teil seines Lohns für die hergestellten Waren ausgibt, erhält er keinen Teil der Prämie; Das Kopfgeld würde vollständig von den Arbeitgebern erhalten, und die Steuer würde teilweise von den Arbeitnehmern bezahlt werden. Für diese ihnen auferlegte erhöhte Belastung würde den Arbeitern eine Vergütung in Form von Löhnen ausgezahlt und somit die Profitrate gesenkt. Auch in diesem Fall würde es sich um eine komplizierte Maßnahme handeln, die zu keinerlei nationalen Ergebnissen führt.

Bei der Prüfung dieser Frage haben wir die Auswirkungen einer solchen Maßnahme auf den Außenhandel absichtlich außer Acht gelassen; Wir haben vielmehr den Fall eines isolierten Landes angenommen, das keine Handelsbeziehungen zu anderen Ländern unterhält. Wir haben gesehen, dass, da die Nachfrage des Landes nach Mais und Rohstoffen die gleiche wäre, unabhängig davon, in welche Richtung die Prämie gehen würde, keine Versuchung bestünde, Kapital von einer Beschäftigung in eine andere zu verlagern; dies wäre jedoch nicht mehr der Fall, wenn dies der Fall wäre waren Außenhandel, und dieser Handel war frei. Indem wir den relativen Wert von Waren und Mais verändern und einen so starken Einfluss auf ihre natürlichen Preise haben, sollten wir einen starken Anreiz für den Export derjenigen Waren setzen, deren natürliche Preise gesenkt wurden, und einen gleichen Anreiz für die Einfuhr dieser Waren deren natürliche Preise erhöht wurden, und daher könnte eine solche finanzielle Maßnahme die natürliche Verteilung der Arbeitsplätze völlig verändern; zum Vorteil des Auslandes, aber verderblich für die Länder, in denen eine so absurde Politik verfolgt wurde.

# KAPITEL XXII.

LEHRE VON ADAM SMITH ÜBER DIE Pacht von Grundstücken.

„ Nur **SOLCHE** TEILE der Landproduktion können gewöhnlich auf den Markt gebracht werden", sagt Adam Smith, „wobei der gewöhnliche Preis ausreicht, um das Kapital zu ersetzen, das für den Transport dorthin eingesetzt werden muss, zusammen mit den gewöhnlichen Gewinnen. Wenn Wenn der normale Preis höher ist, wird der überschüssige Teil davon natürlich in die Grundrente fließen. *Wenn nicht mehr, kann die Ware zwar auf den Markt gebracht werden, kann sich aber keine Rente für den Grundbesitzer leisten.* Ob der Preis stimmt , oder nicht mehr, hängt von der Nachfrage ab."

Diese Passage würde den Leser natürlich zu dem Schluss führen, dass der Autor sich über die Natur der Rente nicht irren konnte und dass er erkannt haben muss, dass die Qualität des Landes, das aufgrund der Anforderungen der Gesellschaft für die Bewirtschaftung erforderlich sein könnte, vom „Gewöhnlichen" abhängen *würde Preis seiner Produkte", ob er „ausreichen würde , um das Kapital zu ersetzen, das für den Anbau verwendet werden muss, zusammen mit seinen gewöhnlichen Gewinnen ".*

Aber er hatte sich die Vorstellung zu eigen gemacht, dass „es einige Teile der Landproduktion gibt, für die die Nachfrage immer so groß sein muss, dass ein höherer Preis erzielt wird, als für die Markteinführung ausreicht"; und er betrachtete Essen als einen dieser Teile.

Er sagt, dass „Land in fast jeder Situation eine größere Menge an Nahrungsmitteln produziert, als ausreicht, um die gesamte für die Markteinführung erforderliche Arbeitskraft aufrechtzuerhalten, und zwar auf die großzügigste Art und Weise, in der diese Arbeitskraft jemals aufrechterhalten wird. Auch der Überschuss." ist immer mehr als ausreichend, um den Kapitalbestand, der diese Arbeit beschäftigte , zusammen mit ihren Gewinnen zu ersetzen. Daher bleibt immer etwas für eine Miete an den Grundbesitzer übrig.

Aber welchen Beweis liefert er dafür ? – keinen anderen als die Behauptung, dass „die meisten Wüstenmoore in Norwegen und Schottland eine Art Weideland für Rinder produzieren, dessen Milch und der Zuwachs immer mehr als ausreichen, nicht nur zum Unterhalt." die gesamte für die Pflege erforderliche Arbeit und die Zahlung des gewöhnlichen Gewinns an den Bauern oder Besitzer der Herde oder Herde, aber auch die Zahlung einer kleinen Miete an den Grundbesitzer. Nun darf ich hieran Zweifel hegen. Ich glaube, dass es bis heute in jedem Land, vom einfachsten bis zum raffiniertesten, Land gibt, dessen Qualität so hoch ist, dass es keinen Ertrag liefern kann, der wertvoller ist, um das darauf eingesetzte Kapital zu ersetzen, zusammen mit den dort üblichen und gewöhnlichen Profiten dieses Land. In

Amerika wissen wir alle, dass dies der Fall ist, und dennoch behauptet niemand, dass die Grundsätze zur Regulierung der Miete in diesem Land und in Europa unterschiedlich seien. Aber wenn es wahr wäre, dass England in der Landwirtschaft so weit fortgeschritten war, dass es zu dieser Zeit kein Land mehr gab, das keine Pacht abwarf, dann wäre es ebenso wahr, dass es früher einmal solche Ländereien gegeben haben muss; und ob dies der Fall ist oder nicht, spielt für diese Frage keine Rolle, denn es ist dasselbe, wenn in Großbritannien Kapital auf dem Land eingesetzt wird, das mit seinen gewöhnlichen Gewinnen nur die Kapitalrendite abwirft, unabhängig davon, ob es auf altem Kapital eingesetzt wird Gold auf Neuland. Wenn ein Bauer sich bereit erklärt, Land für sieben oder vierzehn Jahre zu pachten, kann er vorschlagen, darauf ein Kapital von 10.000 l anzulegen . , in dem Wissen, dass er zum bestehenden Preis für Getreide und Rohprodukte den Teil seines Kapitals ersetzen kann, den er aufwenden, seine Rente zahlen und die allgemeine Profitrate erzielen muss. Er wird nicht 11.000 *l beschäftigen.* , es sei denn, die letzten 1.000 *l.* kann so produktiv eingesetzt werden, dass ihm die üblichen Kapitalgewinne eingebracht werden. Bei seiner Berechnung berücksichtigt er, ob er es anwenden soll oder nicht, nur, ob der Preis der Rohprodukte ausreicht, um seine Ausgaben und Gewinne zu ersetzen, denn er weiß, dass er keine zusätzliche Rente zu zahlen hat. Selbst nach Ablauf seines Mietvertrags wird seine Miete nicht erhöht; denn wenn sein Vermieter Miete verlangen sollte, weil dieser zusätzlich 1000 *l.* war angestellt, er würde es zurückziehen; denn durch die Verwendung dieser Aktien erzielt er der Annahme nach nur die gewöhnlichen und gewöhnlichen Gewinne, die er durch jede andere Verwendung der Aktien erzielen könnte; und deshalb kann er es sich nicht leisten, dafür Rente zu zahlen, es sei denn, der Preis der Rohprodukte würde weiter steigen, oder, was dasselbe ist, es sei denn, die übliche und allgemeine Profitrate würde sinken.

Wäre Adam Smiths umfassender Verstand auf diese Tatsache gerichtet gewesen, hätte er nicht behauptet, dass die Rente einen der Bestandteile des Preises von Rohprodukten bildet; Denn der Preis wird überall durch die Rendite dieses letzten Teils des Kapitals bestimmt, für den überhaupt keine Rente gezahlt wird. Wenn er auf diesen Grundsatz verwiesen hätte, hätte er keinen Unterschied gemacht zwischen dem Gesetz, das die Pacht von Bergwerken regelt, und der Pacht von Land.

„Ob sich zum Beispiel ein Kohlenbergwerk irgendeine Rente leisten kann, hängt teils von seiner Fruchtbarkeit, teils von seiner Lage ab. Je nach Menge kann man sagen, dass ein Bergwerk jeglicher Art entweder fruchtbar oder unfruchtbar ist." Die Menge an Mineralien, die mit einer bestimmten Arbeitsmenge daraus gewonnen werden kann , ist größer oder kleiner als die Menge, die mit gleicher Menge aus dem größten Teil anderer Bergwerke der gleichen Art gefördert werden kann. Einige günstig gelegene Kohlengruben können nicht bearbeitet werden Sie können sich weder Gewinn noch Rente leisten. Es gibt einige, bei denen die Produktion kaum ausreicht, um die Arbeit zu bezahlen und zusammen mit ihrem gewöhnlichen Gewinn das eingesetzte Kapital zu ersetzen Sie bewirtschaften sie. Sie bringen dem Unternehmer, der die Arbeiten übernimmt, einen gewissen Gewinn, aber keine Rente für den Grundbesitzer. Sie können von niemand anderem als dem Grundbesitzer vorteilhaft ausgeführt werden, der selbst der Unternehmer der Arbeiten ist und den gewöhnlichen Gewinn aus dem Kapital erhält, das er einbringt Mitarbeiter darin. Viele Kohlebergwerke in Schottland werden auf diese Weise betrieben und können auf keine andere Weise betrieben werden. Der Vermieter erlaubt keinem anderen, sie zu bewirtschaften, ohne etwas Miete zu zahlen, und niemand kann es sich leisten, etwas zu bezahlen.

„Andere Kohlengruben im selben Land, die ausreichend fruchtbar sind, können aufgrund ihrer Lage nicht betrieben werden. Eine Menge Mineral, die ausreicht, um die Arbeitskosten zu decken, könnte von der Mine aus der Mine geholt werden, oder sogar weniger als die normale Menge." an Arbeitskraft ; aber in einem Binnenland, dünn besiedelt und ohne gute Straßen oder Wassertransporte, konnte diese Menge nicht verkauft werden. Das gesamte Prinzip der Rente wird hier bewundernswert und anschaulich erklärt, aber jedes Wort ist auf Land ebenso anwendbar wie auf Minen; dennoch behauptet er, dass „es bei den oberirdischen Gütern anders ist. Das Verhältnis sowohl ihres Ertrags als auch ihrer Rente steht im Verhältnis zu ihrer absoluten und nicht zu ihrer relativen Fruchtbarkeit." Nehmen wir aber an, dass es kein Land gäbe, das keine Pacht abwerfen würde; dann stünde die Höhe der Rente auf dem schlechtesten Land im Verhältnis zu dem Überschuss des Werts des Produkts über die Kapitalausgaben und die gewöhnlichen Kapitalgewinne: Dasselbe Prinzip würde die Rente von Land von etwas besserer Qualität regeln. oder günstiger gelegen, und daher würde die Rente dieses Landes die Rente des darunter liegenden Landes aufgrund der überlegenen Vorteile, die es besaß, übersteigen; das Gleiche könnte man auch von der dritten Qualität sagen, und so weiter bis zum Allerbesten. Ist es dann nicht ebenso sicher, dass es die relative Fruchtbarkeit des Landes ist, die den Teil des Ertrags bestimmt, der für die Landrente bezahlt werden soll, wie es ist, dass die relative Fruchtbarkeit der Minen den Teil ihres Ertrags bestimmt, der gezahlt werden soll? für die Miete von Minen bezahlt werden?

Nachdem Adam Smith erklärt hat, dass es einige Minen gibt, die nur von den Eigentümern betrieben werden können, da sie zusammen mit den gewöhnlichen Gewinnen des eingesetzten Kapitals nur so viel erwirtschaften, dass die Arbeitskosten bestritten werden, sollten wir erwarten, dass er dies zugibt Es waren diese besonderen Minen, die den Preis der Produkte regulierten. Wenn die alten Minen nicht ausreichen, um die erforderliche Kohlemenge zu liefern, wird der Kohlepreis steigen, und er wird weiter steigen, bis der Besitzer einer neuen und minderwertigen Mine feststellt, dass er durch den Betrieb seiner Mine die üblichen Aktiengewinne erzielen kann. Wenn seine Mine einigermaßen ertragreich ist, wird der Anstieg nicht groß sein, bevor es zu seinem Interesse wird, sein Kapital so einzusetzen; Wenn es jedoch weniger produktiv ist, muss der Preis offensichtlich weiter steigen, bis es ihm die Mittel gibt, seine Ausgaben zu bezahlen und den gewöhnlichen Aktiengewinn zu erzielen. Es scheint also, dass es immer das am wenigsten fruchtbare Bergwerk ist, das den Kohlepreis reguliert. Adam Smith ist jedoch anderer Meinung: Er stellt fest, dass „die fruchtbarste Kohlenmine auch den Kohlenpreis aller anderen Minen in ihrer Nachbarschaft reguliert. Sowohl der Eigentümer als auch der Unternehmer des Bauvorhabens finden diejenige, die ... " er kann eine höhere Rente erzielen , der andere, dass er einen größeren Gewinn erzielen kann, indem er alle ihre Nachbarn etwas unterbietet, und manchmal nimmt er ihnen sowohl ihre Miete als auch ihren Gewinn ganz weg. Einige Arbeiten werden ganz aufgegeben, andere können sich keine Miete leisten und kann nur vom Eigentümer vorgenommen werden." Wenn die Nachfrage nach Kohle sinken würde oder wenn durch neue Verfahren die Menge erhöht würde, würde der Preis sinken und einige Minen würden aufgegeben; aber in jedem Fall muss der Preis ausreichen, um die Kosten und den Gewinn des betriebenen Bergwerks zu decken, ohne dass eine Pacht erhoben wird. Es ist daher die am wenigsten ertragreiche Mine, die den Preis reguliert. Tatsächlich wird es an anderer Stelle von Adam Smith selbst so ausgedrückt, denn er sagt: „Der niedrigste Preis, zu dem Kohlen über einen längeren Zeitraum verkauft werden können, ist wie bei allen anderen Waren der Preis, der kaum ausreicht, um sie zusammen zu ersetzen." mit seinen gewöhnlichen Gewinnen, dem Kapital, das eingesetzt werden muss, um sie auf den Markt zu bringen. Bei einem Kohlenbergwerk, für das der Grundbesitzer keine Rente bekommen kann, das er aber entweder selbst betreiben muss oder es ganz in Ruhe lassen muss, muss der Preis der Kohlen stimmen liegen im Allgemeinen fast bei diesem Preis."

Aber derselbe Umstand, nämlich der Überfluss und die damit verbundene Billigkeit der Kohlen, aus welchen Gründen auch immer, der es notwendig machen würde, die Minen aufzugeben, für die es keine oder nur eine sehr moderate Pacht gab, würde, wenn es welche gäbe, dies auch tun Der gleiche Überfluss und die damit verbundene Billigkeit der Rohprodukte machen es notwendig, die Bewirtschaftung der Ländereien aufzugeben, für die entweder keine oder nur eine sehr geringe Pacht gezahlt wurde. Wenn zum Beispiel Kartoffeln zum allgemeinen und alltäglichen Nahrungsmittel der Menschen würden, wie es in manchen Ländern der Reis ist, würde wahrscheinlich ein Viertel oder die Hälfte des derzeit bewirtschafteten Landes sofort aufgegeben werden; Denn wenn, wie Adam Smith sagt, „ein Acre Kartoffeln sechstausend Gewichte an fester Nahrung produzieren wird, das Dreifache der Menge, die ein Acre Weizen produziert", könnte es nicht für längere Zeit zu einer solchen Vermehrung der Menschen kommen die Menge verbrauchen, die auf dem Land angebaut werden könnte, bevor sie für den Weizenanbau verwendet wird; Infolgedessen würde viel Land aufgegeben und die Pacht würde sinken; und erst wenn sich die Bevölkerung verdoppelt oder verdreifacht hätte, könnte die gleiche Menge Land bewirtschaftet werden und die dafür gezahlten Pachtzinsen so hoch sein wie zuvor.

Es würde auch kein größerer Anteil des Bruttoertrags an den Grundbesitzer gezahlt werden, egal ob dieser aus Kartoffeln bestand, die dreihundert Menschen ernähren würden, oder aus Weizen, der nur einhundert Menschen ernähren würde; denn obwohl die Produktionskosten sehr stark verringert würden, wenn der Lohn des Arbeiters hauptsächlich durch den Kartoffelpreis und nicht durch den Weizenpreis reguliert würde, und obwohl daher der Anteil des gesamten Bruttoprodukts nach Bezahlung der Arbeiter gleich wäre stark erhöht, dennoch würde kein Teil dieses zusätzlichen Anteils in die Rente fließen, sondern das Ganze ausnahmslos in Profite, wobei die Profite jederzeit steigen, wenn die Löhne sinken, und sinken, wenn die Löhne steigen. Unabhängig davon, ob Weizen oder Kartoffeln angebaut würden, würde die Rente nach demselben Prinzip bestimmt: Sie wäre immer gleich der Differenz zwischen den Produktmengen, die mit gleichem Kapital entweder auf demselben Land oder auf Land unterschiedlicher Qualität erzielt würden; und daher würde die Rente immer im gleichen Verhältnis zum Bruttoertrag stehen, während Ländereien gleicher Qualität bebaut würden und sich ihre relative Fruchtbarkeit oder ihre Vorteile nicht änderten.

Adam Smith behauptet jedoch, dass der Anteil, der dem Grundbesitzer zufällt, durch geringere Produktionskosten erhöht würde und dass er daher von einem reichlichen Produkt einen größeren Anteil und eine größere Menge erhalten würde als von einem dürftigen Produkt. „Ein Reisfeld", sagt er, „produziert eine viel größere Menge an Nahrungsmitteln als das fruchtbarste Maisfeld. Zwei Ernten im Jahr, jeweils dreißig bis sechzig Scheffel, gelten als gewöhnliche Ernte eines Hektars. Obwohl es so ist." Der Anbau erfordert daher mehr Arbeit , und nach der Aufrechterhaltung all dieser Arbeit bleibt *ein viel größerer Überschuss übrig dieser größere Überschuss sollte dem Grundbesitzer gehören als in Getreideländern ."*

Herr Buchanan bemerkt auch: „Es ist ganz klar, dass, wenn irgendein anderes Produkt, das das Land reichlicher als Mais liefert, zur gemeinsamen Nahrung des Volkes werden würde, die Rente des Grundbesitzers im Verhältnis zu ihrer höheren Rente verbessert würde." Fülle."

Wenn Kartoffeln zum allgemeinen Nahrungsmittel des Volkes würden, gäbe es eine lange Zeitspanne, in der die Grundbesitzer enorme Mieteinbußen erleiden müssten. Sie würden wahrscheinlich nicht annähernd so viel vom menschlichen Lebensunterhalt erhalten, wie sie jetzt erhalten, während dieser Lebensunterhalt auf ein Drittel seines gegenwärtigen Wertes sinken würde. Aber alle Industriegüter, für die ein Teil der Rente des Grundbesitzers aufgewendet wird, würden keinen anderen Rückgang erleiden als den, der aus dem Rückgang des Rohmaterials, aus dem sie gemacht sind, resultierte und der nur aus der größeren Fruchtbarkeit des Landes entstehen würde , das dann seiner Herstellung gewidmet werden könnte.

Wenn aufgrund des Bevölkerungsfortschritts Land von gleicher Qualität wie zuvor bebaut werden würde, um die benötigten Nahrungsmittel zu produzieren, und die gleiche Anzahl von Menschen für die Produktion beschäftigt wäre, hätte der Grundbesitzer nicht nur den gleichen Anteil daran produzieren wie zuvor, aber auch dieser Anteil hätte den gleichen Wert wie zuvor. Die Miete wäre dann die gleiche wie zuvor; Die Gewinne wären jedoch viel höher, weil die Lebensmittelpreise und damit die Löhne viel niedriger wären. Hohe Gewinne begünstigen die Kapitalakkumulation. Die Nachfrage nach Arbeitskräften würde weiter steigen und Vermieter würden dauerhaft von der erhöhten Nachfrage nach Grundstücken profitieren.

Die Interessen des Vermieters stehen stets denen des Verbrauchers und Herstellers gegenüber. Mais kann dauerhaft zu einem höheren Preis erhältlich sein, nur weil für seine Produktion zusätzliche Arbeitskräfte erforderlich sind; weil seine Produktionskosten erhöht sind. Derselbe Grund führt unweigerlich zu einer Erhöhung der Rente, daher liegt es im Interesse des Grundbesitzers, dass die mit der Maisproduktion verbundenen Kosten erhöht werden. Dies liegt jedoch nicht im Interesse des Verbrauchers; Für ihn ist es wünschenswert, dass Mais im Verhältnis zu Geld und Waren niedrig ist, denn Mais wird immer mit Waren oder Geld gekauft. Es liegt auch nicht im Interesse des Fabrikanten, dass das Getreide einen hohen Preis hat, denn der hohe Maispreis führt zu hohen Löhnen, erhöht aber nicht den Preis seiner Ware. Dann muss nicht nur mehr von seiner Ware oder, was auf dasselbe hinausläuft, der Wert von mehr von seiner Ware im Austausch für das Getreide, das er selbst konsumiert, gegeben werden, sondern es muss mehr gegeben werden, oder der Wert von mehr, seinen Arbeitern Lohn zu zahlen, für den er keine Vergütung erhält. Daher werden alle Klassen mit Ausnahme der Grundbesitzer durch die Erhöhung des Getreidepreises geschädigt. Die Geschäfte zwischen dem Grundeigentümer und der Öffentlichkeit sind nicht wie Geschäfte im Handel, bei denen man sagen kann, dass sowohl der Verkäufer als auch der Käufer gleichermaßen gewinnen, aber der Verlust liegt ganz auf der einen Seite und der Gewinn ganz auf der anderen; und wenn Mais durch Import billiger beschafft werden könnte, wäre der Verlust infolge des Verzichts auf Import auf der einen Seite weitaus größer als der Gewinn auf der anderen Seite.

Adam Smith macht niemals einen Unterschied zwischen einem niedrigen Geldwert und einem hohen Getreidewert und schließt daraus, dass die Interessen des Grundbesitzers nicht im Widerspruch zu denen der übrigen Gemeinschaft stehen. Im ersten Fall ist das Geld im Verhältnis zu allen Waren niedrig; andererseits ist Mais im Vergleich zu allen hoch. Im ersten Fall haben Mais und Rohstoffe weiterhin die gleichen relativen Werte, im zweiten Fall ist Mais im Verhältnis zu Rohstoffen und Geld höher.

Die folgende Beobachtung von Adam Smith ist auf einen niedrigen Geldwert anwendbar, auf einen hohen Maiswert jedoch völlig unanwendbar. „Wenn die Einfuhr (von Mais) jederzeit kostenlos wäre, würden unsere Bauern und Landherren wahrscheinlich von Jahr zu Jahr weniger Geld für ihren Mais bekommen als jetzt, wo die Einfuhr praktisch verboten ist; aber das Geld Das, was sie bekamen, wäre von größerem Wert, *sie würden mehr Waren aller Art kaufen und mehr* Arbeitskräfte einsetzen . Ihr realer Reichtum, ihr reales Einkommen wäre daher das gleiche wie jetzt, auch wenn es durch einen geringeren Wert ausgedrückt werden könnte Menge Silber, und sie würden weder daran gehindert noch davon abgehalten, Mais in dem Maße anzubauen, wie sie es derzeit tun. Im Gegenteil, da der Anstieg des realen Wertes von Silber infolge der Senkung des Geldpreises für Mais den Maispreis etwas senkt Wenn man den Geldpreis aller anderen Waren betrachtet, verschafft es der Industrie des Landes, in dem sie tätig ist, einen gewissen Vorteil auf allen ausländischen Märkten und fördert dadurch tendenziell die Industrie. Aber die Größe des heimischen Marktes für Mais muss im Verhältnis dazu stehen an die allgemeine Industrie des Landes, in dem es wächst, oder an die Zahl derer, die etwas anderes produzieren, um es im Tausch gegen Mais abzugeben. Aber in jedem Land ist der heimische Markt, da er der nächstgelegene und bequemste ist, auch der größte und wichtigste Markt für Mais. Dieser Anstieg des realen Wertes von Silber, der sich aus der Senkung des durchschnittlichen Geldpreises für Mais ergibt, tendiert dazu, den größten und wichtigsten Markt für Mais zu vergrößern und dadurch sein Wachstum zu fördern, anstatt es zu behindern.

Ein hoher oder niedriger Geldpreis für Mais, der sich aus der Fülle und Billigkeit von Gold und Silber ergibt, ist für den Grundbesitzer nicht von Bedeutung, da alle Arten von Produkten gleichermaßen betroffen wären, genau wie Adam Smith es beschreibt; aber ein relativ hoher Maispreis ist für den Grundbesitzer jederzeit von großem Vorteil, da er ihm bei gleicher Maismenge nicht nur die Verfügungsmacht über eine größere Geldmenge, sondern auch über eine größere Menge aller Waren gibt, die man mit Geld kaufen kann .

# KAPITEL XXIII.

## ÜBER KOLONIALHANDEL.

**A.** SMITH hat in seinen Beobachtungen über den Kolonialhandel sehr zufriedenstellend die Vorteile eines Freihandels und die Ungerechtigkeit aufgezeigt, die die Kolonien dadurch erleiden, dass sie von ihren Mutterländern daran gehindert werden, ihre Produkte auf dem teuersten Markt zu verkaufen und einzukaufen Sie produzieren und lagern am günstigsten. Er hat gezeigt, dass dadurch, dass jedes Land die Produkte seiner Industrie frei austauschen kann, wann und wo es ihm gefällt, die beste Verteilung der Arbeit der Welt erreicht wird und die größte Fülle an lebensnotwendigen Gütern und Freuden des menschlichen Lebens erreicht wird gesichert.

Er hat auch versucht zu zeigen, dass diese Handelsfreiheit, die zweifellos das Interesse des Ganzen fördert, auch das Interesse jedes einzelnen Landes fördert; und dass die engstirnige Politik, die in den Ländern Europas hinsichtlich der Achtung ihrer Kolonien verfolgt wird, für die Mutterländer selbst nicht weniger schädlich ist als für die Kolonien, deren Interessen geopfert werden.

„Das Monopol des Koloniehandels", sagt er, „dämpft wie alle anderen gemeinen und bösartigen Mittel des Handelssystems die Industrie aller anderen Länder, vor allem aber die der Kolonien, ohne im geringsten zu wachsen, aber." im Gegenteil, die des Landes, zu dessen Gunsten es gegründet wurde, nimmt ab."

Dieser Teil seines Themas wird jedoch nicht so klar und überzeugend behandelt wie der, in dem er die Ungerechtigkeit dieses Systems gegenüber der Kolonie aufzeigt.

Ohne zu behaupten oder zu leugnen, dass die tatsächliche Praxis Europas in Bezug auf ihre Kolonien den Mutterländern schadet, darf ich bezweifeln, ob einem Mutterland nicht manchmal Vorteile aus den Beschränkungen entstehen, denen es seine Kolonialbesitzungen unterwirft. Wer kann zum Beispiel daran zweifeln, dass, wenn England eine Kolonie Frankreichs wäre, das letztgenannte Land von einer hohen Prämie profitieren würde, die England für den Export von Getreide, Stoff oder anderen Waren zahlen würde? Bei der Untersuchung der Frage der Prämien wurde davon ausgegangen, dass der Mais 4 l beträgt . pro Quartal haben wir hierzulande gesehen, dass mit einem Kopfgeld von 10 *s.* pro Vierteljahr wäre beim Export nach England die Maismenge auf 3 l gesunken . 10 *Sekunden.* in Frankreich. Nun, wenn Mais vorher bei 3 l gewesen wäre . 15 *Sek.* pro Quartal in Frankreich hätten die französischen Verbraucher 5 *s profitiert.* pro Quartal für den gesamten importierten Mais; wenn der natürliche Maispreis

in Frankreich vor 4 *l läge.*, hätten sie das gesamte Kopfgeld von 10 *s gewonnen.*
Pro Quartal. Frankreich würde somit von den Verlusten Englands
profitieren: Es würde nicht nur einen Teil dessen gewinnen, was England
verloren hat, sondern in einigen Fällen sogar das Ganze.

Man kann jedoch sagen, dass eine Exportprämie eine Maßnahme der
Innenpolitik ist und vom Mutterland nicht einfach durchgesetzt werden
kann.

Wenn es den Interessen Jamaikas und Hollands läge, einen Austausch der
von ihnen jeweils produzierten Waren durchzuführen, ohne dass England
eingreifen würde, ist es ziemlich sicher, dass die Interessen Hollands und
Jamaikas leiden würden, wenn sie daran gehindert würden ; aber wenn
Jamaika gezwungen ist, seine Waren nach England zu schicken und sie dort
gegen holländische Waren einzutauschen, wird eine englische Hauptstadt
oder englische Agentur einen Handel betreiben, den sie sonst nicht betreiben
würde. Es wird durch ein Kopfgeld dorthin gelockt, das nicht von England,
sondern von Holland und Jamaika gezahlt wird.

Dass der Verlust, der durch eine ungünstige Arbeitsverteilung in zwei
Ländern entsteht, einem von ihnen zugute kommen kann, während das
andere mehr zu erleiden hat als der Verlust, der tatsächlich mit einer solchen
Verteilung einhergeht, hat Adam Smith selbst festgestellt; was, wenn es wahr
ist, sofort beweisen wird, dass eine Maßnahme, die für eine Kolonie sehr
schädlich sein kann, für das Mutterland teilweise von Vorteil sein kann.

Über Handelsverträge sagt er: „Wenn sich eine Nation durch einen Vertrag
verpflichtet, entweder die Einfuhr bestimmter Waren aus einem fremden
Land zu gestatten, die sie allen anderen verbietet, oder die Waren eines
Landes von Zöllen zu befreien, denen sie unterliegt." Untertanen aller
anderen, des Landes oder zumindest der Kaufleute und Fabrikanten des
Landes, deren Handel so begünstigt ist, müssen zwangsläufig große Vorteile
aus dem Vertrag ziehen. Diese Kaufleute und Fabrikanten genießen eine Art
Monopol im Land, das heißt so nachsichtig zu ihnen. Dieses Land wird für
ihre Waren zu einem sowohl ausgedehnteren als auch vorteilhafteren Markt;
ausgedehnter, weil die Waren anderer Nationen, die entweder ausgeschlossen
sind oder höheren Zöllen unterliegen, eine größere Menge davon abnimmt;
vorteilhafter , weil die Kaufleute des begünstigten Landes, die dort eine Art
Monopol genießen, ihre Waren oft zu einem besseren Preis verkaufen, als
wenn sie der freien Konkurrenz aller anderen Nationen ausgesetzt wären."

Lassen Sie die beiden Nationen, zwischen denen der Handelsvertrag
geschlossen wird, das Mutterland und seine Kolonie sein, und Adam Smith
gibt offensichtlich zu, dass ein Mutterland von der Unterdrückung seiner
Kolonie profitieren kann. Es sei jedoch noch einmal darauf hingewiesen,
dass, wenn das Monopol des ausländischen Marktes nicht in den Händen

einer exklusiven Gesellschaft liegt, ausländische Käufer für Waren nicht mehr bezahlen werden als einheimische Käufer ; Der Preis, den beide zahlen werden, wird sich nicht wesentlich von ihrem natürlichen Preis in dem Land unterscheiden, in dem sie hergestellt werden. England zum Beispiel wird unter normalen Umständen immer in der Lage sein, französische Waren zum natürlichen Preis dieser Waren in Frankreich zu kaufen, und Frankreich hätte das gleiche Privileg, englische Waren zu ihrem natürlichen Preis in England zu kaufen. Aber zu diesen Preisen würden Waren ohne Vertrag gekauft. Welchen Vorteil oder Nachteil hat der Vertrag dann für eine der beiden Parteien?

Der Nachteil des Vertrags für das Importland wäre folgender: Er würde es dazu verpflichten, eine Ware, zum Beispiel aus England, zum natürlichen Preis dieser Ware in England zu kaufen, obwohl es sie vielleicht zu dem viel niedrigeren natürlichen Preis hätte kaufen können eines anderen Landes. Es führt dann zu einer ungünstigen Verteilung des allgemeinen Kapitals, das hauptsächlich dem Land zufällt, das durch seinen Vertrag verpflichtet ist, auf dem am wenigsten produktiven Markt einzukaufen; aber es verschafft dem Verkäufer aufgrund eines angeblichen Monopols keinen Vorteil, da er durch die Konkurrenz seiner eigenen Landsleute daran gehindert wird, seine Waren über ihrem natürlichen Preis zu verkaufen; zu dem er sie verkaufen würde, egal ob er sie nach Frankreich, Spanien oder Westindien exportierte oder für den Eigenverbrauch verkaufte.

Worin besteht nun der Vorteil der Vertragsbestimmung? Es besteht darin: Diese besonderen Waren hätten in England nicht für den Export hergestellt werden können, wenn es nicht das Privileg gehabt hätte, diesen besonderen Markt zu bedienen; denn die Konkurrenz dieses Landes, wo der natürliche Preis niedriger war, hätte ihr jede Chance genommen, diese Waren zu verkaufen. Dies wäre jedoch von geringer Bedeutung gewesen, wenn England völlig sicher gewesen wäre, dass es alle anderen Waren, die es herstellen könnte, zum gleichen Preis verkaufen könnte, entweder auf dem französischen Markt oder mit gleichem Vorteil auf jedem anderen. Das Ziel, das England im Auge hat, besteht beispielsweise darin, eine Menge französischer Weine im Wert von 5000 *l zu kaufen.* – Sie möchte dann irgendwo Waren verkaufen, für die sie 5000 *l bekommen kann.* für diesen Zweck. Wenn Frankreich ihm ein Monopol auf dem Tuchmarkt einräumt, wird es zu diesem Zweck bereitwillig Tuch exportieren; aber wenn der Handel frei ist, könnte die Konkurrenz anderer Länder verhindern, dass der natürliche Stoffpreis in England niedrig genug ist, um 5000 *l zu erhalten.* durch den Verkauf von Stoffen zu erwerben und durch eine solche Verwendung ihrer Vorräte die üblichen Gewinne zu erzielen. Die Industrie Englands muss dann für eine andere Ware eingesetzt werden; aber möglicherweise gibt es keine ihrer Produktionen, die sie sich bei dem bestehenden Geldwert zum natürlichen Preis anderer Länder leisten könnte. Was ist die Konsequenz? Die Weintrinker Englands sind immer noch bereit, 5000 *l zu geben.* für ihren Wein, also 5000 *l.* Geld wird zu diesem Zweck nach Frankreich exportiert. Durch diesen Geldexport wird sein Wert in England erhöht und in anderen Ländern gesenkt; und damit sinkt auch der *natürliche Preis* aller von der britischen Industrie produzierten Waren. Der Anstieg des Geldpreises ist dasselbe wie der Rückgang des Warenpreises. Um 5000 *l zu erhalten.* , Britische Waren dürfen nun exportiert werden; denn zu ihrem reduzierten natürlichen Preis können sie nun mit den Waren anderer Länder in Konkurrenz treten. Um die 5000 l zu erhalten, werden jedoch mehr Waren zu den günstigen Preisen verkauft . erforderlich, die, wenn sie erhalten wird, nicht die gleiche Menge Wein beschafft; Denn während die Geldverringerung in England den natürlichen Warenpreis dort gesenkt hat, hat die Geldvermehrung in Frankreich den natürlichen Waren- und Weinpreis in Frankreich erhöht. Wenn der Handel vollkommen frei ist, wird dann im Austausch für seine Waren weniger Wein nach England importiert, als wenn er durch Handelsverträge besonders begünstigt wird. Die *Profitrate* wird sich jedoch nicht verändert haben; Der relative Wert des Geldes wird sich in den beiden Ländern verändert haben, und der Vorteil, den Frankreich erlangt, wird darin bestehen, dass er im Austausch für eine bestimmte Menge französischer Waren eine größere Menge Englisch erhält, während der Verlust, den England erleidet, darin besteht, eine geringere Menge zu erhalten Menge französischer Waren im Austausch gegen eine bestimmte Menge englischer Waren.

Der Außenhandel wird also, ob eingeschränkt, gefördert oder frei, immer weitergehen, wie auch immer die relative Produktionsschwierigkeit in den verschiedenen Ländern sein mag; Dies kann jedoch nur durch eine Änderung des natürlichen Preises reguliert werden, nicht durch eine Änderung des natürlichen Wertes, zu dem Waren in diesen Ländern produziert werden können, und dies geschieht durch eine Änderung der Verteilung der Edelmetalle. Diese Erklärung bestätigt die Meinung, die ich an anderer Stelle geäußert habe, dass es keine Steuer, keine Prämie oder kein Verbot auf die Einfuhr oder Ausfuhr von Waren gibt, die nicht zu einer anderen Verteilung der Edelmetalle führen und sich daher nicht überall ändern sowohl der natürliche als auch der Marktpreis von Waren.

Es ist also offensichtlich, dass der Handel mit einer Kolonie so reguliert sein kann, dass er gleichzeitig für die Kolonie weniger vorteilhaft und für das Mutterland vorteilhafter ist als ein völlig freier Handel. So wie es für einen einzelnen Verbraucher nachteilig ist, in seinen Geschäften auf ein bestimmtes Geschäft beschränkt zu sein, ist es auch für eine Nation von Verbrauchern nachteilig, in einem bestimmten Land einkaufen zu müssen. Wenn das Geschäft oder das Land die benötigten Waren am billigsten anbieten würde, wäre es sicher, sie ohne ein solches ausschließliches Privileg zu verkaufen; und wenn sie nicht billiger verkauften, würde es das allgemeine Interesse erfordern, dass sie nicht dazu ermutigt würden, einen Handel fortzusetzen, den sie nicht mit gleichen Vorteilen wie andere betreiben könnten. Der Laden oder das verkaufende Land könnten durch den Wechsel der Beschäftigungen Verluste erleiden, aber der allgemeine Nutzen ist niemals so vollständig gesichert wie durch die produktivste Verteilung des allgemeinen Kapitals; das heißt, durch einen allgemein freien Handel.

Eine Erhöhung der Produktionskosten einer Ware, wenn es sich um einen Artikel der ersten Notwendigkeit handelt, wird nicht notwendigerweise ihren Verbrauch verringern; Denn obwohl die allgemeine Konsumkraft der Käufer durch die Steigerung einer Ware verringert wird, können sie doch auf den Konsum einer anderen Ware verzichten, deren Produktionskosten nicht gestiegen sind. In diesem Fall steht die angebotene Menge im gleichen Verhältnis zur Nachfrage wie zuvor; Nur die Produktionskosten werden gestiegen sein, und dennoch wird der Preis steigen und muss steigen, um die Gewinne des Produzenten der verbesserten Ware auf ein Niveau mit den Gewinnen zu bringen, die er aus anderen Branchen erwirtschaftet.

M. Say erkennt an, dass die Produktionskosten die Grundlage des Preises sind, und dennoch behauptet er an verschiedenen Stellen seines Buches, dass der Preis durch das Verhältnis der Nachfrage zum Angebot reguliert wird. Der eigentliche und ultimative Regulator des relativen Wertes zweier Waren sind die Kosten ihrer Produktion und weder die jeweiligen Mengen, die produziert werden dürfen, noch die Konkurrenz zwischen den Käufern.

Laut Adam Smith hat der Koloniehandel, da er ein Handel ist, in dem nur britisches Kapital eingesetzt werden kann, die Profitrate aller anderen Berufe erhöht; und da seiner Meinung nach sowohl hohe Gewinne als auch hohe Löhne die Preise der Waren erhöhen, sei das Monopol des Koloniehandels seiner Meinung nach schädlich für das Mutterland gewesen; da es ihre Fähigkeit, Industriegüter genauso günstig zu verkaufen wie andere Länder, geschmälert hat. Er sagt: „Infolge des Monopols hat die Zunahme des Koloniehandels nicht so sehr zu einer Erweiterung des Handels geführt, den Großbritannien zuvor hatte, als vielmehr zu einer völligen Änderung seiner Richtung. Zweitens hat dieses Monopol notwendigerweise dazu beigetragen, es aufrechtzuerhalten." die Profitrate in allen verschiedenen Zweigen des britischen Handels zu steigern, höher, als sie natürlich gewesen wäre, wenn allen Nationen ein Freihandel mit den britischen Kolonien gestattet worden wäre. „Aber was auch immer in einem Land die gewöhnliche Profitrate höher anhebt, als sie sonst wäre, unterwirft dieses Land zwangsläufig sowohl einem absoluten als auch einem relativen Nachteil in jedem Handelszweig, in dem es nicht das Monopol hat. Es unterwirft es." ein absoluter Nachteil, denn in solchen Handelszweigen können ihre Kaufleute diesen größeren Gewinn nicht erzielen, ohne teurer zu verkaufen, als sie es sonst tun würden, sowohl die Waren fremder Länder, die sie in ihr eigenes Land importieren, als auch die Waren ihres eigenen Landes, die sie exportieren ins Ausland. Ihr eigenes Land muss sowohl teurer kaufen als auch teurer verkaufen, muss weniger kaufen und weniger verkaufen, muss weniger genießen und weniger produzieren, als es sonst tun würde.

„Unsere Kaufleute beschweren sich häufig über die hohen Löhne der britischen Arbeitskräfte als Ursache dafür, dass ihre Erzeugnisse auf ausländischen Märkten unterverkauft werden; über die hohen Gewinne der Aktien schweigen sie. Sie beschweren sich über den verschwenderischen Gewinn anderer Leute, sagen aber nichts darüber." Ihre eigenen. Die hohen Gewinne britischer Aktien können jedoch dazu beitragen, den Preis der britischen Produktion in vielen Fällen genauso stark und in einigen vielleicht sogar stärker zu erhöhen als die hohen Löhne der britischen Arbeitskräfte .

Ich gebe zu, dass das Monopol des Koloniehandels die Richtung des Kapitals oft nachteilig verändern wird; aber aus dem, was ich bereits zum Thema Profite gesagt habe, geht hervor, dass jeder Wechsel von einem Außenhandel zum anderen oder vom Inlands- zum Außenhandel meiner Meinung nach keinen Einfluss auf die Profitrate haben kann. Die erlittene Verletzung wird die sein, die ich gerade beschrieben habe; Es wird eine schlechtere Verteilung des allgemeinen Kapitals und der Industrie geben und daher wird weniger produziert. Der natürliche Preis der Waren wird steigen, und daher wird der Verbraucher, obwohl er zum gleichen Geldwert einkaufen kann, eine geringere Warenmenge erhalten. Es zeigt sich auch, dass es, selbst wenn es zu einer Erhöhung der Profite führen würde, nicht die geringste Änderung der Preise hervorrufen würde; Die Preise werden weder durch Löhne noch durch Gewinne reguliert.

im Vergleich zu Waren von dem Verhältnis zwischen der Menge an Arbeit abhängt, die notwendig ist, *um* "eine bestimmte Menge Gold und Silber auf den Markt bringen und das, was nötig ist, um eine bestimmte Menge anderer Waren dorthin zu bringen?" Diese Menge wird nicht beeinträchtigt, unabhängig davon, ob die Gewinne hoch oder niedrig oder die Löhne niedrig oder hoch sind. Wie können dann die Preise durch hohe Gewinne erhöht werden?

# KAPITEL XXIV.

## AUF BRUTTO- UND NETTOUMSATZ.

EIN DAMM SMITH vergrößert ständig die Vorteile, die ein Land aus einem hohen Bruttoeinkommen statt aus einem großen Nettoeinkommen zieht. „Je größer der Anteil des Kapitals eines Landes in der Landwirtschaft eingesetzt wird", sagt er, „ desto größer wird die Menge produktiver Arbeit sein, die es innerhalb des Landes in Bewegung setzt, und ebenso wird auch der Wert sein, den ihr Einsatz hat." trägt zum Jahresertrag des Landes und der Arbeitskraft der Gesellschaft bei. Nach der Landwirtschaft setzt das in der Industrie eingesetzte Kapital die größte Menge produktiver Arbeit in Bewegung und fügt dem Jahresertrag den größten Wert hinzu. Das, was im Handel eingesetzt wird Der Export hat von allen dreien die geringste Auswirkung." [42]

Ich gebe für einen Moment zu, dass dies wahr ist; Welchen Vorteil hätte ein Land aus dem Einsatz einer großen Menge produktiver Arbeit , wenn seine Nettorente und seine Profite zusammengenommen gleich wären, unabhängig davon, ob es diese Menge oder eine kleinere Menge einsetzte? Der Gesamtertrag des Bodens und der Arbeit eines jeden Landes wird in drei Teile geteilt; Davon ist ein Teil für Löhne, ein anderer für Gewinne und der andere für Miete bestimmt. Nur von den beiden letzten Teilen können Abzüge für Steuern oder Ersparnisse vorgenommen werden; Erstere stellen, wenn auch mäßig, immer die notwendigen Produktionskosten dar. An eine Einzelperson mit einem Kapital von 20.000 *l.* , dessen Gewinn 2000 *l betrug.* pro Jahr wäre es ganz gleichgültig, ob sein Kapital hundert oder tausend Menschen beschäftigen würde, ob die produzierte Ware für 10.000 *l verkauft würde.* oder für 20.000 *l.* vorausgesetzt, dass sein Gewinn in jedem Fall nicht unter 2000 *l gesunken ist.* Ist das wirkliche Interesse der Nation nicht ähnlich? Sofern sein Nettorealeinkommen, seine Rente und seine Gewinne gleich sind, ist es unerheblich, ob die Nation aus zehn oder zwölf Millionen Einwohnern besteht. Seine Fähigkeit, Flotten und Armeen sowie alle Arten unproduktiver Arbeit zu unterstützen , muss im Verhältnis zu seinem Nettoeinkommen und nicht im Verhältnis zu seinem Bruttoeinkommen stehen. Wenn fünf Millionen Menschen so viel Nahrung und Kleidung produzieren könnten, wie für zehn Millionen Menschen nötig wäre, wären Nahrung und Kleidung für fünf Millionen das Nettoeinkommen. Wäre es für das Land von Vorteil, wenn für die Erzielung desselben Nettoeinkommens sieben Millionen Menschen erforderlich wären, das heißt, dass sieben Millionen für die Produktion von Nahrungsmitteln und Kleidung für zwölf Millionen Menschen eingesetzt werden müssten? Die Lebensmittel und Kleidung von fünf Millionen wären immer noch das Nettoeinkommen. Die Beschäftigung einer größeren Zahl von Männern würde es uns ermöglichen, weder einen Mann zu unserem Heer und unserer Marine hinzuzufügen, noch eine Guinea mehr an Steuern beizutragen.

Nicht auf der Grundlage eines angeblichen Vorteils, der sich aus einer großen Bevölkerung ergibt, oder des Glücks, das eine größere Anzahl von Menschen genießen kann, unterstützt Adam Smith die Bevorzugung des Einsatzes von Kapital, der den Größten Bewegung verleiht Quantität der Industrie, aber ausdrücklich mit dem Ziel, die Macht des Landes zu steigern; denn er sagt, dass „die Reichen, und soweit die Macht von den Reichen abhängt, die Macht eines jeden Landes immer im Verhältnis zum Wert seiner jährlichen Produktion stehen muss, dem Fonds, aus dem letztendlich alle Steuern bezahlt werden müssen." Es muss jedoch klar sein, dass die Macht, Steuern zu zahlen, im Verhältnis zu den Nettoeinnahmen und nicht im Verhältnis zu den Bruttoeinnahmen steht.

Bei der Verteilung der Arbeitsplätze auf alle Länder wird das Kapital ärmerer Nationen natürlicherweise für solche Zwecke verwendet, in denen eine große Menge an Arbeitskräften im eigenen Land finanziert wird, da in solchen Ländern die Nahrungsmittel und Bedarfsgüter für eine wachsende Bevölkerung am einfachsten zu beschaffen sind . In reichen Ländern hingegen, in denen Lebensmittel teuer sind, fließt das Kapital, wenn der Handel frei ist, auf natürliche Weise in die Berufe, in denen die geringste Menge an Arbeit erforderlich ist, um im Inland aufrechterhalten zu werden: wie den Transporthandel oder den Fernhandel Handel, bei dem die Gewinne im Verhältnis zum Kapital und nicht im Verhältnis zur Menge der eingesetzten Arbeit stehen . [43]

Obwohl ich zugebe, dass aufgrund der Natur der Rente ein gegebenes Kapital, das in der Landwirtschaft auf jedem Land außer dem zuletzt bewirtschafteten Land eingesetzt wird, eine größere Arbeitsmenge in Bewegung setzt als ein gleiches Kapital, das in der Industrie und im Handel eingesetzt wird, kann ich das dennoch nicht zugeben ist ein Unterschied in der Arbeitsmenge, die von einem Kapital im Inlandshandel und einem gleichen Kapital im Außenhandel eingesetzt wird.

„Die Hauptstadt, die schottische Erzeugnisse nach London schickt und englischen Mais und Erzeugnisse nach Edinburgh zurückbringt", sagt Adam Smith, „ersetzt durch jede solche Operation zwangsläufig zwei britische Hauptstädte, die beide in der Landwirtschaft oder Industrie Großbritanniens beschäftigt waren." .

„Das Kapital, das beim Kauf ausländischer Waren für den Eigenverbrauch eingesetzt wird, wenn dieser Kauf mit den Produkten der heimischen Industrie erfolgt, ersetzt durch jede solche Operation auch zwei verschiedene Kapitale; aber eines von ihnen wird nur zur Unterstützung der heimischen Industrie eingesetzt. Das Kapital." das britische Waren nach Portugal schickt und portugiesische Waren nach Großbritannien zurückbringt, ersetzt durch jede solche Operation nur ein britisches Kapital, das andere ist ein portugiesisches. Obwohl die Erträge des Außenhandels des Konsums daher gleich sein sollten So schnell wie der heimische Handel, wird das darin eingesetzte Kapital nur die Hälfte der Förderung der Industrie oder der produktiven Arbeit des Landes sein."

Dieses Argument erscheint mir trügerisch; denn obwohl, wie Dr. Smith annimmt, zwei Hauptstädte, ein portugiesisches und ein englisches, verwendet werden, wird im Außenhandel immer noch ein Kapital verwendet, das doppelt so groß ist wie das, was im Binnenhandel verwendet werden würde. Nehmen wir an, dass Schottland ein Kapital von tausend Pfund für die Herstellung von Leinen einsetzt, das es gegen die Produkte eines ähnlichen Kapitals eintauscht, das für die Herstellung von Seide in England eingesetzt wird. Zweitausend Pfund und eine proportionale Menge an Arbeitskräften werden von den beiden Ländern beschäftigt. Nehmen wir nun an, dass England entdeckt, dass es mehr Leinen aus Deutschland importieren kann für die Seide, die es zuvor nach Schottland exportiert hat, und dass Schottland entdeckt, dass es als Gegenleistung für sein Leinen mehr Seide aus Frankreich erhalten kann, als es zuvor aus England erhalten hat ,- werden England und Schottland nicht sofort den Handel miteinander einstellen, und wird nicht der inländische Konsumhandel durch einen auswärtigen Konsumhandel ersetzt? Aber obwohl zwei zusätzliche Hauptstädte in diesen Handel eintreten werden, das Kapital Deutschlands und das Frankreichs, wird nicht weiterhin die gleiche Menge an schottischem und englischem Kapital eingesetzt werden, und es wird nicht die gleiche Menge an Industrie in Gang gesetzt werden wie damals er war im Haushandel tätig?

# KAPITEL XXV.

## ÜBER WÄHRUNG UND BANKEN.

ES IST NICHT meine Absicht, den Leser durch eine lange Abhandlung über das Thema Geld zu fesseln. Über die Währung ist bereits so viel geschrieben worden, dass unter denen, die sich mit solchen Themen befassen, nur die Voreingenommenen ihre wahren Prinzipien nicht kennen. Ich werde daher nur einen kurzen Überblick über einige der allgemeinen Gesetze geben, die seine Menge und seinen Wert regeln.

Gold und Silber sind wie alle anderen Waren nur im Verhältnis zur Arbeitsmenge wertvoll, die für ihre Herstellung und Vermarktung erforderlich ist. Gold ist etwa fünfzehnmal teurer als Silber, und zwar nicht, weil eine größere Nachfrage besteht oder weil das Angebot an Silber fünfzehnmal größer ist als das an Gold, sondern einzig und allein, weil für die Beschaffung einer bestimmten Menge fünfzehnmal so viel Arbeit nötig ist davon.

Die Geldmenge, die in einem Land verwendet werden kann, muss von seinem Wert abhängen: Wenn Gold allein für die Warenzirkulation verwendet würde, wäre eine Menge erforderlich, nur ein Fünfzehntel von dem, was nötig wäre, wenn Silber verwendet würde den gleichen Zweck.

Eine Zirkulation kann nie so groß sein, dass sie überläuft; Denn wenn Sie seinen Wert verringern, erhöhen Sie im gleichen Verhältnis seine Menge, und indem Sie seinen Wert erhöhen, verringern Sie seine Menge. [44]

Während der Staat Geld prägt und keine Enteignung erhebt , hat das Geld den gleichen Wert wie jedes andere Stück desselben Metalls mit gleichem Gewicht und gleicher Feinheit. Wenn der Staat jedoch eine Pfändung für die Münzprägung erhebt, übersteigt das geprägte Geldstück im Allgemeinen den Wert des nicht geprägten Metallstücks um die gesamte erhobene Pfändung , weil es eine größere Arbeitsmenge erfordern wird , oder, was dasselbe ist, der Wert des Produkts einer größeren Arbeitsmenge , um es zu beschaffen.

Während der Staat allein prägt, kann es für diesen Vorwurf der Beschlagnahmung keine Begrenzung geben ; denn durch die Begrenzung der Münzmenge kann diese auf jeden erdenklichen Wert erhöht werden.

Nach diesem Prinzip zirkuliert Papiergeld: Die gesamte Gebühr für Papiergeld kann als Seignage betrachtet werden . Obwohl es keinen inneren Wert hat, ist sein Tauschwert durch die Begrenzung seiner Menge so groß wie der gleiche Nennwert einer Münze oder eines Barrenbarrens in dieser Münze. Auch nach dem gleichen Prinzip, nämlich durch eine Begrenzung ihrer Menge, würde eine entwertete Münze zu dem Wert umlaufen, den sie haben sollte, wenn sie das gesetzliche Gewicht und die gesetzliche Feinheit hätte, und nicht zu dem Wert der Metallmenge, die sie tatsächlich enthielt . In der Geschichte der britischen Münzprägung stellen wir dementsprechend fest, dass die Währung nie in dem Maße abgewertet wurde, wie sie abgewertet wurde; Der Grund dafür war, dass es nie im Verhältnis zu seinem verminderten Wert vervielfacht wurde. [45]

Nach der Gründung der Banken verfügt der Staat nicht mehr über die alleinige Befugnis, Geld zu prägen oder auszugeben. Die Währung kann ebenso effektiv durch Papier wie durch Münzen erhöht werden; Wenn also ein Staat sein Geld entwerten und seine Menge begrenzen würde, könnte er seinen Wert nicht aufrechterhalten, weil die Banken die gleiche Macht hätten, die gesamte Umlaufmenge zu erhöhen.

Aus diesen Grundsätzen geht hervor, dass es nicht notwendig ist, dass Papiergeld in bar ausgezahlt werden muss, um seinen Wert zu sichern; Es ist lediglich erforderlich, dass seine Menge entsprechend dem Wert des Metalls reguliert wird, das als Standard deklariert wird. Wenn der Standard Gold eines bestimmten Gewichts und einer bestimmten Feinheit wäre, könnte das Papier mit jedem Rückgang des Goldwerts oder, was in seinen Auswirkungen dasselbe ist, mit jedem Anstieg des Warenpreises erhöht werden.

„Durch die Ausgabe einer zu großen Menge Papier", sagt Dr. Smith, „von der der Überschuss ständig zurückkehrte, um gegen Gold und Silber eingetauscht zu werden, war die Bank von England viele Jahre lang gezwungen, Gold zu prägen." in Höhe von zwischen 800.000 und einer Million Pfund pro Jahr, oder im Durchschnitt etwa 850.000 Pfund. Für diese große Prägung wurde die Bank infolge des abgenutzten und verschlechterten Zustands, in den die Goldmünze geraten war, beauftragt war vor einigen Jahren häufig gezwungen, Goldbarren zum hohen Preis von vier Pfund pro Unze zu kaufen, die er bald darauf in Münzen zu 3 l, 17 s. 10½ d. *pro* Unze *ausgab*, *und* verlor auf diese Weise zwischen zwei und a Die Hälfte und drei Prozent auf die Münzprägung einer so großen Summe. Obwohl die Bank daher keine Seignage zahlte und die Regierung zu Recht auf Kosten der Münzprägung ging, konnte diese Liberalität der Regierung die Kosten der Bank nicht gänzlich verhindern. "

Auf der Grundlage des oben dargelegten Prinzips erscheint es mir am klarsten, dass der Wert der gesamten Währung, sowohl der herabgesetzten als auch der neuen Goldmünze, gestiegen wäre, wenn das so eingebrachte Papier nicht erneut ausgegeben worden wäre; als alle Forderungen an die Bank aufgehört hätten.

Herr Buchanan ist jedoch nicht dieser Meinung, denn er sagt, „dass die großen Kosten, denen die Bank zu diesem Zeitpunkt ausgesetzt war, nicht, wie Dr. Smith anzunehmen scheint, durch eine unvorsichtige Ausgabe von Papieren verursacht wurden." , sondern durch den entwerteten Zustand der

Währung und den daraus resultierenden hohen Goldbarrenpreis. Es ist zu beobachten, dass die Bank immer gezwungen war, 46 Guineen auszugeben, da sie keine andere Möglichkeit hatte, sich 46 Guineen zu beschaffen, als sie zur Münzprägung an die Münzprägeanstalt zu schicken neue geprägte Guineen im Tausch gegen die zurückgegebenen Banknoten; und als die Währung im Allgemeinen ein geringes Gewicht hatte und der Goldbarrenpreis entsprechend hoch war, wurde es rentabel, diese schweren Guineen von der Bank im Tausch gegen ihr Papier abzuheben und sie umzutauschen in Goldbarren umzuwandeln und sie mit Gewinn als Bankpapier zu verkaufen, um sie der Bank für einen neuen Vorrat an Guineen zurückzugeben, die wiederum eingeschmolzen und verkauft wurden. Diesem Abfluss von Bargeld muss die Bank immer ausgesetzt sein, solange die Währung vorhanden ist an Gewicht mangelt, da dann aus dem ständigen Austausch von Papier gegen Papier sowohl ein leichter als auch ein gewisser Gewinn entsteht. Es kann jedoch angemerkt werden, dass es nie für notwendig gehalten wurde, die Verpflichtung zur Zahlung von Geld für ihre Banknoten aufzuheben, ganz gleich, welchen Unannehmlichkeiten und Kosten die Bank damals durch den Abfluss ihrer Banknoten ausgesetzt war.

Herr Buchanan ist offensichtlich der Meinung, dass die gesamte Währung unbedingt auf das Niveau des Wertes der entwerteten Stücke gesenkt werden muss; aber sicherlich kann durch eine Verminderung der Geldmenge das Ganze, das übrigbleibt, auf den Wert der besten Stücke erhöht werden.

Dr. Smith scheint in seiner Argumentation zur Koloniewährung sein eigenes Prinzip vergessen zu haben. Anstatt den Wertverlust dieses Papiers auf seinen zu großen Überfluss zurückzuführen, fragt er, ob, wenn die Sicherheit der Kolonie völlig in Ordnung wäre, hundert Pfund, zahlbar in fünfzehn Jahren, genauso wertvoll wären wie hundert Pfund, die sofort bezahlt werden müssten? Ich antworte mit Ja, wenn es nicht zu reichlich ist.

Die Erfahrung zeigt jedoch, dass weder ein Staat noch eine Bank jemals die uneingeschränkte Macht hatte, Papiergeld auszugeben, ohne diese Macht zu missbrauchen: In allen Staaten sollte daher die Ausgabe von Papiergeld einer gewissen Kontrolle und Kontrolle unterliegen; und keines scheint für diesen Zweck so geeignet zu sein, als die Emittenten von Papiergeld der Verpflichtung zu unterwerfen, ihre Banknoten entweder in Goldmünzen oder in Barren zu bezahlen.

Eine Währung ist dann in ihrem vollkommensten Zustand, wenn sie vollständig aus Papiergeld besteht, aber aus Papiergeld von gleichem Wert wie das Gold, das sie zu repräsentieren vorgibt. Die Verwendung von Papier anstelle von Gold ersetzt das teuerste Medium durch das billigste und ermöglicht es dem Land, ohne Verlust für einen Einzelnen das gesamte

Gold, das es zuvor für diesen Zweck verwendet hat, gegen Rohstoffe, Geräte und Lebensmittel einzutauschen , durch deren Verwendung sowohl sein Reichtum als auch seine Freuden gesteigert werden.

Aus nationaler Sicht spielt es keine Rolle, ob der Emittent dieses gut regulierten Papiergeldes die Regierung oder eine Bank ist; im Großen und Ganzen wird es für die Reichen gleichermaßen produktiv sein, unabhängig davon, ob es von dem einen oder dem anderen ausgegeben wird ; Dies gilt jedoch nicht für die Interessen einzelner Personen. In einem Land, in dem der Marktzinssatz 7 Prozent beträgt und der Staat für eine bestimmte Ausgabe 70.000 *l verlangt*. pro Jahr ist es für die Bürger dieses Landes eine Frage von Bedeutung, ob sie zur Zahlung dieser 70.000 *l besteuert werden müssen*. pro Jahr, oder ob sie es ohne Steuern aufbringen könnten. Nehmen wir an, dass eine Million Geld für die Ausstattung einer Expedition erforderlich wäre. Wenn der Staat eine Million Papier ausgeben und eine Million Münzen verdrängen würde, würde die Expedition ohne Kosten für das Volk ausgerüstet werden; aber wenn eine Bank eine Million Papiere ausgibt und sie der Regierung zu 7 Prozent leiht und dadurch eine Million Münzen verdrängt, würde das Land mit einer fortlaufenden Steuer von 70.000 *l belastet*. pro Jahr: Das Volk würde die Steuer zahlen, die Bank würde sie erhalten, und die Gesellschaft wäre in jedem Fall so wohlhabend wie zuvor; Die Expedition wäre wirklich durch die Verbesserung unseres Systems ausgestattet worden, indem Kapital im Wert von einer Million in Form von Waren produktiv gemacht worden wäre, anstatt es in Form von Münzen unproduktiv bleiben zu lassen; aber der Vorteil wäre immer zugunsten der Papieremittenten; Und da der Staat das Volk vertritt, hätte das Volk die Steuer gespart, wenn es und nicht die Bank diese Million ausgegeben hätte.

Ich habe bereits darauf hingewiesen, dass die Befugnis zur Ausgabe von Papiergeld, wenn eine vollkommene Sicherheit bestünde, dass sie nicht missbraucht wird, im Hinblick auf den Gesamtreichtum des Landes, von dem es ausgegeben wurde, keine Bedeutung hätte; und ich habe jetzt gezeigt, dass die Öffentlichkeit ein direktes Interesse daran hätte, dass der Staat und nicht eine Gesellschaft von Kaufleuten oder Bankiers die Emittenten sein sollten. Die Gefahr besteht jedoch darin, dass diese Macht eher missbraucht wird, wenn sie in den Händen der Regierung liegt, als wenn sie in den Händen eines Bankunternehmens liegt. Ein Unternehmen stünde, so heißt es, stärker unter der Kontrolle des Gesetzes, und obwohl es in seinem Interesse liegen könnte, seine Emissionen über die Grenzen des Ermessens hinaus auszuweiten, wären diese durch die Befugnis des Einzelnen, Goldbarren einzufordern, eingeschränkt und kontrolliert oder Art. Es wird argumentiert, dass derselbe Scheck nicht lange eingehalten würde, wenn die Regierung das Privileg hätte, Geld auszugeben; dass sie zu geneigt wären, eher auf gegenwärtige Bequemlichkeit als auf zukünftige Sicherheit zu achten, und daher aus angeblichen Gründen der Zweckmäßigkeit zu sehr geneigt sein könnten, die Schecks zu entfernen, durch die die Höhe ihrer Ausgaben kontrolliert wurde.

Unter einer willkürlichen Regierung hätte dieser Einwand große Kraft, aber in einem freien Land mit einer aufgeklärten Gesetzgebung könnte die Befugnis zur Ausgabe von Papiergeld, unter den erforderlichen Konvertibilitätsprüfungen nach dem Willen des Inhabers, sicher in den Händen von liegen Für diesen besonderen Zweck ernannte Kommissare könnten sie völlig unabhängig von der Kontrolle der Minister gemacht werden.

Der sinkende Fonds wird von Kommissaren verwaltet, die nur dem Parlament verantwortlich sind, und die Anlage der ihnen anvertrauten Gelder erfolgt mit äußerster Regelmäßigkeit; Welchen Grund kann es geben, daran zu zweifeln, dass die Ausgabe von Papiergeld mit gleicher Genauigkeit geregelt werden könnte, wenn sie einer ähnlichen Verwaltung unterstellt würde?

Man kann sagen, dass der Vorteil, der dem Staat und damit der Öffentlichkeit durch die Ausgabe von Papiergeld entsteht, zwar hinreichend offensichtlich ist, da dadurch ein Teil der Staatsschulden ausgetauscht werden würde, für die die Öffentlichkeit Zinsen zahlt , in eine zinslose Schuld umgewandelt werden, wäre dies jedoch für den Handel nachteilig, da es die Kaufleute daran hindern würde, sich Geld zu leihen und ihre Wechsel diskontieren zu lassen, die Methode, mit der Bankpapiere teilweise ausgegeben werden.

Dies bedeutet jedoch, dass Geld nicht geliehen werden könnte, wenn die Bank es nicht verliehen hätte, und dass der Marktzinssatz und der Gewinn von der Höhe der ausgegebenen Gelder und von dem Kanal, über den es ausgegeben wird, abhängen . Aber so wie ein Land keinen Mangel an Stoffen, Wein oder anderen Waren haben würde, wenn es die Mittel hätte, dafür zu bezahlen, so gäbe es auch keinen Mangel an Geld, um langsam zu sein, wenn die Kreditnehmer Gutes anboten Sicherheit und waren bereit, dafür den marktüblichen Zinssatz zu zahlen.

In einem anderen Teil dieser Arbeit habe ich versucht zu zeigen, dass der wirkliche Wert einer Ware nicht durch die zufälligen Vorteile bestimmt wird, die einige ihrer Produzenten genießen können, sondern durch die tatsächlichen Schwierigkeiten, denen der schwächste Produzent begegnet favorisiert . Dies gilt auch für den Geldzins; Sie wird nicht durch den Zinssatz reguliert, zu dem die Bank Kredite vergibt, sei es 5, 4 oder 3 Prozent, sondern durch die Profitrate, die durch den Einsatz von Kapital erzielt werden kann und von der völlig unabhängig ist die Menge oder der Wert des Geldes. Unabhängig davon, ob eine Bank eine Million, zehn Millionen oder hundert

Millionen verlieh , würde sie den Marktzinssatz nicht dauerhaft verändern; Sie würden nur den Wert des Geldes ändern, das sie auf diese Weise ausgegeben haben. In einem Fall ist möglicherweise zehn- oder zwanzigmal mehr Geld erforderlich, um dasselbe Geschäft zu betreiben, als im anderen Fall. Die Anträge auf Geld bei der Bank hängen also vom Vergleich zwischen der Gewinnrate, die durch den Einsatz des Geldes erzielt werden kann, und der Rate ab, zu der sie bereit sind, es zu leihen. Wenn sie weniger als den Marktzinssatz verlangen, gibt es keinen Geldbetrag, den sie nicht verleihen könnten; wenn sie mehr als diesen Zinssatz verlangen, würden sich nur Verschwender und Verschwenderische finden, die von ihnen leihen. Wir stellen dementsprechend fest, dass, wenn der Marktzinssatz den Satz von 5 Prozent übersteigt. zu dem die Bank einheitlich Kredite vergibt, wird das Diskontbüro mit Geldbewerbern belagert; und im Gegenteil, wenn der Marktzins sogar vorübergehend unter 5 Prozent liegt. Die Angestellten dieses Büros haben keine Anstellung.

Der Grund, warum die Bank in den letzten zwanzig Jahren dem Handel so viel Hilfe geleistet haben soll, indem sie den Kaufleuten Geld zur Verfügung gestellt hat, liegt darin, dass sie während dieser ganzen Zeit über langsames Geld verfügten, das unter dem Marktzinssatz lag; unter dem Zinssatz, zu dem die Kaufleute anderswo Kredite hätten aufnehmen können; aber ich gestehe, dass dies meiner Meinung nach eher ein Einwand gegen ihre Einführung als ein Argument dafür ist .

Was soll man von einem Betrieb sagen, der regelmäßig die Hälfte der Tuchmacher mit Wolle zu Marktpreisen beliefert? Welchen Nutzen hätte es für die Gemeinschaft? Es würde unseren Handel nicht erweitern, denn die Wolle wäre auch dann gekauft worden, wenn sie den Marktpreis dafür verlangt hätten. Dadurch würde der Stoffpreis für den Verbraucher nicht gesenkt, da der Preis, wie ich bereits sagte, durch die Produktionskosten für die am wenigsten Begünstigten reguliert würde . Ihre einzige Wirkung bestünde dann darin, die Profite eines Teils der Tuchmacher über die allgemeine Profitrate hinaus zu steigern. Dem Establishment würden seine gerechten Gewinne entzogen, und ein anderer Teil der Gemeinschaft würde in gleichem Maße davon profitieren. Das ist genau die Wirkung unserer Bankinstitute; Durch das Gesetz wird ein Zinssatz festgelegt, der unter dem liegt, zu dem am Markt geliehen werden kann, und bei diesem Zinssatz ist die Bank verpflichtet, Kredite zu vergeben oder überhaupt keine Kredite zu gewähren. Aufgrund der Art ihrer Niederlassung verfügen sie über große Mittel, über die sie nur auf diese Weise verfügen können; und ein Teil der Händler des Landes profitiert zu Unrecht und für das Land unrentabel dadurch, dass sie sich zu einem geringeren Preis mit einem Handelsinstrument versorgen können als diejenigen, die nur vom Marktpreis beeinflusst werden müssen.

Das gesamte Geschäft, das die gesamte Gemeinschaft betreiben kann, hängt von der Menge des Kapitals ab, d. h. der in der Produktion eingesetzten Rohstoffe, Maschinen, Nahrungsmittel, Gefäße usw. Sobald ein gut reguliertes Papiergeld etabliert ist, können diese durch die Bankgeschäfte weder erhöht noch verringert werden. Wenn der Staat dann das Papiergeld des Landes ausgeben würde, obwohl er niemals einen Wechsel diskontieren oder der Öffentlichkeit einen Schilling leihen sollte, würde sich am Handelsvolumen nichts ändern; denn wir hätten die gleiche Menge an Rohstoffen, an Maschinen, Nahrungsmitteln und Schiffen; und es ist auch wahrscheinlich, dass derselbe Geldbetrag langsam sein könnte, nicht bei 5 Prozent. Tatsächlich handelt es sich um einen gesetzlich festgelegten Zinssatz, der jedoch 6, 7 oder 8 Prozent beträgt und das Ergebnis des fairen Wettbewerbs auf dem Markt zwischen Kreditgebern und Kreditnehmern ist.

Adam Smith spricht von den Vorteilen, die Kaufleute aus der Überlegenheit des schottischen Handelsmodells gegenüber dem englischen System durch Bargeldkonten ziehen. Diese Geldkonten sind Kredite, die der schottische Bankier seinen Kunden zusätzlich zu den Wechseln gewährt, die er für sie diskontiert; Da aber der Bankier in dem Maße, in dem er Geld vorschiebt und es auf die eine Art in Umlauf bringt, auf der anderen Seite nicht in der Lage ist, so viel auszugeben, ist es schwer zu erkennen, worin der Vorteil besteht. Wenn die gesamte Auflage nur eine Million Papier fasst , wird nur eine Million in Umlauf gebracht; und es kann weder für den Bankier noch für den Kaufmann von wirklicher Bedeutung sein, ob das Ganze in Diskontwechseln ausgegeben wird oder ein Teil auf diese Weise ausgegeben wird und der Rest über diese Geldkonten ausgegeben wird.

Vielleicht ist es notwendig, ein paar Worte zu den beiden Metallen Gold und Silber zu sagen, die in Währungen verwendet werden, zumal diese Frage in den Köpfen vieler Menschen die einfachen Prinzipien der Währung zu verwirren scheint. „In England", sagt Dr. Smith, „gilte Gold lange Zeit, nachdem es in Geld geprägt wurde, nicht als gesetzliches Zahlungsmittel. Das Verhältnis zwischen den Werten von Gold- und Silbergeld wurde durch kein öffentliches Gesetz festgelegt oder." Wenn ein Schuldner eine Zahlung in Gold anbot, konnte der Gläubiger diese Zahlung entweder gänzlich ablehnen oder sie zu einem Wert des Goldes akzeptieren, auf den er und sein Schuldner sich einigen konnten. "

Unter diesen Umständen ist es offensichtlich, dass eine Guinea manchmal 22 Sekunden durchhält . oder länger und manchmal 18 *Sekunden lang.* oder weniger, abhängig von der Veränderung des relativen Marktwerts von Gold und Silber. Auch alle Schwankungen im Gold- und Silberwert würden in der Goldmünze ausgewiesen – es würde den Anschein erwecken, als sei Silber unveränderlich und nur Gold könne steigen oder fallen. Obwohl also eine Guinea 22 *Sekunden lang verging.* statt 18 *s.* Der Wert von Gold schwankte möglicherweise nicht, die Veränderung beschränkte sich möglicherweise gänzlich auf Silber und somit auf 22 *s. könnte nicht mehr als 18 Sekunden* wert gewesen sein . waren vorher. Und im Gegenteil, die ganze Variante könnte in Gold gewesen sein: eine Guinea, die 18 *S wert war.* könnte auf den Wert von 22 s angestiegen sein .

Wenn wir nun annehmen, dass diese Silberwährung durch die Kürzung entwertet und auch in der Menge erhöht wird, könnte eine Guinea 30 *Sekunden lang durchgehen.* ; für das Silber in 30 *s.* Ein solches entwertetes Geld könnte nicht mehr wert sein als das Gold in einer Guinea. Durch die Wiederherstellung des Münzwerts der Silberwährung würde das Silbergeld steigen; aber es scheint, als würde das Gold fallen, denn eine Guinea würde wahrscheinlich nicht mehr wert sein als 21 solcher guten Schilling.

Wenn nun auch Gold zum gesetzlichen Zahlungsmittel gemacht würde und es jedem Schuldner freistünde, eine Schuld durch die Zahlung von 420 Schilling oder zwanzig Guineen für jeweils 21 Pfund zu begleichen, ... was er schuldet, wird er auf die eine oder andere Weise begleichen, je nachdem, wie er seine Schulden am günstigsten begleichen kann. Wenn er mit fünf Vierteln Weizen so viel Goldbarren beschaffen kann, wie die Münzstätte in zwanzig Guineen prägen wird, und für denselben Weizen so viel Silberbarren, wie die Münzstätte für ihn in 430 Schilling prägen wird, wird er es vorziehen, in Silber zu zahlen, weil er würde durch die Begleichung seiner Schulden zehn Schilling gewinnen. Wenn er aber im Gegenteil mit diesem Weizen so viel Gold erhalten könnte, wie in zwanzigeinhalb Guineen umgeprägt würde, und nur so viel Silber, wie in 420 Schilling umzumünzen wäre, würde er seine Schulden natürlich lieber in Gold begleichen. Wenn die Menge an Gold, die er beschaffen konnte, nur in zwanzig Guineen und die Menge an Silber in 420 Schilling ausgedrückt werden könnte, wäre es ihm völlig gleichgültig, in welchem Geld, Silber oder Gold, er sein Geld bezahlte Schulden. Es ist dann keine Frage des Zufalls; Es liegt nicht daran, dass Gold für die Zirkulation eines reichen Landes besser geeignet ist, weshalb Gold jemals zum Zweck der Schuldentilgung bevorzugt wird; sondern einfach, weil es im Interesse des Schuldners liegt, sie zu bezahlen.

Während einer langen Zeit vor 1797, dem Jahr der Beschränkung der Bankzahlungen in Münzen, war Gold im Vergleich zu Silber so billig, dass es für die Bank von England und alle anderen Schuldner günstig war, Gold auf dem Markt zu kaufen nicht Silber, um es zur Münzprägung zu bringen, da sie in diesem geprägten Metall ihre Schulden billiger begleichen könnten. Die Silberwährung war während eines großen Teils dieser Periode stark entwertet, aber sie existierte in einem gewissen Maß an Knappheit, und daher sank sie nach dem Prinzip, das ich zuvor erklärt habe, nie auf ihren aktuellen Wert. Obwohl es so entwertet war, lag es immer noch im Interesse der Schuldner, die Goldmünze einzuzahlen. Wenn die Menge dieser entwerteten

Silbermünze tatsächlich enorm groß gewesen wäre oder wenn die Münzstätte solche entwerteten Stücke ausgegeben hätte, wäre es möglicherweise im Interesse der Schuldner gewesen, dieses entwertete Geld einzuzahlen; aber seine Menge war begrenzt und es behielt seinen Wert, und daher war Gold in der Praxis der eigentliche Währungsstandard.

Dass es so war, wird nirgends bestritten; Es wurde jedoch behauptet, dass dies durch das Gesetz geschehen sei, das erklärte, dass Silber kein gesetzliches Zahlungsmittel für Schulden über 25 *l sein dürfe.* , sofern nicht nach Gewicht, gemäß Münzstandard.

Aber dieses Gesetz hinderte keinen Schuldner daran, Schulden, wie hoch sie auch sein mögen, in münzfrischem Silbergeld zu begleichen; Dass der Schuldner dieses Metall nicht zahlte, war weder eine Frage des Zufalls noch eine Frage des Zwanges, sondern ausschließlich die Folge seiner Entscheidung; Es ziemte ihm nicht, Silber zur Münzstätte zu bringen, wohl aber, Gold dorthin zu bringen. Es ist wahrscheinlich, dass eine Guinea wieder dreißig Schilling wert gewesen wäre, wenn die Menge dieses im Umlauf befindlichen minderwertigen Silbers enorm groß gewesen wäre und auch ein gesetzliches Zahlungsmittel gewesen wäre; aber es wäre der entwertete Schilling gewesen, der an Wert verloren hätte, und nicht der Guinea, der gestiegen wäre.

Es scheint also, dass, während jedes der beiden Metalle gleichermaßen ein gesetzliches Zahlungsmittel für Schulden beliebiger Höhe war, wir einer ständigen Änderung des wichtigsten Standardwertmaßstabs unterworfen waren. Manchmal handelte es sich um Gold, manchmal um Silber, abhängig von den Schwankungen im relativen Wert der beiden Metalle, und zu solchen Zeiten wurde das Metall, das nicht dem Standard entsprach, eingeschmolzen und entsprechend seinem Wert aus dem Verkehr gezogen größer bei Barren als bei Münzen. Es handelte sich um eine Unannehmlichkeit, deren Behebung sehr wünschenswert war, aber die Verbesserung schreitet so langsam voran, dass sie, obwohl sie von Herrn Locke unwiderlegbar nachgewiesen und von allen Schriftstellern zum Thema Geld seit seiner Zeit bemerkt wurde, Ein besseres System wurde erst in der letzten Sitzung des Parlaments verabschiedet, als beschlossen wurde , dass Gold nur für Beträge über 42 Schilling als gesetzliches Zahlungsmittel gelten sollte.

Dr. Smith schien sich der Wirkung der Verwendung zweier Metalle als Währung und beide als gesetzliches Zahlungsmittel für Schulden beliebiger Höhe nicht ganz bewusst gewesen zu sein; denn er sagt, dass „in Wirklichkeit während der Kontinuität eines regulierten Verhältnisses zwischen den jeweiligen Werten der verschiedenen Metalle in einer Münze der Wert des edelsten Metalls den Wert der gesamten Münze regelt. " Da Gold zu seiner Zeit das Medium war, mit dem Schuldner ihre Schulden begleichen konnten, glaubte er, dass es eine gewisse inhärente Eigenschaft hatte, durch die es damals und immer den Wert von Silbermünzen regulieren würde.

Bei der Reformierung der Goldmünze im Jahr 1774 wurde eine neue Guinea, frisch aus der Münzstätte, gegen nur einundzwanzig entwertete Schilling eingetauscht; Aber unter König Wilhelm, als sich die Silbermünze in genau demselben Zustand befand, wurde eine ebenfalls neue und frisch aus der Prägestätte stammende Guinea gegen dreißig Schilling eingetauscht. Dazu bemerkt Herr Buchanan: „Hier liegt also eine äußerst einzigartige Tatsache vor, die in den gängigen Währungstheorien nicht berücksichtigt wird: Die Guinea wurde einmal gegen dreißig Schilling eingetauscht, ihr eigentlicher Wert in einer entwerteten Silberwährung, und danach." Dieselbe Guinea wurde gegen nur einundzwanzig dieser entwerteten Schilling eingetauscht. Es ist klar, dass zwischen diesen beiden verschiedenen Zeiträumen eine große Veränderung in der Währungslage stattgefunden haben muss, für die Dr. Smiths Hypothese keine Erklärung bietet.

Es scheint mir, dass die Schwierigkeit sehr einfach gelöst werden kann, indem man diesen unterschiedlichen Wertzustand der Guinea in den beiden genannten Zeiträumen auf die unterschiedlichen Mengen *der* im Umlauf befindlichen entwerteten Silberwährung bezieht. Unter König Wilhelm war Gold kein gesetzliches Zahlungsmittel, es wurde nur zu einem herkömmlichen Wert gehandelt. Alle großen Zahlungen erfolgten wahrscheinlich in Silber, insbesondere als Papierwährung, und die Bankgeschäfte waren damals kaum bekannt. Die Menge dieses entwerteten Silbergeldes überstieg die Menge des Silbergeldes, die im Umlauf gehalten worden wäre, wenn nur unverfälschtes Geld in Gebrauch gewesen wäre; und folglich wurde es sowohl entwertet als auch entwertet. Aber in der darauffolgenden Zeit, als Gold ein gesetzliches Zahlungsmittel war und auch Banknoten zur Abwicklung von Zahlungen verwendet wurden, überstieg die Menge des entwerteten Silbergeldes nicht die Menge der frisch aus der Münzstätte stammenden Silbermünzen, die sonst im Umlauf gewesen wären kein entwertetes Silbergeld; Daher wurde das Geld zwar entwertet, aber nicht entwertet. Die Erklärung von Herrn Buchanan ist etwas anders: Er meint, dass eine Nebenwährung nicht einer Abwertung unterliegt, die Hauptwährung jedoch schon. Unter König Wilhelm war Silber die Hauptwährung und daher mit einer Abwertung verbunden. Im Jahr 1774 war es eine Nebenwährung und behielt daher seinen Wert. Die Abwertung hängt jedoch nicht davon ab, ob eine Währung die Neben- oder Hauptwährung ist, sondern ausschließlich von ihrem Übermaß.

Gegen eine gemäßigte Missachtung der Geldprägung kann nicht viel einzuwenden sein, insbesondere nicht gegen die Währung, die die kleineren Zahlungen bewirken soll . Der Wert von Geld erhöht sich im Allgemeinen auf den vollen Betrag der Seignage , und daher handelt es sich um eine Steuer, die sich in keiner Weise auf diejenigen auswirkt, die sie zahlen, solange die Geldmenge nicht darüber hinausgeht. Es muss jedoch angemerkt werden, dass in einem Land, in dem eine Papierwährung eingeführt wird, die Emittenten solcher Papiere zwar verpflichtet sein sollten, diese auf Verlangen des Inhabers in bar zu zahlen, dies jedoch sowohl für ihre Banknoten als auch für die Münze gelten kann auf den vollen Wert der Seigneurage dieser Münze, die allein das gesetzliche Zahlungsmittel ist, abgewertet, bevor der Scheck, der den Papierumlauf begrenzt, in Kraft treten würde. Wenn die Pfändung einer Goldmünze beispielsweise 5 Prozent betragen würde, könnte die Währung durch eine reichliche Ausgabe von Banknoten tatsächlich um 5 Prozent abgewertet werden. bevor es im Interesse der Besitzer wäre, Münzen zu verlangen, um sie zu Barren zu schmelzen; eine Entwertung, der wir niemals ausgesetzt sein würden, wenn entweder keine Pfändung auf der Goldmünze vorhanden wäre; oder, wenn eine Seignage erlaubt wäre, könnten die Inhaber von Banknoten als Gegenleistung für sie Barren und nicht Münzen zum Münzpreis von 3 *l verlangen. 17 Sek. 10½ Tage. Sofern die Bank dann nicht verpflichtet sein sollte, ihre Banknoten nach dem Willen des Inhabers in Barren oder Münzen zu bezahlen, gilt das alte Gesetz, das eine* Pfändung von 6 Prozent oder vier Pence pro Unze auf die Silbermünze zulässt, die aber Die Anweisung, dass Gold von der Münzstätte ohne jede Gebühr geprägt werden soll, ist vielleicht die zutreffendste, da dadurch unnötige Schwankungen der Währung wirksamer verhindert werden. [47]

---

# KAPITEL XXVI.

Über den Vergleichswert von Gold, Mais und Arbeit in reichen und in armen Ländern.

„ GOLD und Silber, wie alle anderen Waren", sagt Adam Smith, „suchen natürlich den Markt, auf dem der beste Preis für sie gegeben wird; und der beste Preis wird üblicherweise für alles im Land gegeben, das es sich am besten leisten kann . Arbeit . " Es muss daran erinnert werden, dass es der ultimative Preis ist, der für alles gezahlt wird ; und in Ländern, in denen Arbeit gleichermaßen gut entlohnt wird, wird der Geldpreis der Arbeit im Verhältnis zum Lebensunterhalt des Arbeiters stehen . Aber Gold und Silber werden es tun natürlicher Austausch gegen eine größere Menge an Lebensunterhalt in einem reichen Land als in einem armen Land; in einem Land, das reich an Lebensunterhalt ist, als in einem, das nur in gleicher Weise damit versorgt wird."

Aber Mais ist eine Ware, ebenso wie Gold, Silber und andere Dinge; Wenn daher alle Waren in einem reichen Land einen hohen Tauschwert haben, darf Mais keine Ausnahme bilden; und daher könnten wir mit Recht sagen, dass Mais gegen eine große Menge Geld eingetauscht wurde, weil es teuer war, und dass auch Geld gegen eine große Menge Mais eingetauscht wurde, weil es ebenfalls teuer war; was bedeutet, dass Mais gleichzeitig teuer und billig ist. Es gibt keinen besseren Punkt in der politischen Ökonomie als den, dass ein reiches Land durch die fortschreitende Schwierigkeit der Nahrungsmittelversorgung daran gehindert wird, seine Bevölkerung im gleichen Verhältnis wie ein armes Land zu vergrößern. Diese Schwierigkeit muss notwendigerweise den relativen Preis von Lebensmitteln erhöhen und deren Import fördern. Wie kann dann Geld oder Gold und Silber in reichen Ländern gegen mehr Mais eingetauscht werden als in armen Ländern? Nur in reichen Ländern, in denen Mais teuer ist, veranlassen Landbesitzer den Gesetzgeber, die Einfuhr von Mais zu verbieten. Wer hat jemals von einem Gesetz gehört, das die Einfuhr von Rohprodukten in Amerika oder Polen verhindert? – Die Natur hat ihre Einfuhr durch die vergleichsweise einfache Produktion in diesen Ländern wirksam verhindert.

Wie kann es dann wahr sein, dass „wenn man Mais und andere Gemüsesorten ausnimmt, die insgesamt durch menschliche Industrie angebaut werden, alle anderen Arten von Rohprodukten – Rinder, Geflügel, Wild aller Art, die nützlichen Fossilien und Mineralien der …" Erde usw. werden mit dem Fortschritt der Gesellschaft natürlicherweise teurer. Warum sollten allein Mais und Gemüse ausgenommen werden? Der Fehler von Dr. Smith während seiner gesamten Arbeit besteht darin, anzunehmen, dass der Wert von Mais konstant sei; dass, obwohl der Wert aller anderen Dinge mag, der Wert von Mais niemals gesteigert werden kann. Seiner Meinung nach hat

Mais immer den gleichen Wert, weil er immer gleich viele Menschen ernähren wird. Auf die gleiche Weise könnte man sagen, dass Stoff immer den gleichen Wert hat, weil er immer die gleiche Anzahl von Schichten ergibt. Was kann Wert mit der Kraft von Essen und Kleidung zu tun haben?

Mais hat wie jede andere Ware in jedem Land seinen natürlichen Preis, nämlich: der Preis, der für seine Produktion notwendig ist und ohne den es nicht angebaut werden könnte: Es ist dieser Preis, der seinen Marktpreis bestimmt und die Zweckmäßigkeit seiner Ausfuhr ins Ausland bestimmt. Wenn die Einfuhr von Mais in England verboten wäre, könnte sein natürlicher Preis auf 6 *l steigen*. in England pro Quartal, während er in Frankreich nur halb so teuer war. Wenn zu diesem Zeitpunkt das Einfuhrverbot aufgehoben würde , würde Mais auf dem englischen Markt fallen, nicht zu einem Preis zwischen 6 *l*. und 3 *l*. , aber letztendlich und dauerhaft zum natürlichen Preis Frankreichs, dem Preis, zu dem es dem englischen Markt angeboten werden und die üblichen und gewöhnlichen Aktiengewinne in Frankreich erzielen könnte; und es würde bei diesem Preis bleiben, ob England hunderttausend oder eine Million Viertel verbrauchte. Wenn die Nachfrage Englands sich auf die letztere Menge belaufen würde, ist es wahrscheinlich, dass der natürliche Preis in Frankreich steigen würde, da Frankreich gezwungen wäre, auf Land von schlechterer Qualität zurückzugreifen, um dieses große Angebot zu liefern. und dies würde sich natürlich auch auf den Maispreis in England auswirken. Ich behaupte lediglich, dass es der natürliche Preis der Waren im Exportland ist, der letztendlich die Preise regelt, zu denen sie im Importland verkauft werden, wenn sie nicht Gegenstand eines Monopols sind.

Aber Dr. Smith, der die Lehre, dass der natürliche Preis der Waren letztlich ihren Marktpreis reguliert, so trefflich unterstützt hat, hat einen Fall angenommen, in dem er glaubt, dass der Marktpreis weder durch den natürlichen Preis des Exporteurs noch durch den natürlichen Preis des Exporteurs reguliert würde das Einfuhrland. „Verringern Sie den wirklichen Reichtum Hollands oder des Gebiets von Genua", sagt er, „während die Zahl ihrer Einwohner gleich bleibt; verringern Sie ihre Fähigkeit, sich aus fernen Ländern zu versorgen, und verringern Sie den Maispreis, anstatt mit ihnen zu sinken." Die Verringerung der Menge ihres Silbers, die zwangsläufig mit diesem Niedergang einhergehen muss, entweder als Ursache oder als Folge, wird den Preis einer Hungersnot ansteigen lassen.

Mir scheint, dass genau das Gegenteil eintreten würde: Die verminderte Kaufkraft der Holländer oder Genuesen im Allgemeinen könnte den Maispreis eine Zeit lang unter seinen natürlichen Preis in dem Land drücken, aus dem er exportiert wurde, und auch in den Ländern, in die es importiert wurde, aber es ist völlig unmöglich, dass es jemals über diesen Preis hinaus angehoben werden könnte. Nur durch die Steigerung des Reichtums der

Niederländer oder Genuesen könnte man die Nachfrage steigern und den Maispreis über seinen früheren Preis anheben; und dies würde nur für eine sehr begrenzte Zeit geschehen, es sei denn, es würden neue Schwierigkeiten bei der Beschaffung der Versorgung auftreten.

Dr. Smith bemerkt zu diesem Thema weiter: „Wenn es uns am Nötigsten mangelt, müssen wir uns von allem Überflüssigen trennen, dessen Wert in Zeiten des Reichtums und des Wohlstands steigt, in Zeiten der Armut und des Elends jedoch sinkt." " Das ist zweifellos wahr; aber er fährt fort: „Anders ist es mit den Notwendigkeiten. Ihr wirklicher Preis, die Menge an Arbeit , die sie kaufen oder befehlen können, steigt in Zeiten der Armut und Not und sinkt in Zeiten des Überflusses und des Wohlstands, die immer Zeiten großen Überflusses sind." , denn sonst könnten es keine Zeiten des Überflusses und des Wohlstands sein. Mais ist notwendig, Silber ist nur ein Überfluss."

Hier werden zwei Sätze vorgebracht, die keinen Zusammenhang miteinander haben; Erstens würde Mais unter den gegebenen Umständen mehr Arbeitskräfte erfordern , was unbestritten ist. das andere, dass Mais zu einem höheren Geldpreis verkauft würde, dass es gegen mehr Silber eingetauscht würde; Ich behaupte, dass dies falsch ist. Es könnte wahr sein, wenn gleichzeitig Getreide knapp wäre und nicht für die übliche Versorgung gesorgt worden wäre. Aber in diesem Fall ist es reichlich vorhanden, es wird nicht behauptet, dass weniger als üblich importiert wird oder dass mehr benötigt wird. Um Mais zu kaufen, wollen die Holländer oder Genuesen Geld, und um dieses Geld zu bekommen, müssen sie ihre Überschüsse verkaufen. Es ist der Marktwert und der Preis dieser Überflüssigkeiten, die sinken, und das Geld scheint im Vergleich dazu zu steigen. Dies führt jedoch nicht dazu, dass die Nachfrage nach Mais steigt oder der Wert des Geldes sinkt – die beiden einzigen Ursachen, die den Maispreis erhöhen können. Geld kann aus Mangel an Kredit und aus anderen Gründen im Vergleich zu Getreide sehr gefragt und daher teuer sein; aber auf keinem gerechten Grundsatz kann man behaupten, dass unter solchen Umständen das Geld billig wäre und daher der Maispreis steigen würde.

Wenn wir über den hohen oder niedrigen Wert von Gold, Silber oder einem anderen Rohstoff in verschiedenen Ländern sprechen, sollten wir immer das Medium angeben, in dem wir sie schätzen, sonst lässt sich daraus keine Vorstellung ableiten. Wenn also gesagt wird, Gold sei in England teurer als in Spanien, wenn kein Rohstoff erwähnt wird, welche Vorstellung vermittelt die Behauptung? Wenn Mais, Oliven, Öl, Wein und Wolle in Spanien billiger sind als in England; In diesen Rohstoffen geschätzt ist Gold in Spanien teurer. Wenn noch einmal, Eisenwaren, Zucker, Stoff usw. in England einen niedrigeren Preis haben als in Spanien, dann ist Gold, in diesen Rohstoffen geschätzt, in England teurer. So erscheint Gold in Spanien teurer oder billiger, je nachdem, wie sich der Beobachter einbildet, auf welches Medium er seinen Wert schätzt. Adam Smith, der Mais und Arbeit als universelle Wertmaßstäbe bezeichnet hat, würde den Vergleichswert von Gold natürlich anhand der Menge dieser beiden Objekte schätzen, gegen die es eingetauscht würde: und dementsprechend, wenn er vom Vergleichswert von Gold in spricht Ich verstehe unter ihm den Wert, der in Mais und Arbeit geschätzt wird .

Aber wir haben gesehen, dass Gold, geschätzt in Mais, in zwei Ländern einen sehr unterschiedlichen Wert haben kann. Ich habe versucht zu zeigen, dass es in reichen Ländern niedrig und in armen Ländern hoch sein wird; Adam Smith ist anderer Meinung: Er glaubt, dass der in Mais geschätzte Goldwert in reichen Ländern am höchsten sei. Aber ohne weiter zu untersuchen, welche dieser Meinungen richtig ist, reicht jede von ihnen aus, um zu zeigen, dass der Goldpreis in den Ländern, in denen sich die Minen befinden, nicht unbedingt niedriger sein wird, obwohl dies eine Behauptung von Adam Smith ist. Angenommen, England wäre im Besitz der Minen, und Adam Smiths Meinung, dass Gold in reichen Ländern den größten Wert habe, wäre richtig: Obwohl Gold natürlicherweise von England in alle anderen Länder im Austausch für deren Waren fließen würde, würde dies nicht der *Fall* sein dass Gold in England im Vergleich zu Mais und Arbeit notwendigerweise niedriger war als in diesen Ländern. An anderer Stelle spricht Adam Smith jedoch davon, dass die Edelmetalle in Spanien und Portugal zwangsläufig niedriger sind als in anderen Teilen Europas, weil diese Länder zufällig fast die ausschließlichen Besitzer der Minen sind, die sie produzieren. „Polen, wo das Feudalsystem auch heute noch herrscht, ist ein ebenso armes Land wie vor der Entdeckung Amerikas. *Der Geldpreis für Mais ist jedoch gestiegen* ; DER REALE WERT DER EDELMETALLE IST in Polen gefallen.“ , in der gleichen Weise wie in anderen Teilen Europas. Ihre Menge muss daher dort wie an anderen Orten zugenommen haben, *und zwar fast im gleichen Verhältnis zum jährlichen Produkt des Landes und der Arbeit* . Diese Zunahme der Menge dieser Metalle Allerdings hat es, wie es scheint, weder die Jahresproduktion erhöht, noch hat es die Industrie und die Landwirtschaft des Landes verbessert, noch hat es die Lebensumstände seiner Bewohner verbessert. Spanien und Portugal sind die Länder, die die Minen besitzen, vielleicht nach Polen , den beiden bettelarmsten Ländern Europas. Der Wert der Edelmetalle *muss jedoch in Spanien und Portugal niedriger sein* als in jedem anderen Teil Europas, belastet nicht nur mit Fracht und Versicherung, sondern auch mit den Kosten des Schmuggels, Ihre Ausfuhr ist entweder verboten oder mit einem Zoll belegt. *Im Verhältnis zur jährlichen Produktion von Land und Arbeit muss ihre Menge daher in* diesen Ländern größer sein als in jedem anderen Teil Europas; diese Länder sind jedoch ärmer als der größte Teil Europas. Obwohl das Feudalsystem in Spanien und Portugal abgeschafft wurde, ist ihm kein viel besseres gelungen.“

Das Argument von Dr. Smith scheint mir folgendes zu sein: „ Gold, in Mais geschätzt, ist in Spanien billiger als in anderen Ländern, und der Beweis dafür ist nicht, dass andere Länder Spanien Mais für Gold geben, sondern dass." Stoffe, Zucker und Eisenwaren werden von diesen Ländern im Austausch für dieses Metall gegeben.

# KAPITEL XXVII.

## VOM HERSTELLER GEZAHLTE STEUERN.

**M.** SAY vergrößert die Unannehmlichkeiten, die entstehen, wenn eine Steuer auf eine hergestellte Ware zu einem frühen und nicht zu einem späten Zeitpunkt ihrer Herstellung erhoben wird, erheblich. Er stellt fest, dass die Hersteller, durch deren Hände die Ware nach und nach gelangen kann, größere Mittel einsetzen müssen, weil sie die Steuer vorstrecken müssen, was für einen Hersteller mit sehr begrenztem Kapital und Kredit oft mit erheblichen Schwierigkeiten verbunden ist. Gegen diese Feststellung kann kein Einwand erhoben werden.

Eine weitere Unannehmlichkeit, auf die er eingeht, besteht darin, dass infolge des Steuervorschusses auch die Gewinne aus dem Vorschuss dem Verbraucher in Rechnung gestellt werden müssen und dass die Staatskasse aus dieser zusätzlichen Steuer keinen Vorteil zieht.

In diesem letzten Einwand kann ich Herrn Say nicht zustimmen. Wir gehen davon aus, dass der Staat *sofort* 1000 l aufbringen will . und erhebt sie von einem Hersteller, der zwölf Monate lang nicht in der Lage sein wird, sie dem Verbraucher für seine fertige Ware in Rechnung zu stellen. Als Folge einer solchen Verzögerung ist er verpflichtet, für seine Ware einen Mehrpreis von nicht nur 1000 *l zu berechnen*. Die Höhe der Steuer beträgt aber vermutlich 1100 *l.* , 100 *l.* für Interesse am 1000 *l.* fortschrittlich. Dafür aber zusätzlich 100 *l.* Wenn der Verbraucher die Steuer zahlt, hat er einen echten Vorteil, da die Zahlung der Steuer, die die Regierung sofort verlangt hat und die er schließlich zahlen muss, um ein Jahr aufgeschoben wurde; Daher wurde ihm die Gelegenheit geboten, dem Hersteller, der Gelegenheit dazu hatte, den 1000 *l zu leihen*. zu 10 Prozent oder zu einem anderen vereinbarten Zinssatz. Elfhundert Pfund, zahlbar am Ende eines Jahres, wenn die Geldquote bei 10 Prozent liegt. Zinsen nicht mehr als 1000 *l wert sind.* sofort zu zahlen. Wenn die Regierung den Erhalt der Steuer um ein Jahr verzögern würde, bis die Herstellung der Ware abgeschlossen sei, wäre sie möglicherweise verpflichtet, einen verzinsten Schatzwechsel auszustellen, und sie würde so viel für die Zinsen zahlen, wie der Verbraucher an Preis sparen würde, mit Ausnahme , in der Tat der Teil des Preises, den der Hersteller aufgrund der Steuer möglicherweise zu seinen eigenen tatsächlichen Gewinnen hinzufügen könnte. Wenn die Regierung für die Zinsen des Schatzwechsels 5 Prozent gezahlt hätte, entspräche eine Steuer von 50 *l.* wird durch Nichterteilung gespeichert. Wenn der Hersteller das zusätzliche Kapital zu 5 Prozent geliehen und dem Verbraucher 10 Prozent berechnet hat, hat er auch 5 Prozent gewonnen. auf seinen Vorschuss über seine üblichen Gewinne hinaus, so dass der Hersteller und die Regierung zusammen genau die Summe gewinnen oder sparen, die der Verbraucher zahlt.

M. Simonde hat in seinem hervorragenden Werk „ *De la Richesse Commerciale* "
, der gleichen Argumentation wie M. Say folgend, berechnet, dass eine Steuer
von 4000 Francs, die ursprünglich von einem Hersteller gezahlt wurde,
dessen Gewinn bei einem moderaten Satz von 10 pro Jahr lag Cent., würde,
wenn die hergestellte Ware nur durch die Hände von fünf verschiedenen
Personen gelangte, für den Konsumenten auf die Summe von 6734 Franken
erhöht werden. Diese Berechnung geht von der Annahme aus, dass
derjenige, der zuerst die Steuer vorschlug, vom nächsten Fabrikanten 4400
Franken erhalten würde, und er wiederum vom nächsten 4840 Franken; so
dass bei jedem Schritt 10 Prozent. auf seinen Wert würde hinzugefügt
werden. Dabei wird davon ausgegangen, dass sich der Steuerwert zum
Zinseszins und nicht zum Zinssatz von 10 Prozent summiert. pro Jahr, aber
mit einer absoluten Rate von 10 Prozent, bei jedem Schritt seines
Fortschritts. Diese Meinung von Herrn de Simonde wäre richtig, wenn
zwischen der ersten Steuervorauszahlung und dem Verkauf der besteuerten
Ware an den Verbraucher fünf Jahre vergehen würden; aber wenn nur ein
Jahr verginge, würde eine Vergütung von 400 Franken statt 2734 Franken
einen Gewinn von 10 Prozent ergeben. pro Jahr an alle, die zum Vorschuss
der Steuer beigetragen hatten, unabhängig davon, ob die Ware durch die
Hände von fünf oder fünfzig Herstellern gelangt war.

---

# KAPITEL XXVIII.

## ÜBER DEN EINFLUSS VON NACHFRAGE UND ANGEBOT AUF DIE PREISE.

ES SIND die Produktionskosten, die letztendlich den Preis der Waren regulieren müssen, und nicht, wie oft gesagt wurde, das Verhältnis zwischen Angebot und Nachfrage: Das Verhältnis zwischen Angebot und Nachfrage kann tatsächlich eine Zeit lang den Marktwert beeinflussen einer Ware, bis sie in größerer oder geringerer Menge angeboten wird, je nachdem, ob die Nachfrage gestiegen oder gesunken ist; aber dieser Effekt wird nur von vorübergehender Dauer sein.

Die Produktionskosten für Hüte sinken, und ihr Preis wird letztendlich auf den neuen natürlichen Preis sinken, obwohl die Nachfrage verdoppelt, verdreifacht oder vervierfacht werden sollte. Eine Senkung der Lebenshaltungskosten der Menschen durch eine Senkung des natürlichen Preises für Nahrung und Kleidung, mit denen das Leben aufrechterhalten wird, und die Löhne werden letztendlich sinken, ungeachtet der Tatsache, dass die Nachfrage nach Arbeitskräften sehr stark steigen könnte .

Die Meinung, dass der Preis von Waren ausschließlich vom Verhältnis von Angebot zu Nachfrage oder von Nachfrage zu Angebot abhängt, ist in der politischen Ökonomie fast zu einem Axiom geworden und hat in dieser Wissenschaft zu vielen Fehlern geführt. Es ist diese Meinung, die Herrn Buchanan zu der Behauptung veranlasst hat, dass die Löhne nicht durch einen Anstieg oder Rückgang der Lebensmittelpreise, sondern ausschließlich durch die Nachfrage und das Angebot an Arbeitskräften beeinflusst werden ; und dass eine Steuer auf den Arbeitslohn die Löhne nicht erhöhen würde, weil sie das Verhältnis der Nachfrage der Arbeiter zum Angebot nicht verändern würde.

Man kann nicht sagen, dass die Nachfrage nach einer Ware steigt, wenn keine zusätzliche Menge davon gekauft oder konsumiert wird; und doch kann unter solchen Umständen sein Geldwert steigen. Wenn also der Wert des Geldes sinken würde, würde der Preis jeder Ware steigen, da jeder der Konkurrenten bereit wäre, mehr Geld als zuvor für den Kauf dieser Ware auszugeben; aber obwohl sein Preis um 10 oder 20 Prozent stieg. Wenn nicht mehr gekauft würde als zuvor, wäre es meines Erachtens nicht zulässig zu sagen, dass die Schwankung des Preises der Ware durch die erhöhte Nachfrage nach ihr verursacht wurde. Sein natürlicher Preis, seine Geldkosten der Produktion würden durch den veränderten Wert des Geldes tatsächlich verändert; und ohne eine Erhöhung der Nachfrage würde sich der Preis der Ware auf natürliche Weise an diesen neuen Wert anpassen.

„Wir haben gesehen", sagt M. Say, „dass die Produktionskosten den niedrigsten Preis bestimmen, auf den die Dinge fallen können: den Preis, unter dem sie nicht für längere Zeit bleiben können, weil die Produktion dann entweder ganz eingestellt oder verringert würde." . Bd. II. S. 26.

Später sagt er, dass die Nachfrage nach Gold seit der Entdeckung der Minen in einem noch stärkeren Verhältnis gestiegen sei als das Angebot, „sein Warenpreis fiel jedoch nicht im Verhältnis zehn zu eins, sondern nur im Verhältnis vier." zu einem;" Das heißt, dass es nicht im Verhältnis zum Rückgang seines natürlichen Preises fiel, sondern im Verhältnis dazu, wie das Angebot die Nachfrage überstieg. [48] „ *Der Wert jeder Ware steigt immer im direkten Verhältnis zur Nachfrage und im umgekehrten Verhältnis zum Angebot.* "

Die gleiche Meinung vertritt der Earl of Lauderdale.

„Was die Wertschwankungen betrifft, denen jedes wertvolle Ding unterworfen ist, wenn wir für einen Moment annehmen könnten, dass jede Substanz einen intrinsischen und festen Wert besitzt, so dass eine angenommene Menge davon unter allen Umständen konstant einen Wert hat B. gleichen Wert, dann würde der Wertgrad aller Dinge, der durch einen solchen festen Maßstab bestimmt wird, je nach dem Verhältnis zwischen ihrer *Menge* und der Nachfrage nach ihnen variieren, und jede Ware wäre natürlich einer Variation in ihrem Wert unterworfen Wert, aus vier verschiedenen Umständen.

1. „Es würde einer Wertsteigerung durch eine Verringerung seiner Menge unterliegen."

2. „Zu einer Verringerung seines Wertes durch eine Zunahme seiner Menge."

3. „Der Wert könnte aufgrund einer erhöhten Nachfrage steigen."

4. „Sein Wert könnte durch eine ausbleibende Nachfrage gemindert werden."

„Da es jedoch deutlich wird, dass keine Ware einen festen und intrinsischen Wert besitzen kann, um sie als Maß für den Wert anderer Waren zu qualifizieren, wird die Menschheit dazu veranlasst, als praktisches Maß für den Wert das zu wählen, was erscheint am wenigsten mit einer dieser vier Variationsquellen in Verbindung gebracht werden kann, *die die einzigen Ursachen für Wertänderungen sind* .

„Wenn wir also in der Umgangssprache den *Wert* einer Ware ausdrücken, kann er aufgrund von acht verschiedenen Eventualitäten zu einer Periode von dem, was er zu einer anderen ist, abweichen.

1. „Aus den oben genannten vier Umständen in Bezug auf die Ware, deren Wert wir ausdrücken wollen."

2. „Aus denselben vier Umständen haben wir uns in Bezug auf die Ware als Maß für den Wert entschieden." [49]

Dies gilt für monopolisierte Waren und in der Tat für den Marktpreis aller anderen Waren für einen begrenzten Zeitraum. Wenn sich die Nachfrage nach Hüten verdoppeln würde, würde der Preis sofort steigen, aber dieser Anstieg wäre nur vorübergehend, es sei denn, die Produktionskosten der Hüte oder ihr natürlicher Preis würden erhöht. Wenn der natürliche Brotpreis um 50 Prozent sinken sollte. Aufgrund einer großen Entdeckung in der Landwirtschaftswissenschaft würde die Nachfrage nicht stark zunehmen, denn kein Mensch würde sich mehr wünschen, als seine Bedürfnisse befriedigen würde, und da die Nachfrage nicht zunehmen würde, würde auch das Angebot nicht steigen; Denn eine Ware wird nicht nur deshalb angeboten, weil sie produziert werden kann, sondern weil eine Nachfrage danach besteht. Hier haben wir also einen Fall, in dem sich Angebot und Nachfrage kaum verändert haben, oder wenn sie zugenommen haben , sind sie im gleichen Verhältnis gestiegen; und doch wird der Brotpreis um 50 Prozent gefallen sein. Auch zu einer Zeit, als der Wert des Geldes unverändert geblieben war.

Waren, die entweder von einer Einzelperson oder von einer Gesellschaft monopolisiert werden, variieren gemäß dem Gesetz, das Lord Lauderdale aufgestellt hat: Sie fallen im Verhältnis dazu, wie die Verkäufer ihre Menge erhöhen, und steigen im Verhältnis zur Kaufbereitschaft der Käufer ihnen; Ihr Preis steht in keinem notwendigen Zusammenhang mit ihrem natürlichen Wert; aber die Preise von Waren, die der Konkurrenz unterliegen und deren Menge in einem moderaten Maße erhöht werden kann, werden letztlich nicht vom Zustand der Nachfrage und des Angebots abhängen, sondern von der erhöhte oder verringerte Kosten ihrer Produktion.

# KAPITEL XXIX.

## HERR. MALTHUS' MEINUNG ZUR MIETE.

**OBWOHL** die Natur der Miete auf den früheren Seiten dieses Werkes ausführlich behandelt wurde ; Dennoch halte ich es für notwendig, einige Meinungen zu diesem Thema zur Kenntnis zu nehmen, die mir falsch erscheinen und die wichtigsten sind, da sie in den Schriften eines Menschen zu finden sind, dem von allen Menschen der Gegenwart einige Zweige der Wirtschaftswissenschaften nahe stehen Die Wissenschaft ist am meisten verschuldet. Ich freue mich über die Gelegenheit, die mir hier geboten wurde, um Herrn Malthus' Essay über die Bevölkerung zum Ausdruck zu bringen. Die Angriffe der Gegner dieses großen Werkes haben nur dazu gedient, seine Stärke zu beweisen; und ich bin überzeugt, dass sich ihr gerechter Ruf mit der Pflege der Wissenschaft, deren herausragendes Schmuckstück sie ist, verbreiten wird. Auch Herr Malthus hat die Grundsätze der Rente zufriedenstellend erklärt und gezeigt, dass sie im Verhältnis zu den relativen Vorteilen, sei es der Fruchtbarkeit oder der Lage, der verschiedenen bewirtschafteten Ländereien steigt oder fällt, und hat dadurch viel Licht auf viele schwierige Punkte geworfen mit dem Thema der Miete verbunden, die vorher entweder unbekannt waren oder nur sehr unvollkommen verstanden wurden; Dennoch scheint mir, dass er in einige Fehler verfallen ist, was seine Autorität umso notwendiger macht, während seine charakteristische Offenheit es weniger unangenehm macht, es zu bemerken. Einer dieser Fehler liegt in der Annahme, dass die Rente ein klarer Gewinn und eine neue Schaffung von Reichtum sei.

Ich stimme nicht allen Meinungen von Herrn Buchanan bezüglich der Miete zu; Aber ich stimme voll und ganz mit den Aussagen der folgenden Passage überein, die Herr Malthus aus seinem Werk zitiert hat. und deshalb muss ich dem Kommentar von Herrn Malthus zu ihnen widersprechen.

„Nach dieser Auffassung kann sie (die Rente) keine allgemeine Ergänzung zum Bestand der Gemeinschaft darstellen, da der fragliche reine Überschuss nichts weiter ist als ein von einer Klasse auf eine andere übertragenes Einkommen; und allein aufgrund der Umstände, dass er auf diese Weise den Besitzer wechselt, Es ist klar, dass kein Fonds entstehen kann, aus dem Steuern gezahlt werden könnten. Die Einnahmen, mit denen die Produkte des Landes bezahlt werden, liegen bereits in den Händen derer, die diese Produkte kaufen, und wenn der Preis für den Lebensunterhalt niedriger wäre, auch in den Händen derjenigen, die diese Produkte kaufen würde immer noch in ihren Händen bleiben, wo es ebenso zur Besteuerung verfügbar wäre, als wenn es zu einem höheren Preis auf den Grundeigentümer übertragen würde.

Nach verschiedenen Beobachtungen zum Unterschied zwischen Rohprodukten und Industriegütern fragt Herr Malthus: „Ist es dann mit Herrn de Sismondi möglich, die Rente als das einzige Produkt der Arbeit zu betrachten, das einen rein nominellen Wert hat, und das bloße ? Ergebnis der Preiserhöhung, die ein Verkäufer aufgrund eines besonderen Privilegs erhält; oder, wie Herr Buchanan, es als keine Ergänzung zum nationalen Reichtum zu betrachten, sondern lediglich als Wertübertragung, die nur den Grundbesitzern zugute kommt und verhältnismäßig schädlich *ist* an die Verbraucher?" [50]

Ich habe meine Meinung zu diesem Thema bereits bei der Behandlung der Miete geäußert und muss jetzt nur noch hinzufügen, dass die Miete eine Wertschöpfung ist, so wie ich dieses Wort verstehe, aber keine Schaffung von Reichtum. Wenn der Maispreis aufgrund der Schwierigkeit, einen Teil davon zu produzieren, von 4 *l.* bis 5l . pro Vierteljahr wird eine Million Vierteljahre den Wert von 5.000.000 *l haben*. statt 4.000.000 *l.* , und da dieser Mais nicht nur gegen mehr Geld, sondern auch gegen mehr von jeder anderen Ware eingetauscht wird, werden die Besitzer einen größeren Wert haben; und da niemand sonst weniger haben wird, wird die Gesellschaft insgesamt einen größeren Wert besitzen, und in diesem Sinne ist die Rente eine Wertschöpfung. Aber dieser Wert ist insofern nominell, dass er nichts zum Reichtum, das heißt zu den Notwendigkeiten, Annehmlichkeiten und Freuden der Gesellschaft beiträgt. Wir würden genau die gleiche Menge und nicht mehr Waren und die gleichen Millionen Viertel Getreide haben wie zuvor; aber die Wirkung, wenn es auf 5 *l ausgelegt ist*. pro Quartal, statt 4 *l.* , würde darin bestehen, einen Teil des Wertes des Getreides und der Waren von ihren früheren Besitzern auf die Grundbesitzer zu übertragen. Miete ist also eine Wertschöpfung, aber keine Schaffung von Wohlstand; es trägt nicht zu den Ressourcen eines Landes bei, es ermöglicht ihm nicht, Flotten und Armeen zu unterhalten; Denn wenn das Land von besserer Qualität wäre, hätte das Land mehr verfügbare Mittel und könnte das gleiche Kapital einsetzen, ohne eine Rente zu erwirtschaften.

In einem anderen Teil der „Untersuchung" von Herrn Malthus stellt er fest, „dass die unmittelbare Ursache der Rente offensichtlich der Überschuss des Preises über die Produktionskosten ist, zu dem Rohprodukte auf dem Markt verkauft werden", und an einer anderen Stelle sagt er: „Das Als Gründe für den hohen Rohwarenpreis können drei Gründe genannt werden:

„Erstens und vor allem die Beschaffenheit der Erde, durch die sie einen größeren Teil der lebensnotwendigen Güter liefern kann, als für den Unterhalt der auf dem Land beschäftigten Personen erforderlich ist."

„2dly. Die den Lebensbedürfnissen eigentümliche Eigenschaft, in der Lage zu sein, ihre eigene Nachfrage zu schaffen oder eine Reihe von

Anforderungen im Verhältnis zur Menge der produzierten Bedarfsgüter zu erhöhen.

„Und drittens. Die relative Knappheit des fruchtbarsten Landes." Wenn Herr Malthus vom hohen Maispreis spricht, meint er offensichtlich nicht den Preis pro Viertel oder Scheffel, sondern eher den Preisüberschuss, zu dem das gesamte Produkt verkauft werden kann, über den Produktionskosten, immer auch in der Laufzeit „Produktionskosten", Gewinne sowie Löhne. Einhundertfünfzig Viertel Mais zu 3 *l.* 10 *Sekunden.* pro Quartal würde dem Vermieter eine höhere Miete einbringen als 100 Quartale zu 4 *l.* vorausgesetzt, dass die Produktionskosten in beiden Fällen gleich waren.

Ein hoher Preis, wenn der Ausdruck in diesem Sinne verwendet wird, kann dann nicht als *Grund* für die Rente bezeichnet werden; Es kann nicht gesagt werden, „dass die unmittelbare Ursache der Rente offensichtlich der Überschuss des Preises über die Produktionskosten ist, zu dem Rohprodukte auf dem Markt verkauft werden", denn dieser Überschuss selbst ist Rente. Herr Malthus definierte die Rente als „den Teil des Wertes des Gesamtprodukts, der dem Eigentümer des Landes verbleibt, nachdem alle mit seiner Bewirtschaftung verbundenen Aufwendungen, welcher Art auch immer, bezahlt wurden, einschließlich der Gewinne des Landes." eingesetztes Kapital, geschätzt nach der jeweils üblichen und gewöhnlichen Gewinnrate der landwirtschaftlichen Bestände." Welche Summe nun dieser Überschuss auch immer verkaufen kann, ist Geldrente; es ist das, was Herr Malthus unter „dem Überschuss des Preises über die Produktionskosten, zu dem Rohprodukte auf den Märkten verkauft werden" versteht; und deshalb untersuchen wir bei der Untersuchung der Ursachen, die den Preis des Rohprodukts im Vergleich zu den Produktionskosten erhöhen können, die Ursachen, die die Rente erhöhen können.

In Bezug auf die erste Ursache des Anstiegs der Rente macht Herr Malthus folgende Beobachtungen: „Wir wollen immer noch wissen, warum Verbrauch und Angebot so sind, dass der Preis die Produktionskosten so weit übersteigt, und die Hauptursache." ist offensichtlich die *Fruchtbarkeit* der Erde bei der Produktion der lebensnotwendigen Dinge. Verringern Sie diesen Überfluss, verringern Sie die Fruchtbarkeit des Bodens, und der Überschuss wird abnehmen; verringern Sie ihn noch weiter, und er wird verschwinden. Zwar wird der Überschuss an Notwendigkeiten abnehmen und verschwinden, aber das ist nicht die Frage. Die Frage ist, ob der Überschuss ihres Preises über die Produktionskosten abnehmen und verschwinden wird, denn davon hängt die Geldrente ab. Ist Herr Malthus in seiner Schlussfolgerung gerechtfertigt, dass, weil der Überschuss an Quantität abnehmen und verschwinden wird, „die Ursache für den *hohen Preis* der lebensnotwendigen Güter über den Produktionskosten eher in ihrem Überfluss als in ihrer Menge zu finden ist." Knappheit; und unterscheidet sich nicht nur wesentlich von dem hohen Preis, der durch künstliche Monopole verursacht wird, sondern auch vom hohen Preis jener besonderen Produkte der Erde, die nichts mit Nahrungsmitteln zu tun haben und die man natürliche und notwendige Monopole nennen kann?"

Gibt es keine Umstände, unter denen die Fruchtbarkeit des Landes und die Fülle seiner Erträge verringert werden können, ohne dass sein Preis über die Produktionskosten hinaus sinkt, das heißt, die Rente sinkt? Wenn ja, dann ist die These von Herrn Malthus viel zu universell; denn er scheint mir ein allgemeines, unter allen Umständen gültiges Prinzip darzulegen, dass die Rente mit zunehmender Fruchtbarkeit des Landes steigt und mit abnehmender Fruchtbarkeit sinkt.

Herr Malthus hätte zweifellos Recht, wenn in dem Verhältnis, in dem das Land reichlich Ertrag erbringt, ein größerer Anteil des Gesamtertrags an den Grundbesitzer gezahlt würde; aber das Gegenteil ist die Tatsache: Wenn kein anderes als das fruchtbarste Land bebaut wird, hat der Grundbesitzer den geringsten Anteil an der gesamten Produktion und auch den geringsten Wert, und das ist nur dann der Fall, wenn minderwertiges Land benötigt wird, um eine Vermehrung zu ernähren Bevölkerung, dass sowohl der Anteil des Grundbesitzers an der Gesamtproduktion als auch der Wert, den er erhält, allmählich zunehmen.

Angenommen, die Nachfrage beläuft sich auf eine Million Quartiere Mais und diese seien das Produkt des tatsächlich bewirtschafteten Landes. Nehmen wir nun an, dass die Fruchtbarkeit des gesamten Landes so stark zurückgegangen wäre, dass das gleiche Land nur noch 900.000 Viertel ergeben würde. Da eine Nachfrage nach einer Million Quarters besteht, würde der Maispreis steigen, und es muss zwangsläufig früher auf Land von minderer Qualität zurückgegriffen werden, als wenn das bessere Land weiterhin eine Million Quarters produziert hätte. Aber gerade diese Notwendigkeit, minderwertiges Land zu bewirtschaften, ist die Ursache für den Anstieg der Rente. Man muss bedenken, dass die Rente nicht im Verhältnis zur absoluten Fruchtbarkeit des bewirtschafteten Landes steht, sondern im Verhältnis zu seiner relativen Fruchtbarkeit. Was auch immer der Grund sein mag, der das Kapital auf minderwertiges Land treibt, er muss die Rente erhöhen; Die Ursache der Rente ist, wie Herr Malthus in seinem dritten Satz feststellte, „die verhältnismäßige Knappheit des fruchtbarsten Landes". Der Maispreis wird natürlich mit der Schwierigkeit steigen, die letzten Portionen davon zu produzieren; Da aber die Produktionskosten nicht steigen werden, da Löhne und Profite zusammengenommen immer denselben Wert haben werden, [51] ist es offensichtlich, dass der Überschuss des Preises über die Produktionskosten, oder, mit anderen Worten, die Rente, mit steigen muss die verminderte Fruchtbarkeit des Landes, es sei denn, dem wird durch eine starke Verringerung des Kapitals, der

Bevölkerung und der Nachfrage entgegengewirkt. Es scheint also nicht, dass die These von Herrn Malthus richtig ist: Die Rente steigt oder fällt nicht sofort und notwendigerweise mit der zunehmenden oder verminderten Fruchtbarkeit des Landes; aber seine erhöhte Fruchtbarkeit macht es fähig, zu einem späteren Zeitpunkt eine erhöhte Rente zu zahlen. Land, das über eine sehr geringe Fruchtbarkeit verfügt, kann niemals irgendeine Rente ertragen; Land mit mäßiger Fruchtbarkeit kann bei steigender Bevölkerung dazu gebracht werden, eine mäßige Rente zu zahlen; und Land von großer Fruchtbarkeit und hoher Rente; Aber es ist eine Sache, eine hohe Miete ertragen zu können, und eine andere, sie tatsächlich zahlen zu können. Die Rente kann in einem Land, in dem das Land außerordentlich fruchtbar ist, niedriger sein als in einem Land, in dem es einen mäßigen Ertrag abwirft, und zwar eher im Verhältnis zur relativen als zur absoluten Fruchtbarkeit – zum Wert des Produkts und nicht zu seinem Überfluss. Herr Malthus sagt, dass „die Ursache dafür, dass die Preise der lebensnotwendigen Güter über die Produktionskosten hinausgehen, eher in ihrem Überfluss als in ihrer Knappheit zu finden ist und sich wesentlich vom hohen Preis dieser besonderen Produkte unterscheidet." die Erde, nicht mit Nahrung verbunden, die man als natürliche und notwendige Monopole bezeichnen kann."

Worin unterscheiden sie sich grundsätzlich? Würde der Überfluss an diesen besonderen Produkten der Erde nicht zu einem Anstieg der Rente führen, wenn gleichzeitig die Nachfrage nach ihnen zunahm? Und kann die Rente jemals steigen, was auch immer die produzierte Ware sein mag, allein aus Überfluss und ohne eine Steigerung der Nachfrage?

Die zweite von Herrn Malthus erwähnte Ursache der Rente, nämlich „die Eigenschaft, die den Lebensbedürfnissen eigen ist, nämlich die Fähigkeit, ihre eigene Nachfrage zu schaffen oder eine Reihe von Nachfragen im Verhältnis zur Menge der produzierten Bedarfsgüter zu wecken", scheint mir dafür in keiner Weise wesentlich zu sein. Es ist nicht die Fülle an Notwendigkeiten, die die Anforderungen erhöht, sondern die Fülle der Anforderungen, die die Anforderungen erhöht.

Wir sind nicht gezwungen, dauerhaft eine größere Menge einer Ware zu produzieren, als nachgefragt wird. Wenn zufällig eine größere Menge produziert würde, würde diese unter ihren natürlichen Preis fallen und daher nicht die Produktionskosten zusammen mit den üblichen und gewöhnlichen Kapitalgewinnen decken: Auf diese Weise würde das Angebot so lange kontrolliert, bis es der Nachfrage entspricht . und der Marktpreis stieg auf den natürlichen Preis.

Herr Malthus scheint mir zu sehr geneigt zu sein zu glauben, dass die Bevölkerung nur durch die vorherige Bereitstellung von Nahrungsmitteln wächst, dass „es die Nahrung ist, die ihre eigene Nachfrage schafft" und dass erst durch die Bereitstellung von Nahrungsmitteln eine Förderung erfolgt zur Heirat, anstatt zu berücksichtigen, dass der allgemeine Fortschritt der Bevölkerung durch die Kapitalvermehrung, die daraus resultierende Nachfrage nach Arbeitskräften und den Anstieg der Löhne beeinflusst wird; und dass die Produktion von Nahrungsmitteln nur die Auswirkung dieser Nachfrage ist.

Indem man dem Arbeiter mehr Geld oder eine andere Ware gibt, mit der Löhne gezahlt werden und die nicht an Wert verloren hat, verbessert sich seine Situation. Die Zunahme der Bevölkerung und die Zunahme der Nahrungsmittel werden im Allgemeinen die Auswirkung, aber nicht die notwendige Auswirkung hoher Löhne sein. Die veränderte Lage des Arbeiters infolge des höheren Wertes, der ihm gezahlt wird, verpflichtet ihn nicht unbedingt, zu heiraten und die Führung einer Familie auf sich zu nehmen – er kann, wenn es ihm gefällt, seinen erhöhten Lohn gegen einen solchen eintauschen Gebrauchsgegenstände, die zu seinen Freuden beitragen können – für Stühle, Tische und Eisenwaren; oder für bessere Kleidung, Zucker und Tabak. Sein erhöhter Lohn wird dann keine andere Wirkung haben als eine erhöhte Nachfrage nach einigen dieser Waren; und da die Rasse der Arbeiter nicht wesentlich vergrößert wird, wird sein Lohn dauerhaft hoch bleiben. Obwohl dies die Folge hoher Löhne sein mag, sind die Freuden der häuslichen Gesellschaft doch so groß, dass sich in der Praxis immer herausstellt, dass ein Bevölkerungswachstum mit der veränderten Lage des Arbeiters einhergeht ; und nur dadurch entsteht eine neue und erhöhte Nachfrage nach Nahrungsmitteln. Diese Nachfrage ist dann die Auswirkung eines Bevölkerungswachstums, aber nicht die Ursache – nur weil die Ausgaben des Volkes in diese Richtung gehen, übersteigt der Marktpreis der lebensnotwendigen Güter den natürlichen Preis und es wird die benötigte Menge an Nahrungsmitteln produziert ; und weil die Zahl der Menschen zunimmt, sinken die Löhne wieder.

Welche Motivation kann ein Landwirt haben, mehr Mais zu produzieren, als tatsächlich nachgefragt wird, wenn die Folge darin bestehen würde, dass sein Marktpreis unter seinen natürlichen Preis sinkt und ihm folglich ein Teil seiner Gewinne entzogen wird, indem er sie unter den allgemeinen Preis senkt? verpasst? „Wenn", sagt Herr Malthus, „die lebensnotwendigen Güter, die wichtigsten Produkte des Bodens, nicht die Eigenschaft hätten, eine Nachfragesteigerung im Verhältnis zu ihrer erhöhten Menge zu erzeugen, würde eine solche erhöhte Menge einen Rückgang ihres Tauschwerts verursachen." [52] So reichlich die Produkte eines Landes auch sein mögen, seine Bevölkerung könnte gleich bleiben. Und dieser Überfluss ohne eine entsprechende Nachfrage und mit einem sehr hohen Maispreis für Arbeitskräfte , der unter diesen Umständen natürlicherweise eintreten würde, könnte den Rohstoffpreis senken produzieren, wie der Preis der Erzeugnisse, zu den Produktionskosten."

„Könnte der Preis für Rohprodukte auf die Produktionskosten gesenkt werden?" Liegt der Preis jemals für längere Zeit über oder unter diesem Preis? Behauptet nicht Herr Malthus selbst, dass dies niemals der Fall sein wird? „Ich hoffe", sagt er, „dass ich ein wenig verweile und dem Leser in verschiedenen Formen die Lehre darlege, dass Getreide, bezogen auf die tatsächlich produzierte Menge, wie Fertigwaren zu seinem notwendigen Preis verkauft wird, *weil* ich Betrachten Sie es als eine Wahrheit von höchster Bedeutung, die von den Ökonomen, von Adam Smith und all jenen Schriftstellern übersehen wurde, die dargestellt haben, dass Rohprodukte immer zu einem Monopolpreis verkauft werden."

„Man kann daher davon ausgehen, dass jedes ausgedehnte Land über eine Abstufung von Maschinen für die Produktion von Mais und Rohstoffen verfügt, wobei in dieser Abstufung nicht nur alle verschiedenen Qualitäten des armen Landes, von denen jedes Territorium im Allgemeinen über eine Fülle verfügt, sondern auch die minderwertigen Maschinen einbezogen sind." Man kann sagen, dass sie eingesetzt werden, wenn gutes Land immer weiter für zusätzliche Produkte erzwungen wird. Während der Preis für Rohprodukte weiter steigt, werden diese minderwertigen Maschinen nach und nach in Aktion gesetzt; und wenn der Preis für Rohprodukte weiter sinkt, sinken sie werden nach und nach außer Gefecht gesetzt. Die hier verwendete Veranschaulichung dient dazu, einerseits die *Notwendigkeit des tatsächlichen Maispreises für das tatsächliche Produkt zu zeigen* und andererseits die unterschiedliche Wirkung, die eine große Preissenkung für eine bestimmte Produktion und eine große Preissenkung erwarten würde Senkung der Rohwarenpreise. [53]


Wie lassen sich diese Passagen mit der Aussage in Einklang bringen, dass, wenn die lebensnotwendigen Güter nicht die Eigenschaft hätten, eine Nachfragesteigerung im Verhältnis zu ihrer erhöhten Menge zu erzeugen, die reichlich produzierte Menge dann, und nur dann, den Rohstoffpreis senken würde? zu den Produktionskosten produzieren? Wenn der Maispreis nie unter seinem natürlichen Preis liegt, ist er auch nie in größerer Menge vorhanden, als die tatsächliche Bevölkerung für den Eigenverbrauch benötigt; Es kann kein Vorrat für den Verbrauch anderer angelegt werden. Es kann dann aufgrund seiner Billigkeit und seines Überflusses niemals ein Anreiz für die Bevölkerung sein. Je billiger Mais produziert werden kann, desto mehr Möglichkeiten haben die höheren Löhne der Arbeiter , ihre Familien zu ernähren. In Amerika wächst die Bevölkerung schnell, weil Lebensmittel zu einem günstigen Preis produziert werden können, und nicht, weil zuvor für ein reichliches Angebot gesorgt wurde. In Europa wächst die Bevölkerung vergleichsweise langsam, da Nahrungsmittel nicht zu einem günstigen Preis produziert werden können. Im gewöhnlichen und gewöhnlichen Lauf der Dinge geht die Nachfrage nach allen Waren ihrem Angebot voraus. Wenn Herr Malthus sagt, dass Getreide ebenso wie Industriegüter auf seinen Produktionspreis sinken würde, wenn es die Nachfrage nicht erhöhen könnte, kann er nicht meinen, dass die gesamte Rente absorbiert würde; denn er selbst hat mit Recht bemerkt, dass der Getreidepreis nicht fallen würde, wenn die Grundbesitzer die gesamte Rente aufgeben würden; Die Rente ist die Auswirkung und nicht die Ursache eines hohen Preises, und es gibt immer eine Qualität des bewirtschafteten Landes, die überhaupt keine Rente zahlt, deren Mais durch seinen Preis nur Löhne und Gewinne ersetzt.

Im folgenden Abschnitt hat Herr Malthus die Ursachen für den Anstieg der Preise für Rohprodukte in reichen und fortschrittlichen Ländern trefflich dargelegt, und ich stimme mit jedem Wort überein; aber es scheint mir im Widerspruch zu einigen der von ihm in einigen Teilen seines Essays über die Rente vertretenen Thesen zu stehen. „Ich zögere nicht, zu erklären, dass die Ursache für den hohen relativen Geldpreis von Mais unabhängig von den Unregelmäßigkeiten in der Währung eines Landes und anderen vorübergehenden und zufälligen Umständen sein hoher relativer realer Preis oder die größere Menge an Mais ist . “ Kapital und Arbeit , die für die Produktion eingesetzt werden müssen; und dass die Gründe, warum der reale Maispreis höher ist und in Ländern, die bereits reich sind und immer noch in Wohlstand und Bevölkerungszahl wachsen, höher ist und kontinuierlich steigt, in der Notwendigkeit von zu finden sind man greift ständig auf ärmeres Land zurück, auf Maschinen, deren Bearbeitung einen größeren Aufwand erfordert und die folglich dazu führen, dass jede neue Ergänzung der Rohprodukte des Landes zu höheren Kosten gekauft werden muss; kurz gesagt, man findet sie im Wichtigen Die Wahrheit ist, dass Mais in einem fortschrittlichen Land zu dem Preis verkauft wird, der notwendig ist, um die tatsächliche Versorgung zu gewährleisten, und dass der Preis proportional steigt, je schwieriger diese Versorgung wird.

Der reale Preis einer Ware hängt hier richtigerweise von der größeren oder kleineren Menge an Arbeit und Kapital (d. h. angesammelter Arbeit ) ab, die zu ihrer Herstellung eingesetzt werden muss. Der reale Preis hängt nicht, wie einige behauptet haben, vom Geldwert ab; noch, wie andere gesagt haben, auf den Wert im Verhältnis zu Mais, Arbeit oder einer anderen Ware einzeln oder zu allen Waren insgesamt; sondern, wie Herr Malthus treffend sagt, „von der größeren (oder geringeren) Menge an Kapital und Arbeit , die zu seiner Herstellung eingesetzt werden muss.“

Als eine der Ursachen für den Anstieg der Mieten nennt Herr Malthus „eine solche Bevölkerungszunahme, die zu einer Senkung der Arbeitslöhne führen wird " . Wenn aber, während der Arbeitslohn sinkt , die Kapitalgewinne steigen und sie zusammen immer den gleichen Wert haben, kann kein Rückgang des Arbeitslohns die Rente erhöhen, denn er wird weder den Anteil noch den Wert des Anteils verringern das Produkt, das dem Landwirt und dem Arbeiter gemeinsam zugeteilt wird und daher weder einen größeren Teil noch einen größeren Wert für den Grundbesitzer hinterlässt. Je weniger für Löhne verwendet wird, desto mehr wird für Gewinne verwendet und *umgekehrt* . Diese Aufteilung wird vom Landwirt und seinen Arbeitern ohne Einmischung des Grundbesitzers geregelt; und in der Tat ist es eine Angelegenheit, an der er kein Interesse haben kann, es sei denn, eine Teilung könnte günstiger sein als eine andere, für neue Anhäufungen und eine weitere Nachfrage nach Land. Wenn die Löhne sinken, würden die Gewinne und nicht die Mieten steigen. Wenn die Löhne stiegen, würden die Gewinne und nicht die Mieten sinken. Der Anstieg von Miete und Löhnen und der Rückgang der Profite sind im Allgemeinen die unvermeidlichen Auswirkungen derselben Ursache: der steigenden Nachfrage nach Nahrungsmitteln, der erhöhten Arbeitsmenge, die zu ihrer Herstellung erforderlich ist, und dem daraus resultierenden hohen Preis. Wenn der Grundbesitzer auf seine gesamte Miete verzichten würde, würden die Arbeiter nicht im geringsten davon profitieren. Wenn die Arbeiter auf ihren gesamten Lohn verzichten würden, würden die Grundbesitzer aus einem solchen Umstand keinen Vorteil ziehen; aber in beiden Fällen würde der Bauer alles erhalten und behalten, was er aufgab. Es war mein Bestreben , in dieser Arbeit zu zeigen, dass ein Rückgang der Löhne keine andere Wirkung hätte als eine Steigerung der Gewinne.

Arbeiter verringern, die zur Erzielung einer bestimmten Wirkung erforderlich sind." Dies würde den Wert des gesamten Produkts nicht erhöhen und daher auch nicht die Rente erhöhen. Es hätte eher eine gegenteilige Tendenz, es würde die Miete senken; Denn wenn infolge dieser Verbesserungen die tatsächlich benötigte Menge an Nahrungsmitteln entweder mit weniger Händen oder mit einer geringeren Menge Land gedeckt werden könnte, würde der Preis für Rohprodukte sinken und das Kapital würde vom Land abgezogen. [55] Nichts kann die Rente erhöhen, außer die Nachfrage nach neuem Land minderer Qualität oder irgendein Grund, der zu einer Veränderung der relativen Fruchtbarkeit des bereits bewirtschafteten Landes führt. [567] Verbesserungen in der Landwirtschaft und in der Arbeitsteilung sind allen Landflächen gemeinsam; Sie erhöhen die absolute Menge der von jedem einzelnen gewonnenen Rohprodukte, stören aber wahrscheinlich nicht viel die relativen Verhältnisse, die zuvor zwischen ihnen bestanden.

Herr Malthus hat zu Recht einen Fehler von Adam Smith kommentiert und gesagt: „Der Kern seines (Dr. Smiths) Arguments besteht darin, dass Mais von so eigenartiger Natur ist, dass sein tatsächlicher Preis nicht durch eine Erhöhung seines Getreidepreises erhöht werden kann." Geldpreis; und da es sich eindeutig um eine alleinige Erhöhung des realen Preises handelt, die seine Produktion fördern kann, kann der durch eine Prämie verursachte Anstieg des Geldpreises keine solche Wirkung haben.

Er fährt fort: „Es ist keineswegs beabsichtigt, den starken Einfluss des Maispreises auf den Arbeitspreis im Durchschnitt einer beträchtlichen Anzahl von Jahren zu leugnen; dieser Einfluss ist jedoch nicht so groß, dass er die Bewegung des Kapitals verhindert." auf das oder vom Land, um den es genau geht , wird durch eine kurze Untersuchung der Art und Weise, wie Arbeit bezahlt und auf den Markt gebracht wird, sowie durch eine Betrachtung der Konsequenzen, die diese Annahme mit sich bringt, hinreichend deutlich Adam Smiths Vorschlag würde unweigerlich führen. [57]

Herr Malthus zeigt dann weiter, dass die Nachfrage und der hohe Preis die Produktion von Rohprodukten ebenso wirksam fördern werden, wie die Nachfrage und der hohe Preis jeder anderen Ware deren Produktion fördern. Aus dem, was ich über die Auswirkungen von Prämien gesagt habe, geht hervor, dass ich dieser Ansicht voll und ganz zustimme. Ich habe die Passage aus Mr. Malthus‘ „Observations on the Corn Laws" zur Kenntnis genommen, um zu zeigen, in welchem anderen Sinne der Begriff „realer Preis" hier und in seiner anderen Broschüre mit dem Titel „Grounds of an Opinion, &c." verwendet wird. In dieser Passage sagt uns Herr Malthus, dass „es eindeutig allein eine Erhöhung des realen Preises ist, die die Produktion von Mais fördern kann", und mit realem Preis meint er offensichtlich die Steigerung seines Wertes im Verhältnis zu allen anderen Dingen oder in anderen Dingen Mit anderen Worten, der Anstieg seines Marktes über seinen natürlichen Preis oder die Kosten seiner Produktion. Wenn mit realem Preis dies gemeint ist, ist die Meinung von Herrn Malthus zweifellos richtig; Es ist der Anstieg des Marktpreises von Mais, der allein seine Produktion fördert, denn es kann als allgemein gültiger Grundsatz aufgestellt werden, dass die einzige Förderung für die gesteigerte Produktion einer Ware darin besteht, dass ihr Marktwert ihren natürlichen oder notwendigen Wert übersteigt .

Aber das ist nicht die Bedeutung, die Herr Malthus bei anderen Gelegenheiten dem Begriff „realer Preis" beimisst. Im Essay über die Rente sagt Herr Malthus: „Mit dem real wachsenden Maispreis meine ich die reale *Menge* an Arbeit und Kapital, die zur Produktion der letzten Ergänzungen zum nationalen Produkt *eingesetzt wurde* ." In einem anderen Teil erklärt er: „Die Ursache für den vergleichsweise hohen Realpreis von Mais ist die größere *Menge* an Kapital und Arbeit , die für die Produktion *eingesetzt werden muss*." [58] Nehmen wir an, dass wir in der vorstehenden Passage diese

Definition des realen Preises ersetzen würden, würde sie dann nicht so lauten? „Es ist eindeutig die Zunahme der Menge an Arbeit und Kapital, die zur Produktion von Mais eingesetzt werden muss, die allein ermutigen kann . " seine Produktion." Das würde bedeuten, dass es eindeutig der Anstieg des natürlichen oder notwendigen Preises für Mais ist, der seine Produktion fördert – eine Behauptung, die nicht aufrechterhalten werden konnte. Nicht der Preis, zu dem Mais produziert werden kann, hat Einfluss auf die produzierte Menge, sondern der Preis, zu dem es verkauft werden kann. Es ist proportional zum Grad des Überschusses seines Preises über die Produktionskosten, ob Kapital vom Land angezogen oder von ihm abgestoßen wird. Wenn dieser Überschuss so groß ist, dass er dem so eingesetzten Kapital einen größeren Gewinn beschert als der allgemeine Kapitalgewinn, wird das Kapital dem Land zufließen; wenn weniger, wird es davon abgezogen.

Es ist also nicht eine Änderung des realen Maispreises, die seine Produktion fördert, sondern eine Änderung seines Marktpreises. Es liegt nicht daran, dass mehr Kapital und Arbeit vom Land angezogen werden, „ weil eine größere Menge an Kapital und Arbeit eingesetzt werden muss, um es zu produzieren", Mr. Malthus' zutreffende Definition des realen Preises , sondern weil der Marktpreis über diesen realen Preis steigt Preis und macht die Bebauung des Landes trotz der erhöhten Gebühr zu einem profitableren Kapitaleinsatz.

Nichts kann gerechter sein als die folgenden Beobachtungen von Herrn Malthus zum Wertmaßstab von Adam Smith. „Adam Smith wurde offensichtlich durch seine Angewohnheit, *Arbeit als Standardmaß für den Wert* und Mais als Maß für die Arbeit zu betrachten, in diesen Argumentationsgang verwickelt . Aber dieser Mais ist ein sehr ungenaues Maß für die Arbeit , die Geschichte unseres eigenen Landes wird ausführlich beweisen, dass die Arbeit im Vergleich zum Getreide sehr große und auffallende Schwankungen erfahren hat, nicht nur von Jahr zu Jahr, sondern von Jahrhundert zu Jahrhundert, und zwar über zehn, zwanzig und dreißig Jahre hinweg. Und das auch *nicht „Arbeit wie auch keine andere Ware können ein genaues Maß für den realen Wert im Tausch sein"*, gilt heute als eine der unbestreitbarsten Lehren der politischen Ökonomie und ergibt sich tatsächlich aus der Definition des Werts im Tausch."

Wenn weder Mais noch Arbeit genaue Maßstäbe für den realen Tauschwert sind, was sie eindeutig nicht sind, welche andere Ware ist das dann? – sicherlich keine. Wenn also der Ausdruck „realer Warenpreis" irgendeine Bedeutung hat, dann muss es die sein, die Herr Malthus im „Essay über die

Rente" angegeben hat – er muss an der proportionalen Menge an Kapital und Arbeit gemessen werden, die zu ihrer Produktion erforderlich ist .

In Mr. Malthus' „Untersuchung über die Natur der Rente" sagt er: „Unabhängig von Unregelmäßigkeiten in der Währung eines Landes und anderen vorübergehenden und zufälligen Umständen ist die Ursache für den hohen Geldpreis von Mais dessen Höhe." vergleichender realer Preis *oder die größere Menge an Kapital und Arbeit , die zu seiner Herstellung eingesetzt werden muss* . [59]

Ich vermute, dass dies die korrekte Darstellung aller permanenten Preisschwankungen ist, sei es bei Mais oder bei einer anderen Ware. Der Preis einer Ware kann nur dauerhaft steigen, entweder weil zu ihrer Herstellung mehr Kapital und Arbeit eingesetzt werden muss oder weil das Geld an Wert verloren hat; und im Gegenteil, der Preis kann nur sinken, entweder weil eine geringere Menge an Kapital und Arbeit für seine Produktion eingesetzt werden kann oder weil der Wert des Geldes gestiegen ist.

Eine daraus resultierende Variation einer dieser Alternativen, ein veränderter Geldwert, ist allen Waren gleichzeitig gemeinsam; aber eine Variation, die aus der ersteren Ursache entsteht, ist auf die besondere Ware beschränkt, die zu ihrer Herstellung mehr oder weniger Arbeit erfordert . Durch die Erlaubnis der freien Einfuhr von Mais oder durch Verbesserungen in der Landwirtschaft würde die Rohproduktion sinken; aber der Preis keiner anderen Ware würde beeinflusst werden, außer im Verhältnis zum Rückgang des realen Wertes oder der Produktionskosten des Rohprodukts, aus dem es besteht.

Herr Malthus, der dieses Prinzip anerkannt hat, kann meines Erachtens nicht konsequent behaupten, dass der gesamte Geldwert aller Waren im Land genau proportional zum Rückgang des Maispreises sinken muss. Wenn der im Land verbrauchte Mais einen Wert von zehn Millionen pro Jahr hätte und die verarbeiteten und ausländischen Waren einen Wert von zwanzig Millionen hätten, also insgesamt dreißig Millionen, wäre es nicht zulässig, daraus zu schließen, dass sich die jährlichen Ausgaben verringert hätten auf 15 Millionen , weil der Mais um 50 Prozent gefallen war, also von 10 auf 5 Millionen .

Der Wert der Rohprodukte, die in die Zusammensetzung dieser Manufakturen eingehen, darf beispielsweise 20 Prozent nicht überschreiten. von ihrem Gesamtwert, und daher würde der Wertverlust der Industriewaren statt von 20 auf 10 Millionen nur 20 auf 18 Millionen betragen ; und nach dem Rückgang des Maispreises um 50 Prozent würde der Gesamtbetrag der jährlichen Ausgaben nicht von 30 auf 25 Millionen , sondern von 30 auf 23 Millionen sinken . [60]

Anstatt auf diese Weise die Auswirkungen eines Wertverlusts von Rohprodukten zu berücksichtigen; wie Herr Malthus aufgrund seines früheren Eingeständnisses dazu verpflichtet war; er hält es für genau das Gleiche mit einem Anstieg um 100 Prozent. im Wert des Geldes und argumentiert daher so, als ob alle Waren auf die Hälfte ihres früheren Preises sinken würden.

„Während der zwanzig Jahre, beginnend mit 1794", sagt er, „und endend mit 1813, betrug der durchschnittliche Preis für britischen Mais pro Quartal etwa dreiundachtzig Schilling; während der zehn Jahre, die mit 1813 endeten, zweiundneunzig Schilling; und während ..." die letzten fünf Jahre der zwanzig, einhundertacht Schilling. Im Laufe dieser zwanzig Jahre hat die Regierung fast fünfhundert Millionen reales Kapital geliehen, für das sie sich, im groben Durchschnitt, mit Ausnahme des sinkenden Fonds, verpflichtet hat Zahlen Sie etwa fünf Prozent. Aber wenn der Mais auf fünfzig Schilling pro Viertel fallen würde und andere Waren im Verhältnis dazu, würde die Regierung statt eines Zinses von etwa fünf Prozent in Wirklichkeit einen Zins von sieben, acht, neun und ... zahlen. für die letzten zweihundert Millionen zehn Prozent.

„Gegen diese außerordentliche Großzügigkeit gegenüber den Aktionären wäre ich geneigt, keinerlei Einwände zu erheben, wenn es nicht notwendig wäre, darüber nachzudenken, von wem sie bezahlt werden soll; und eine kurze Überlegung wird uns zeigen, dass sie nur bezahlt werden kann die fleißigen Klassen der Gesellschaft und die Grundbesitzer, d . wird um die Hälfte gekürzt, und von diesem nominell reduzierten Einkommen müssen sie den gleichen Nominalbetrag an Steuern zahlen." [61]

Erstens denke ich, dass ich bereits gezeigt habe, dass das Nominaleinkommen des ganzen Landes nicht in dem Maße gemindert wird, wie es Herr Malthus hier fordert; Daraus würde nicht folgen, dass das Einkommen jedes Mannes um fünfzig Prozent sinken würde, weil der Mais um fünfzig Prozent fiel. im Wert. [62]

Zweitens denke ich, dass der Leser mir zustimmen wird, dass die erhöhte Gebühr, wenn sie zugelassen würde, nicht ausschließlich „den Grundbesitzern und den fleißigen Klassen der Gesellschaft" zufallen würde: Der Aktionär trägt durch seine Ausgaben seinen Anteil dazu bei Unterstützung der öffentlichen Lasten in gleicher Weise wie die anderen Gesellschaftsschichten. Wenn dann das Geld wirklich wertvoller würde, würde es zwar einen größeren Wert erhalten, aber auch einen höheren Wert an Steuern zahlen, und daher kann es nicht wahr sein, dass der gesamte Zusatz zum tatsächlichen Wert der Zinsen von „bezahlt" werden würde. die Grundbesitzer und die fleißigen Klassen."

Das gesamte Argument von Herrn Malthus basiert jedoch auf einer schwachen Grundlage: Es geht davon aus, dass, weil das Bruttoeinkommen des Landes sinkt, auch das Nettoeinkommen im gleichen Verhältnis sinken muss. Eines der Ziele dieser Arbeit war es zu zeigen, dass mit jedem Rückgang des realen Wertes der lebensnotwendigen Güter der Arbeitslohn sinken würde und dass der Kapitalgewinn steigen würde – mit anderen Worten, der Gewinn eines gegebenen Jahreswertes Ein geringerer Anteil würde an die Arbeiterklasse gezahlt werden und ein größerer Anteil an diejenigen, deren Mittel diese Klasse beschäftigten. Geht davon aus, dass der Wert der in einer bestimmten Manufaktur hergestellten Waren 1000 *l beträgt.* *, und zwischen dem Meister und seinen* Arbeitern im Verhältnis von 800 1 aufzuteilen . an Arbeiter und 200 *l.* zum Meister; wenn der Wert dieser Waren auf 900 *l sinken sollte.* , und 100 *l.* Würde er infolge des Rückgangs des Bedarfs vom Arbeitslohn gespart, würde das Nettoeinkommen des Meisters in keiner Weise beeinträchtigt, und er könnte daher mit ebenso viel Leichtigkeit die gleiche Steuersumme zahlen , nachdem wie vor der Preissenkung. [63]

Und dass die Löhne genauso stark sinken würden wie die Warenmasse, oder besser gesagt, dass das Nettoeinkommen, das den Grundbesitzern, Bauern, Fabrikanten, Händlern und Aktionären, den einzigen wirklichen Steuerzahlern, verbleibt, genauso hoch sein würde wie zuvor, ist sehr wahrscheinlich ; denn der Gesellschaft würde durch die freiste Einfuhr von Mais nichts, auch nur nominell, verloren gehen, außer dem Teil der Rente, der den Grundbesitzern infolge des Rückgangs der Rohproduktion entzogen würde.

Der Unterschied zwischen dem Wert von Mais und allen anderen im Land verkauften Waren vor und nach der Einfuhr von billigem Mais würde nur dem Rückgang der Rente entsprechen; denn unabhängig von der Rente würde die gleiche Arbeitsmenge immer den gleichen Wert produzieren.

Die gesamte Lohnkürzung ist ein Wert, der tatsächlich zum Wert des Nettoeinkommens hinzukommt, bevor es von der Gesellschaft besessen wurde; während der einzige Wert, der von diesem Nettoeinkommen abgezogen wird, der Wert des Teils ihrer Rente ist, der den Grundbesitzern durch einen Rückgang der Rohproduktion entzogen wird. Wenn wir bedenken, dass sich der Rückgang der Produktion auf eine begrenzte Anzahl von Grundbesitzern auswirkt, während er nicht nur die Löhne derer, die in der Landwirtschaft beschäftigt sind, sondern aller derjenigen, die in der Industrie und im Handel beschäftigt sind, verringert, kann man durchaus daran zweifeln, ob dies der Fall ist Das Nettoeinkommen der Gesellschaft würde jegliche Kürzung erleiden. [64]

Sollte dies jedoch der Fall sein, darf nicht davon ausgegangen werden, dass die Fähigkeit, Steuern zu zahlen, im gleichen Maße abnimmt wie der Geldwert, selbst des Nettoeinkommens. Angenommen, mein Nettoeinkommen würde sich um 1000 *l verringern.* bis 900 *l.* ; aber dass meine Steuern weiterhin gleich blieben und 100 *l betrugen. : Ist es nicht wahrscheinlich, dass ich diese 100 l* bezahlen kann ? kann bei den kleineren Einnahmen größer sein als bei den größeren? Waren können nicht so allgemein fallen, wie Herr Malthus annimmt, ohne den Konsumenten großen Nutzen zu bringen, ohne ihnen zu ermöglichen, mit einem viel geringeren Geldeinkommen über mehr Annehmlichkeiten, Notwendigkeiten und Luxusgüter des menschlichen Lebens zu verfügen; und die Frage ergibt sich daraus: ob diejenigen, die über die Nettoeinnahmen des Landes verfügen, gleichermaßen von den gesunkenen Warenpreisen profitieren werden, wie sie unter der höheren realen Besteuerung leiden werden. Auf welcher Seite der Saldo überwiegen kann, hängt davon ab, in welchem Verhältnis die Steuern zum jährlichen Einkommen stehen; wenn es enorm groß ist, kann es zweifellos die Vorteile billiger Notwendigkeiten mehr als ausgleichen; aber ich vertraue darauf, dass genug gesagt wurde, um zu zeigen, dass Herr Malthus den Verlust für die Steuerzahler, der durch den Rückgang eines der wichtigsten Lebensbedürfnisse entsteht, weit überschätzt hat; und dass sie, wenn sie für die reale Steuererhöhung nicht vollständig durch den Rückgang der Löhne und die Steigerung der Gewinne entschädigt würden, durch den günstigeren Preis aller Objekte, für die ihr Einkommen ausgegeben wurde, mehr als entschädigt würden.

Dass der Aktionär von einem starken Wertverlust des Mais profitiert, kann nicht bezweifelt werden; aber wenn sonst niemand geschädigt wird, ist das kein Grund, das Getreide zu verteuern: denn die Gewinne des Aktionärs sind nationale Gewinne und erhöhen, wie alle anderen Gewinne auch, den wirklichen Reichtum und die Macht des Landes. Wenn sie zu Unrecht begünstigt werden, muss der Grad, in dem dies der Fall ist, genau ermittelt werden, und dann ist es Sache des Gesetzgebers, Abhilfe zu schaffen; Aber keine Politik kann unkluger sein, als uns von den großen Vorteilen, die sich aus billigem Mais und reichlicher Produktion ergeben, auszuschließen, nur weil der Aktionär einen unangemessenen Anteil an der Steigerung hätte.

Es wurde noch nie versucht, die Aktiendividenden durch den Geldwert des Getreides zu regulieren. Wenn Gerechtigkeit und Treu und Glauben eine solche Regelung erforderten, wäre den alten Aktionären eine große Schuld zuzuschreiben; denn sie erhalten seit mehr als einem Jahrhundert die gleichen Gelddividenden, obwohl der Maispreis vielleicht verdoppelt oder verdreifacht wurde. [65]

Herr Malthus sagt: „Es ist wahr, dass die letzten Zuwächse an den landwirtschaftlichen Erzeugnissen eines sich verbessernden Landes nicht mit einem großen Teil der Rente verbunden sind; und gerade dieser Umstand kann dazu führen, dass ein reiches Land verpflichtet ist, etwas davon zu importieren." seines Maises, wenn es sicher sein kann, eine gleiche Versorgung zu erhalten. Aber in allen Fällen muss die Einfuhr von ausländischem Mais auf nationaler Ebene scheitern, wenn er nicht so viel billiger ist als der Mais, der im Inland angebaut werden kann, um gleichwertig zu sein sowohl der Gewinn als auch die Rente des Getreides, das es verdrängt." *Gründe* usw. P. 36.

Da die Miete die Auswirkung des hohen Maispreises ist, ist der Mietverlust die Auswirkung eines niedrigen Preises. Ausländischer Mais tritt niemals in Konkurrenz zu einheimischem Mais, der eine Rente abwirft; Der Preisverfall wirkt sich unweigerlich auf den Grundeigentümer aus, bis seine gesamte Rente aufgezehrt ist; wenn er noch weiter sinkt, wird der Preis nicht einmal den gemeinen Aktiengewinn abwerfen; Das Kapital wird dann das Land für eine andere Beschäftigung verlassen, und das Getreide, das zuvor darauf angebaut wurde, wird erst dann und erst dann importiert. Durch den Mietausfall entsteht ein Wertverlust, ein geschätzter Geldwert, aber ein Vermögenszuwachs. Die Menge der Rohprodukte und anderer Produkte zusammen wird aufgrund der größeren Leichtigkeit, mit der sie hergestellt werden, erhöht; Sie werden zwar mengenmäßig zunehmen, aber an Wert verlieren.

Zwei Männer beschäftigen das gleiche Kapital – einer in der Landwirtschaft, der andere in der Industrie. Das erzeugt in der Landwirtschaft einen jährlichen Nettowert von 1200 *l.* davon 1000 *l.* wird gewinnbringend einbehalten, und 200 *l.* wird für Miete bezahlt; der andere produziert nur einen Jahreswert von 1000 *l.* Angenommen, durch Import kann die gleiche Menge Mais für Waren erhalten werden, die 950 *l kosten.* , und dass folglich das in der Landwirtschaft eingesetzte Kapital in Manufakturen umgeleitet wird, wo es einen Wert von 1000 *l produzieren kann.* das Nettoeinkommen des Landes wird von geringerem Wert sein, es wird von 2200 *l herabgesetzt.* bis 2000 *l.* , aber es wird nicht nur die gleiche Menge an Waren und Getreide für den eigenen Verbrauch geben, sondern auch so viel Zuschlag zu dieser Menge wie 50 *l.* kaufen würde, die Differenz zwischen dem Wert, zu dem seine Erzeugnisse in das Ausland verkauft wurden, und dem Wert des Getreides, das von dort gekauft wurde.

Herr Malthus sagt: „Adam Smith hat zu Recht festgestellt, dass keine gleiche Menge produktiver Arbeit , die in der Industrie eingesetzt wird, jemals eine so große Reproduktion bewirken kann wie in der Landwirtschaft." Wenn Adam Smith von Wert spricht, hat er Recht, aber wenn er von Reichtum spricht, was der entscheidende Punkt ist, irrt er sich, denn er selbst hat

Reichtum so definiert, dass er aus den Notwendigkeiten, Annehmlichkeiten und Freuden des menschlichen Lebens besteht. Eine Reihe von Notwendigkeiten und Annehmlichkeiten lässt keinen Vergleich mit einer anderen Reihe zu; Der Nutzungswert kann nicht anhand eines bekannten Standards gemessen werden, er wird von verschiedenen Personen unterschiedlich geschätzt.

---

[1] Kap. xv. Teil I. _ „Des Débouchés " enthält insbesondere einige sehr wichtige Prinzipien, die meiner Meinung nach zuerst von diesem angesehenen Schriftsteller erklärt wurden.

[2] Buch ich . Kerl. 5.

[3] „Obwohl die Arbeit das tatsächliche Maß für den Tauschwert aller Waren ist, ist sie nicht das, anhand dessen ihr Wert üblicherweise geschätzt wird. Es ist oft schwierig, das Verhältnis zwischen zwei verschiedenen Arbeitsmengen festzustellen. Die Zeit, die in ... Zwei verschiedene Arten von Arbeit werden dieses Verhältnis nicht immer allein bestimmen . Auch die unterschiedlichen Grade der erlittenen Strapazen und des ausgeübten Einfallsreichtums müssen berücksichtigt werden. In einer Stunde harter Arbeit kann mehr Arbeit stecken als in zwei Stunden leichter Arbeit ; oder, in einer Stunde Anwendung in einem Beruf, dessen Erlernen zehn Jahre Arbeit kostet, als in einem Monat Fleiß bei einer gewöhnlichen und offensichtlichen Beschäftigung. Aber es ist nicht leicht, ein genaues Maß zu finden, weder für die Mühsal noch für den Einfallsreichtum. Beim Austausch der unterschiedlichen Produktionen verschiedener Arten von Arbeit gegeneinander wird zwar gewöhnlich beiden Rechnung getragen. Die Anpassung erfolgt jedoch nicht durch ein genaues Maß, sondern durch das Geplänkel und Feilschen auf dem Markt eine Art grobe Gleichheit, die zwar nicht exakt ist, aber ausreicht, um das gemeinsame Leben weiterzuführen." – *Wealth of Nations*. Buche ich . Kerl. 10.

[4] *Wealth* of Nations, Buch I. Kerl. 10.

[5] „Die Erde ist, wie wir bereits gesehen haben, nicht der einzige Akteur der Natur, der eine produktive Kraft besitzt; aber sie ist der einzige, oder fast so, den eine Gruppe von Menschen unter Ausschluss von sich selbst annimmt andere; und von denen sie folglich die Vorteile nutzen können. Die Gewässer der Flüsse und des Meeres haben durch die Kraft, die sie haben, unsere Maschinen in Bewegung zu setzen, unsere Boote zu tragen und unsere Fische zu ernähren, auch eine produktive Kraft; die Der Wind, der unsere Mühlen antreibt, und sogar die Hitze der Sonne arbeiten für uns; aber glücklicherweise konnte noch niemand sagen: „Der Wind und die Sonne gehören mir, und der Dienst, den sie leisten, muss bezahlt werden." „— Political *Economy , von JB Say* , Bd. ii. P. 124.

[6] Hat M. Say in der folgenden Passage nicht vergessen, dass es die Produktionskosten sind, die letztendlich den Preis regulieren? „Das Produkt der Arbeit Das auf dem Land eingesetzte Land hat die besondere Eigenschaft, dass es durch Knappheit nicht teurer wird , weil die Bevölkerung immer gleichzeitig mit der Nahrungsverringerung abnimmt und folglich die Menge dieser *nachgefragten Produkte* gleichzeitig mit der Menge abnimmt geliefert. Außerdem wird nicht beobachtet, dass Mais dort teurer ist, wo es reichlich unbebautes Land gibt, als in vollständig bebauten Ländern. England und Frankreich waren im Mittelalter viel unvollkommener kultiviert als heute; sie produzierten viel weniger Rohprodukte; dennoch wurde Mais nach allem, was wir durch einen Vergleich mit dem Wert anderer Dinge beurteilen können, nicht zu einem teureren Preis verkauft. Wenn die Produktion geringer war, war auch die Bevölkerung geringer; Die Schwäche der Nachfrage kompensierte die Schwäche des Angebots." Bd. II. 338. M. Say ist von der Meinung beeindruckt, dass der Preis der Waren durch den Preis der Arbeit reguliert wird, und geht zu Recht davon aus, dass gemeinnützige Institutionen aller Art dazu tendieren „Ich vermute, dass die Billigkeit der Waren, die aus England kommen, zum Teil auf die zahlreichen Wohltätigkeitsorganisationen zurückzuführen ist, die es in diesem Land gibt." Bd. ii. 277. Dies ist eine übereinstimmende Meinung von jemandem, der behauptet, dass Löhne die Preise regulieren.

[7] „Auch in der Landwirtschaft", sagt Adam Smith, „ arbeitet die Natur mit dem Menschen zusammen; und obwohl ihre Arbeit keine Kosten verursacht, hat ihr Ertrag seinen eigenen Wert, ebenso wie den des teuersten Arbeiters." Die Arbeit der Natur wird bezahlt, nicht weil sie viel tut, sondern weil sie wenig tut. Je geiziger sie mit ihren Gaben wird, desto höher ist der Preis für ihre Arbeit. Wo sie großzügig und großzügig ist, arbeitet sie immer umsonst. „Das in der Landwirtschaft eingesetzte Arbeitsvieh ermöglicht nicht nur, wie die Arbeiter in der Manufaktur, die Reproduktion eines Werts, der ihrem eigenen Verbrauch oder dem Kapital, das sie beschäftigt, zusammen mit den Profiten seines Eigentümers entspricht, sondern auch einen viel größeren Wert." Über das Kapital des Pächters und alle seine Profite hinaus bewirken sie regelmäßig die Reproduktion der Rente des Grundeigentümers. Diese Rente kann als Produkt jener Naturkräfte betrachtet werden, deren Nutzung der Grundeigentümer dem Pächter leiht. Sie ist größer oder kleiner, je nach dem angenommenen Ausmaß dieser Kräfte, oder mit anderen Worten, je nach der angenommenen natürlichen oder verbesserten Fruchtbarkeit des Landes. Es ist das Werk der Natur, das übrig bleibt, nachdem alles, was berücksichtigt werden kann, abgezogen oder kompensiert wird als das Werk des Menschen. Es macht selten weniger als ein Viertel und häufig mehr als ein Drittel des Gesamtprodukts aus. Keine gleiche Menge produktiver Arbeit, die in Manufakturen eingesetzt wird, kann jemals eine so große Reproduktion bewirken. *In ihnen tut die Natur nichts, der Mensch macht alles* ; und

die Reproduktion muss immer im Verhältnis zur Stärke der Agenten stehen, die sie verursachen. Das in der Landwirtschaft eingesetzte Kapital setzt also nicht nur eine größere Menge produktiver Arbeit in Bewegung als jedes gleiche in Manufakturen eingesetzte Kapital, sondern auch im Verhältnis zur Menge der produktiven Arbeit was es einsetzt, erhöht es den jährlichen Ertrag des Landes und der Arbeitskraft des Landes sowie den *tatsächlichen* Reichtum und das Einkommen seiner Bewohner um einen viel größeren Wert. Von allen Möglichkeiten, Kapital einzusetzen, ist es für die Gesellschaft bei weitem die vorteilhafteste." – Buch II, Kap. vp 15.

Stellt die Natur dem Menschen nichts her? Sind die Kräfte von Wind und Wasser, die unsere Maschinen bewegen und die Navigation unterstützen, nichts? Der Druck der Atmosphäre und die Elastizität des Dampfes, die es uns ermöglichen, die erstaunlichsten Maschinen zu betreiben – sind das nicht Geschenke der Natur? ganz zu schweigen von den Auswirkungen der Hitze beim Erweichen und Schmelzen von Metallen, von der Zersetzung der Atmosphäre beim Färben und Fermentieren. Es gibt keine Manufaktur, die erwähnt werden kann, bei der die Natur dem Menschen nicht ihre Hilfe gewährt, und zwar großzügig und unentgeltlich.

In seiner Bemerkung zu der Passage, die ich von Adam Smith übernommen habe, bemerkt Herr Buchanan: „Ich habe mich bemüht , in den im vierten Band enthaltenen Beobachtungen über produktive und unproduktive Arbeit zu zeigen , dass die Landwirtschaft nicht mehr zum Volksbestand beiträgt als." jede andere Art von Industrie. Wenn Dr. Smith sich mit der Reproduktion der Rente als einem so großen Vorteil für die Gesellschaft beschäftigt, berücksichtigt er nicht, dass die Rente die Auswirkung hoher Preise ist und dass der Grundbesitzer das, was er auf diese Weise gewinnt, gleichzeitig auch gewinnt Kosten der Gemeinschaft als Ganzes. Es gibt keinen absoluten Gewinn für die Gesellschaft durch die Reproduktion der Rente; es ist nur eine Klasse, die auf Kosten einer anderen Klasse profitiert. Die Vorstellung, dass die Landwirtschaft ein Produkt und infolgedessen eine Rente abwirft, weil die Natur der menschliche Fleiß im Prozess der Kultivierung mitmacht, ist eine bloße Einbildung. Die Rente wird nicht aus dem Produkt, sondern aus dem Preis, zu dem das Produkt verkauft wird, abgeleitet; und dieser Preis wird erzielt, nicht weil die Natur mithilft die Produktion, sondern weil es der Preis ist, der dem Konsum zum Angebot folgt."

[8] Um dies zu verdeutlichen und zu zeigen, in welchem Ausmaß Getreide und Geldrente schwanken, nehmen wir an, dass die Arbeit von zehn Männern auf Land einer bestimmten Qualität 180 Viertel Weizen und dessen Wert ergeben wird 4 *l betragen.* pro Quartal, also 720 *l.* ; und dass die Arbeit von zehn zusätzlichen Männern auf demselben oder einem anderen Land nur 170 Viertel zusätzlich produzieren wird; Weizen würde von 4 *l steigen.* bis 4 *l.*

4 *Sek.* 8 *T.* für 170: 180:: 4 *l.* : 4 *l.* 4 *Sek.* 8 *T.* ; oder, wie bei der Produktion von 170 Quarters, in einem Fall die Arbeit von 10 Mann notwendig ist, und in dem anderen Fall nur von 9,44, so würde die Steigerung 9,44 auf 10 oder 4 *l betragen.* bis 4 *l.* 4 *Sek.* 8 *T.* Wenn 10 Männer mehr beschäftigt werden, erfolgt auch die Rendite

160,   Der Preis wird steigen   4 £   10   0

150,   - - - - - -   4   16   0

140,   - - - - - -   5   2   10

Wenn nun keine Pacht für das Land gezahlt würde, das 180 Quarters ergab, als der Maispreis bei 4 *l lag.* pro Viertel würde der Wert von 10 Vierteln als Miete gezahlt werden, wenn nur 170 beschafft werden könnten, was bei 4 *l.* 4 *Sek.* 8 *T.* wären 42 *l.* 7 *Sek.* 6 *Tage*

20 qrs. Wann 160  wurden produziert, die bei  4 £ 10 0   wäre   4 £ 90 0

30 qrs.  .. 150   . . . . . . . . . .   4 16 0   ...   144 0 0

40 qrs.  .. 140   . . . . . . . . . .   4 2 10   ...   205 13 4

| Die Maisrente würde dann im Verhältnis dazu steigen | | und Geldrente im Verhältnis von | |
|---|---|---|---|
| | 100 | | 100 |
| | 212 | | 100 |
| | 340 | | 100 |
| | 400 | | 465 |

[9] Wenn Herr Buchanan in der folgenden Passage von vorübergehenden Zuständen des Elends spricht, stimme ich insoweit darin überein, dass „das große Übel im Zustand des Arbeiters die Armut ist, die entweder aus einem Mangel an Nahrung oder Arbeit entsteht; und in allen Ländern wurden zahllose Gesetze zu seiner Linderung erlassen. Aber es gibt Elend im Sozialstaat, das die Gesetzgebung nicht lindern kann; und es ist daher nützlich, seine Grenzen zu kennen, damit wir nicht durch das Streben nach dem Undurchführbaren vermissen das Gute, das wirklich in unserer Macht steht." – *Buchanan* , Seite 61.

[10] Um das Thema klarer zu machen, möchte ich den Leser bedenken, dass ich davon ausgehe, dass Geld einen unveränderlichen Wert hat und daher jede Preisänderung auf eine Änderung im Wert der Ware zurückzuführen ist

[11] Der Leser ist sich darüber im Klaren, dass wir die zufälligen Schwankungen, die sich aus schlechten und guten Jahreszeiten oder aus der Zunahme oder Abnahme der Nachfrage durch plötzliche Auswirkungen auf die Bevölkerungslage ergeben, bei unserer Betrachtung außen vor lassen. Wir sprechen vom Natürlichen und Konstanten, nicht vom zufälligen und schwankenden Maispreis.

[12] Die 180 Viertel Mais würden im folgenden Verhältnis zwischen Grundbesitzern, Bauern und Arbeitern aufgeteilt , mit den oben genannten Schwankungen im Wert des Mais.

| Preis pro qr. | Mieten. | Profitieren. | Löhne. | Gesamt. |
|---|---|---|---|---|
| $£$. S. D. | Im Weizen. | Im Weizen. | Im Weizen. | |
| 4 0 0 | Keiner. | 120 qrs. | 60 qrs. | |
| 4 4 8 | 10 qrs | 111,7 | 58.3 | |
| 4 10 0 | 20 qrs | 103.4 | 56,6 | 180 |
| 4 16 0 | 30 | 95 | 55 | |
| 5 2 10 | 40 | 86,7 | 53,5 | |

und unter den gleichen Umständen wären Geldrente, Löhne und Gewinn wie folgt:

| Preis pro qr. | | | Mieten. | | | Profitieren. | | | Löhne. | | | Gesamt. | | |
|---|---|---|---|---|---|---|---|---|---|---|---|---|---|---|
| $£$. | S. | D. | $£$. | S. | D. | $£$. | S. | D. | $£$. | S. | D. | $£$. | S. | D. |
| 4 | 0 | 0 | Keiner. | | | 480 | 0 | 0 | 240 | 0 | 0 | 720 | 0 | 0 |
| 4 | 4 | 8 | 42 | 7 | 8 | 473 | 0 | 0 | 247 | 0 | 0 | 762 | 7 | 6 |
| 4 | 10 | 0 | 90 | 0 | 0 | 465 | 0 | 0 | 255 | 0 | 0 | 810 | 0 | 0 |
| 4 | 16 | 0 | 144 | 0 | 0 | 456 | 0 | 0 | 264 | 0 | 0 | 864 | 0 | 0 |
| 5 | 2 | 10 | 205 | 13 | 4 | 445 | 15 | 0 | 274 | 5 | 0 | 925 | 13 | 4 |

[13] Siehe Adam Smith, Buch I. Kerl. 9.

[14] Es wird sich also herausstellen, dass ein Land, das über beträchtliche Vorteile in Bezug auf Maschinen und Fertigkeiten verfügt und daher in der Lage ist, Waren mit viel weniger Arbeit als seine Nachbarn herzustellen , im Gegenzug für solche Waren einen Teil des Getreides importieren kann selbst wenn das Land fruchtbarer wäre und Mais mit weniger Arbeitskräften

angebaut werden könnte als in dem Land, aus dem es importiert wurde. Zwei Männer können sowohl Schuhe als auch Hüte herstellen, und einer ist dem anderen in beiden Berufen überlegen; Aber bei der Herstellung von Hüten kann er seinen Konkurrenten nur um ein Fünftel oder 20 Prozent übertreffen, und bei der Herstellung von Schuhen kann er ihn um ein Drittel oder 33 Prozent übertreffen. – Wäre das nicht im Interesse beider ? dass der überlegene Mann sich ausschließlich mit der Herstellung von Schuhen beschäftigen sollte und der unterlegene Mann sich ausschließlich mit der Herstellung von Hüten beschäftigen sollte?

[15] Buch V. Kap. ii.

[16] M. Say scheint die allgemeine Meinung zu diesem Thema übernommen zu haben. Über Mais sagt er: „Daraus ergibt sich, dass sein Preis den Preis aller *anderen Waren beeinflusst. Ein Bauer, ein Fabrikant oder ein Kaufmann beschäftigt eine bestimmte Anzahl von Arbeitern, die alle Gelegenheit haben, eine bestimmte* Menge davon zu verbrauchen." Mais. Wenn der Maispreis steigt, ist er verpflichtet, den Preis seiner Produktion im gleichen Verhältnis zu erhöhen. Flug. ich . P. 255.

[17] M. Say sagt, dass „die Steuer, die zum Preis einer Ware hinzukommt, ihren Preis erhöht. Jede Erhöhung des Preises einer Ware verringert zwangsläufig die Zahl derer, die sie kaufen können, oder zumindest." die Menge, die sie davon verbrauchen werden. Dies ist keineswegs eine notwendige Konsequenz. Ich glaube nicht, dass der Konsum von Brot stärker zurückgehen würde, wenn Brot besteuert würde, als wenn Stoff, Wein oder Seife besteuert würden.

[18] Die folgende Bemerkung desselben Autors erscheint mir ebenso falsch: „Wenn ein hoher Zoll auf Baumwolle erhoben wird, verringert sich die Produktion aller jener Güter, deren Grundlage Baumwolle ist. Wenn der Gesamtwert der Baumwolle erhöht wird." in seinen verschiedenen Manufakturen in einem bestimmten Land 100 Millionen Francs pro Jahr betrug , und die Wirkung der Steuer bestand darin, den Verbrauch um die Hälfte zu verringern, dann würde die Steuer diesem Land jedes Jahr 50 Millionen Francs entziehen zusätzlich zu der von der Regierung erhaltenen Summe." Flug. ii. P. 314.

[19] M. Say stellt fest, „dass ein Hersteller nicht in der Lage ist, den Verbraucher die gesamte auf seine Ware erhobene Steuer zahlen zu lassen, weil der erhöhte Preis seinen Verbrauch verringern wird." Sollte dies der Fall sein, würde der Verbrauch sinken, würde dann nicht auch das Angebot schnell sinken? Warum sollte der Hersteller im Handel bleiben, wenn seine Gewinne unter dem allgemeinen Niveau liegen? M. Say scheint hier auch die Doktrin vergessen zu haben, die er an anderer Stelle vertritt, „dass die Produktionskosten den Preis bestimmen, unter den die Waren nicht für

längere Zeit fallen können, weil die Produktion dann entweder ausgesetzt oder verringert würde." – Bd . ii. P. 26.

„Die Steuer fällt in diesem Fall dann zum Teil dem Verbraucher zu, der verpflichtet ist, für die besteuerte Ware mehr zu zahlen, und zum Teil dem Produzenten, der nach Abzug der Steuer weniger erhält. Der Staatskasse kommt der Käufer zugute." zahlt zusätzlich, und auch durch das Opfer, das der Produzent von einem Teil seines Gewinns bringen muss. Es ist die Kraft des Schießpulvers, die gleichzeitig auf die Kugel, die es abfeuert, und auf die Waffe, die es verursacht, einwirkt zurückschrecken." Flug. ii. P. 333.

[20] „Melon sagt, dass die Schulden einer Nation Schulden sind, die von der rechten zur linken Hand gehen, durch die der Körper nicht geschwächt wird. Es ist wahr, dass der allgemeine Reichtum durch die Zahlung der Verzugszinsen nicht gemindert wird." der Schulden: Die Dividenden sind ein Wert, der von der Hand des Beitragszahlers auf den nationalen Gläubiger übergeht: Ob es der nationale Gläubiger oder der Beitragszahler ist, der sie anhäuft oder verbraucht, ist meiner Meinung nach für die Gesellschaft von geringer Bedeutung; das Kapital hingegen aus der Schuld – was ist daraus geworden? Sie existiert nicht mehr. Der Konsum, der auf die Anleihe folgte, hat ein Kapital vernichtet, das kein weiteres Einkommen mehr abwerfen wird. Der Gesellschaft wird die Höhe des Zinses nicht entzogen, da diese von einem ausgeht auf der anderen Seite, sondern aus den Erträgen eines zerstörten Kapitals. Dieses Kapital hätte, wenn es von dem, der es dem Staat geliehen hat, produktiv verwendet worden wäre, ihm ebenfalls ein Einkommen beschert, aber dieses Einkommen wäre aus einem Real abgeleitet worden Produktion und wäre nicht aus der Tasche eines Mitbürgers beschafft worden." – *Say* , Bd. ii. P. 357. Dies ist sowohl im wahren Geist der Wissenschaft gedacht als auch ausgedrückt.

[21] „Die verarbeitende Industrie steigert ihre Produktion im Verhältnis zur Nachfrage, und der Preis sinkt; *aber die Landproduktion kann nicht so gesteigert werden* ; und ein hoher Preis ist immer noch notwendig, um zu verhindern, dass der Verbrauch das Angebot übersteigt." *Buchanan* , Bd. iv. P. 40. Ist es möglich, dass Herr Buchanan ernsthaft behaupten kann, dass die Erträge des Landes nicht gesteigert werden können, wenn die Nachfrage steigt?

[22] Ich wünschte, das Wort „Profit" wäre weggelassen worden. Dr. Smith muss davon ausgehen, dass die Gewinne der Pächter dieser kostbaren Weinberge über der allgemeinen Gewinnrate liegen. Andernfalls würden sie die Steuer nicht zahlen, es sei denn, sie könnten sie entweder auf den Vermieter oder den Verbraucher abwälzen.

[23] Siehe Anmerkung, S. 346.

[24] Bd. iii. P. 355.

[25] In einem früheren Teil dieser Arbeit habe ich den Unterschied zwischen der eigentlich so genannten Rente und der Vergütung bemerkt, die dem Grundbesitzer unter diesem Namen für die Vorteile gezahlt wird, die der Einsatz seines Kapitals seinem Pächter verschafft hat; aber ich habe den Unterschied, der sich aus den verschiedenen Arten der Verwendung dieses Kapitals ergeben würde, vielleicht nicht ausreichend erkannt. Da ein Teil dieses Kapitals, wenn es einmal für die Verbesserung einer Farm aufgewendet wird, untrennbar mit dem Land verschmolzen wird und dazu neigt, dessen Produktivkraft zu steigern, ist die dem Grundbesitzer für seine Nutzung gezahlte Vergütung streng von der Art der Rente unterliegt allen Gesetzen der Miete. Unabhängig davon, ob die Verbesserung auf Kosten des Vermieters oder des Mieters erfolgt, wird sie zunächst nicht vorgenommen, es sei denn, es besteht eine hohe Wahrscheinlichkeit, dass die Rendite mindestens dem Gewinn entspricht, der durch die Veräußerung erzielt werden kann jedes andere gleiche Kapital; aber wenn die Rendite erst einmal erzielt wird, wird sie für immer den Charakter einer Rente haben und allen Schwankungen der Rente unterliegen. Einige dieser Ausgaben verschaffen dem Land jedoch nur für einen begrenzten Zeitraum Vorteile und tragen nicht dauerhaft zu seiner Produktivkraft bei: Da sie für Gebäude und andere vergängliche Verbesserungen aufgewendet werden, müssen sie ständig erneuert werden und sind daher nicht erhältlich dem Vermieter einen dauerhaften Zuschlag zu seiner tatsächlichen Miete.

[26] Adam Smith sagt, „dass der Unterschied zwischen dem realen und dem nominalen Preis von Waren und Arbeit keine Frage bloßer Spekulation ist, sondern manchmal in der Praxis von erheblichem Nutzen sein kann." Ich stimme ihm zu; Aber der wirkliche Preis von Arbeit und Waren lässt sich ebenso wenig durch ihren Preis in Gütern, Adam Smiths realem Maß, als durch ihren Preis in Gold und Silber, seinem nominellen Maß, ermitteln. Der Arbeiter erhält für seine Arbeit nur dann einen wirklich hohen Preis , wenn er mit seinem Lohn das Produkt einer großen Menge Arbeit kaufen kann .

[27] In Bd. ich . P. 108, M. Say schließt daraus, dass Silber jetzt den gleichen Wert hat wie in der Regierungszeit Ludwigs XIV. „ weil man mit der gleichen Menge Silber die gleiche Menge Mais kaufen kann."

[28] „Der erste Mensch, der wusste, wie man Metalle durch Feuer weich macht, ist nicht der Schöpfer des Wertes, den dieser Prozess dem geschmolzenen Metall verleiht. Dieser Wert ist das Ergebnis der physischen Wirkung des Feuers, die der Industrie und dem Kapital hinzugefügt wird." diejenigen, die sich dieses Wissen zunutze machten."

„Aus diesem Irrtum hat Smith das falsche Ergebnis gezogen, dass der Wert aller Produktionen die jüngste oder frühere Arbeit des Menschen darstellt, *oder mit anderen Worten, dass Reichtümer nichts anderes als angesammelte Arbeit sind ;*

*was durch eine zweite Konsequenz ebenso falsch ist. "„Arbeit ist der einzige Maßstab für Reichtum oder den Wert von Produktionen ."* [29] Die Schlussfolgerungen, mit denen M. Say schließt, sind seine eigenen und nicht die von Dr. Smith; Sie haben Recht, wenn kein Unterschied zwischen Wert und Reichtum gemacht wird: Aber Adam Smith, der Reichtum als die Fülle an Notwendigkeiten, Annehmlichkeiten und Freuden des menschlichen Lebens definierte, hätte zugelassen, dass Maschinen und natürliche Agenten sehr viel dazu beitragen könnten Er hätte nicht zugelassen, dass sie den Reichtum eines Landes im Gegenzug wertsteigerten.

[29] Kap. iv. P. 31.

[30] M. Say, *Katechismus der politischen Ökonomie* , S. 99.

[31] Adam Smith spricht von Holland als Beispiel für den Rückgang der Profite durch die Akkumulation von Kapital und die daraus resultierende Überlastung aller Arbeitsplätze. „Der Staat nimmt dort Kredite zu 2 Prozent auf, Privatleute mit guter Bonität zu 3 Prozent." Es sollte jedoch daran erinnert werden, dass Holland gezwungen war, fast den gesamten Mais, den es verbrauchte, zu importieren, und durch die Erhebung hoher Steuern auf die Grundbedürfnisse der Arbeiter erhöhte es den Arbeitslohn weiter . Diese Tatsachen werden die niedrige Profit- und Zinsrate in Holland ausreichend erklären.

[32] Stimmt das Folgende durchaus mit dem Prinzip von M. Say überein? „Je mehr verfügbares Kapital im Verhältnis zum Beschäftigungsumfang vorhanden ist, desto stärker wird der Zinssatz für Kapitaldarlehen sinken." – Bd. ii. P. 108. Wenn ein Land in irgendeiner Weise Kapital einsetzen kann, wie kann man dann sagen, dass es reichlich vorhanden ist, verglichen mit dem Umfang der dort eingesetzten Mittel?

[33] Adam Smith sagt: „Wenn die Produktion eines bestimmten Industriezweigs den Bedarf des Landes übersteigt, muss der Überschuss ins Ausland geschickt und gegen etwas eingetauscht werden, für das im Inland eine Nachfrage besteht. Ohne einen solchen Export. *"Ein Teil der produktiven Arbeit des Landes muss* eingestellt *werden, und der Wert seiner Jahresproduktion nimmt ab.* Das Land und die Arbeit Großbritanniens produzieren im Allgemeinen mehr Mais, Wolle und Eisenwaren, als die Nachfrage des heimischen Marktes erfordert. Der überschüssige Teil Daher müssen einige davon ins Ausland geschickt und gegen etwas eingetauscht werden, für das im Inland eine Nachfrage besteht. Nur durch einen solchen Export kann dieser Überschuss einen Wert erlangen, der ausreicht, um die Arbeit und die Kosten seiner Herstellung zu kompensieren . " Aus der obigen Passage könnte man meinen, dass Adam Smith zu dem Schluss kam, dass wir in gewisser Weise gezwungen seien, einen Überschuss an Getreide, Wollwaren und Eisenwaren zu produzieren, und dass das Kapital, das sie produzierte, nicht anderweitig

eingesetzt werden könne. Es ist jedoch immer eine Frage der Wahl, auf welche Weise ein Kapital eingesetzt werden soll, und daher kann es niemals für längere Zeit einen Überschuss einer Ware geben; denn wenn dies der Fall wäre, würde es unter seinen natürlichen Preis fallen und das Kapital würde einer profitableren Beschäftigung zugeführt. Kein Autor hat die Tendenz des Kapitals, sich von Beschäftigungen zu entfernen, in denen die produzierten Güter nicht durch ihren Preis die gesamten Kosten, einschließlich der gewöhnlichen Profite, für ihre Herstellung und Vermarktung auf den Markt bringen, zufriedenstellender und geschickter aufgezeigt als Dr. Smith. [34]

[34] Siehe Kap. 10. Buch I.

[35] „Alle Arten von Staatsanleihen", bemerkt M. Say, „sind mit der Unannehmlichkeit verbunden, dass Kapital oder Teile des Kapitals aus produktiven Beschäftigungen abgezogen werden, um sie dem Konsum zu widmen; und wenn sie in einem Land stattfinden, *deren Regierung nicht viel Vertrauen erweckt* , haben sie die weitere Unannehmlichkeit, die Zinsen des Kapitals zu erhöhen. Wer würde der Landwirtschaft, der Industrie und dem Handel Kredite mit 5 Prozent pro Jahr leihen, wenn sich ein Kreditnehmer dazu bereit findet? Zahlen Sie einen Zins von 7 oder 8 Prozent. Diese Art von Einkommen, das als Aktiengewinn bezeichnet wird, würde dann auf Kosten des Verbrauchers steigen. Der Konsum würde durch den Anstieg des Preises der Produkte verringert und das andere Produktiv Dienstleistungen wären weniger gefragt und weniger gut bezahlt. Die ganze Nation, mit Ausnahme der Kapitalisten, würde unter einem solchen Zustand leiden." Auf die Frage: „Wer würde Landwirten, Herstellern und Händlern Geld zu 5 Prozent pro Jahr leihen, wenn ein anderer Kreditnehmer mit geringer Kreditwürdigkeit 7 oder 8 Prozent geben würde?" Ich antworte, dass das jeder umsichtige und vernünftige Mann tun würde. Denn der Zinssatz beträgt 7 oder 8 Prozent. Gibt es dort, wo der Kreditgeber ein außerordentliches Risiko eingeht, einen Grund dafür, dass es an den Orten, an denen er vor solchen Risiken geschützt ist, genauso hoch sein sollte? M. Say erlaubt, dass der Zinssatz von der Profitrate abhängt ; daraus folgt aber nicht, dass die Profitrate vom Zinssatz abhängt. Das eine ist die Ursache, das andere die Wirkung, und es können keine Umstände dazu führen, dass sie ihren Platz wechseln.

[36] An einer anderen Stelle sagt er, dass „jede Erweiterung des ausländischen Marktes, die durch die Prämie bewirkt werden kann, in jedem einzelnen Jahr insgesamt auf Kosten des heimischen Marktes gehen muss, wie jeder Scheffel Mais, der exportiert wird." Mittel der Prämie, die ohne die Prämie nicht exportiert worden wären, wären auf dem heimischen Markt geblieben, um den Konsum zu steigern und den Preis dieser Ware zu senken. Die Maisprämie ist ebenfalls zu beachten Jede andere Prämie bei der Ausfuhr erlegt dem Volk zwei verschiedene Steuern auf: erstens die Steuer, die es

beisteuern muss, um die Prämie zu bezahlen, und zweitens die Steuer, die sich aus dem erhöhten Preis der Ware im Inland ergibt Da die gesamte Bevölkerung Mais kauft, muss sie für diese bestimmte Ware von der gesamten Bevölkerung bezahlt werden. Bei dieser bestimmten Ware ist diese zweite Steuer daher bei weitem die schwerste der beiden ." „Für alle fünf Schilling, die sie zur Zahlung der ersten Steuer beisteuern, müssen sie also sechs Pfund und vier Schilling zur Zahlung der zweiten beisteuern." „Der außergewöhnliche Maisexport, der durch die Prämie verursacht wird, schmälert daher nicht nur in jedem einzelnen Jahr das Inland, ebenso wie er den ausländischen Markt und Verbrauch erweitert, sondern, indem er die Bevölkerung und die Industrie des Landes zurückhält, auch dessen endgültige Bedeutung . " Die Tendenz besteht darin, die allmähliche Ausweitung des heimischen Marktes zu bremsen und zu bremsen und dadurch auf lange Sicht den gesamten Markt und den Verbrauch von Mais eher zu verringern als zu steigern."

[37] Die gleiche Meinung vertritt M. Say. Flug. ii. P. 335.

[38] Siehe Kap. wir vermieten.

[39] Herr Say geht davon aus, dass der Vorteil der Hersteller im Inland mehr als nur vorübergehend ist. „Eine Regierung, die die Einfuhr bestimmter ausländischer Waren absolut verbietet, errichtet ein Monopol *zugunsten derjenigen* , die solche Waren im Inland produzieren, *gegenüber denen* , die sie konsumieren; mit anderen Worten: diejenigen im Inland, die sie produzieren, haben das ausschließliche Privileg, sie zu verkaufen." , können ihren Preis über den natürlichen Preis erhöhen; und die Verbraucher im Inland, die sie anderswo nicht bekommen können, sind gezwungen, sie zu einem höheren Preis zu kaufen." Flug. ich . P. 201.

Aber wie können sie den Marktpreis ihrer Güter dauerhaft über dem natürlichen Preis halten, wenn es jedem ihrer Mitbürger freisteht, in den Handel einzutreten? Sie sind gegenüber Ausländern garantiert, nicht jedoch gegenüber heimischer Konkurrenz. Das wahre Übel, das dem Land aus solchen Monopolen entsteht, wenn man sie überhaupt so nennen kann, liegt nicht in der Erhöhung des Marktpreises dieser Güter, sondern in der Erhöhung ihres realen und natürlichen Preises. Durch die Erhöhung der Produktionskosten wird ein Teil der Arbeitskräfte des Landes weniger produktiv eingesetzt.

[40] Stehen die folgenden Passagen nicht im Widerspruch zu der oben zitierten? „Außerdem ist dieser heimische Handel, obwohl er weniger beachtet wird (weil er sich in verschiedenen Händen befindet), der bedeutendste, aber auch der profitabelste. Die in diesem Handel ausgetauschten Waren sind notwendigerweise Produkte desselben Landes." Flug. ich . P. 84.

„Die englische Regierung hat nicht bemerkt, dass die profitabelsten Verkäufe diejenigen sind, die ein Land an sich selbst macht, denn sie können nicht stattfinden, ohne dass zwei Werte von der Nation produziert werden: der Wert, der verkauft wird, und der Wert, mit dem ...“ der Kauf erfolgt.“ Flug. ich . P. 221.

Ich werde im 24. Kapitel die Richtigkeit dieser Meinung untersuchen.

[41] Siehe Seite 198.

[42] M. Say ist derselben Meinung wie Adam Smith: „Die produktivste Kapitalverwendung für das Land im Allgemeinen ist, nach der auf dem Land, die der Manufakturen und des Binnenhandels; denn sie bringt Aktivität hervor.“ Die Industrie, deren Gewinne im Land erzielt werden, während die Kapitale, die im Außenhandel eingesetzt werden, die Industrie und das Land aller Länder ohne Unterschied produktiv machen.

„Der Einsatz von Kapital, der für eine Nation am ungünstigsten ist , besteht darin, die Produkte eines fremden Landes in ein anderes zu transportieren.“ *Sagen wir* , Bd. ii. P. 120.

[43] „Es ist ein Glück, dass der natürliche Lauf der Dinge Kapital nicht zu den Arbeitsplätzen zieht, bei denen die größten Gewinne erzielt werden, sondern zu denen, bei denen ihre Tätigkeit für die Gemeinschaft am profitabelsten ist.“ – Bd. ii. P. 122. M. Say hat uns nicht gesagt, was diese Beschäftigungen sind, die zwar für den Einzelnen am profitabelsten, für den Staat jedoch nicht die profitabelsten sind. Wenn Länder mit begrenztem Kapital, aber reichlich fruchtbarem Land, nicht frühzeitig in den Außenhandel einsteigen, liegt der Grund darin, dass dieser für den Einzelnen weniger profitabel und daher auch für den Staat weniger profitabel ist.

[44] „Die Verwendung von Gold und Silber begründet dann an jedem Ort einen gewissen Bedarf für diese Waren; und wenn das Land über die zur Befriedigung dieses Bedarfs notwendige Menge verfügt, ist alles, was weiter importiert wird, ohne Nachfrage, wertlos.“ und für seine Besitzer von keinem Nutzen.“ – *Say* , Bd. ich . P. 187.

Auf Seite 196 sagt Herr Say, dass die Annahme, ein Land benötige 1000 Wagen und besitze 1500 – alles über 1000 – wäre nutzlos; und dann schlussfolgert er, dass, wenn es mehr Geld als *nötig besitzt* , der Überschuss nicht verwendet wird.

[45] Was auch immer ich über Goldmünzen sage, gilt gleichermaßen für Silbermünzen; aber es ist nicht notwendig, beides bei jeder Gelegenheit zu erwähnen.

[46] „Bei den Transaktionen der Regierung mit Individuen und bei denen von Individuen untereinander wird nie ein Stück Geld erhalten, egal welchen

Nennwert es erhalten mag, sondern zu seinem inneren Wert, erhöht um den Wert des Nutzens, den es hat." Der Eindruck, den es hinterlässt, hat es noch verstärkt." – *Say*, Bd. ich . P. 327.

„Geld ist ein so geringes Wertmerkmal, dass, wenn die Geldstücke einen Teil ihres Wertes durch Reibung, durch Gebrauch oder durch die List der Geldschneider verlieren, alle Güter im Preis im Verhältnis zu der Veränderung, die sie verursachen, steigen." erfahren haben; und wenn die Regierung eine Neuprägung anordnet und jedes Stück wieder auf sein gesetzliches Gewicht und seinen gesetzlichen Feingehalt zurückbringt, fallen die Waren auf ihren früheren Preis; sofern sie keinen Schwankungen aus anderen Gründen ausgesetzt waren." – Say, *Bd*. ich . P. 346.

[47] M. Say empfiehlt, dass die Seignage je nach der Menge an Geschäften variieren sollte, die die Münzstätte möglicherweise ausführen soll.

„Die Regierung sollte die Goldmünzen von Privatpersonen nicht prägen, es sei denn, sie bezahlt nicht nur die Kosten, sondern auch die Gewinne des Prägens. Dieser Gewinn könnte infolge des ausschließlichen Prägeprivilegs eine beträchtliche Höhe erreichen; aber das muss so sein." variieren je nach den Umständen der Münzstätte und der für den Umlauf erforderlichen Menge. Flug. ich . P. 380.

Eine solche Regelung wäre äußerst schädlich und würde uns erheblichen und unnötigen Schwankungen im Goldbarrenwert der Währung aussetzen.

[48] Wenn diese Metalle bei der Menge an Gold und Silber, die tatsächlich vorhanden ist, nur zur Herstellung von Gebrauchsgegenständen und Schmuck dienen würden, wären sie reichlich vorhanden und viel billiger als heute; mit anderen Worten: Wenn wir sie gegen eine andere Art von Gütern eintauschen, müssten wir verpflichtet sein, eine proportional größere Menge davon abzugeben. Da jedoch eine große Menge dieser Metalle für Geld verwendet wird und dieser Teil für keinen anderen Zweck verwendet wird, bleibt weniger für die Herstellung von Möbeln und Schmuck übrig ; Jetzt steigert diese Knappheit ihren Wert. – *Say* , Bd. ich . P. 316. Siehe auch Anmerkung zu S. 316 . 78.

[49] Eine Untersuchung über die Natur und den Ursprung des öffentlichen Reichtums, Seite 13.

[50] Eine Untersuchung über die Natur und den Fortschritt der Miete, S. 15.

[51] Siehe Seite 124, wo ich versucht habe zu zeigen, dass die Maisproduktion ganz gleich welche Leichtigkeit oder Schwierigkeit haben mag; Löhne und Gewinne zusammen werden den gleichen Wert haben. Wenn die Löhne steigen, geht das immer auf Kosten der Gewinne, und wenn sie sinken, steigen die Gewinne immer.

[52] Von welcher erhöhten Menge spricht Herr Malthus? Wer soll es produzieren? Wer kann die Motivation haben, es zu produzieren, bevor eine Nachfrage nach einer zusätzlichen Menge besteht?

[53] Anfrage usw. „In allen fortschrittlichen Ländern ist der durchschnittliche Maispreis nie höher als nötig, um die durchschnittliche Steigerung der Produktion fortzusetzen." Beobachtungen, S. 21.

„Beim Einsatz von frischem Kapital auf dem Land, um den Bedarf einer wachsenden Bevölkerung zu decken, hängt die Hauptfrage immer von den Erwartungen ab, ob dieses frische Kapital dazu verwendet wird, mehr Land unter den Pflug zu bringen oder bereits bewirtschaftetes Land zu verbessern." Erträge dieses Kapitals; und kein Teil des Bruttogewinns kann gemindert werden, ohne die Motivation für diese Art seiner Verwendung zu verringern. Jede Preissenkung, die nicht vollständig und sofort durch einen proportionalen Rückgang aller notwendigen Ausgaben einer Farm ausgeglichen wird, Jede Steuer auf das Land, jede Steuer auf landwirtschaftliches Vieh, jede Steuer auf die Bedürfnisse der Landwirte wird in die Berechnung einfließen; und wenn nach Berücksichtigung all dieser Ausgaben der Preis der Produkte keine angemessene Vergütung für die Landwirte hinterlässt „Wenn das eingesetzte Kapital gemäß der allgemeinen Profitrate und eine Rente mindestens gleich der Rente des Bodens in seinem früheren Zustand ist, kann keine ausreichende Motivation bestehen, die geplante Verbesserung vorzunehmen." Beobachtungen, S. 22.

[54] Siehe S. 124.

[55] Siehe S. 70 usw.

[56] Es ist nicht notwendig, bei jeder Gelegenheit festzustellen, aber es muss immer klar sein, dass die gleiche Wirkung durch den Einsatz unterschiedlicher, aber gleicher Kapitalanteile auf dem bereits bewirtschafteten Land mit unterschiedlichen Ergebnissen erzielt wird. Die Rente ist die Differenz der Produkte, die mit gleichem Kapital und gleicher Arbeit auf demselben oder unterschiedlichen Bodenqualitäten erzielt werden.

[57] Beobachtungen zu den Maisgesetzen, S. 4.

[58] Als er Herrn Malthus diese Passage zeigte, als diese Papiere an die Presse gingen, bemerkte er, „dass er in diesen beiden Fällen versehentlich den Begriff realer Preis anstelle von Produktionskosten verwendet hatte. Das *wird* es . " Aus dem, was ich bereits gesagt habe, geht hervor, dass er meiner Meinung nach in diesen beiden Fällen den Begriff „ *realer Preis* " in richtiger und gerechter Weise verwendet hat und dass er nur im ersten Fall falsch angewendet wurde.

[59] Seite 40.

[60] Tatsächlich könnte die Industrieproduktion nicht in einem solchen Verhältnis zurückgehen, weil es unter den angenommenen Umständen zu einer neuen Verteilung der Edelmetalle unter den verschiedenen Ländern kommen würde. Unsere billigen Waren würden im Austausch gegen Mais und Gold exportiert, bis die Anhäufung von Gold seinen Wert senkt und den Geldpreis der Waren erhöht.

[61] Die Gründe einer Stellungnahme usw. Seite 36.

[62] Herr Malthus geht in einem anderen Teil desselben Werkes davon aus, dass die Waren um 25 oder 20 Prozent schwanken. wenn Mais 33 ⅓ variiert
.

[63] In Kap. 24. Ich habe festgestellt, dass die tatsächlichen Ressourcen eines Landes und seine Fähigkeit, Steuern zu zahlen, von seinem Nettoeinkommen und nicht von seinem Bruttoeinkommen abhängen.

[64] Dies beruht auf der Annahme, dass das Geld weiterhin den gleichen Wert hat. In der letzten Anmerkung habe ich versucht zu zeigen, dass das Geld nicht den gleichen Wert behalten würde, sondern dass es aufgrund der zunehmenden Einfuhr sinken würde; eine Tatsache, die meiner Argumentation viel günstiger ist.

[65] Herr M'Culloch hat sich in einer kompetenten Veröffentlichung sehr stark für die Gerechtigkeit eingesetzt, die Dividenden auf die Staatsschulden an den reduzierten Wert von Mais anzupassen. Er befürwortet einen freien Handel mit Mais, meint aber, dass dieser mit einer Senkung der Zinsen für den nationalen Gläubiger einhergehen sollte.

DAS ENDE.